Franz Wilhelm Ullrich

Durchgerutscht

Memoiren eines Deutschböhmen

Bibliographische Information der Deutschen Nationalbibliothek:
Die Deutsche Nationalbibliothek verzeichnet diese Publikation in der Deutschen Nationalbibliographie. Detaillierte bibliographische Daten sind im Internet über http://www.d-nb.de abrufbar.
ISBN-10 3-902514-96-5
ISBN-13 978-3-902514-96-7

Alle Rechte der Verbreitung, auch durch Film, Funk und Fernsehen, fotomechanische Wiedergabe, Tonträger, elektronische Datenträger und auszugsweisen Nachdruck, sind vorbehalten.

© 2006 novum Verlag GmbH, Neckenmarkt · Wien · München
Lektorat: Mag. Eva Magin-Pelich
Printed in the European Union

Gedruckt auf umweltfreundlichem, chlor- und säurefrei gebleichtem Papier.

www.novumverlag.com

*Die gute Mitte ist, im Leben Zweiter sein.
Da sieht man noch hinauf, nicht nur hinunter.
Das engt den Blick nicht ein
und macht das Dasein bunter.*

Inhaltsverzeichnis

Vorwort 9

I. Alte Heimat
1. Mutter 13
2. Vater 21
3. Schulzeit 25
4. Emsch 37

II. Prag
1. Lehrzeit 49
2. Im tschechischen Büro 57
3. Olympiade 72
4. Urlaub 82

III. Soldatenzeit
1. Tschechisches Militär 89
2. Deutsche Wehrmacht 99
   2.1 „Befreiung!" 99
   2.2 Ausbildung 105
   2.3 Westwall 113
   2.4 Frankreichfeldzug 121
   2.5 Afrikakorps 135
   2.6 Rückzug 156
   2.7 Kriegsgefangenschaft 175
   2.8 Kriegsende 202

IV. Neue Heimat
1. Staatenlos 233
2. Ich bin Österreicher! 249
3. Wiedersehen im Osten 257

4. Im Hafen der Ehe 275
5. Stellungswechsel 285
6. Familienzuwachs 292
7. Ich bin Bankbeamter! 309
8. Österreich ist frei! 328

Durchgerutscht? 347
Ergänzung 355

Vorwort

Die Memoiren unter dem Titel „Durchgerutscht" sind sehr persönlich gehalten, denn sie sollen meinen Nachkommen veranschaulichen, wie ich in meiner ersten Lebenshälfte vom Schicksal getrieben wurde. Obwohl mich Politik nie interessierte und ich einfach nur leben wollte, geriet ich trotzdem in ihr Fahrwasser. Das brachte auch mir, wie Millionen anderen unter Hitler, einen gewaltigen Rückschlag in meinem jungen Leben. Das wichtigste Jahrzehnt meiner Entwicklung versäumte ich in der Uniform eines Kriegers. Dennoch versuchte ich, meinem Dasein auch schöne Seiten abzugewinnen, die in diesen Memoiren eines Deutschböhmen nicht zu kurz kommen sollen.

Wenn ich bedenke, dass andere noch viel schlechter abschnitten als ich, so muss ich wohl zufrieden sein. Da ich an Hab und Gut im Weltkrieg praktisch nichts hatte, konnte ich solches wenigstens nicht verlieren, aber meine unschuldigen Eltern wurden nach Kriegsende erbarmungslos aus der alten Heimat vertrieben und mussten alles zurücklassen. Sie starben mittellos in der Fremde. Aus meinem besten Jugendfreund Emsch entwickelte sich trotz schlechtester Erfahrungen ein begeisterter Nationalsozialist. Er sah in Hitler ein Idol, bis ihn die Tschechen nach dem Zusammenbruch erschossen. Mein Cousin dagegen sträubte sich immer gegen faschistisches Gedankengut und sah dennoch keine andere Wahl, als sich im nationalsozialistischen Reichsnährstand zu betätigen. Dafür wurde er nach dem Umbruch zu Zwangsarbeit verurteilt und starb später an einem unbekannten Leiden.

Ich hatte noch Glück im Unglück, rutschte durch im Weltgewitter und fand im freien Österreich eine neue Heimat. Aber die heutige jüngere Generation kann sich nicht richtig vorstellen, unter welchem Zwang wir damals in ihrem Alter zu leben hatten. Ich würde mich deshalb freuen, wenn die „Memoiren eines Deutschböhmen" nicht nur von meinen Nachkommen, sondern auch von vielen anderen gelesen würden.

Franz Wilhelm Ullrich

Wien, im April 1986

I.
Alte Heimat

I.
Mutter

„Maikäfer flieg, dein Vater ist im Krieg, deine Mutter ist im Pommerland, Pommerland ist abgebrannt, Maikäfer flieg!"

Dieses alte Wiegenlied aus dem Dreißigjährigen Krieg fällt mir ein, wenn ich an meine früheste Jugend denke. Ich weiß nicht mehr, ob es mir meine Mutter oder meine Schwestern vorgesungen haben, um mich in den Schlaf zu wiegen. Jedenfalls gab es wieder einmal Krieg, gerade als ich zur Welt kam, und zwar den Ersten Weltkrieg. Mir kam das als Kleinkind natürlich nicht zum Bewusstsein. Außerdem war ich das Nesthäkchen und wohl behütet, aber ein seltsamer Eindruck blieb mir aus der allerersten Zeit meines Lebens haften.

Ich sehe über mir einen endlosen, grau verhangenen Himmel und große schwarze Vögel schwirren krächzend durch die Luft. Links und rechts erscheinen Feldränder, auf denen die unheimlichen Tiere kurz ausruhen, um nachher erneut wieder über meinem Kopfe zu kreisen.

Sicher war es Angst, die mich diese Szene nicht mehr vergessen ließ. Als kleiner Junge glaubte ich eine Zeit lang, das wäre der Augenblick gewesen, in dem ich das Licht der Welt erblickte. Ich fragte deswegen meine Mutter und diese erzählte mir eine Geschichte, die dazu passte.

Mein Vater war zum Kriegsdienst eingezogen und es gab wenig zu essen. Da entschloss sich Mutter, mit mir und meinen Geschwistern aus einem schönen Bürgerhaus in Saaz, in dem ich auch geboren worden war, in ein altes Bauernhaus zu übersiedeln. Sie hoffte, dass wir dort leichter an etwas Essbares kommen würden, aber es fiel nicht viel ab. Glücklicherweise hatten wir auf einem nicht allzu weit entfernten Dorf einen Großonkel, bei dem wir zwar nicht wohnen konnten, der uns aber ab und zu mit den dringendsten Lebensmitteln aushalf. So geschah es, dass man mich manchmal auf einen kleinen Handwagen legte und mit mir hamstern fuhr. Ich kam dabei nicht nur an die frische Luft, sondern half allein durch meine Anwesenheit, das Mitleid der bäuerlichen Verwandtschaft zu steigern. Meine Mutter zog an der Deichsel und einer meiner Brüder schob an oder bremste, je nach Steigung. Zuerst ging es an einer Schachtelfabrik vorbei, die man als Kino eingerichtet hatte, dann den Kupferberg hinunter über den Egersteg, entlang an der Zuckerfabrik und am Bahnhof, wonach wir durch das breite, fruchtbare Egertal zogen. Dort durchquerten wir die Golau mit ihren großen Gurken- und Gemüsefeldern, dann die unzähligen Hopfgärten, bis wir zu einer Rachel kamen. Das war ein langer, langsam ansteigender Geländeeinschnitt zwischen bereits höher gelegenen, fruchtbaren Getreidefeldern.

Dort muss die Stelle gewesen sein, wo mir ursprünglich das Licht der Welt von grauen Wolken verdüstert und von Raben angeschwärzt erschien. Dort entstand wahrscheinlich der erste Eindruck in meinem Leben, den ich bis heute nicht vergessen habe.

Es war wohl eine traurige Zeit. Ich erinnere mich auch noch, dass es seinerzeit im Stadtpark einen Milchausschank für Kinder gab, zu dem ich mit meiner Schwester hinging, und auf dem Ringplatz verkaufte ein Fleischer Wurstsuppe, ohne Lebensmittelmarken zu verlangen.

Ich hatte zwei Schwestern und drei Brüder. Die älteste Schwester war schon aus der Schule und nach Beendigung des Lehrkurses zur Tante Pati, einer Schwester unserer Mutter, nach Wien gefahren, um sich dort im Büro ihren Lebensunterhalt selbst zu verdienen. Ein Bruder war mit einem halben Jahr gestorben und die übrigen Geschwister besuchten in der Zeit des Ersten Weltkrieges noch die Schule. Sie waren alle viel älter als ich, denn ich war ein Nachzügler.

Ich kann mich natürlich an die Zeit des Ersten Weltkrieges und die danach kaum erinnern. Ich weiß nur vom Erzählen, dass wir einfach und sparsam lebten, jedoch unsere Mutter brachte uns alle durch, zwar mühsam, aber ehrlich. Es gab immer etwas Ordentliches zu essen. Wir bewohnten den ersten Stock eines Hofgebäudes. Vor unseren Fenstern befand sich eine Pawlatsch. Das war ein offener, jedoch überdachter Balkon, der sich entlang der ganzen Wohnung von der Stiege des rechtwinklig angrenzenden Vorderhauses bis zum Abort erstreckte. Von der Pawlatsch hatten wir einen freien Blick über den Hof und einige Gärten bis zum größten Hotel der Stadt. Unter unserer Wohnung war ein großer Stall, in dem sich zwar kein Vieh mehr befand, sondern nur noch ein Schwein und zwei Ziegen, aber dennoch hatten wir es im Winter nicht kalt.

Unser Familienleben spielte sich in einem einzigen Zimmer ab, das allerdings sehr geräumig war. In dieses Arbeits-, Wohn- und Schlafzimmer gelangten wir von der langen Pawlatsch durch ein halb so großes Vorzimmer. Links neben der Zimmertür stand ein großes hölzernes Regal, angefüllt mit Schuhleisten in allen Längen und Weiten, denn mein Vater war Schuhmacher. Vor diesem Regal befand sich das Schusterbankl, und zwar direkt an dem ersten der zwei Zimmerfenster. Was wir Bankl nannten, war eigentlich ein Arbeitstisch, erhöht postiert auf einer etwas größeren, hölzernen Pritsche. Durch die Erhöhung des Bankls auf der Pritsche wurde das einfallende Tageslicht am besten ausgenützt. An den drei Seiten des Bankls, außer der Fensterseite, standen die Schusterstühle. Das waren dreibeinige Schemel. Die zwei gegenüberliegenden hatten je ein längeres Holzbein, das über den Rand der Pritsche hinaus den Fußboden berührte und so den Sitzenden mehr Platz bot. An den Rändern des Bankls und an der Wand zu beiden Seiten des Fensters hingen in Reih' und Glied die Werkzeuge, jedoch die Schusterstühle blieben während des Kriegs leer, denn die Männer waren eingerückt.

Anschließend an die Schusterpritsche an der Wand zwischen den beiden Fenstern stand die Küchenkredenz. Dort wurde zwar nicht gekocht, aber in der ersten Schublade befanden sich Vaters Geschäftsunterlagen, bestehend aus einer Menge verschiedener Zettel, einem Rechnungsbuch, einer Gummistampiglie mit Stempelkissen und Bleistiften.

Neben der Kredenz vor dem zweiten Fenster ruhte die Technik – eine Schuhmachernähmaschine –, genauer gesagt, eine Oberteilsteppmaschine, natürlich mit Fußbetrieb, denn was gab es damals schon elektrisch. Wir hatten ja noch gar keinen Strom im Hause und verbrachten die Abende beim Scheine von Petroleumlampen, der es uns sehr heimelig machte.

Hinter dem zweiten Fenster in der Ecke befanden sich der Kleiderschrank und daneben an der Rückwand die Ehebetten. Unter diesen lagen ganze gegerbte Kuhhäute, von denen das Sohlenleder abgeschnitten wurde, und vor den Betten stand der Zimmertisch, auf dem normalerweise die fertigen Schuhe zur Auslieferung bereitgestellt wurden. Nur zu Weihnachten thronte darauf der Christbaum. Auf der anderen Seite, rechts neben den Ehebetten befand sich der Servant. Das war ein Schrank, dessen Tür in der oberen Hälfte ein Glasfenster hatte, hinter dem man das Familienporzellan bewundern konnte. Das schönste Stück in der Mitte war eine Karlsbader Suppenterrine. Weil diese aber nie zum Essen verwendet wurde, hob meine Mutter darin ihre bunt gemischte Stopfwolle auf. Im unteren, nicht verglasten Teil des Servants lag die frische Wäsche aufgestapelt. Neben dem Glasschrank folgte in der rechten, hinteren Ecke des Wohnzimmers noch ein Bett, in dem mein älterer Bruder schlief. Am Fußende dieses Bettes stand die Nähmaschine meiner Mutter, auf der sie die Kinderkleider nähte und alles flickte, was zerrissen war. Nun kam der große Esstisch und dahinter an der fensterlosen rechten Längswand verbarg sich das Kanapee. Es konnte sich nur deshalb verstecken, weil es eigentlich eine Ottomane war und anstatt einer großen Rückenlehne hing an der Mauer ein von unserer Mutter selbst gestickter Behang, auf dem zu lesen stand:

*„Der Mensch braucht ein Plätzchen
Und wärds noch so klein,
von dem man kann sagen,
sieh hier, das ist mein."*

In einem kleinen Abstand vom Kanapee war ein Waschstockerl, darauf ein Lavoir und daneben ein Wassereimer. An der Wand hingen die Handtücher. Weiter rechts in der vorderen rechten Zimmerecke befand sich ein eiserner Küchenofen samt Kohlenkiste. Zwischen diesem und der Zimmertür stand der Küchentisch. Auf demselben wurde das Essen zubereitet sowie das Geschirr gewaschen. Die Schaffel ruhten unterhalb auf einem Brett, von einem kleinen Vorhang verdeckt.

Unser großes Zimmer, in dem sich das gesamte Familienleben abspielte, war so recht praktisch eingeteilt. Der helle Raum links bei den Fenstern blieb dem Broterwerb, also der Schuhmacherei vorbehalten. Der Lebensunterhalt war schließlich das Wichtigste. Im Hintergrunde befanden sich die hauptsächlichsten Schlafstellen und rechts an der fensterlosen Längswand werkte die Mutter beim Kochen und Nähen. Da sich gegenüber kein Wohnhaus befand, erschien die ganze große Stube recht licht und hell. In der Mitte war der Fußboden mit grün gefärbten Hopfenziechen belegt, auf denen wir Kinder spielen konnten.

Die Hopfenziechen erwarb meine Mutter billig beim Hopfenhändler. Der Hopfen, der in meiner Heimat wuchs, wurde nämlich in die ganze Welt verkauft und zu diesem Zwecke in große Jutesäcke gepresst. So einen leeren Jutesack schnitt die Mutter an den Seiten herum auseinander und säumte die Ränder ein, damit sie nicht fransten. Das ergab zwei sehr strapazierfähige Teppiche, die auch noch schön gefärbt wurden. Sie waren sauber und warm und schonten die Mitte des Bretterbodens, die am meisten begangen wurde.

Im ebenfalls recht großen Vorzimmer standen außer weiteren Kästen noch ein großes, eisernes und ein Klappbett. Im Vorderhaus hatten wir auch noch eine geräumige Rumpelkammer und im Hof einen Kohlenschuppen.

Das war also die Wohnung, in der ich wohlbehütet von Mutter und Geschwistern aufwuchs. Meine Mutter sorgte sich um alles. Obwohl sie viel zu tun hatte, fand sie für jeden Zeit und am Abend wurde es meistens besonders schön. Wir sahen vom Fenster aus hinter dem Hofe die Sonne untergehen, aber die Petroleumlampe wurde noch nicht angezündet. Zuerst setzten wir uns alle zum Ofen, aus dem in der Abenddämmerung das Kohlenfeuer herausleuchtete, und die Mutter begann Geschichten aus ihrer Jugend zu erzählen.

Da erfuhren wir, dass ihr Vater Modelltischler bei den Mannesmann-Röhrenwerken in Komotau war. Ihre Mutter dürfte aber bald gestorben sein, denn darüber hörten wir kaum etwas. Übrigens erlebte ich keine meiner Großeltern mehr.

Am liebsten erzählte Mutter von ihrer Jugend nach Beendigung der Schulzeit, bevor sie Vater kennen lernte. Da arbeitete sie als Zimmermädchen bei einer wohlhabenden jüdischen Familie, die in dem damals weltberühmten Kurort Karlsbad ein Gästehaus besaß. Mutter bekam zwar nicht viel bezahlt, aber sie hatte freie Kost und Logis und konnte die bessere Gesellschaft bewundern, während sie ihrer Beschäftigung nachging. Sie schwelgte direkt in diesen Erinnerungen. Ihrem Ermessen nach ging es ihr damals gut. Sie fühlte sich, mit gewissem Respekt natürlich, zur Familie gehörig. Dienstmäßig unterstand sie einer Beschließerin. Sie sah interessante Kurgäste aus aller Welt und mit der Herrschaft kam sie gut aus. Die Kinder der Familie hatten eine Erzieherin, zu der sie Mademoiselle sagten, denn das war eine Französin, die sich mit meiner Mutter sehr gut verstand und nicht nur den Kindern, sondern auch Mutter etwas Französisch beibrachte. Einmal im Jahr fuhr die Familie samt Personal immer nach Bad Ischl, wo sie einige Wochen eine Villa bewohnte.

Wenn meine Mutter beim abendlichen Feuerschein des Ofens ihre Erinnerungen zum besten gab, dann glänzten ihre Augen und wir hörten andächtig zu, denn sie konnte uns Kinder damit gut unterhalten. Manchmal erzählte sie auch Anekdoten, die sich allerdings von Zeit zu Zeit wiederholten.

Dadurch ist mir auch eine davon bis heute im Gedächtnis geblieben, und zwar:

Ein Herr war zu einem Familienfest eingeladen und brachte der Dame des Hauses eine Bonbonniere. Vor ihm überreichte gerade ein anderer Gast der Hausfrau einen Rosenstrauß mit den Worten: „Die Rose der Rose!" Das gefiel ihm vortrefflich. Er wollte dem anderen nicht nachstehen, aber das Wort Bonbonniere lag ihm nicht. So sagte er mit einer tiefen Verbeugung: „Die Schachtel der Schachtel!" Zum Glück war es keine alte Schachtel, aber die Frau war dennoch nicht gerade erfreut darüber.

2.
Vater

Mein Vater war zu Beginn des Ersten Weltkrieges bereits zweiundvierzig Jahre alt. Er kam daher nicht mehr an die Front, sondern wurde in eine Munitionsfabrik in Inzersdorf bei Wien dienstverpflichtet und wohnte dort mit anderen Gleichgestellten in einem ebenerdigen Barackenlager gleich neben den Fabrikgebäuden. Zum Wochenende schlief er manchmal bei der Tante Pati in Wien. So war es auch an einem Sonntag im Jahre 1918. Wie er später erzählte, gab es damals mitten in der Nacht einen ohrenzerreißenden Knall. Vater ahnte sofort das Richtige. Die Fabrik war in die Luft geflogen. Schlaftrunken wähnte er sich jedoch in der ebenerdigen Baracke und wollte in seinem Schrecken rasch zum Fenster hinausspringen. Im letzten Augenblick gewahrte er vor sich einen tiefen Abgrund, denn die Tante wohnte im dritten Stock. Beinahe hätte er sich hinabgestürzt, aber er hatte Glück gehabt, auch dass er gerade bei der Tante war, denn als er später zur Fabrik kam, fand er diese samt den Baracken total zerstört. Die Explosion war so gewaltig, dass im Umkreis von vielen Kilometern die Fensterscheiben zerbrachen.

Zu dieser Zeit ging der Krieg zu Ende. Die Monarchie Österreich-Ungarn, das große, sich selbst versorgende Wirtschaftsgebiet Mitteleuropas löste sich in lauter Kleinstaaten auf. Keines der einstigen Kronländer wollte vom Kaiserreich mehr etwas wissen. Jeder trachtete danach selbstständig zu sein und allein weiterzuwursteln. Es gab zwar eine panslawistische Bewegung, die jedoch zu nichts Weiterem führte, als höchstens zu einem Hassgefühl gegen Österreich.

Mit dem Ende des Krieges kam auch Vater nachhause, worüber wir alle sehr glücklich waren. Nur für mich erschien er neu, aber das änderte sich rasch. Er kümmerte sich wieder um die Familie, in der uns, glaube ich, kaum auffiel, dass wir keine Österreicher mehr waren, sondern tschechoslowakische Staatsbürger deutscher Nationalität. Wir gehörten nämlich nun zur Tschechoslowakei und nannten uns kurzerhand Deutschböhmen. Das tägliche Leben lief weiter wie früher und um Politik kümmerten wir uns nicht. Die wenigen Tschechen, die in unsrer Gemeinde wohnten, sprachen auch Deutsch und fielen überhaupt nicht auf.

Die alten Kunden freuten sich, wieder einen guten Schuhmacher in der Gegend zu haben, und Vater war stolz auf sein Handwerk. Als sein Idol nannte er manchmal den Meistersinger Hans Sachs und schwärmte von dessen Knüppelversen wie zum Beispiel:

„Hans Sachs ist ein Schuhmacher und Poet dazu."

Auch Vater befasste sich in Musestunden mit Reimen. Leider ist von seinen Aufzeichnungen nichts mehr vorhanden.

Was mir erst viel später auffiel, ist, dass ich auch nach Vaters Rückkehr weiterhin mit Mutter in den Ehebetten schlief, während er es vorzog, die Nächte in dem großen eisernen Bett im Vorzimmer zu verbringen. Mutter erklärte dies damit, dass er sehr laut schnarche und uns nicht die Ruhe stören wolle, aber wenn ich jetzt daran denke, so war ich schließlich ein Nachzügler, der offenbar der Liebe entsprungen war, als Vater in den Krieg musste, und es sollte sicher nicht nochmals einer nach mir folgen.

Tatsache ist, dass mein Vater den Spruch beherzigte „Morgenstund' hat Gold im Mund" und im Sommer schon um fünf Uhr früh aufstand, während alle anderen noch schliefen. Er war also ein Frühaufsteher und machte täglich seinen Morgenspaziergang. Beim Henkerbrünnl trank er das frische Quellwasser. Dann durchquerte er singend wie eine Lerche die nahen Fluren und vollführte in Abständen leichte Turnübungen. Um sechs Uhr stand die Mutter auf und richtete für alle das Frühstück. Um halb sieben kehrte Vater vom Morgensport zurück, trank seinen Kaffee und punkt sieben Uhr fing er an zu arbeiten. Zwischen zwölf und eins gab es am großen Esstisch das Mittagsmahl und anschließend hielt Vater ein viertelstündiges Schläfchen hinter dem Tisch auf dem Kanapee, wo der Wandbehang mit dem schönen Spruch „Der Mensch braucht ein Plätzchen etc." angebracht war. Frisch gestärkt ging dann die Arbeit munter fort bis abends um sieben Uhr. Dann gab es das Nachtmahl und danach den verschiedensten Zeitvertreib bis zum Schlafengehen. Entweder wurde gelesen, gespielt oder erzählt. Dabei saßen wir um den Esstisch, in dessen Mitte die große Petroleumlampe ihr gelbliches Licht ausstrahlte.

Manchmal gingen meine Eltern oder die Brüder in das Stadttheater oder ins Kino und sonntags unternahmen wir oft Familienausflüge in die nähere Umgebung. Wir pflückten im flachen Pertschtal die schönsten Wiesenblumen für die Zimmervase oder spazierten auf den Semmering. So hieß ein nahe gelegenes Ausflugsgasthaus, von dem aus wir einen weiten Blick über das Egertal genießen konnten. Manchmal fuhren wir auch mit der Buschtehrader Eisenbahn durch das Goldbachtal in den Satkauer Wald Schwarzbeeren suchen. Dort gab es gleich neben der Bahnstation eine schattige Waldrestauration, wo meine Brüder beim Essen die Semmeln verschwinden ließen, ohne daran zu denken, dass Vater sie doch bezahlen musste. Die höchste Erhebung in der Nähe betrug ungefähr fünfhundert Meter und hieß „Hohe Guck". Von dem darauf aufgebauten Trigonometer konnte man nach Nordwesten in das deutsche und nach Südosten in's tschechische Sprachgebiet blicken. Da gab es keine Grenze, aber in Satkau sprach man nur Deutsch, in der nächsten Ortschaft Seltsch wohnten Tschechen und Deutsche zusammen und dahinter, Richtung Prag, verstand man fast kein deutsches Wort mehr. Dort gab es nur noch Tschechen. So scharf verlief die natürliche Sprachgrenze.

Am Namenstag meiner Mutter wanderten wir immer zum Annafest nach Wesich, einem nahen Dorf. Solche Feste waren für mich sehr lustig, denn ich durfte Ringelspiel fahren, schaukeln und Würstel essen. Außerdem kaufte Vater uns meistens ein kleines Andenken an dieses Kirchweihfest. Auch an Veteranenfesten nahmen wir teil, denn mein Vater war als gedienter Soldat dem Veteranenkorps beigetreten und marschierte in einer blauen Uniform in jedem Festzuge mit.

Das erinnert mich an ein großes Bild, das über dem Eisenbett meines Vaters hing. Es war eine interessante Kombination aus Kunstdruck und Foto. Der Kunstdruck zeigte in der Mitte einen säbelschwingenden Reiter in Uniform hoch zu Ross, umgeben von kriegerischen Abbildungen und bunten Ornamenten. Auf dem Kragen des Reiters klebte der jugendliche Kopf meines Vaters mit schwarzem Schnurrbart, aus einem Foto ausgeschnitten. Unter dem Pferde stand gedruckt:

„Zum Andenken an die Dienstzeit bei den Dragonern usw…"

Von dieser Dienstzeit erzählte mein Vater immer wieder mit heller Begeisterung. Er wurde in den Neunzigerjahren zum Militär assentiert. Zuerst kam er nach Theresienstadt zur Rekrutenausbildung und dann in eine Garnison bei Przemysl in Galizien. Dieses Gebiet, das damals noch zur österreichisch-ungarischen Monarchie gehörte, fiel nach dem verlorenen Ersten Weltkriege an Polen.

Die Militärpflicht dauerte seinerzeit drei Jahre. Im ersten Jahr wurde Vater gedrillt mit Exerzieren, Schießen, Reiten, Pferdepflege und allem, was sonst noch zur Ausbildung gehörte. Nachher in Galizien wurde er in die Schusterwerkstatt abkommandiert und dort ging es ihm sehr gut. Er behielt sein Pferd, einen Apfelschimmel, den er pflegen musste, aber statt des Waffendienstes arbeitete er in der Schusterwerkstatt der Garnison. Nur jeden Morgen musste er sein Pferd ausreiten und das tat er sehr gerne. Das war sein Frühsport.

3.
Schulzeit

Im Alter von sechs Jahren kam ich in die obere Volksschule der Stadt. Wir waren in der Klasse etwas über dreißig Schüler. Davon hießen mindestens fünfundzwanzig mit Vornamen Willi. Diese waren alle nach dem deutschen Kaiser Wilhelm II. getauft und zwar aus folgendem Grunde:

Kurz bevor mein Jahrgang zur Welt kam, war Deutschland an der Seite Österreichs mit in den Krieg eingetreten. Das führte zu einer derartigen Begeisterung für den deutschen Kaiser, dass die meisten Eltern ihre neugeborenen Buben auf den Namen Wilhelm taufen ließen.

Meine Mutter wollte sogar ganz genau sein und den österreichischen Kaiser nicht übergehen. Deshalb wurde ich Franz Wilhelm getauft, woraus sich viele Jahre später einige Schwierigkeiten ergaben. Wenn man 1914 schon gewusst hätte, dass uns die deutschen Draufgänger keine wirkliche Hilfe brächten, dann wären damals sicher nicht so viele Wilhelms entstanden.

Von meinen Volksschullehrern will ich nicht viel schreiben. Der sonderbarste unter ihnen war jedenfalls der Engel-Bock. Der gab den Schülern Teufels- und andere Spitznamen. In Wirklichkeit kam er uns selbst wie ein Teufel vor. Damals gab es auch noch den Rohrstock, der öfter auf die Finger der Schüler niederprasselte, aber ich rutschte meistens recht gut durch, weil ich ein ruhiger Bub war. Während der Lehrer in der zweiten Klasse der Volksschule nur Engel hieß, uns aber wie ein Teufel erschien, so hatten wir wenigstens einen Katecheten, der sich wie ein Engel benahm. Das war Pater Serno von einem katholischen Berliner Orden. Wie es den zu uns verschlagen hatte, weiß ich nicht. Er bewohnte etwas unterhalb von uns ein Zimmer im Hause der Frau Herschmanek, die keine Nase, sondern zwischen Augen und Mund nur ein Pflaster hatte. Ich nannte sie mal Frau Herschmann-Schneck, machte sie also wörtlich zur Schnecke und glaubte an eine Gottesstrafe, als ich nachher zufällig von zwei wütig zischenden Gänserichen verfolgt wurde, sodass ich vor Angst kaum laufen konnte und mir noch dazu einen Schuhnagel in die Ferse trat.

Pater Serno hatte sich in seinem Zimmer einen Altar eingerichtet, an dem er täglich seine Morgenmesse für sich las. Am Sonntag beaufsichtigte er die Schulmesse in der Klosterkirche. In den Religionsstunden hingegen erzählte er die letzten fünf Minuten meistens Indianergeschichten von Karl May. Wenn die Schulglocke läutete, sagte er: „So, liebe Kinder, und nächstens mehr!"

Dadurch freuten wir uns schon auf die nächste Religionsstunde, aber die Karl May-Geschichte dauerte nie länger als fünf Minuten.

Von der fünften Klasse an lernten wir zwei Stunden in der Woche Tschechisch als Fremdsprache, um uns später einmal auch im tschechischen Sprachgebiet verständigen zu können.

Unser Schuldirektor war ein interessanter Mensch. Er befasste sich mit deutscher Namens- und Mundartforschung und benahm sich sehr urwüchsig. Wenn ein Schüler nicht gut aufpasste, haute er ihm gleich mit dem Schlüsselbund ins Kreuz, damit er sich was merken solle.

Der sympathischste Fachlehrer war jedoch mein Klassenvorstand in der letzten Klasse der Bürgerschule, die sich mit der Volksschule im gleichen Hause befand. Dieser Lehrer konnte gut zeichnen, auch geometrisch, und ich lernte viel von ihm. Beim Abschluss empfahl er meinen Eltern, mich in eine Staatsgewerbeschule zu schicken, da ich technisch talentiert sei. Bei uns gab es jedoch diese Schulart nicht und so berieten meine Eltern lange hin und her. Zum Schluss sagte meine Mutter zu mir:

„Weißt du, wenn du in die Gewerbeschule gehen willst, müsstest du in Komotau wohnen oder jeden Tag mit der Bahn hinfahren. Das ist teuer und macht uns Sorgen. Der Erich ist hier bei uns in die Handelsschule gegangen und hat einen guten, angenehmen Posten bekommen. Versuche doch auch diesen Weg!"

Also ließ ich mich in die Handelsschule einschreiben. Die Aufnahmeprüfung bestand ich leicht und die Schule gefiel mir gut. Nur kaufmännisches Rechnen und Buchhaltung lagen mir nicht so sehr. Dafür gab es nun mehr Sprachunterricht, der mich interessierte. Zwei Stunden in der Woche Englisch bei Miss Pollak und Tschechisch hatten wir jetzt zehn Wochenstunden, davon zwei Stunden tschechische Handelskorrespondenz. Das schien wichtig zu sein, denn wer in der Tschechoslowakei im Handel tätig sein wollte, sollte in Zukunft auch gut Tschechisch können.

Meine beiden Brüder beendeten die allgemeine Schule, als ich gerade damit anfing. Sie besuchten auch die städtische Musikschule, wo sie einige Jahre Violine spielen lernten. Dabei schlossen sie sich mit anderen Musikschülern zusammen und machten Hausmusik, mal da, mal dort. Wenn sie bei uns spielten, durfte ich manchmal mit zwei Kochlöffeln den Takt dazu schlagen. Das war herrlich, besonders für mich. Ich konnte mich so richtig hineinlegen, bis sie sagten, ich müsse nun Pause machen und auch mal zuhören.

Karl war inzwischen in der Lehre als Schildermaler und abends verdiente er sich ein Taschengeld als zweiter Geiger im Café „Rathaus", denn eine Lehrlingsentlohnung gab es damals noch nicht.

Mein zweiter Bruder Erich hingegen trat dem Musikverein bei. Dort lernte er zur Violine als zweites Instrument noch Fagott dazu. Die spielten bei Konzerten, im Stadttheater sowie bei Hochämtern in der Kirche. An den Festmessen in der Stadtkirche beteiligte sich auch der Gesangverein „Liedertafel" mit seinen Solisten. Das war jedes Mal ein neues Erlebnis, gemischter Chor mit Orgel, Pauken und Trompeten und wenn dann noch die Geigen ihr Spiel bis in höchste Höhen hinausjubelten, so war das ein himmlischer Genuss, den ich in dieser Art später nicht mehr erlebt habe.

Schön war auch der Bummel, wenn die jungen Leute nach dem Hochamt am Sonntag auf dem Ringplatz auf und ab promenierten. Man sah Bekannte, unterhielt sich über die Neuigkeiten der Woche. Die Burschen machten sich über die Mädchen lustig und umgekehrt, während die Väter auf einen Frühschoppen gingen und die Mütter inzwischen das Mittagessen zubereiteten. Bei Regenwetter fand der Bummel unter den Lauben statt, die sich von der Kirche bis zum Rathaus und von da über den ganzen Ringplatz zogen. Blieb es aber schön, dann konnten sich die Liebenden durch das mittelalterliche Brankator zurückziehen, um einen herrlichen Ausblick über die untere Vorstadt bis zu den Egerauen zu genießen oder von dort unterhalb der alten Stadtmauer durch die Parkanlagen zum Priestertor zu spazieren, auf dem noch folgende Aufschrift von Carolus a Carlsberga, Hofdichter Kaiser Rudolfs II., zu lesen stand:

„Saaz, du Beglücktere unter den Schwesterstädten in Böhmen, du, die so viel du erfuhrst ohne Fall in Feindesgetümmel, Unbezwungen allzeit mögest du blühend stehen mit den Türmen. Und so lange in Blüht' wirst du stehen, als Gottes Wort du dankvoll in deinen Mauern mit gläubigem Herzen dir hegst und als Bollwerk dir wahrst für dich selbst, als Grundstein fürs Leben."

Saaz war eine wohlhabende Kleinstadt, nicht nur mit viel Kultur, sondern auch mit sehr geschäftigem Leben. Es gab zwei Bierbrauereien sowie Fabriken verschiedenster Branchen. Auf den Feldern im Egertal wuchsen viele Gurken, denen wir den Spitznamen „Gurkenlatscher" zu verdanken haben.

In der unteren Vorstadt wurden eigene Gurkenmärkte abgehalten, auf denen man die Saazer Gurken in großen Partien hauptsächlich für Zuchtzwecke verkaufte. Deshalb waren sie nicht so allgemein bekannt wie die sauren Gurken aus Znaim, die man ja fast in jedem Haushalt vorfand. Im Fasching veranstalteten die Gurkenbauern sogar einen eigenen Ball, den „GorgenbaaI".

Auf dem Ringplatz hingegen fand jeden Mittwoch und Samstag der Wochenmarkt statt. Da stellten die Bauern der

Umgebung Stände auf und verkauften ihre Landprodukte, Obst und Gemüse sowie die frische Landbutter, handgepreßt mit Blumenmuster, gesunde Naturprodukte, die es im heutigen Industriezeitalter kaum noch gibt. Hinter dem Rathaus zwischen Stadtbücherei und Judentempel gab es den Töpfermarkt und etwa zwei Mal im Jahr hielt man große Jahrmärkte ab. Da reichte der Ringplatz kaum aus, um all die Verkaufsstandler aufzunehmen, die oft von weit her kamen. Die Marktschreier überboten einander und erweckten den Eindruck, als wollten sie alles verschenken.

Das bedeutendste Agrarprodukt des Saazer Landes war jedoch der Hopfen. Dieser wurde weltberühmt als beste Beigabe beim Bierbrauen. Man sagte, die Beschaffenheit der Erde mache den guten Hopfen. Das war die rote, eisenhaltige Ockererde, die ganz besonders im Goldbachtal bei Saaz vorkam.

Von diesem Goldbach singe ich heute noch manchmal die folgende kleine Weise, die für uns eine Art Heimatlied war:

Es sprach ein Knabe zu dem Bächlein:
„Bächlein sag", wo eilst du hin?"
„Zu der Eger", lispelt's Bächlein,
„Zu der Eger muss ich hin."

Als der Knabe frug die Eger:
„Eger, sag, wo ziehst du hin?"
„Zu der Elbe", rauscht es reger,
„Zu der Elbe muss ich ziehn."

Als der Knabe kam zur Elbe,
War die Antwort inhaltsschwer.
Donnernd gab zurück dieselbe.
„Und ich muss ins deutsche Meer!"

Den Namen erhielt der Goldbach vielleicht nach dem rötlich schimmernden Boden, aber dies Land war wirklich Goldes wert. Die Hopfgärten sah man überall schon von Weitem, denn der Hopfen ist eine hochwachsende Schlingpflanze, die sich früher wie Bohnen an Stangen emporrankte, aber zwei- bis dreimal so hoch. Bei der Ernte wurden die Hopfenstangen aus der Erde gehoben und umgelegt. Die Hopfendolden pflückte man in ein größeres Hohlmaß und für jedes angefüllte Hohlmaß bekam der Pflücker eine Blechmarke, die er am Abend gegen den Pflückerlohn eintauschen konnte. Von dem gelben Blütenstaub des Hopfens, genannt Lubetin, das bitter ist und dem Bier den Geschmack gibt, bekamen die Pflücker ganz schwarze Finger, die erst nach tagelangem Waschen wieder hell wurden. Ich weiß das, weil wir in schlechten Zeiten selbst pflücken gingen. Ansonsten mussten die Pflücker oft aus anderen Gegenden von weit her geholt werden. Später ließ man den Hopfen nicht mehr an Stangen hinaufwachsen, die man jedes Jahr weg- und wieder herräumen musste, sondern an aufgehängten dünnen Drähten, die man beim Pflücken herunterriß. Das war einfacher und zweckmäßiger.

Das Erntedankfest hieß bei uns Hopfenkranzfest, denn da wurde die Hopfenkönigin gewählt, die man mit einem Kranz aus Hopfen krönte.

In Saaz gab es auch viele reiche Hopfenhändler. Die kauften den Bauern den Hopfen meistens schon ab, bevor er noch gepflückt war. Dann wurde der Preis manipuliert. Der Hopfen wurde in Juteballen gepresst, in der städtischen Hopfenhalle als „Saazer Hopfen" signiert und in die ganze Welt weiterverkauft. Die meisten Händler waren reich und viele von ihnen Juden, die schon in der Monarchie aus Galizien und anderen östlichen Ländern zugezogen waren. Das Geschäft erhielt einen derartigen Aufschwung, dass man sogar eine Hopfenbörse gründen wollte, aber dazu kam es nicht.

Während ich zur Schule ging, lebten meine Schwestern ja nicht mehr daheim. Emma wohnte schließlich schon seit meiner Geburt in Wien. Sie besuchte uns nur einmal jährlich auf kurze Zeit im Urlaub. Das war jedes Mal wie ein Fest. Einmal war es sogar wirklich eines. Da brachte sie nämlich Rudolf mit, ihren Bräutigam, und heiratete. Da war was los! Die ganze Wohnung wurde umgedreht, die Betten zerlegt und im Vorzimmer verstaut, um Platz zu schaffen für die Hochzeitstafel. Zu diesem Zwecke wurden alle vorhandenen Tische aneinander gereiht und mit reinen Leintüchern gedeckt. Ich trug damals noch einen weißen Matrosenanzug, durfte in der Hochzeitskutsche mit zur Stadtkirche fahren und den langen Brautschleier tragen. Für uns wurde sogar das Hauptportal der Kirche extra geöffnet, was sonst nicht einmal bei Festmessen üblich war. Orgelmusik empfing uns. Es erschien mir feierlich wie noch nie. Nach der Trauung spannten meine kleinen Freunde einen Strick vor das Portal, bis Rudolf ihnen eine Handvoll Münzen zuwarf, die mit Jubel aufgelesen wurden. Als Trauzeugin war Rudolfs Schwester Frieda mitgekommen, die Zigaretten rauchte. Das gab es damals bei uns noch nicht, dass Frauen rauchten, und ich rief ganz verwundert: „Die Frau raucht!" Beim Festmahle durfte ich sogar vom Wein kosten und wach bleiben, bis ich vor Müdigkeit umfiel. Am nächsten Tage fuhr das Brautpaar bereits zu dritt auf Hochzeitsreise in den Kaiserwald nach Westböhmen und von dort über den Böhmerwald wieder nach Wien. Zu dritt deshalb, weil Tante Frieda, die Trauzeugin, auch dabei war.

Mantschi hingegen verdiente sich ihren Lebensunterhalt als Kindermädchen bei fremden Familien. Nur hielt sie es selten länger als ein Jahr aus. Zu Weihnachten bekam sie immer Heimweh. Sie verließ plötzlich ihren Posten unter Verzicht auf das Weihnachtsgeld und war am Heiligen Abend wieder bei uns. Natürlich traute sie sich nachher nicht mehr zu der gleichen Familie zurück, sondern nahm im neuen Jahr einen neuen Posten wieder woanders an. Auf diese Art lernte sie ein Stück von der Welt kennen und hatte noch ihren Unterhalt dabei.

Mein Vater erwies sich als guter Handwerksmeister. Deshalb mehrten sich auch die Kunden. Vater konnte bald einen und später noch einen zweiten Gesellen beschäftigen, manchmal auch einen Lehrbuben. Fallweise half sogar ich mit leichten Nebenarbeiten. Vor allen Dingen ging ich Schuhe austragen. Ich brachte die fertigen Schuhe den Kunden in's Haus und wenn ich ein Trinkgeld bekam, so war das mein Taschengeld. Dabei konnte ich interessante Erfahrungen machen. Von den armen Kunden bekam ich öfter etwas als von den reichen. Am ärgsten benahm sich der wohlhabende Direktor der Mädchenschule, der eine ganz vornehme Villa besaß. Er machte kaum die Tür auf, maß mich mit seinem Zwicker auf der Nase von oben bis unten, als ob ich vom ärgsten Gesindel käme, und als ich die Schuhe hinstellte, bezahlte er nichts, sondern schlug die Tür wieder so zu, dass ich vor Schrecken die Flucht ergriff.

Gearbeitet wurde damals Montag bis Samstag von sieben Uhr früh bis sieben Uhr abends mit kleinen Pausen, aber wenn ein Gehilfe weggehen musste, konnte er dies natürlich tun. Das war eine Vertrauenssache. Meine Mutter kochte für alle, mittags und abends, und Kaffee gab es auch. Es war allerdings Malzkaffee mit sehr wenig Bohnen. Ein Geselle vom Dorf schlief sogar bei uns im Vorzimmer und fuhr nur sonntags nachhause.

Im Winter, wenn es bald finster wurde, arbeitete Vater mit seinen Gehilfen beim Petroleumlicht. Eine Lampe wurde auf dem Bankl angezündet und um diese herum mit Wasser gefüllte Glaskugeln aufgehängt. Durch diese Kugeln hindurch strahlte der Schein gebündelt, wie von Reflektoren verstärkt auf die Arbeit.

Meine beiden Brüder wohnten noch zuhause, als ich in die Schule kam. Karl lernte Schildermaler und Erich begann die Handelsschule. Karl trieb es aber bald in die Welt. Als er seine Lehrzeit beendet hatte, ging er regelrecht auf die Walz, so wie es schon bei den Wandergesellen im Mittelalter üblich war, seine beruflichen Kenntnisse zu erweitern. Natürlich ging er nicht zu Fuß wie seinerzeit, sondern er fuhr mit der Bahn. Zuerst war er im vierzig Kilometer entfernten Brüx und dann in Aussig an der Elbe, von wo er noch fast jedes Wochenende heimkam. Auf einmal schrieb er uns aus Dresden, auch noch an der Elbe, aber nicht mehr in Böhmen, sondern in Deutschland. Von dort besuchte er uns seltener, denn das war schon weiter weg. Später erhielten wir von ihm Briefe aus Berlin, dann aus Hamburg, Düsseldorf und zuletzt aus Köln am Rhein, denn dort heiratete er und machte sich selbstständig, aber einmal im Jahr besuchte er uns immer, meistens mit seiner Frau, und auch mit den Kindern, die sich bald einstellten.

Erich hingegen arbeitete nach Beendigung der Handelsschule in Saaz in einer Spedition. Jahre später erst nahm er einen Posten in der Landeshauptstadt Prag an, kam aber immer zum Wochenende mit dem Zug nachhause.

Als Spielgefährten für mich erwiesen sich meine Geschwister schon von Anfang an als zu alt. Also hätte man mich in dieser Beziehung trotz unserer großen Familie fast als Einzelkind ansehen können, aber ich fand schon bald in der Nachbarschaft gleichaltrige Kinder, mit denen ich spielen und mich beschäftigen konnte.

Das alte Bauernhaus, in dem wir wohnten, gehörte zwei ledigen Schwestern. Die besaßen am Stadtrande auch Felder, jedoch hatten sie Schwierigkeiten, diese zu bestellen. Kinder waren damals auch keine da. Also verkauften sie ab und zu ein Grundstück, um von dem Erlös ihr Leben etwas zu verbessern. Eine der beiden heiratete dann einen Chauffeur, der drei Häuser weiter im Privatsanatorium eines Frauenarztes beschäftigt war. Dieser Arzt hatte nämlich das einzige Auto in der Gasse und das war noch dazu eine achtzylindrige Horch-Limousine, damals der beste Wagen, den es gab. Die Arztfamilie fuhr auch jeden dritten Sommer mit dem Chauffeur nach Ostende in der Nordsee baden. Das imponierte mir, jedoch die Spielgefährten fand ich da nicht.

Auf der anderen Seite der Gasse hingegen wohnte der nicht viel ältere Max mit seiner etwas jüngeren Schwester Luise. Deren Vater unterhielt ein gut florierendes Lebensmittel- bzw. Kolonialwarengeschäft. Wenn ich mit meiner Mutter dort einkaufen ging, schenkte er mir manchmal ein kleines Stanitzl mit Zuckerln. Mutter zahlte aber auch immer bar, zum Unterschied vom Baron von Stecknitz. Der kam mit seinem knallroten Mercedes Sportcoupé vorgefahren, dessen Motorhaube zwischen dem spitzigen Kühler und der beweglichen Windschutzscheibe allein schon fast zwei Meter lang war, aber bezahlt hat der nie. Der ließ alles, was er kaufte, immer nur aufschreiben. Der Kaufmann machte vor ihm auch noch eine Verbeugung in der Hoffnung, dass der Kunde die Ware wenigstens zum Monatsende beglich, denn von einer Herrschaft traute sich der Greißler keine Barzahlung zu verlangen. Das waren noch die Überbleibsel der Monarchie.

Mit den Kaufmannskindern vertrug ich mich recht gut. Max geriet, so wie sein Vater, oft leicht in Zorn, aber sonst war er recht angenehm. Luise war nach ihrer Mutter sehr gutmütig und brachte manchmal Kuchen, wenn wir auf der Pawlatsch spielten.

Weiter oben auf dem Reisplatzl, sogenannt nach den reichen Hopfenbauern und Pferdehändlern Reis, die dort die Hälfte der Häuser besaßen, wohnte eine Schwester meines Vaters, die Tante Jetti. Das war eine alte Jungfer, die früher lange Zeit als Köchin in Prag gearbeitet und dort ein reines Hochdeutsch gelernt hatte, denn aus Prag stammte ja die hochdeutsche Schriftsprache. Als die Tante von Prag zurückkam, schlief sie die erste Zeit auch noch bei uns, obwohl wir selbst so viele Personen waren. Tante Jetti war etwas schrullig, aber eine blitzsaubere Frau. Jeden Abend nahm sie das Lavoir mit Wasser, stellte sich damit in eine vom Petroleumlicht vernachläßigte Ecke des Zimmers, zog sich dort pudelnackt aus und wusch ihren wie ein Cello geformten Körper von oben bis unten. Vater neckte sie deswegen öfter, aber auch deshalb, damit sie sich bemühe, eine eigene Wohnung zu finden. Natürlich kränkte sie sich dann und flötete immer: „Edmund, wenn du mich lange ärgerst, gehe ich noch in's Wasser!" Die Tante meinte damit, sie wolle sich ertränken, denn schwimmen konnte sie nicht. Für uns war das ein Rießenspass, bis sie die eigene Wohnung im Reishaus gefunden hatte.

Neben Tante Jetti wohnte ein Junge namens Rudi mit seiner Mutter. Mit dem kam ich zusammen, als ich zur Tante ging. Der war etwas älter als ich und erzählte mir, dass die Mädchen anders aussahen als die Buben. Einmal spielten wir beide mit einer Freundin bei uns auf der vorderen Pawlatsch. Das Vorderhaus hatte nämlich auch zum Hofe hin einen offenen, hölzernen Gang, der von unseren Fenstern zu sehen war. Auf dem Geländer hing ein Teppich zum Lüften, den wir als Indianerzelt benützten. Wir krochen darunter und Rudi sagte zur Freundin: „Spielen wir Doktor. Zeig uns deinen Bauch! Wir untersuchen dich."

Gutmütig wie sie war, zog sie die Hose herunter. Zuerst fanden wir nichts, denn im Wigwam war es düster und gerade als wir eine andersartige, verdächtig riechende Stelle entdeckt glaubten, erscholl plötzlich die Stimme meiner Mutter: „Willi! Wo bist du? Was machts denn ihr da? Lasst den Teppich in Ruhe! Der gehört der Hausfrau!"

Damit waren unsere medizinmännischen Forschungen jäh beendet, aber unsere jugendlichen Erfahrungen hatten sich immerhin um eine Kleinigkeit bereichert.

Mit Rudi konnte ich mich auch sonst recht gut unterhalten und das Interessante bestand darin, dass er fließend Deutsch und Tschechisch sprach, während ich von der tschechischen Sprache damals noch keine Ahnung hatte. Seine Mutter war nämlich Tschechin und er besuchte die tschechische Schule. Meine Mutter hingegen verstand ja überhaupt nicht Tschechisch und mein Vater nur ein paar Wörter. Als ich in unserer deutschen Volksschule und auch sonst mehr Freunde fand, verlor sich der Kontakt mit Rudi allmählich, denn er verkehrte dann vorwiegend mit seinen tschechischen Kameraden.

Rechterhand von unserem Kaufmann befand sich ein großes Hopfenmagazin. Es hatte drei Stockwerke, die im Herbst alle voll mit Hopfen waren. Die hellgrünen Dolden wurden von den Bauern dort eingeliefert, getrocknet, geschwefelt sowie in Juteballen gepreßt, bevor sie als „Saazer Hopfen" in die Welt gingen.

Eines Nachts hörten wir auf der großen Uhrglocke vom Rathausturm Alarm schlagen bzw. Sturm läuten. Als wir munter wurden, sahen wir vor unserem Hofe alles grellrot erleuchtet. Wir ahnten sofort, was los war, und riefen:

„Das Magazin brennt!"

Wir kleideten uns rasch an und eilten hinunter. Als wir vor die Haustür kamen, traf gerade die freiwillige Feuerwehr ein, aber das große Haus stand bereits in vollen Flammen. Aus dem lodernden Feuer heraus hörten wir mit lautem Knallen die Hopfenballen in der Hitze explodieren. Es herrschte eben Nordostwind. Der trieb die zersprengte Hopfenglut nach der anderen Seite kilometerweit durch die Luft. Einige alte Häuser hinter dem Magazin brannten inzwischen auch schon lichterloh. Deren Bewohner konnten nur ihr nacktes Leben retten, indem sie aus den, Gott sei Dank, ebenerdigen Fenstern sprangen und wegliefen. Hinter diesen Häusern lag der Klostergarten. Die Feuerwehr konnte nicht mehr tun, als mit ihren Spritzen das Kloster und die andersseitig am Magazin angrenzenden Gebäude vor dem Brand zu schützen.

Wir standen furchtbare Angst aus, dass der Wind sich drehen und den brennenden Hopfen auch auf unsere Wohnung blasen könnte. Da rief mein Vater: „Kommt! Was wir tragen können, schaffen wir weiter nach unten in die Schlosserei." Zuerst trugen wir das Betriebskapital weg, nämlich das Leder, und dann alle anderen Sachen, die uns wertvoll und wichtig erschienen und sich leicht befördern ließen. Dann erst konnten wir etwas erleichtert aufatmen und später unsere Sachen zurückholen. Dieses fürchterliche Ereignis hatte mich jedenfalls so stark beeindruckt, dass ich darüber in Anlehnung an Schillers „Glocke" ein langes Gedicht schrieb, das ich meinem Deutschlehrer zum Lesen vorlegte. Der sagte, es sei recht schön, aber als Kunst sah er es vielleicht doch nicht an.

Vor dem Hopfenmagazin befand sich ein kleineres Haus. In diesem wohnten die Tilp-Buben, auch Freunde von mir, und vor deren Gartentor stand ein Brunnen mit einer Schwengelpumpe darauf. Das war unser „Brunnen vor dem Tore". Dort holten wir alle das Trinkwasser, denn aus der Wasserleitung in den Häusern floss Egerwasser, also Flusswasser, das wir nur zum Waschen und Kochen verwendeten, weil es ungekocht nicht genießbar war.

Unser Wohnhaus lag an einer Ecke zurückgesetzt. Dadurch ergab sich an dieser Stelle der Gasse ein kleiner sandiger Platz – unser Platzl –, der sich für die Kinder, die rund um ihn herum wohnten, gut zum Spielen eignete. Dort fand ich sie alle, Max und Luise, die Tilp-Buben und andere. Wir spielten Kugelschieben, Reifen- und Kreiselpeitschen, den Spatzkerl schlagen, Tempelhupfen, Landstechen, Räuber und Gendarm und was uns sonst noch einfiel. Wenn wir Durst hatten, liefen wir zum Brunnen. Einer pumpte, der andere trank das frische Wasser aus der Hand. Und wenn es Zeit zum Essen war, hörte ich meine Mutter von der Pawlatsch über das Hoftor hinweg rufen:

„Willi, kumm ham, es Ess'n is fertich!"

4.
EMSCH

Die Spielkameraden wurden allmählich von Schulfreunden abgelöst. Einer davon war Emil Huß mit Spitznamen Emsch. Der avancierte sogar vom Spielkameraden zu meinem besten Freund. Wir hatten schon Freundschaft auf unserem Platzl geschlossen, noch bevor wir in die Schule kamen. Eigentlich gingen wir gar nicht miteinander zur Schule, obwohl Emsch nur knapp ein halbes Jahr älter war als ich. Er wurde nämlich vor der Jahreswende und ich nachher geboren. Aus diesem Grunde unterlag er der Schulpflicht ein Jahr früher.

Emsch wohnte gegenüber der Hopfensignierhalle. Sein Vater betrieb im Hofe des Hauses eine Tischlerwerkstatt. Die Wohnung lag im ersten Stock mit kleinen Fenstern zur Straße und bestand aus einem Einzelraum mit einem langen, finsteren Alkoven. Der Hauptraum sah aus wie ein Schlafzimmer mit Doppelbetten und einigen Kästen. Vor den Betten stand der übliche Tisch mit vier Sesseln und an der Wand ein Kanapee. Im finsteren, fensterlosen Alkoven befanden sich links hintereinander noch ein Bett und eine Ottomane sowie rechts der eiserne Küchenofen und ein kleiner Arbeitstisch.

Die Familie hatte schon elektrisches Licht, das aus einer fünfzehn Watt starken Glühbirne mit einem kleinen Schirm kam. Diese Lampe hing über dem Zimmertisch, konnte aber auch in den Alkoven bis zum Herd gezogen und dort an einem Wandhaken aufgehängt werden. Es gab keinen Zähler, denn der geringe Strombedarf wurde pauschal verrechnet.

Emils Verhältnisse waren sehr traurig. Der Vater litt unter schweren, oft tagelangen Asthmaanfällen. Ein Bruder starb schon als Kind, der zweite war stumm und blöde und konnte auch als Erwachsener nur auf unserem Spielplatzl den Kreisel peitschen, ein Kinderspiel, sonst nichts. Die einzige Schwester Amalie spielte im Alter von über zwanzig Jahren noch mit ihrer Puppe. Sie sprach immer nur einen kurzen Satz: „Hast Fleckerln? Hast Fleckerln? Hast Fleckerln?"

Das wiederholte sie jedoch stundenlang. Mit den Fleckerln wollte sie der Puppe Kleider nähen. Auf Fragen gab sie keine Antwort. Die Geschwister waren also alle geistig zurückgeblieben und wurden auch nicht sehr alt.

Emils Mutter konnte sich über diese trostlosen Zustände seelisch nur durch strenge Religiosität hinweghelfen. Sie besuchte jeden Tag schon um sieben Uhr früh die erste Messe in der nahen Klosterkirche und versäumte fast keinen Nachmittag die Andacht, um die heilige Muttergottes um Hilfe anzuflehen. Der Rosenkranz war immer zur Hand und die Gebete flossen schon ganz schematisch über die Lippen, aber fluchen und schimpfen konnte die Frau in ihrer Verzweiflung wie ein Rohrspatz.

Mein Freund Emsch war das einzige intelligente Kind der Familie. Natürlich wollte ihn seine Mutter genauso gottesfürchtig erziehen, wie sie selbst war. Deshalb wurde er Ministrant. Er übte diese Tätigkeit sehr gut aus, aber es steckte immer der Schalk in ihm. Einmal nahm er mich mit zum Glockenläuten auf den großen Turm der Stadtkirche. Er zeigte mir, wie die Glocken in Gang gebracht wurden. Als das Geläute in vollem Schwung war, hielten wir uns an den Strängen fest und hüpften mit diesen immer wieder hoch hinauf. Das war sehr lustig und auch von der Höhe des Turmes auf die nun klein erscheinenden Erwachsenen hinabzusehen, war richtig erhebend.

Ich verstand mich sehr gut mit Emil. Bei schönem Wetter hielten wir uns meistens mit den anderen Buben auf unserem Platzl oder in dessen nächster Umgebung auf. Zum Abendessen meldete sich nicht nur meine Mutter hinter dem Tor, sondern von der anderen Seite rief auch Frau Huß, dass das Nachtmahl fertig sei. Jedoch einmal war Emil nicht zu finden. Da schrie sie in ihrer urwüchsigen Art:

„Emil! Du Verrecker, wenn du net hamkummst, da erschlog ich dich!" Ich wunderte mich, wie sie ihn erschlagen wolle, wenn er gar nicht da war, aber mehr als ein Kopfstück bekam er sowieso nie, denn dann entwich Emsch schon wieder.

Was meine Person anbelangt, so kann ich mich nicht erinnern, überhaupt jemals von meiner Mutter bestraft worden zu sein. Wenn notwendig, so musste das mein Vater tun. Ich weiß nur einen einzigen Fall und da fühlte ich mich nicht schuldig. Erich neckte und ärgerte mich, bis ich bös wurde und ihm aus Zorn eine Haarbürste nachwarf. Ich hatte das Pech, dass die Bürste haarscharf an meinem Bruder vorbeiflog und eine Fensterscheibe zertrümmerte. Na, mehr brauchte ich nicht. Ich versuchte zwar sofort, erbarmungswürdig zu weinen, aber der Trick half nicht. Vater nahm den Schusterriemen, mit dem er vorher einen reparaturbedürftigen Schuh an seinem Knie festgehalten hatte, legte mich statt des Schuhes über das Knie und schnalzte mir den Riemen mehrmals über den Hintern. Ich traute mich nicht zu sagen, dass eigentlich Erich schuld war. Sonst hätte ich vielleicht von diesem draußen dann auch noch eine Watsche über das Gesicht bekommen. So tröstete ich mich mit dem Gedanken, wie edel es von mir war, meinen Bruder nicht verraten zu haben.

Wenn meine Mutter Wäsche wusch, so stellte sie im Vorzimmer den hölzernen Waschtrog auf ein Stockerl. Das Wasser holte sie in einer Kanne von der Wasserleitung, die sich im Vorderhause unter der Stiege befand. Auf dem Ofen wurde das Wasser in einem großen Blechtopf erhitzt und gewaschen wurde im Trog mit gewöhnlicher Terpentinseife auf einer Blechrumpel.

Damals kannte man noch nicht die vielen chemischen Waschmittel und auch keine Umweltverschmutzung. Es gab noch keinen sauren Regen, der die Bäume sterben ließ, und keine Luftverpestung durch Massenautomobilismus und chemische Fabriken.

Die Wäsche wurde trotz der einfachen Seife sauber und sogar viel frischer und duftender als heute. Im Winter konnte sie meine Mutter nur am Strick aufhängen, aber im Sommer kam die frisch gewaschene Wäsche in einen großen Buckelkorb und Mutter trug sie huckepack zur Eger hinunter. Ich lief mit einer leeren Gießkanne daneben her, denn beim Egersteg wurde eine große Wiese direkt neben dem Fluss zum Wäschebleichen vermietet.

Steg und Wiese gehörten der Gemeinde. Der Steg war eine Fußgängerbrücke und wer darüber wollte, musste Maut zahlen. Dafür gab es ein kleines Mauthäuschen, in dem ein Kriegsinvalide mit seiner Familie wohnte und kassierte. Die Gebühr betrug nicht viel. Deshalb durfte diese Familie auch die Wiese vermieten.

Wir breiteten darauf die Wäsche aus und ich holte, während Mutter inzwischen heimging, in gewissen Zeitabständen mit der Kanne Egerwasser und begoss die Wäsche, immer wenn sie von der Sonne getrocknet war. Das wiederholte ich stundenlang, aber die Mühe lohnte sich, denn die Wäsche wurde vom kalkarmen Flusswasser wunderbar weich, von den Sonnenstrahlen blütenweiß und duftete ganz frisch und herrlich.

In den Pausen ging ich baden, aber anfangs nur wenn Emil dabei war, denn der konnte schon schwimmen. Der Platz war sehr günstig zum Lernen. Die Eger bildete um die Wiese herum einen sanften Bogen und beim Hineinwaten wurde das Wasser nur ganz allmählich tiefer. In der Mitte des Flusses reichte es mir bis zur Brust. Die äußere Seite des Egerbogens war mittels einer steinernen Mauer reguliert. Dorthin konnte man aber nur noch schwimmend gelangen. Ich schritt also ein Stück ab, dort wo mir das Wasser gerade bis zu den Schultern reichte, und machte unermüdlich Schwimmübungen. Emil zeigte sie mir. Als es schon einigermaßen ging, setzte sich mein Freund auf die Mauer und rief: „So, jetzt kumm rüber!"

Ich ließ mir das nicht zweimal sagen, nahm einen Schwung und, siehe da, ich schaffte es. Emil half mir auf die Mauer und wir freuten uns riesig, dass ich jetzt schwimmen konnte.

Eines Tages wollte er mir auch den Kopfsprung beibringen. Er hatte ihn schon öfter probiert, aber da war ich noch etwas misstrauisch. Er sagte: „Schau, das geht ganz einfach!", streckte die Arme aus, beugte sich nach vorne und vollführte wirklich einen schönen Sprung. Mit dem Kopfe nach unten schnellte er ins Wasser. Es kam mir etwas lang vor, bis Emils Kopf auftauchte und ich traute meinen Augen nicht. Die Haare färbten sich blutig rot. Emil schien ganz benommen. Mithilfe eines anderen Buben zog ich ihn heraus. Er war auf einen großen Stein gestoßen. Nachdem er sich ein wenig erholt hatte, zogen wir uns an und gingen zu ihm nachhause. Seine Mutter schlug zuerst die Hände über dem Kopf zusammen. Dann fing sie an zu schreien und zu beten. Schließlich ging sie mit Emil zum Doktor. Der schnitt ihm einen Teil der Haare ab und legte um den ganzen Kopf einen Verband an. Dann sagte er, dass es noch ganz gut abgegangen sei. Mir aber war die Lust zum Kopfspringen jedenfalls vergangen.

Unsere Mütter ließen uns dann nur noch in die sogenannte „Schwimmschule" baden gehen. Das war die städtische Badeanstalt. Sie opferten dafür sogar ein Taschengeld. Dieses Bad hatte Umkleidekabinen, sodass wir nicht mehr auf unser Gewand aufpassen mussten. Ferner gab es eine gepflegte Liege- und Spielwiese und vor allen Dingen ein großes, in der Eger schwimmendes Floß mit zwei regulierbaren Bassins für große und kleine Nichtschwimmer. In einem Buffet konnten wir Eis und andere gute Sachen kaufen, falls das Taschengeld noch reichte. Das war herrlich.

Es gab auch einen Bademeister und dazu einen Witz. Eigentlich handelte dieser Scherz von einem jungen Sonderling namens Isidor Kohn, einem Stotterer. Der plantschte im Schwimmbecken und rief mehrmals: „U-U-Untertauchen!? U-Untertauchen!?", bis ihm der nahe stehende Bademeister den Kopf ins Wasser steckte. Das wiederholte sich ein paar Mal. Der Schwimmmeister hatte dann schon genug und sagte: „Tauch selber unter!". Als Antwort kam: „Untertauchen hat mir der Doktor verboten!" Schallendes Gelächter folgte.

Auch ich hatte ein peinliches Erlebnis mit dem Bademeister. Als ich einmal über den Fluss schwamm, kam ihm mein Privatstil scheinbar nicht sicher genug vor und ich musste im großen Becken Probeschwimmen. Ich schwamm und schwamm, bis mir die Luft ausging. Als ich mich dann umsah, war der Meister gar nicht mehr da. Ich schämte und ärgerte mich, ließ mich lange nicht mehr blicken und zog indessen das Wildbaden wieder vor.

Als mein Bruder Erich nach Beendigung der Handelsschule sein erstes Geld verdiente, kaufte er sich davon ein schönes, neues Fahrrad. Ich hatte schon vorher mal auf einem alten Rad gelernt und durfte Erichs Rad benützen. Das machte mir auch sehr viel Spaß, aber der „radlose" Emil tat mir leid. So ließ ich ihn vor mich auf die Stange setzen. Er hielt sich mit an der Lenkung fest und ließ seine Beine links herunterhängen. Ich trat in die Pedale und fuhr, so gut es ging. Bald unternahmen wir auf diese Art und Weise sogar Ausflüge in die umliegenden Dörfer. Damit Emils Hinterteil von der Stange keinen zu tiefen Einschnitt bekam und ich mich mit dem Treten nicht überanstrengte, wechselten wir öfter unsere Plätze, denn er fuhr auch fast besser als ich. Einmal, als Emil wieder auf der Stange saß, fuhr ich die steil abfallende Straße nach Welletitz hinab. Es war ein Hochgenuss, das Rad laufen zu lassen. Unten sahen wir schon die Wellen des Goldbaches glitzern. Der Weg führte jedoch vorher nach links über die Brücke. Ich lenkte herum, doch plötzlich war Emils Knie im Weg. Wir kriegten die Kurve nicht und landeten mitten im Bach. Verletzt hatten wir uns nicht, aber unsere Kleidung war vollkommen durchnässt. Das Vorderrad hatte sich ganz herumgedreht und die Handbremse gebrochen, aber wir konnten noch fahren. Glücklicherweise ereignete sich dieser Unfall an einem heißen Sommertag, sodass wir uns auf der Heimfahrt wieder trocknen konnten. Aber wie sollte ich das meinem Bruder beibringen, dass das schöne Fahrrad so gelitten hatte? Davor hatte ich Angst. Der lässt mich nie mehr fahren, dachte ich, aber er war eine Seele von Mensch. Er schaute nur traurig vor sich hin und sprach kein Wort. Erich ließ das Rad reparieren und ich durfte es sogar wieder benützen. Nur musste ich ihm versprechen, nie mehr zu zweit!

Als Emil in die Handelsschule kam, trat er dem D. H. V. bei. Das war der Deutsche Handels- und Industrie-Angestellten-Verband mit Hauptsitz in Hamburg, ein gewerkschaftlicher Verein. Offizielle Gewerkschaften wie heute gab es damals noch nicht. Ein Jahr später wurde ich auch Mitglied. Emil war immer sehr ehrgeizig und hatte es inzwischen zum Jugendobmann gebracht. Das war eine schöne Zeit. Im neu erbauten Wandervogelheim im Stadtpark hielten wir unsere wöchentlichen Heimabende ab. Dort beschäftigten wir uns mit kaufmännischen Aufgaben in Übungs- und Scheinfirmen. Anschließend wurde meistens gespielt oder gesungen. Wir unternahmen auch Gruppenausflüge. Einmal fuhren wir sogar mit einem Elbedampfer in die böhmisch-sächsische Schweiz, die in uns einen gewaltigen Eindruck hinterließ. Ich erinnere mich auch noch an eine Weihnachtsfeier, bei der ein am Christbaum hängender Sternwerfer beim Singen eines Liedes ein in Papier gewickeltes Zuckerl in Brand steckte. Der Gesang verstummte sofort und alle starrten auf das brennende Papier, ohne sich zu bewegen. Ich stand gerade daneben, ergriff wie hypnotisiert einen leeren Teller und hielt ihn darunter. Gleich darauf war der Bindfaden durchgebrannt. Das brennende Zuckerl fiel auf den Teller und verlöschte. „Bravo!", riefen alle und das Fest ging weiter. In der Handelsschule hatten wir oft auch unseren Spaß. Der alte Weiß-Tata, Professor in Warenkunde, erzählte gerne von der italienischen Front im Ersten Weltkrieg und schimpfte dabei kräftig über die Katzlmacher, die Österreich verraten hatten. Im kaufmännischen Rechnen gab es einen Fimmel, das heißt, der Professor hieß ursprünglich so. Da er aber wirklich einen Fimmel hatte und dies nicht wahrhaben wollte, ließ er sich umtaufen auf den Namen Frieding. Bei uns blieb er aber der Fimmel, was ihn sehr nervös machte. Er rechnete unheimlich schnell und schrieb dabei die Tafel von oben bis unten in wenigen Minuten voll. Bei den begleitenden Erklärungen sagte er ununterbrochen „Nicht wahr?". Wir machten manchmal zum Zeitvertreib bei jedem Nichtwahr einen Strich und kamen auf durchschnittlich 240 Nichtwahrs in der Stunde. Das war schon ein Rekord. Nichtwahr?

Ansonsten hatten wir aber viel zu lernen, allein schon die acht Stunden Tschechisch in der Woche. Ich war trotzdem immer Vorzugsschüler, aber ausgerechnet den Abschluss verpatzte ich mir. Da hatten wir in Deutsch eine Redeübung zu halten und ein guter Redner war ich nie. Das Thema war jedem selbst überlassen, aber ich bildete mir ein, es müsse ein kaufmännisches sein und mir fiel nichts ein. Ich stand an der Tafel und schwieg. Der Professor wartete fünf Minuten, dann gab er mir eine Fünf und der Vorzug war weg, ausgerechnet im Abschlusszeugnis. Dabei wäre es so einfach gewesen, gut abzuschneiden. Ich interessierte mich damals brennend für Fotografie und las dicke Bände darüber, die ich mir aus der Gemeindebücherei ausborgte. Sogar meine erste Kamera bastelte ich mir selbst, eine sogenannte Stecknadellochkamera, mit der mir richtige Bilder gelangen. Ich wusste auch, dass mein Deutschprofessor ein sehr guter Fotoamateur war und über Fotografie hätte ich sicherlich eine Stunde sprechen können, aber der Gedanke kam mir nicht. Ich stand nur stumm auf dem Podium, bis sich meine Verlegenheit in Trotz verwandelte und der Einser in einen Fünfer. Aber das Leben ging weiter.

Sogar in den Ferien lernte ich Tschechisch und zwar praktische Umgangssprache. Die Schule vermittelte Tauschadressen. Dadurch konnte ich während der Ferien bei einer tschechischen Schuhmacherfamilie in Prag wohnen und deren Sohn, ebenfalls ein Handelsschüler, verbrachte diese Zeit bei meinen Eltern. Das war für mich etwas ganz Neues und sehr lehrreich, denn ich musste wohl oder übel tschechisch reden, weil das Ehepaar überhaupt nicht Deutsch verstand. Ich konnte mir einige Wochen kostenlos die böhmische Hauptstadt ansehen, wobei sich Ohr und Zunge an die fremde Sprache gewöhnten. Am Sonntag fuhr ich immer mit dieser Familie per Straßenbahn an die Moldau südlich von Prag, um wild zu baden. Essen und Decken wurden mitgenommen. So sonnten wir uns zwischen den Büschen, bis wir bereits halb gebraten waren.

Ich unterhielt mich dann schon recht gut auf Tschechisch, aber es fehlten mir noch immer einzelne Worte der Verständigung und vor allen Dingen hörten die Leute an meiner Aussprache sofort, dass ich Deutscher war.

Zum ersten Male in meinem Leben wohnte ich ganz allein, entfernt von der Heimat unter fremden Leuten, die meine Muttersprache nicht verstanden. Diese Umstellung und die vielen neuen Eindrücke, die in Prag auf mich einstürmten, machten mich so müde, dass ich jeden Abend wie erschlagen ins Bett fiel und morgens aus verwirrenden Träumen erwachte. Oft erfasste ich gar nicht gleich, wo ich mich überhaupt befand, und hatte Schwierigkeiten mit meinen täglichen Bedürfnissen. Obwohl ich wie ein Sohn behandelt wurde, kam ich nicht so zurecht wie zuhause in der gewohnten Umgebung bei meiner lieben Mutter.

Als ich gegen Ende meiner letzten Schulferien wieder heimkam, hatte ich Großes zu erzählen, was mich alles tief beeindruckte und für mich völlig neu war.

II.
Prag

I.
Lehrzeit

Während ich in die Handelsschule ging, wohnte niemand von meinen Geschwistern mehr daheim, Emma sowieso nicht, Mantschi befand sich meistenteils in Posten, Karl hatte sich schon lange in Köln selbstständig gemacht und Erich bekam eine Beschäftigung in Prag.

Nun hatte auch ich die Schule mit recht gutem Erfolg abgeschlossen, fand aber nicht sofort einen Arbeitsplatz. Die Verhältnisse waren damals bei uns zwar nicht so schlecht wie im alten Restösterreich, aber viel freie Stellen gab es bei Schulende gerade nicht. Erich kam zum Wochenende immer nachhause und da fragte er mich, ob ich nicht auch nach Prag kommen möchte, er würde sich um mich kümmern. Mein Bruder bewohnte dort zusammen mit unserem Cousin Pepp ein Untermietzimmer, in dem noch ein drittes Bett frei war und sie würden sich freuen, mich als Dritten im Bunde zu bekommen. Außerdem wäre es sehr von Vorteil, wenn ich meine praktischen Kenntnisse in der tschechischen Sprache noch weiter vervollkommnete und das könnte ich niemals daheim, sondern nur dort. Diese Argumente sahen unsere Eltern schweren Herzens ein und wir trösteten sie noch, dass wir ohnehin jeden Sonntag zuhause wären. Erich hatte das Prager Tagblatt mitgebracht. Darin fanden wir unter „Offene Stellen" folgende Anzeige:

„Auto Commerce Company Wiesner & Co., Havlickove nam. 31, sucht Büropraktikanten."

Meinem Bruder erschien das günstig, denn es war auch nicht weit von seiner Untermietwohnung. Also sagte er, ich solle gleich mit ihm fahren und mich dort vorstellen. Die Eltern meinten wehmütig: „Versuchen kann er es ja, wir werden sehen."

Schließlich war ich der Letzte, der von ihnen fortging und sie allein ließ. Mutter packte mit besorgter Miene alles ein, was ich brauchen könnte. Sie gab uns frische Wäsche und Kuchen mit. Vater begleitete uns zum Bahnhof. Er ließ es sich nicht nehmen, mit einem Stock über der Schulter den Koffer auf seinem Rücken zu tragen. Zum Abschiedskuss sagte er noch „Viel Glück!" Der Zug fuhr drei Stunden, zuerst noch ein Stück an der Eger entlang. Wir blickten zurück auf unsere Heimatstadt, die wie eine alte Festung auf einer Landzunge in das Tal hineinragte. Die einander ähnlichen Türme von Rathaus und Stadtkirche schauten wie ein Brüderpaar aus den Dächern der angrenzenden Häuser in den Himmel. Wir kamen unterhalb des Ausflugsgasthauses zum Semmering vorbei und verließen dann in einer weiten Biegung das Egertal. Der Zug fuhr nun zwischen Hopfengärten am Goldbach entlang und erreichte nach ein paar ansteigenden Kurven den Satkauer Wald. Dort wurde es dunkel und die beleuchteten Stationen kannte ich nicht mehr. Es gab nur noch tschechische Ortsnamen. Prag war die Endstation. Wir kamen durch eine Kofferkontrolle, denn wer viele Lebensmittel mitbrachte, musste dafür eine Verzehrsteuer bezahlen. Dann hatten wir noch fünfzehn Minuten zu gehen, durch den Torbogen des Pulverturms über den Altstädter Ring, bis wir in der Wohnung im engen, gewundenen Karlsgässchen ankamen. Das Zimmer kannte ich schon und Pepp, der Cousin, war noch nicht da. Der kam immer erst am Montagmorgen.

Am nächsten Tag ging ich mich vorstellen. Ich war so aufgeregt, dass ich vorher noch eine öffentliche Bedürfnisanstalt aufsuchen musste. Aus lauter Verlegenheit vergaß ich, die Wasserspülung zu betätigen. Da schimpfte die Wartefrau fürchterlich und schrie: „Lass runter, du deutsches Schwein!" Das war also meine erste Begrüßung in der Prager Öffentlichkeit, aber glücklicherweise begegneten mir nicht alle Tschechen so. Ich musste halt von unten anfangen.

Das Haus Havlicekplatz 31 war ein großer Prachtbau, in dem sich die böhmische Produktenbörse befand. Links neben dem Börseneingang gelangte man in die „Kleine Bühne", eine kleine, aber pompöse Nebenstelle des berühmten Prager Deutschen Theaters, in der es keine Stehplätze gab, sondern die Besucher in bequemen Klubsesseln saßen. Rechterhand des Börseneingangs gab es drei riesige Schaufenster, durch die man amerikanische Straßenkreuzer der Marke „Studebaker" bewundern konnte.

Darüber stand: „Auto Commerce Company". Daneben fand ich eine Glastür, die ich nun klopfenden Herzens durchschritt. Zuerst sah ich keinen Menschen. Dann kam unter einem der Wagen ein junger Mann hervorgekrochen. Das war der Mechaniker. Er führte mich durch eine fensterlose Diele in ein finsteres Büro. Dort tippte ein rassiges, schwarzhaariges Fräulein auf der Schreibmaschine. Als ich mich vorstellte, führte es mich in ein weiteres Zimmer zu zwei Herren. Der Ältere mit weißen Haaren gab mir die Hand und sagte: „Wieser", und mit einer Geste: „Das ist mein Prokurist, Herr König." Außer dem Mechaniker waren alle Juden. Nachdem man mich und mein Zeugnis für gut befunden hatte, meinte Herr Wieser, der Chef, ich könne gleich anfangen. Das Gehalt war wenig, aber ich nahm es an. Schließlich war ich ja nur Büropraktikant. Das Fräulein führte mich wieder in die fensterlose Diele und nun gewahrte ich dort einen Schreibtisch mit Rollladen. Der war für mich bestimmt. Glücklicherweise stand da auch eine Schreibtischlampe, damit ich etwas sehen konnte. Mit Handel hatte meine Tätigkeit nicht viel zu tun, aber Schulabgänger, die keine Empfehlung hatten, mussten damals meistens als Stift anfangen. Ich war eigentlich nur ein Laufbursche. Zum Maschinenschreiben kam ich nicht, obwohl ich es schon ganz gut konnte. Vormittags musste ich für die anderen das Gabelfrühstück kaufen und die Fleischermädchen lachten mich aus, weil ich bei den tschechischen Hauptwörtern noch das Geschlecht verwechselte. Sonst machte ich Botengänge, auch zur Bank. Da kam ich wenigstens aus dem finsteren Loch heraus. Am Nachmittag kuvertierte ich die Briefe, klebte die Briefmarken darauf und zum Schluss ging ich zur Post. Wir hatten auch einen Buchhalter namens Effenberger aus Reichenberg. Dem durfte ich manchmal helfen. Als er auf Urlaub ging, zeigte er mir, wie die schweren Karteikästen in den Tresor geschoben wurden. Ich schaute aufmerksam zu, als er sich einen Schwung nahm und mir mit seinem Ellbogen die Brille einschlug. Gott sei Dank ging es nicht ins Auge.

Manchmal durfte ich auch bei Probefahrten als Rücksitzbelastung dabei sein. Da wurden die Radfedern besonders niedrig gestellt, damit die Autos einen sportlichen Eindruck boten, und ich freute mich, wie die Wagen auf die königlichen Weinberge hinaufflitzten. Im Unterschied zum heutigen wahnsinnigen Motorenlärm schätzte man damals starke Autos, die man kaum hörte. Diese Achtzylinder konnte sich aber auch meistens nur die feine Gesellschaft leisten, die man heutzutage kaum noch sieht.

Nach einem Jahr ging mein Praktikum zu Ende und ich hoffte, nun für besser bezahlte Tätigkeiten eingeteilt zu werden. An dem Stichtag kam auch Herr Prokurist König zu mir, mit einem Schreiben in der Hand. Er wirkte immer nervös und zerfahren. Das war ich schon gewöhnt. Aber diesmal fing er sogar an zu stottern. Ohne ein verständliches Wort herauszubringen, reichte er mir den Brief. Es war eine Kündigung. Die Firma ging auf Urlaub und nahm sich nachher einen neuen Praktikanten, dem sie nicht viel zahlen musste. Ich war entlassen.

Erich tröstete mich: „Lass den Kopf nicht hängen. Wir werden schon wieder etwas finden." Er hatte inzwischen selbst schon den zweiten Posten in Prag. Zuerst war er in einer chemischen Fabrik beschäftigt gewesen und nun arbeitete er bei der Union Versicherung. Er meinte, dass er mich vielleicht auch mal bei der Versicherung unterbringen könne, aber zuerst müsse ich meine tschechischen Sprachkenntnisse noch weiter vervollkommnen. Das war bei der jüdischen Firma sowieso nicht der Fall gewesen, denn die sprachen selbst lieber Deutsch. Ich müsste daher richtig unter Tschechen kommen. Wir studierten sofort die Zeitungsspalten „Offene Stellen". Ich fing an, Gesuche zu schreiben und wartete auf Antwort.

Unser Untermietzimmer war eine alte Bude im ersten Stock mit zwei Fenstern auf einen mittelalterlich anmutenden Hof hinaus. Eintreten konnten wir nur durch ein kleines Vorzimmer, in dem beim Fenster die alte Vermieterin oder deren mittelalterliche Tochter saßen. Gegenüber dem Fenster war der Raum durch einen Vorhang abgeteilt, hinter den wir nie sehen konnten. Vermutlich lag dahinter die Küche und eine weitere Zimmertür. Der Abort befand sich auf dem Gang. Ich schlief mit Erich in einem Doppelbett und ein drittes Bett wurde von Cousin Pepp benützt.

Wir erlebten damals die Anfänge des Radios. Auf dem Nachtkästchen hatten wir einen Kristallempfänger. Wir sagten auch Detektor. Der brauchte keinen Strom, aber man konnte nur Kopfhörer anschließen und ausschließlich den Ortssender Prag hören. Wir hatten aber sogar drei Hörer angehängt mit Leitungen zu den Betten, sodass wir im Liegen zu jeder Zeit Radio hören konnten. So einen Komfort gibt es heutzutage nur in den besten Krankenhäusern. Damit wir auch wirklich alle drei etwas hörten, hatten wir einen Draht als Antenne über den Hof zur gegenüberliegenden Pawlatsch gespannt. Richtig spannend wurde es mal gegen Mitternacht. Da sahen wir damals schon eine Art Fernsehkrimi, auf Englisch „Thriller":

Wir lagen beim Mondenschein mit den Kopfhörern über den Ohren in den Betten. Auf einmal öffnete sich ganz langsam die Zimmertür. Die Ahnfrau schwebte lautlos im wallenden Schleiergewande durch den fahlen Schein der schwachen Mondstrahlen. Langsam erhoben sich ihre Arme und schweiften am oberen Rande eines der alten Kästen entlang, als ob sie etwas sich dahinter Verbergendes beschwören wollten. Plötzlich hielten ihre bleichen Hände einen großen, glitzernden Kristall hoch empor. Die krächzenden und pfeifenden Töne der Nachtmusik kamen nicht mehr aus den Kopfhörern, sondern vom Fußboden her. Nun begann sich das Nachtgespenst nach hinten zu bewegen und verschwand allmählich in sich zusammensinkend wieder durch den Türspalt.

Wir konnten uns eines dahin gehauchten, befreienden „Huh-Huhs" nicht erwehren. Es war die mittelalterliche und etwas bucklige Tochter, die ihrem spät abends von einer Geschäftsreise zurückgekehrten Verlobten noch ein Glas Kompott vom Schrank geholt hatte und uns nicht im Schlafe stören wollte.

Pepp war in unserem Junggesellen-Trio der Älteste. Er hatte die gleiche Schulbildung wie Erich und ich, war aber durch einen Jugendfreund daheim zu einer studentischen Verbindung und zur deutschböhmischen Landjugend gekommen. Damals gab es noch nicht die offiziösen Gewerkschaften und die Abhängigkeit von großen politischen Parteien. Dafür schlossen sich die Menschen viel mehr in Vereinen verschiedenster Art zusammen und das war gut so. Das gab der Jugend Ziele und ließ sie nicht vor Langeweile eckenstehend auf dumme Gedanken kommen.

Als Eckpfeiler der Deutschböhmen gab es den „Bund der Deutschen" in Böhmen. Dem gegenüber stand in Saaz die ursprünglich kleine tschechische „Beseda". Das waren keine politischen Parteien, sondern volksgruppengebundene, kulturelle Vereinigungen. Als bei den öffentlichen Stellen, wie Bahn, Post und anderen, in Saaz die noch von Deutschen besetzten Posten nach Pensionierungen oder Sterbefällen systematisch durch Tschechen aus dem Landesinneren ersetzt wurden, stieg der Anteil der tschechischen Bevölkerung in meiner Heimatstadt im Laufe der Jahre allmählich von vier auf fünfundzwanzig Prozent an, denn die Zuwanderer brachten auch Verwandte, Bekannte oder Geschäftsfreunde mit. Die deutschen Straßentafeln wurden durch zweisprachige ersetzt. Die Jugend fing an, in den Sog der Politik geraten. Dabei ging es aber nicht nur um Deutsche und Tschechen oder um Christliche und Kommunisten. Nein, auch der Sport geriet ins Treffen. Vom Deutschen Turnverein spaltete sich der Deutschvölkische Turnverein ab, in dem keine Juden aufgenommen wurden.

Pepps Jugendfreund jedoch wurde Obmann der deutschen Landjugend in Böhmen und diese unterstand dem Bund der Landwirte, einer kleinen deutschen Splitterpartei im Prager

Parlament. Als Pepp mit der Schule fertig war, kam er durch seine Beziehungen in die Parlamentskanzlei dieser Partei und wurde dort Klubsekretär.

Es war Sommer 1932. Unsere Bude lag wirklich ideal, mitten im Zentrum der hundert-türmigen, goldenen Stadt. Hundert Meter entfernt, am Anfang der alten Karlsbrücke, ragte der Brückenturm aus dem Häusermeer. Wenn ich da hinaufstieg, sah ich sie alle auf einmal, die hundert Kirchtürme im Kreise herum. Unter mir auf der Brücke stand das steinerne Ebenbild des Johannes von Nepomuk, der von dort in die Moldau gestürzt wurde. Ungefähr dreihundert Meter stromaufwärts, gegenüber dem Prachtbau der Union Versicherung ragte das tschechische Nationaltheater hervor, wo ich „Die verkaufte Braut" von Smetana in der Originalfassung erlebt habe. Dreihundert Meter flussabwärts hingegen zog die Moldau einen eleganten Bogen um das Parlament und gegenüber bildete der Hradschin, die neue Burg, einen schützenden Rücken.

Wie oft gingen wir an lauen Abenden am Ufer des Stromes spazieren. Es gab aber in Prag nicht nur hundert Türme, sondern auch hundert Kinos, von denen wir an kühleren Tagen öfter welche besuchten. Mit dem tschechischen Film war nicht viel los. Deshalb wurden neben den deutschen UFA-Filmen auch sehr viel österreichische Filme gespielt. Die Premierenkinos befanden sich hauptsächlich auf dem Wenzelsplatz, einer breiten, pompösen Prachtstraße, die sich von der Altstadt durch die Neustadt bis zum Nationalmuseum am Rande der königlichen Weinberge schnurgerade hinaufzog und vor diesem Museum durch das Denkmal des heiligen Wenzels ihre Krönung erhielt. Das war der Hauptgeschäftsplatz sowie das Zentrum des Nachtlebens. Damals kam der Farbtonfilm heraus. Einer der ersten war die österreichische Produktion „Zwei Herzen im Dreivierteltakt". Dieser Streifen lief in ein und demselben Kino täglich eineinhalb Jahre lang und war immer ausverkauft. Gespielt wurde auf Deutsch mit tschechischen Untertiteln. Viele Tschechen verstanden Deutsch und die Übrigen konnten den Text in ihrer Muttersprache lesen.

Übrigens wohnten in Prag ungefähr hunderttausend Deutsche. Ich bedauerte die Prager Deutschen immer ein wenig, dass sie eigentlich keinen eigenen Dialekt besaßen, der von der hochdeutschen Schriftsprache abwich, denn diese nahm ihren Anfang mit der lutherischen Bibelübersetzung und dafür war das Prager Deutsch seinerzeit maßgeblich. Deshalb erlangte auch das Deutsche Theater in Prag Berühmtheit, nicht nur weil dieser Prachtbau eine einmalig gute Akkustik besaß, sondern weil dort das reinste Hochdeutsch gesprochen wurde. Sogar das Burgtheaterdeutsch in Wien galt viele Jahrzehnte lang als das beste und reinste Theaterdeutsch. Warum? Weil es eigentlich dem Prager Hochdeutsch entstammte!

Warum begeistere ich mich so? Um mich aufzurichten? Prag gefiel mir, aber ich war arbeitslos und erhielt keinerlei Arbeitslosenunterstützung. Auf meine Stellengesuche erhielt ich nicht einmal eine Antwort. Erich unterstützte mich zwar, aber ich wollte ihm doch nicht ganz zur Last fallen. Also fuhr ich nachhause zu den Eltern. Vielleicht könnte ich daheim eine Arbeit finden? Mutter sagte: „Bleib erst mal da und erhole dich. Wir sind froh, dich zu sehen!"

Emsch war ein paar Häuser von seinem Elternhaus entfernt in einer Sparkasse beschäftigt. Es ging ihm gut. Auch er freute sich, dass wir jetzt wieder öfter beisammen sein konnten, aber einen Posten wusste er keinen für mich. In seinem Wohnhaus war eine alte Frau gestorben und er bekam das frei gewordene Zimmer für sich. Sein Vater hatte ihm eine schöne Einrichtung getischlert und wir konnten uns nun in seiner Stube am Abend gemütlich und ungestört unterhalten. Es gab vieles zu erzählen, wozu vorher bei den kurzen Sonntagsbesuchen die Zeit gefehlt hatte. Emsch war noch immer DHV-Jugendführer. Außerdem hatte er sich in den deutschvölkischen Turnverein einschreiben lassen. Er war sehr ehrgeizig und idealistisch veranlagt und wollte mich auch für den Turnverein werben, aber ich wusste ja noch gar nicht, ob ich daheim bleiben konnte.

2.
Im tschechischen Büro

Inzwischen war der Herbst ins Land gezogen. Da las ich im Prager Tagblatt:

„Fotogroßhandlung Hanak, Revolucni 13, sucht deutschen Korrespondenten und Fakturisten."

Das war doch was! Und Foto auch noch dazu, mein Steckenpferd. Ich fuhr sofort wieder nach Prag und sah mir das Geschäft an. Es machte den Eindruck einer modernen Foto-Drogerie, die sich durch die Passage zum Großen Operettentheater hin erstreckte, wobei sich der Fotoeingang vorne und die Drogerie hinten hinaus befanden. Ich betrat also den Fotoladen und fragte an der stehpultartigen Kasse nach dem Chef. „Ich bin der Chef", antwortete der Befragte und als ich ihm sagte, dass ich wegen der freien Stelle käme, rief er von hinten seinen Bruder hervor, der sich mit Namen „Setnicka" vorstellte. Dieser führte mich nach rückwärts in eine Kammer ohne Fenster, wo neben einem Karteikasten und einem Aktenregal drei kleine Schreibtische standen. An den zwei rückwärtigen Tischen saßen ein Fräulein und ein junger Mann, die mich neugierig betrachteten. Ich durfte mich an den vorderen Schreibtisch setzen, der wegen des Platzmangels mit einer versenkbaren Schreibmaschine ausgestattet war. Herr Setnicka diktierte mir einen deutschen Text und als er sah, dass ich ganz gut auf der Maschine schreiben konnte und meine Zeugnisse in Ordnung waren, sagte er zu mir: „Wenn Sie bei uns anfangen wollen, ist das Ihr Platz."

Er kehrte mit mir wieder zum Chef zurück, der mir etwas mehr Gehalt anbot, als ich bei der Firma Wiesner hatte. Das machte zwar nicht viel aus, aber ich willigte auf jeden Fall ein, denn das war noch immer besser, als arbeitslos zu sein. Außerdem hoffte ich, hier einiges dazuzulernen, denn es handelte sich diesmal um ein rein tschechisches Geschäft.

Ich konnte auch hier schon am nächsten Tage anfangen. Die Arbeitszeit war, wie damals üblich, von acht bis zwölf Uhr und von zwei bis sechs Uhr, auch an Samstagen. Das kleine, fensterlose Büro lag also zwischen dem Fotogeschäft und der Drogerie. Von den Verkaufsläden gingen Handaufzüge und eine Wendeltreppe hinunter zu den Lagerräumen im Keller, wo sich auch eine Dunkelkammer befand.

Der Chef führte den Betrieb von der Fotohandlung aus, während sein Bruder, der zum Unterschied von „Pane šef!" mit „Herr Setnicka" angesprochen wurde, Geschäftsreisen unternahm. Der besuchte regelmäßig die Fotoateliers in der Tschechoslowakei, um dort die einschlägige Ware anzubieten und Bestellungen entgegenzunehmen. Die Chefin saß an der Kasse der Drogerie bzw. Parfümerie und beschäftigte dort einen Verkäufer namens Cuc, der auch manchmal im Fotoladen aushelfen musste. Das Bürofräulein war eine Nichte des Chefs. Sie trug daher die Nase ziemlich hoch, obwohl sie nur Karteiarbeiten erledigte. Ich weiß gar nicht mehr, wie sie hieß, denn wir sprachen sie nur mit „Slecno", das heißt Fräulein, an. Aber der junge Mann im Büro war mir sofort sympathisch. Er hieß Vajsejtl und stammte aus einem böhmischen Dorf an der Sprachgrenze bei Reichenberg. Der schrieb hauptsächlich tschechische Rechnungen und zwar mit der Hand. Im Keller gab es dann noch zwei Lagerhalter und einen Fotolaboranten.

Ich stellte anhand von Lieferscheinen und eines Preiskatalogs die deutschen Rechnungen aus. Der Chef kontrollierte auf seinem Kassenpult die Fakturen höchstpersönlich, bevor sie den versandbereiten Warenkisten beigepackt wurden. Wenn er einen Rechen- oder Unterlassungsfehler entdeckte, kam er wutschnaubend hereingestürmt, schmiss einem die Rechnung auf den Tisch und kanzelte uns herunter, als ob wir das Geschäft schon zugrunde gerichtet hätten. Vajsejtl war diese Szenen gewöhnt, aber auch das Unangenehme kann Vorteile haben. Ich eignete mir bald an, genau zu arbeiten.

Hilfsarbeiten und Botengänge brauchte ich hier nicht mehr zu machen. Wenn auch schlecht bezahlt und im finsteren Loch, so war ich immerhin der deutsche Korrespondent bzw. Stenotypist, denn in der ersten Zeit diktierte mir Herr Setnicka die Briefe, weil ich ja mit der Materie noch nicht genügend vertraut war. Ich bemühte mich sehr, auf der Maschine mein Blindschreiben zu vervollkommnen und Herr Setnicka hatte Geduld mit mir, bis ich es gut konnte. Das zeitigte später für mich einige Vorteile. Ich musste nicht ständig den Kopf vom Stenogramm zur Maschine hin und her wenden. Dadurch konnte ich schließlich mit weniger Anstrengung viel rascher arbeiten.

Die tschechische Korrespondenz erledigte Herr Setnicka zwischen seinen meist kurzen Reisen selbst auf einer Reiseschreibmaschine. Erst als ich mich schon gut eingewöhnt und auch noch viele tschechische Fachausdrücke dazugelernt hatte, fing er an, mir auch tschechische Briefe zu diktieren. Ich gewöhnte mir sogar selbst eine tschechische Stenografie an, indem ich mir zur deutschen Gabelsberger Kurzschrift einfach die fehlenden tschechischen Lautzeichen ausdachte. Einmal im Jahr übersetzte ich auch den neuen Preiskatalog druckreif von der tschechischen in die deutsche Sprache.

Ich war in der Firma der einzige Deutsche unter lauter Tschechen und verstand mich mit diesen sehr gut. Die Kollegen konnten nicht viel Deutsch. Deshalb blieb mir nichts anderes übrig, als dauernd Tschechisch zu sprechen und ich verlor meinen Akzent fast zur Gänze.

Cuc lud mich ein, mit ihm auf den Weinbergen eine böhmische Tanzschule zu besuchen, weil er allein keine Lust dazu hatte, und ich willigte ein. Das war auch sehr schön und interessant. Der Tanzsaal konnte ganz fantastisch in allen Farben und von allen Seiten, sogar von unten, illuminiert werden. Wir lernten in zwei Monaten alle böhmischen und internationalen Tänze für den Hausgebrauch. Am liebsten war mir der Walzer. Da brauchte ich mir keine Figuren ausdenken, denn da ging es immer rund, im Unterschied zum Tango, der mich jedes Mal etwas in Verlegenheit brachte, von einem langen Schritt zum anderen. Das war ja nicht unangenehm. Ich möchte fast sagen, das Gegenteil war der Fall. Aber die Mädchen bekamen oft so unergründliche Augen, dass mir die Sprache wegblieb. Die böhmischen Mädchen sahen sehr rassig aus, aber es kam zu keiner näheren Bekanntschaft, aus verschiedenen Gründen. Erstens hatten die feschesten ihre Partner schon mitgebracht. Zweitens schwand bei manchen das Interesse, als sie hörten, dass ich Deutscher sei. Drittens schwebte mir, wenn das Herz zu klopfen anfing, plötzlich Emils Kusine vor, die sonntags manchmal bei ihm in Saaz auf Besuch weilte. Das war nämlich ein typisch blondes, deutsches Mädchen, lebte aber bei der Tante in Dresden. Viertens verbrachte ich die übrigen Abende meistens mit meinem Bruder und dem Cousin, sodass ich für ein Rendezvous gar keine richtige Gelegenheit fand.

Auch Cuc hatte in der Tanzstunde keinen Anschluss gefunden, obwohl er sich doch unter seinen Landsleuten bewegte, aber er stammte vom Dorf. Vielleicht fand er deshalb bei den schwarzhaarigen Mädchen der böhmischen Hauptstadt keinen Anklang.

Nach dem Abschluss des Tanzkurses überredete mich Cuc zum Besuch eines Beisels. Er sagte auf Tschechisch „Baisl". Ich wusste erst gar nicht, dass es diesen Ausdruck im Tschechischen überhaupt gab. Cuc versprach mir dort sehr prickelnde Erlebnisse, also gingen wir nach dem Büro hin. Es handelte sich um ein kleines Lokal unter den Lauben der Kleinseitner Brückengasse. Wir setzten uns an einen Tisch in einer gemütlichen kleinen Loge und bestellten einen Imbiss sowie eine Flasche Wein. Das ganze Lokal war von bunten Lämpchen erleuchtet. An einer Seitenwand befand sich eine lange Bar. Vor dieser standen hohe Hocker und auf denselben saßen Herren und Damen in Gesprächen vertieft. Aus einer Ecke erklang leise Tanzmusik. Als wir gegessen hatten, näherten sich unserem Tisch zwei Damen, die ziemlich leicht bekleidet waren. Sie baten um die Erlaubnis, sich zu uns zu setzen, was Cuc gestattete. Es entspann sich eine leichte, anspruchslose Unterhaltung. Dann fragten die beiden, ob sie eine Flasche Wein bestellen dürften und Cuc lud sie ein, zuerst einmal von unserer Flasche mitzutrinken. Die neben mir Sitzende erzählte unter anderem, dass sie im Stock ein kleines Zimmer hätte, ob ich sie nicht besuchen wolle. Ich hatte mir jedoch vorgenommen, nur das allgemeine Milieu in dem Lokal zu studieren, und scheute mich, etwas zu wagen. Deshalb wandte ich ein, dass ich nur meinen Freund begleitet hätte und nicht länger bleiben könne. Ich wollte auch meinen Bruder nicht durch ein zu langes Ausbleiben beunruhigen. Deshalb verabschiedete ich mich und ging den kurzen Weg über die Karlsbrücke in Gedanken versunken zu Fuß nachhause. Erich und Pepp schliefen bereits, als ich heimkam. Cuc lachte mich am nächsten Morgen aus, dass ich gekniffen hätte. Er habe noch ein ganz tolles Abenteuer erlebt, sagte er, aber ich glaubte es ihm nicht recht.

Der angenehmste Kollege war Vajsejtl. Er zeigte meistens ein verschmitzt freundliches Gesicht und begeisterte sich für deutsche Blondinen. Das blieb jedoch immer Illusion, denn er kannte keine und sprach auch nicht Deutsch. Dafür sang er mit Hingabe die damaligen Schlagerlieder wie vom Blonden Gretchen und ähnliche. Vajsejtl bewohnte ein Zimmer im Junggesellenheim der YMCA, einem englischen Verein christlicher junger Männer, und erzählte immer wie gut und modern er dort untergebracht sei. Die hatten sogar ein kleines Hallenbad, in dem die Bewohner jederzeit ohne Badehose schwimmen konnten, aber Besuch durften sie nur im allgemeinen Aufenthaltsraum empfangen. Vajsejtl konnte über alles, was ihn interessierte, so schwungvoll reden, dass es eine Freude war, ihm zuzuhören. Von dem lernte ich auch das meiste Tschechisch. Seine besondere Zuneigung fand die Polarforscherei. Er sagte, sein innigster Wunsch wäre, einmal eine Nordpolexpedition mitzumachen. Als ich ihn jedoch fragte, ob er gerne Fisch esse, antwortete er überraschenderweise: „Fisch, um Gottes Willen, den kann ich nicht einmal riechen, geschweige denn essen!" Daraufhin erklärte ich ihm, dass er dann auf einer Polarreise wahrscheinlich verhungern müsse, denn dabei gäbe es doch fast nur Fisch zu essen, was er schließlich auch einsehen musste.

Natürlich berichtete ich am Abend im Quartier meistens meine Tageserlebnisse und Pepp fragte jedes Mal witzig: „Na, wann fährt denn dein „Bierseidel" endlich zum Nordpol?"

Da ich doch acht Stunden am Tag ohne Sonnenlicht in schlechter Luft verbringen musste, war ich froh, dass ich wenigstens von zwölf bis zwei Mittagspause halten durfte. Pepp hatte ein günstiges Speiselokal ausfindig gemacht. Das gehörte dem Verein Deutscher Künstler in Prag und wir nannten es spaßeshalber „Die Hungerkünstler". Dort kauften wir montags sehr preiswerte Essmarken für die ganze Woche, aber wir konnten uns nicht dort treffen, weil jeder andere Arbeitszeiten hatte. Ich genoss die Mittagspause so gut es ging. Zuerst spazierte ich an der alten Karlsuniversität und am Ständetheater vorbei über den Obstmarkt zu den Hungerkünstlern und nahm dort meine Mahlzeit ein. Die Kost war einfach, aber gut. Zum Trinken stand immer frisches Wasser auf den Tischen. Alkohol gab es nicht. Mir schmeckte alles vortrefflich und verhungert bin ich nicht. Auf dem Rückweg zum Büro machte ich meistens einen kleinen Umweg mit Besorgungen. So wurde es nicht eintönig.

Ich fuhr nach wie vor jedes Wochenende zu den Eltern. Da ich auch am Samstag bis sechs Uhr arbeiten musste, kam ich erst um sieben weg und um zehn Uhr abends zuhause an. Da ließ sich nicht mehr viel unternehmen. Am Sonntag früh schlief ich ein bis zwei Stunden länger als sonst und nach dem Frühstück besuchte ich das Hochamt in der Stadtkirche, von dessen Musik ich vor allen Dingen immer wieder begeistert war. Anschließend begrüßte ich meine Freunde der Bummelpromenade auf dem Ringplatz und unterhielt mich mit ihnen bis zum Mittagessen. Da gab es meistens Erdäpfelsuppe sowie Schweinsbraten mit Erdäpfelknödeln und Gurkensalat oder Sauerkraut, dazu ein Glas Bier. Meine Mutter kochte sehr gut. Nur Hefekuchen und Gemüse mochte ich nicht immer. Den Nachmittag verbrachte ich meistens mit meinen besten Freunden. Wenn ich nicht noch etwas Besonderes vorhatte, blieb ich wenigstens nach dem Nachtmahl bei meinen Eltern, denn nach einem sehr kurzen Schlaf musste ich in der Nacht zum Montag um halb drei schon wieder zum Bahnhof, um nach der dreistündigen Fahrt mit dem Personenzug wieder rechtzeitig ins Büro zu gelangen.

Meine Schulfreunde waren inzwischen fast alle dem deutschvölkischen Turnverein beigetreten, denn im Sommer 1933 fand in Saaz ein deutsches Bundesturnfest statt, wofür unter den Deutschböhmen sehr viel Propaganda gemacht wurde. Dieses Fest war für meine Heimatstadt eine Sensation, denn so viele Menschen hatte man daheim bei einer Veranstaltung noch nie gesehen. Große Stoppelfelder am Rande der oberen Vorstadt wurden vorübergehend in einen riesigen Turnplatz verwandelt. Ich ging als Zuschauer zum Feste, um meine Freunde zu sehen. Es war ein erhebender Anblick, wie sich tausende Menschen in weißen Turnanzügen im Gleichklang der Musik bei den Freiübungen bewegten. Der Festzug schien kein Ende zu nehmen. Der Bundesobmann der deutschen Turnvereine in Böhmen, ein Lehrer namens Konrad Henlein aus Asch an der deutschen Grenze, hielt eine zündende Ansprache über die Idee des Turnvaters Jahn und über die Turngemeinschaften der Volksdeutschen in der Tschechoslowakei. Er sprach von „sudetendeutschen" Volksgruppen.

Damals kam auch die reichsdeutsche Politik ins Gerede, in der eine große Wende eingetreten war. Die Nationalsozialistische Deutsche Arbeiterpartei hatte in Deutschland vor einem halben Jahre die Macht übernommen und deren Führer Adolf Hitler war Reichskanzler geworden. Da diese Nationalsozialisten als sehr radikal galten, noch mehr als die Reichsdeutschen ohnehin schon immer waren, ahnte man, dass sich in Zukunft noch einiges ändern würde. Nachdem es nicht gerade gute Zeiten gab, glaubten die meisten, es könne nur noch besser werden, je mehr Deutsche zusammenhielten.

So kam es damals auch bei uns zu einer Wende. Die reichsdeutschen Ideen wirkten ansteckend. Konrad Henlein legte sein Amt als Bundesobmann der als unpolitisch geltenden Deutschen Turnvereine in Böhmen nieder und gründete die Sudetendeutsche Partei. Wir hießen auch nicht mehr Deutschböhmen, sondern in einem größeren Rahmen „Sudetendeutsche" und viele meiner Freunde traten dieser neuen politischen Partei als Mitglieder bei. Sie erhofften sich, durch eine Rückendeckung jenseits der Grenze die Unterwanderung unseres Sprachgebietes durch Tschechen hintanhalten zu können beziehungsweise altangestammte Rechte wieder durchzusetzen.

Mich hatte Politik persönlich nie interessiert und so blieb ich samt Bruder und Cousin in Prag von dieser Entwicklung vorerst unberührt. Ich kam ja auch mit den Tschechen ganz gut aus.

Was mich momentan viel mehr begeisterte, war, dass mich meine Schwester in Wien zu einer Hochgebirgstour eingeladen hatte. Das bedeutete für mich etwas ganz Neues. Ich nahm im Fotogeschäft meinen ersten Urlaub und reiste per Bahn nach Österreich, wo ich in Selztal Schwester und Schwager traf. Wir fuhren sofort gemeinsam weiter bis nach Haus im Ennstal. Dort übernachteten wir, und schon am nächsten Morgen begannen wir eine einwöchige Gipfelwanderung durch die Schladminger Tauern.

Zuerst stiegen wir zum Bodensee, einem kleinen Alpengewässer, hinauf. Kurz vor diesem kamen wir auf einem sehr steilen Pfad an einem Wanderer vorbei, der einen riesigen Rucksack trug und furchtbar schwitzte. Meine Schwester Emma fragte ihn, was er denn so Schweres mitschleppe und er antwortete:

„Das sind Konserven. Ich habe auch einen Spirituskocher mit und werde mich selbst verpflegen. So kann ich mich mehr der Natur widmen und das Essen auf den Hütten ist ja auch nicht gerade billig."

Wir wünschten ihm „Viel Glück" und „Berg Heil" und Emma meinte: „Der wird sich noch wundern!"

Wir hatten auch etwas Proviant mit für tagsüber, aber am Abend aßen wir tüchtig in der Hans-Wödl-Hütte. Mein Schwager machte Schwarz-Weiß-Fotos mit einer 9x12-Plattenkamera, aber er belichtete meiner Ansicht nach viel zu lang. Da holte ich meine kleine Boxkamera heraus, die ich aus Prag mitgenommen hatte. Leider hatte ich den Film vergessen. Deshalb wollte ich mir auf der Hütte einen kaufen, so wie man sie bei uns überall dort, wo Touristen hinkamen, erhalten konnte. Aber da wurde ich sehr enttäuscht, denn es gab keinen Film. Schwager und Schwester lachten köstlich darüber, dass ich im Hochgebirge so etwas wie eine Verkaufsbude erwartet hatte, wo man Andenken und Filme bekäme, mitten in der Natur. Das gab es nicht.

Wir bestaunten schon lange den Hüttensee sowie die schöne Gebirgslandschaft und wunderten uns, dass der Rucksackmann nicht auftauchte. Erst als wir schon das Matratzenlager zum Schlafengehen aufsuchten, kam er schnaufend dahergewackelt.

Am zweiten Tage bestiegen wir die Hochwildstelle. Bevor wir den über 2700 Meter hohen Gipfel erreichten, mussten wir durch die Wolken. Schwager Rudolf ging voraus und Emma hinter mir. Es war so nebelig, dass wir einander kaum sahen. Ich tastete mich immer rechts am Felsen entlang. Plötzlich kam die Sonne durch und ich sah, dass die Felswand nicht nur rechts steil anstieg, sondern auch links senkrecht abfiel. Wie tief wusste ich nicht, denn unter uns hingen die Wolken. Hundert Meter? Tausend Meter? Mir wurde ganz schwindelig. Ich kroch den steilen Felssteig auf allen vieren weiter. Nach einigen Metern sahen wir das Gipfelkreuz, da bekam ich Bauchweh. Wo sollte ich hin? Es blieb kein anderer Ausweg. Meine Begleiter mussten sich umdrehen und ich setzte hinter das Kreuz das brühwarme Denkmal meiner Erstbesteigung. Nachher mussten wir alle lachen. Ich wäre schon nicht abgestürzt, denn Emma und Rudolf waren geübte Bergsteiger, die schon ganz andere Sachen hinter sich hatten. Sie waren auch ganz in meiner Nähe geblieben, um mich notfalls festzuhalten.

Wir schrieben uns in das Gipfelbuch ein. Rundherum sahen wir nur Himmel und Wolken, aus denen in der Ferne auch noch andere Gipfel herausragten. Als wir den Abstieg antraten, war der Nebel nicht mehr so dicht. Über die exponierte Felsenstelle rutschte ich wieder auf allen vieren, dann ging es schon besser. Die nächste Nacht verbrachten wir auf der 1657 Meter hoch gelegenen Preintaler-Hütte. Unser Rucksackmann war schon dort, als wir hinkamen. Er begrüßte uns freudigst, als er uns sah. Sein Rucksack war beträchtlich kleiner geworden und Emma sagte: „Sie müssen aber einen guten Appetit haben!"

Er verstand sofort, was sie meinte, und erzählte, dass er fast alle Dosen verschenkt habe. „Ich bin geheilt von der Selbstverköstigung", erwiderte er. „Da schleppt man sich schweißtriefend ab und kommt kaum über einen Sattel, geschweige denn auf einen Gipfel hinauf!"

Der dritte Tag führte uns am Greifenstein vorbei durch die Klafferkessel, angeblich ein wunderschönes Tal mit vielen kleinen Hochgebirgsseen. Aber wir sahen nicht viel von den Seen, denn an diesem Tage regnete es in Strömen. Völlig durchnässt und durchgefroren erreichten wir die 1650 Meter hoch gelegene Gollinghütte. Wir zogen uns sofort um, hingen das nasse Gewand beim Ofen zum Trocknen auf und setzten uns selbst zum Ofen, um uns zu erwärmen. Die Hüttenwirtin tröstete uns: „Morgen wird es wieder schön."

Das brauchten wir auch, denn am vierten Tage bestiegen wir den höchsten Berg der Schladminger Tauern, nämlich den 2863 Meter hohen Hochgolling. Der hatte uns für den nassen und kalten Regentag voll entschädigt. Die Wolken waren wie weggeblasen und wir genossen einen herrlichen Rundblick über die österreichischen Alpen nach allen Seiten. Nach der Eintragung ins Gipfelbuch und einer beglückenden Rast stiegen wir zur Keinprechthütte ab. Die Wege waren nicht mehr so schwierig. Diesmal kamen wir wieder zu einigen Seen, nämlich zu den Giglach-Seen. Die Sonne schien warm. Da zog sich ein junger Wanderer von einer anderen Gruppe nackt aus und sprang in eines der kleinen Gewässer. Er machte krampfhaft ein paar Tempi und kam sofort wieder heraus, denn das Wasser erwies sich trotz Sonnenwärme eisig kalt.

Wir übernachteten im Ignaz-Mattig-Haus. Die Matratzenlager waren wir schon gewöhnt. Sie befanden sich immer auf dem Dachboden, den man meistens über eine steile Stiege und durch eine Falltüre erreichen konnte. Auf beiden Seiten eines Ganges, der sich von einem Giebelfenster zum anderen zog, lagen Strohmatratzen ohne Zwischenraum nebeneinander und darauf je zwei Wolldecken und ein Kopfpolster. Beim Fenster stand ein Waschtischchen sowie eine Wasserkanne und ein Eimer für das Schmutzwasser. Neben dem Fenster hing meistens ein kleiner Spiegel an der Wand. Diese einfachste Ausstattung gehörte für den Bergsteiger mit zur Natur, in der er Kraft und Frische für den Alltag suchte, und es war nicht fad. Oft erzählte ein Bergfreund vor dem Einschlafen noch Witze oder es wurde noch ein Lied gesungen.

Am nächsten Morgen hatten wir einen wunderschönen Kammweg vor uns. Es gab keine großen Steigungen mehr zu überwinden. Wir ließen uns Zeit und genossen die gute Luft in vollen Zügen. Gegen Abend entdeckten wir vor uns am Horizont den Dachstein, dessen weißgraue Felswände sich im Scheine der untergehenden Sonne allmählich rosa verfärbten. Bevor die Sonne von uns Abschied nahm, erstrahlte der Bergriese noch in einem leuchtenden Rot. Das war mein erstes Alpenglühen, das ich erlebte. Ich wollte mich gar nicht loslösen von dem einmaligen Anblick, da kamen wir auch schon zum Hochwurzenhaus, unserem letzten Nachtlager während der einmaligen und unvergeßlichen Hochgebirgswanderung.

Zum Abschluss der Tour gingen wir hinunter in das Städtchen Schladming an der Enns, wo ich mir endlich, jedoch viel zu spät, einen Film kaufen konnte. Wir hatten noch etwas Zeit, uns auch diesen schönen Ort anzusehen, dann fuhr ich mit nach Wien, um dort den Rest meines Urlaubs zu verbringen.

Als ich nach Prag zurückkehrte, zehrte ich noch lange von der schönen Reise, denn es gab sonst nichts Neues. In meinem finsteren Büro glaubte ich aber, allmählich zu ersticken oder zu verkrüppeln. Ich begann an Bewegungsarmut zu leiden. Anscheinend vermisste ich die im Urlaub zum ersten Male erlebte Höhenluft und die kräftige Atmung. Da sagte an einem Sonntag daheim Emsch zu mir:

„Wenn du schon nicht unserem Turnverein beitrittst, weil du so selten hier bist, dann könntest du doch sicher in Prag turnen gehen. Dort muss es doch auch einen deutschen Turnverein geben." – Es gab sogar zwei und ich ließ mich in den Deutschen Männerturnverein in der Theingasse einschreiben. Ich war dort schon oft vorübergegangen und hatte nicht gewusst, dass es ihn gab. Man sah in dem engen Gässchen an der Seite der alten Kirche nur ein Reformkostgeschäft und daneben ein Haustor. Durch dieses gelangte man in den hofseitig im Tiefgeschoss gelegenen großen Turnsaal. In der Prager Altstadt gab es überhaupt viele geheimnisvoll anmutende und lauschige Winkel.

Wir hatten auch im Judenviertel Josefstadt eine moderne Wohnung mit Zentralheizung gefunden. Dort brauchten wir keine Kopfhörer mehr, um Radio zu hören, denn Erich hatte einen richtigen Radioapparat gekauft, das letzte Messemodell, mit dem wir ganz Europa hören konnten. Mein Bruder verdiente nämlich bei der Versicherung schon recht gut und leistete sich sogar eine Urlaubsfahrt kreuz und quer durch Jugoslawien. Das war damals nichts Alltägliches.

Die neue Wohnung war für uns noch zentraler gelegen als die alte. Jeder von uns erreichte seine Arbeitsstelle in fünf bis zehn Minuten zu Fuß und der Turnverein war nur ein paar Ecken von uns entfernt. Jeden Dienstag und freitagabends besuchte ich die Turnstunden und das tat mir sehr gut. Ich, der ich in der Schule immer der Kleinste war, fing sogar an zu wachsen. Sonntags gab es Sport im Freien in Baumgarten, aber an dem nahm ich selten teil, denn das Wochenende verbrachte ich noch immer daheim. Ich fand aber nun in Prag auch Anschluss an deutsche Kreise. Im Winter feierten wir vom Turnverein im Deutschen Haus am Graben den „Bauernball". Das Deutsche Haus war ein Treffpunkt der Deutschen in Prag mit verschiedenen Lokalitäten und einem wunderschönen, großen Ballsaal. Als Einleitung des Balles führten wir sudetendeutsche Volkstänze vor, in Tracht natürlich. Ich war auch dabei und trug ein weißes Schillerhemd, kurze Lederhosen, weiße Kniestrümpfe und Haferlschuhe. Die Tänze wurden schon vor dem Ball dreimal eingeübt. Ich bekam eine ziemlich gewichtige Partnerin zugewiesen, die um die Hälfte mehr wog als ich selbst. Zum Abschluss der Vorführung mussten wir die Tänzerinnen hochheben und noch dazu „Juch-Huh!" schreien. Das war die reinste Schwerakrobatik, die mir nur deshalb einigermaßen gelang, weil meine Partnerin sich selbst bemühte, so hoch wie möglich zu hüpfen.

Als ich mit den weißen Strümpfen heimging, riefen mir die Tschechen das Wort Nazi nach. Ich kam mir ganz komisch vor und zog auf Prager Straßen nie mehr weiße Strümpfe an, weil diese anscheinend Anstoß erregten und mich in Prag als Hitleranhänger erscheinen ließen.

Im Männerturnverein hatte ich mich inzwischen ganz gut eingelebt. Ich fuhr auch zum nächsten Jahresturnfest nach Bodenbach an der Elbe und beteiligte mich am Schauturnen. Dann wurde ich zu einem Vorturnerlehrgang nach Hirschberg am See eingeladen, wo ich lernte, wie man eine Turnriege leitet. Das gefiel mir gut, besonders die romantischen Abende, an denen wir beim Lagerfeuer gemeinsam Lieder sangen. Der Lehrgang dauerte eine Woche und als ich nach Prag zurückkam, wurde ich Vorturner in der vierten Riege. Unser Obmann hieß Ullmann, wie meine Mutter ledig, und stammte aus Reichenberg. Der war immer lustig. Sogar als er sich eine Fußzehe gebrochen hatte, lachte er. Was mir jedoch in dieser Gemeinschaft am angenehmsten war, es wurde nicht politisiert.

Zu jener Zeit bekamen wir Familienzuwachs. Nein, kein Kind, sondern meine Schwester Mantschi hatte es im Zuge ihrer häufigen Arbeitsplatzwechsel nach Prag verschlagen. Sie war Kindermädchen bei einer deutschen Familie in den Weinbergen. Wir sahen Mantschi nicht oft, denn sie bewohnte bei den Leuten ein Mädchenzimmer und bekam nur einen halben Tag in der Woche Ausgang. Das war der Mittwochnachmittag. Da machte sie uns meistens einen Besuch. Mantschi war immer etwas dickköpfig, aber eine Seele von Mensch. Sie war so anspruchslos, wie es sich ein Außenstehender gar nicht vorstellen konnte. Daher wurde sie vielfach für sonderbar angesehen. Ihre Erfüllung bestand darin, sich um andere zu sorgen. Deshalb ging sie auch so gern als Kindermädchen, denn die Kinder waren die einzigen, die ihr das dankten. Mantschi gab sich mit geringem Lohn zufrieden und von dem kaufte sie noch Geschenke für ihre Lieben.

Wenn sie zu uns kam, brachte sie immer alle möglichen guten Sachen mit. Wir wollten das gar nicht und Erich erklärte ihr immer wieder, dass er selber viel mehr verdiene und sie das Geld lieber sparen solle, aber Mantschi hörte immer nur das, was sie in ihrer Güte hören wollte. Einmal kam es so weit, dass Erich ihre Geschenke nicht mehr annahm und Mantschi hinausschmiss. Was war der Erfolg? Die gute Schwester war gegangen und die Mitbringsel hatte sie hinter der Zimmertür zurückgelassen. Da konnte man nichts machen. Wir ergaben uns ihrer Hartnäckigkeit und baten sie um Verzeihung für unser schlechtes Benehmen.

Zimmergenosse Pepp amüsierte sich über diese familiären Vorfälle, aber bald beschäftigten ihn politische Entwicklungen so stark, dass ihm das Lachen verging. Prager Parlamentswahlen standen bevor und die neue Sudetendeutsche Partei schlug kräftig die Werbetrommel. Ihr Obmann Konrad Henlein hielt in allen sudetendeutschen Städten zündende Wahlreden. Er behauptete kein Nationalsozialist zu sein, er wolle lediglich die Deutschen in der Tschechoslowakei unter sich vereinigen, und ihnen auf diese Weise mehr Rechte verschaffen.

Natürlich hatte Henlein durch die Entwicklung im Dritten Reich einen großen Rückhalt und Pepp schimpfte fürchterlich über ihn. „Der wird dem Bund der Landwirte Wähler abwerben", sagte er, „und wir haben das Nachsehen! Außerdem ist er ja doch ein verkappter Nazi. Das kann nicht gut gehen."

Die Nationalsozialistische Partei war nämlich in der Tschechoslowakei verboten und wer sich als Nationalsozialist ausgab oder sich in diesem Sinne betätigte, wurde in der alten Prager Festung Pankrac von den tschechischen Behörden erbarmungslos eingekerkert.

Nach der Wahl gab es unter den Tschechen in meiner Firma und auch sonst eine furchtbare Aufregung. Henlein hatte fast alle Stimmen der Deutschen in der Tschechoslowakei erhalten. Das war nicht vorauszusehen und es kam letzten Endes nur dadurch zustande, dass einige deutsche Splitterparteien ihre Position aufgegeben und ihren Anhängern empfohlen hatten, Henlein zu wählen. Dies war jedoch nicht der Grund der großen Aufregung: Obwohl die Sudetendeutschen in der Tschechoslowakei eigentlich nur eine Minderheit bildeten, war die Sudetendeutsche Partei die stärkste Partei des Staates überhaupt geworden und hätte nach dem bestehenden Gesetz den Ministerpräsidenten stellen können, denn die stärkste tschechische Partei hatte es nicht zu einer derartigen Konzentration gebracht und nicht so viel Stimmen erhalten. Die Erregung unter der tschechischen Bevölkerung legte sich erst dann, als Konrad Henlein auf diesen Posten verzichtete und die höchsten Ämter im Staate weiterhin der stärksten tschechischen Partei überließ, denn es wurde sogar schon eine Revolution befürchtet. Pepp hatte für seine Person nochmal Glück, er konnte seine Stelle im Parlament behalten.

3.
Olympiade

Ein Ereignis gab es damals noch, das auch mich sehr interessierte. Das war die Olympiade 1936 in Berlin, für die bei uns immens Reklame gemacht wurde. Die Banken boten Reisekreditbriefe an, die um sechzig Prozent billiger waren, als wenn man die Deutsche Mark in Noten erworben hätte. Das erweckte in mir den Gedanken, dass ich mir einmal für wenig Geld Berlin ansehen könnte. Als ich das am nächsten Sonntag in Saaz meinem Freund Emsch erzählte, war er sofort Feuer und Flamme. Wir beide verdienten damals nicht viel und so beschlossen wir, dem sportlichen Charakter der olympischen Spiele Rechnung zu tragen und die Reise auf Fahrrädern zu unternehmen. Das bedeutete, dass wir uns vornahmen, eine Strecke von mindestens sechshundert Kilometern zu strampeln und dazu auch noch quer über das Erzgebirge. Emsch besaß inzwischen sein eigenes Fahrrad und ich konnte das meines Bruders Erich benützen. Emsch sagte, dass wir unterwegs bei seiner Tante in Dresden übernachten könnten und in Berlin gäbe es Massenquartiere. Also brauchten wir uns nur noch den Urlaub nehmen und die Kreditbriefe besorgen. Das klappte alles wunderbar.

Bevor wir wegfuhren, sah ich noch in Prag den Stafettenlauf mit dem olympischen Feuer. Die Zeitungen schilderten schon vorher, dass das Feuer auf dem Olymp mit Sonnenspiegeln entfacht und mit Fackeln durch Griechenland, Jugoslawien, Ungarn, Österreich und die Tschechoslowakei zu den Spielen nach Deutschland getragen würde. Ausgewählte Sportler dieser Länder liefen mit den brennenden Fackeln von Grenze zu Grenze und bei den Übergaben in den Hauptstädten wurden Ansprachen gehalten. An dem Abend, da die Fackelträger nach

Prag kommen sollten, begab ich mich auf den Altstädter Ring, wo es bereits viele Neugierige gab, die, so wie ich, die feierliche Fackelübergabe sehen wollten. Vor dem Rathaus hatte man ein Podium mit einem Rednerpult aufgestellt. Die Szene war von Scheinwerfern beleuchtet und Filmleute gingen mit ihren großen Kameras in Aufnahmestellung. Unter diesen erteilte eine schlanke Frau mit tiefer Stimme laute Anweisungen. Das war Leni Riefenstahl, die seinerzeit als Hauptdarstellerin in dem Bergfilm „Das blaue Licht" bekannt wurde und nun von Hitler mit der Produktion eines gigantischen deutschen Olympiade-Films beauftragt war. Ein größeres Aufgebot der Prager Polizei war damit beschäftigt, den Platz vor dem Podium und den Weg für die Fackelträger frei zu halten sowie eventuell befürchtete Tumulte zu unterbinden. Trotzdem blieb den Stafettenläufern mit den hoch erhobenen lodernden Stäben stellenweise kaum Platz weiterzukommen. Vor der Tribüne machten sie erschöpft halt. Eine kurze Ansprache wurde gehalten und alles gefilmt. Eine Gruppe anderer, ausgeruhter Läufer entzündete neue Fackeln an den alten, dahergebrachten und verließ mit jenen den herrlichen, mittelalterlichen Platz, um das olympische Feuer durch die Nacht Richtung Berlin weiterzutragen. Da ertönten aus der Menge Rufe in tschechischer Sprache wie: „Nieder mit Hitler, Nieder mit Hitler!"

Die feierliche Stimmung, die die Nationen untereinander wenigstens in sportlicher Hinsicht verbinden sollte, war wie weggeblasen. Es entstand Unruhe unter den Leuten, aber die Polizei hatte die Lage sofort im Griff. Der Platz wurde geräumt und die Menschen verloren sich in den engen, alten Seitengassen, wo ich gleich wieder zuhause war. So hatte sich also mein Auftakt zu den Olympischen Spielen entwickelt.

Am nächsten Tage fuhr ich heim zu meinen Eltern und tags darauf fing ich an, mit Emsch zu radeln. Mit Freude und großer Erwartung traten wir schon in aller Herrgottsfrüh in die Pedale. Bei Brüx führte die Reichsstraße eine lange Strecke bergab und wir ließen die Räder laufen, was das Zeug hielt. Das war ein Spaß, aber nicht lange. Wir kamen durch ein Straßendorf. Die Leute saßen vor den Häusern und winkten uns zu, denn es war Sonntag. Da riss sich ein kleines Mädchen von seiner Mutter los und rannte mir direkt ins Rad. Bei dem Schwung, den ich hatte, flog ich mindestens fünf Meter weit durch die Luft und rutschte noch ungefähr drei Meter über den Asphalt. Als ich mich wieder fing, sah ich nach dem Mädchen. Das war Gott sei Dank wieder aufgestanden und lief weinend zur Mutter. Ich raffte mich auf und entschuldigte mich erst mal bei der Frau, die auch zugab, dass ich nichts dafür konnte. Ich hatte noch Glück im Unglück. Es war nichts gebrochen, weder beim Kind noch beim Rad, auch nicht bei mir. Beim Rad war nur die Lenkstange verbogen. Die konnten wir wieder einrichten, aber meine Ellbogen und Knie sahen arg zerkratzt aus. Vom Unterarm hing ein Stück Haut weg. Was sollten wir nun tun? Emsch entschied, dass wir weiterfuhren. In Brüx fanden wir eine offene Apotheke. Dort desinfizierten und verbanden wir meine Wunden und weiter ging's. Nach fünfzig Kilometern erreichten wir Teplitz und von dort führte die Straße bergauf ins Erzgebirge. Hinter Eichwald wurde es immer steiler, sodass wir die Räder sehr oft schieben mussten und ich fühlte mich bereits zum Umfallen müde. Wir befanden uns inmitten herrlicher Wiesen, umgeben von schattigen Fichtenwäldern und vom Himmel brannte die Sonne zwischen blendend weißen Haufenwolken auf uns herab. Da schlug ich Emil vor, eine kleine Rast einzulegen. Der war zuerst damit einverstanden, aber dann packte ihn der Ehrgeiz und er sagte:

„Also ruh dich ein bissl aus, aber ich fahr derweil bis zum Grenzwirtshaus in Zinnwald, denn das kann nicht mehr weit sein, und dort esse ich was. Aber lass mich nicht zu lange warten!"

Ich setzte mich in die Wiese. Mein Körper wurde schwer wie Blei. Da streckte ich mich für paar Minuten hin. Als ich aufwachte, erschrak ich, denn ich hatte mindestens eine Stunde geschlafen, so erschöpft war ich. Nun schob ich mein Rad die steilen Kurven hinauf, bis mir die Luft ausging. Oben saß Emsch bei einem Glas Bier auf der Wirtshausterrasse. Er sprach kein Wort mit mir und schaute mich nicht an, so verärgert war er. Erst als ich ihm klarmachte, dass ich wie scheintot umgefallen war, versöhnten wir uns wieder. Nachdem auch ich mich gestärkt hatte, gingen wir durch die Grenzkontrolle und fanden nicht den geringsten Anstand. Auf sächsischer Seite fiel das Gebirge nicht so steil ab wie bei uns. Die Straßen waren besser und schlängelten sich mit leichtem Gefälle durch liebliche Viehweiden. Wir brauchten nicht viel zu treten und kamen flott voran. Das ging so bis kurz vor Pirna, wo nun die Route entlang der Elbe vollkommen eben verlief. Wir fühlten uns heilfroh, dass wir keine Steigungen mehr zu überwinden hatten, denn dazu hätten wir an diesem Tage wahrscheinlich nicht mehr die Kraft aufgebracht. Am späteren Nachmittag erreichten wir Dresden. Wir stellten die Fahrräder auf dem Hauptbahnhof ein und fragten uns zur Wohnung von Emils Tante durch. Die freute sich sehr, als sie uns sah. Sie besaß eine schöne Dreizimmerwohnung und hatte genug Platz. Die Wohnkultur war bei den Deutschen überhaupt besser als bei uns. Dafür mussten die aber auch mehr Miete zahlen. Die Tante riet uns, einen Tag zu bleiben, um etwas zu verschnaufen und uns die Stadt anzusehen. Das taten wir sehr gern. Besonders der Dresdner Zwinger mit seiner berühmten Bildergalerie gefiel uns ausgezeichnet.

Plötzlich blieb Emsch bei unserem Rundgang stehen und starrte wie hypnotisiert auf einen Uniformierten, der an der Ecke wartete. Ich fragte: „Kennst du den?" Emsch gab keine Antwort, sondern schlich sich um den Mann herum und fixierte ihn verwundert von allen Seiten. Er kam mir plötzlich wie verhext vor. Das fiel auch dem anderen schon auf. Der fing an, verlegen zu lächeln und als ihm diese Sache zu dumm wurde, drehte er sich um und ging weg. Es gab in Dresden die verschiedensten schicken Uniformen, mehr als bei uns, und ich dachte: „Schwarz? Vielleicht ist das ein Bergknappe?" Da erwachte Emsch aus seinem Traumzustand und er stotterte: „Das war der erste SS-Offizier, den ich gesehen habe, von der Leibgarde des Führers, verstehst du das?"

Ich verstand nicht, wie man sich für eine Uniform so begeistern konnte, aber das war typisch Emsch, ein unverbesserlicher Idealist.

Dann gab es noch etwas anderes, das uns beide interessierte, nämlich „Der Stürmer", eine Zeitung, die bei uns verboten war. Sie hing an einer Hauswand zum Lesen ausgebreitet. Natürlich schauten wir neugierig, was da drin stand, und ich las unter anderem, dass die Juden in der Nacht deutsche Mädchen einfingen. Diese würden in die Tempel verschleppt, wo man ihnen die Kehlen durchschnitt in der Art, wie die Israeliten die Tiere zu schlachten pflegten und diese lebend verbluten ließen, um das Fleisch koscher und rein zum Verzehren zu machen. Dieser Artikel erschien mir wie aus dem tiefsten Mittelalter, in dem man noch an Vampire glaubte. Juden machten auf mich schon manchmal einen mystischen Eindruck, aber so etwas konnte ich nun doch nicht glauben. Mir erschien rätselhaft, dass jemand solche Gruselgeschichten als Realität hinstellen durfte und was das für einen Zweck haben sollte.

Was mich jedoch viel mehr interessierte, waren große Plakate, die man überall sehen konnte. Darauf stand geschrieben: „Mit dem Nachtschnellzug zur Olympiade, 60 % Ermäßigung."

Ich machte Emsch darauf aufmerksam, dass es sich unter diesen Umständen nicht auszahle, mit den Rädern weiterzufahren. Wir hatten die Mark um sechzig Prozent billiger und die Bahnfahrt war nochmals um sechzig Prozent ermäßigt. Da kostete uns doch die Olympiade fast gar nichts! Dieser Vorteil hatte auch Emsch wieder zum Realismus finden lassen und wir beschlossen, keine Zeit zu verlieren. Für einen Teil der Kreditbriefe hatten wir uns schon Reichsmark auszahlen lassen. Wir holten unser Gepäck von der Tante, die uns einlud, sie auf der Rückfahrt wieder zu besuchen. Dann begaben wir uns zum Bahnhof und kauften die ermäßigten Retourfahrscheine. Die Fahrräder ließen wir einfach in der Verwahrung stehen und bestiegen noch am gleichen Abend den Schnellzug nach Berlin. Wir ersparten uns auf diese Weise nicht nur viel Geld, sondern für Hin- und Rückfahrt wahrscheinlich auch vier Reisetage, denn es war nicht sicher, ob wir die Strecke Dresden–Berlin per Rad in einem Tage geschafft hätten.

Wir kamen schon am Dienstag früh auf dem Anhalter Bahnhof in Berlin an. Mit den Rädern wären wir zu dieser Zeit erst in Dresden weggefahren. Auf dem Bahnhof hatte man eine Quartierstelle eingerichtet. Dort erhielten wir für wenig Geld Bestätigungen, die uns berechtigten, eine Woche lang in einem Berliner Schulsaal zu schlafen. Dort bekamen wir auch Frühstück. Man hatte alles fabelhaft organisiert. Dafür waren ja die Deutschen bekannt. Es gab auch zu Spottpreisen Olympia-Fahrscheine zu kaufen, mit denen wir kreuz und quer durch Berlin fahren konnten, so viel wir wollten. Wir lasen im Programm, welche Darbietungen wir uns ansehen könnten, bis wir darauf kamen, dass alle Eintrittskarten bereits ausverkauft waren. Na, da sahen wir uns halt die Stadt an. Das war ja auch interessant. Schließlich hatten wir Berlin noch nie gesehen und, wer weiß, wann wir wieder einmal die Gelegenheit dazu haben würden. Wir studierten Stadt und Leute sowie die vielen Fremden, die aus aller Herren Länder angereist waren. Besonders gigantisch erschien uns das neu erbaute Olympiagelände und nun entdeckten wir, dass vor den Eingängen zu den einzelnen Wettkampfstätten die bereits vergriffenen Eintrittskarten unter der Hand zu Wucherpreisen angeboten wurden. Da fassten wir einen Plan, denn einen der Wettkämpe wollten wir ja schließlich doch gesehen haben, bevor wir wieder heimwärts fuhren. Fußball war nicht mehr zu machen, aber das tat mir nicht leid, denn ich war kein Fußballfan, aber da kam einer mit einer Karte für das Reit- und Springturnier daher. Die schien uns erschwinglich, also nahmen wir sie. Emsch trat damit durch die Sperre und reichte sie mir durch ein Stabgitter wieder heraus, allerdings ohne Abriss. Der war nun weg. Jetzt ging ich mit der entwerteten Eintrittskarte zum Durchlass und sagte dem Billeteur, ich hätte den Kupon leider verloren. Der blickte mich an und erwiderte: „Wer det gloobt, wird seelich. Nee, da is nischt zu machen!" Ich gab aber nicht gleich auf. Da spitzte er plötzlich die Ohren und fragte: „Wo kommst denn du überhaupt her?"

Ich erzählte ihm nun, dass ich extra mit dem Fahrrad aus dem Sudetenland gekommen sei und keine einzige Karte mehr kriegen konnte. Nun stutzte er nochmals, dann schlug er mich mit der Hand auf die Schulter und sprach: „Nu mal rin mit dir, aber rasch und verschwind, dass ick dir nicht mehr seh!"

Das war die gutmütige Berliner Schnauze. Emsch hatte auf mich gewartet. Nun begaben wir uns gemeinsam auf die Zuschauertribüne und wir bereuten es nicht, gerade diese Disziplin zu sehen. Es erschien uns fantastisch zu beobachten, mit welcher Eleganz die edlen Pferde über die schwersten Hürden sprangen Wir hatten diese Sportart noch nie miterlebt und freuten uns, etwas für uns Extravagantes genießen zu können.

An den Besuch weiterer Veranstaltungen, besonders des Höhepunktes, nämlich der Schlussfeier, war leider nicht zu denken, denn wir bekamen nicht einmal mehr Eintrittskarten zu Wucherpreisen und wenn, dann hätten diese unser Budget sicherlich überschritten. Deshalb fuhren wir am letzten Tage der Olympiade zur zentralen Prachtstraße Berlins, mit Namen Unter den Linden. Dort hatten sich tausende Menschen eingefunden, die zu beiden Seiten der breiten Fahrbahn Spalier bildeten. Es hatte sich nämlich herumgesprochen, dass der Führer auf seinem Wege von der Reichskanzlei zum Olympiastadion diese Allee entlang fahren würde. Wir suchten uns einen Platz, von dem wir die Fahrbahn gut übersehen konnten, und warteten geduldig der Dinge, die da kommen sollten. Die Zeit verging. Wir betrachteten die Leute um uns herum. Es dürften auch viele Ausländer unter den Zuschauern gewesen sein. Alle warteten in vollkommener Ruhe. Uns taten schon die Beine weh vom langen Stehen. Wir belasteten abwechselnd einmal den linken und einmal den rechten Fuß, um besser auszuhalten, und die Sonne brannte auf uns nieder. Die Polizei bildete Kordons mit den Gesichtern zu uns, aber sie hatte sonst nichts zu tun. Es herrschte einmalige Disziplin.

Nun hörten wir in der Ferne Rufe erschallen, die langsam näher kamen und immer lauter wurden. Da erblickten wir auch schon die Spitze einer Polizeieskorte, Motorräder, Autos und dann einen großen offenen Wagen, in dem ein Uniformierter stand, sich mit der linken Hand an der Windschutzscheibe festhielt und die Rechte zum deutschen Gruß erhoben hatte. Es war der Führer.

In diesem Moment rissen alle Umstehenden ausnahmslos ihre rechten Arme in die Höhe und riefen schallend: „Heil Hitler! Heil Hitler!", immer wieder, bis die Kolonne vorbei war. Es gab kein Gedränge, keinerlei Unruhe, zum Unterschied von Prag, und es schien unbegreiflich, wie ein Mann, der, genau genommen, gar nicht viel gleichsah, die Massen so begeistern konnte. Emsch war hingerissen und ich von dem Moment eigentlich auch, denn gewaltiger hätte der Abschied von Berlin gar nicht sein können.

Wir bestiegen noch am gleichen Abend den Sonderzug nach Dresden. Auf dem dortigen Bahnhof sahen wir auch wieder unsere Fahrräder an den Ketten hängen, gingen aber vorerst zu Emils Tante, um noch eine Nacht auszuruhen, und bestiegen unsere Drahtesel erst am folgenden Morgen.

Als Erinnerung hatten wir uns kleine Olympia-Wimpel gekauft, die wir an den Lenkstangen befestigten. Diesmal nahmen wir die Route nicht über das Erzgebirge, sondern an der Elbe entlang durch die böhmisch-sächsische Schweiz. Diese Strecke war länger als die erste, aber wir ersparten uns die vielen Steigungen über den Gebirgsrücken. Außerdem wollten wir uns bei dieser Gelegenheit die Sächsische Schweiz ansehen und fuhren zuerst nur bis zur Festung Königstein. Von dort unternahmen wir einen Ausflug auf das Prebischtor. Das ist ein natürliches Sandsteingebilde, das wie ein riesiger Triumphbogen aus der Steinzeit aussieht. Wir stiegen auf einer Seite hinauf und überschritten oben einen gewaltigen Brückenbogen, den die Natur selbst gebildet hatte. Da oben erlebten wir einen romantischen Ausblick über das Elbesandsteingebirge, bevor wir auf der anderen Seite den Abstieg antraten. Gegen Abend kamen wir zur Festung zurück, die als idyllische Jugendherberge ausgebaut war, in der wir übernachteten.

Am nächsten Tage erreichten wir schon morgens bei Herrnskretschen an der Elbe die Staatsgrenze. Als die tschechischen Grenzer unsere Olympiawimpel sahen, fragten sie, ob wir Zeitungen mithätten, und durchsuchten unser Gepäck bis in den letzten Winkel, denn nationalsozialistische Schriften waren in der Tschechoslowakei verboten. Nachdem man nichts Verdächtiges gefunden hatte, durften wir unsere Fahrt fortsetzen. Wir radelten mit kleinen Pausen über Bodenbach, Aussig und von Teplitz wieder die alte Strecke zurück, bis wir am späten Abend erschöpft zuhause ankamen. Das war eine Freude und wir brachten ein großes Erlebnis hinter uns, das sich zum Teil recht mühsam gestaltet hatte, aber auf jeden Fall äußerst lohnend gewesen war.

Ich arbeitete nun schon vier Jahre im Fotogeschäft und schrieb noch immer die Rechnungen für die deutschen Kunden aus. Es war kein blendender Posten, sondern nach wie vor das finstere Loch, aber ich vertrug mich gut mit meinen tschechischen Kollegen und hatte viel dazugelernt. Ich beherrschte deren Sprache schon längst einwandfrei. Es kam sogar dazu, dass diese mich als Deutschen fragten, ob man dieses oder jenes tschechische Wort mit einem weichen oder einem harten „I" schriebe, und ich wusste es genau, denn Grammatik lag mir. Ich erledigte nicht nur die deutsche, sondern auch die tschechische Korrespondenz selbstständig, obwohl ich auch in beiden Sprachen stenografieren konnte, aber der Chef diktierte mir nur noch besondere Fälle. Wenn er geschäftlichen Ärger hatte, dann sagte er meistens zu mir: „Ach, wie schön war es doch früher in der österreichischen Monarchie. Da gab es nicht so schlechte Zeiten!" Dabei war er nationaler Tscheche sowie Mitglied des tschechischnationalen Turnvereins „Sokol" und ich wunderte mich, dass er vor mir so offen sprach.

Ich hatte auch paar kleine Privilegien. So konnte ich sämtliche Foto-Artikel zum Händlerpreis kaufen, nicht nur für mich, sondern auch für Bekannte, und in der Dunkelkammer der Firma durfte ich mir in der Mittagspause meine privaten Fotos vergrößern.

Trotzdem hätte ich schon längst versucht, eine bessere Stelle zu finden, wenn ich nicht bereits seit einem Jahr militärpflichtig gewesen wäre, aber der Assentierungstermin wurde nun wegen der schwachen Kriegsjahrgänge zum zweiten Male verschoben. Also wartete ich noch zu. Im April 1937 musste ich dann in Saaz mit vielen meiner Schulfreunde zur Stellung gehen. Manche wollten nicht zum tschechischen Militär und hatten sich kasteit, um schlecht auszusehen, auch Emsch, der allerdings tatsächlich einen kleinen, aber unsichtbaren Körperfehler hatte, nämlich ein poröses Trommelfell, das er beim Baden mit eingefetteter Watte verstopfen musste. Diese Drückeberger machten wirklich einen armseligen Eindruck, als wir splitternackt vor der Kommission standen, aber es nützte nichts. Jeder war tauglich, der nicht tatsächlich einen echten Körperfehler hatte. Nur wenige wurden als untauglich erklärt, darunter jedoch Emil mit seinem defekten Ohr, weil er damit auch noch schlecht zu hören vorgab. Die Tauglichen wurden slowakischen Garnisonen zugewiesen und die Slowaken kamen zu uns, also jeder recht weit von zuhause weg, damit er nicht heimlaufen könnte.

4.
Urlaub

Der Einrücktermin war jedoch erst der 1. Oktoker 1937. Da hob ich mir meinen Urlaub für September auf, um vor dem Militär meinen Bruder Karl in Köln zu besuchen, ohne dass ich nachher nochmals zur Firma zurückmusste. Als ich meinen abgelaufenen Reisepass verlängern lassen wollte, musste ich wegen des bevorstehenden Wehrdienstes einen Bürgen beibringen, der für mich zum Militär ging, falls ich nicht zurückkäme. Ich konnte mir überhaupt nicht vorstellen, dass sich irgendjemand auf so etwas einließe und erzählte meine Bedenken im Büro. Nun geschah etwas Unglaubliches, das ich selbst wahrscheinlich nie getan hätte. Der etwas jüngere, tschechische Kollege Vajsejtl rief spontan: „Ich bürge für dich!"

Ich traute meinen Ohren nicht und erwiderte scherzend: „Was machst du aber, wenn ich wirklich nicht zurückkomme?"

Da sagte er: „Dann werde ich eben statt deiner Soldat. Das steht mir sowieso noch bevor und wenn ich schon nicht zum Nordpol fahren kann, dann fahre ich halt in die Slowakei."

Er unterschrieb mir tatsächlich die Bürgschaft, die von der Polizei beglaubigt wurde, und meiner Reise nach Köln stand nichts mehr im Wege. Das war praktizierte Völkerverständigung, und nicht die großen Worte, die heutzutage besonders von osteuropäischen Regierungen in die Welt posaunt werden.

Als ich mich von meinen Vorgesetzten und Kollegen verabschiedete, wünschten mir alle eine gute Reise, viel Glück beim Militär und ich sollte mich wieder einmal sehen lassen. Der Chef meinte scherzend und zweideutig: „Hoffentlich behält Sie der Hitler nicht gleich dort!"

Vielleicht glaubte er wirklich, ich wolle nicht mehr zurückkommen. Unser Fräulein hatte auch gekündigt, weil es heiraten wollte, und schlug sogar vor, dass wir uns einmal im Jahr schreiben sollten, wenn wir auseinanderkämen. Da steckte vielleicht mehr Neugierde dahinter. Jedenfalls wusste keiner, was uns noch bevorstand.

Ich reiste also nach Köln, aber nicht mit dem Fahrrad, sondern per Bahn und verbrachte bei der Familie meines Bruders Karl zwei schöne Wochen. Karl besaß eine gut gehende Schildermalerei und seine Frau führte die Buchhaltung.

Aber in Köln ereilte mich doch wieder das Radfahrfieber, denn im nicht allzu weit entfernten Düsseldorf hatte man die große Ausstellung „Schaffendes Volk" eröffnet. Die musste ich sehen. Ich borgte mir meines Bruders Rad aus und fuhr damit kurzerhand zu dieser Ausstellung. Es gab auf der ganzen Strecke wunderschöne Radwege. Die waren dort fast so zahlreich wie angeblich in Holland, ziemlich kreuzungsfrei, verkehrsarm und schwarz wie eine Aschenbahn, so richtig geschaffen zum Loslegen. Ich trat also in die Pedale. Kurz nach dem Überqueren der Mülheimer Rheinbrücke sah ich schon von Weitem zwischen zwei hohen Fabrikkaminen in Leverkusen das riesige „Bayer"-Aspirinkreuz hängen, eine gigantische Lichtreklame, die man am Abend bis nach Köln leuchten sah. Das faszinierte mich so, dass mich wieder einmal eine fliegerische Intuition überkam, wie vor einem Jahr bei meiner Radtour zur Olympiade. In einer Kurve unterließ ich als unerfahrener Aschenbahnfahrer das Bremsen, die Räder rutschten weg und ich flog ins Schwarze, nicht ins Ziel, sondern in die Asche. Glücklicherweise führte der Weg nicht bergab, sodass ich auch nicht allzu weit stürzte, aber trotzdem war ich natürlich zerkratzt und kam mir schwarz vor wie ein halber Rauchfangkehrer. Es war aber nichts kaputt und, nachdem ich mich gesäubert hatte, setzte ich meinen Weg fort. Dabei bemerkte ich, dass ich hätte von Köln bis Düsseldorf sogar mit der Straßenbahn fahren können, und zwar mit Umsteigen, denn wo die Kölner Tramway aufhörte, da fing die Düsseldorfer an.

In Düsseldorf selbst wohnte ich wieder mal in einer wunderschönen Jugendherberge, in einer Parkanlage direkt am

Rhein gelegen. Am Abend ging ich noch in der Königsallee spazieren und am nächsten Morgen besuchte ich die große Schau. Es handelte sich um eine Art Exportmesse. In modernen Pavillons und auf freiem Gelände wurde gezeigt, was das deutsche Handwerk und die Industrie imstande waren zu erzeugen. Es wurde wirklich veranschaulicht, wie tüchtig das deutsche Volk ist. Das muss man den Leuten lassen und ich war zutiefst beeindruckt.

Am Nachmittag sah ich mir noch die Stadt an. Dann schaute ich am Rhein den Radschlägern zu. Das war eine Fremdenverkehrsattraktion. Die Schulbuben drehten ihre Körper über die Hände mit den Beinen hoch durch die Luft und erhofften sich dafür von den zuschauenden Erwachsenen ein Trinkgeld. Am Abend sangen Hitlerjungen in ihren schwarzen Samthosen vor der Jugendherberge Volkslieder. Es war ein eindrucksvoller Tag. In der Herberge gab es ein einfaches, aber gutes und preiswertes Essen. Dann schlief ich wunderbar im Saal für Jungen in einem Stockbett. Am dritten Tage radelte ich die gleiche Strecke, aber etwas vorsichtiger, zurück nach Köln.

Das Zentrum dieser Stadt war ja noch viel interessanter als Düsseldorf. Der Dom zum Beispiel ist eine der wenigen oder vielleicht überhaupt die einzige wirklich große Kirche, die einheitlich und zur Gänze im gotischen Baustil vollendet wurde. Auf der Hohen Straße, dem Hauptgeschäftsviertel, besuchte ich mit Bruder und Schwägerin ein Nachtlokal. Dort sah ich zum ersten Male eine Solotänzerin mit nacktem Busen. Karl sagte zu seiner Anni, wenn ich für das Militär reif wäre, dann könne ich so etwas auch sehen. Er hatte selbst nicht einrücken müssen. Als er ins wehrpflichtige Alter kam, wohnte er schon längst in Deutschland. Er musste sich zwar beim tschechischen Konsulat melden, aber der Konsul befreite ihn wegen des ständigen Auslandsaufenthaltes vom Militärdienst. Bald darauf hatte Karl auch die deutsche Staatsbürgerschaft erhalten.

Alles was schön ist, vergeht immer zu schnell und ich musste an das Kofferpacken denken, um meine tschechische Wehrpflicht nicht zu versäumen. Es ging nicht nur darum, dass ich meinen Bürgen nicht im Stich lassen konnte. Wenn ich nämlich meinen Dienst nicht angetreten hätte, dann wäre ich bei einer späteren Rückkehr zu meiner Familie sofort verhaftet worden. Außerdem wollte ich auch gar kein Drückeberger sein. Also fuhr ich so rechtzeitig heim, dass ich auch noch ein paar Tage bei meinen Eltern verbringen konnte.

III.
Soldatenzeit

I.
TSCHECHISCHES MILITÄR

Als ich nachhause kam, hatte Vater schon einen kleinen, schwarzen Holzkoffer gekauft und in weißer Farbe den Familiennamen draufschreiben lassen. Das war Vorschrift. Nur in einem solchen versperrbaren Koffer durften die Rekruten beim tschechischen Militär ihre privaten Habseligkeiten mit in die Kaserne nehmen. Ich ging noch zum Frisör, aber nicht des guten Haarschnitts wegen. Nein, ich ließ mir meinen Kopf ratzekahl scheren, alle Haare weg. Nachher war ich kaum zum Wiedererkennen. Das war jedoch kein Jux, denn wenn ich das nicht getan hätte, dann wäre ich sicherlich in der Kaserne schon am ersten Tage einem viel wilderen Gesellen in die Hände gefallen. Auch das war Vorschrift, dass die Haare weg mussten und ich wollte doch nicht wie gerupft aussehen, da schon lieber spiegelblank.

Dann kam der Abschied für ein Jahr, denn früher gab es keinen Urlaub. Vater schulterte in bewährter Weise mittels seines Spazierstockes meinen schweren Koffer und begleitete mich wieder einmal zum Bahnhof. Es fuhren auch etliche andere Rekruten mit dem gleichen Zug in die ferne Slowakei. In Prag mussten wir umsteigen. Da kamen noch viele Leidensgenossen dazu, die, so wie ich, ihre Last in Form eines schwarzen Koffers auf ihren Schultern trugen. Plötzlich hörte ich hinter mir meinen Namen rufen. Ich dachte: „Ein Freund in der Not tut gut!", und drehte mich erwartungsvoll um, konnte aber kein einziges bekanntes Gesicht erblicken. Keine Miene verzog sich bei den mir folgenden Schicksalsgenossen. Da fiel mir ein, dass ja mein Name auf dem Koffer stand. Ein Unbekannter hatte ihn wahrscheinlich gelesen uhd scherzhalber laut ausgerufen. Dieser Trick machte sofort die Runde. Von verschiedenen Seiten hörte man Namen rufen. Man sah, wie die Gefoppten ganz verwundert ihre Köpfe herumrissen, und es gab schließlich ein Riesengelächter in der großen Halle des Masarykbahnhofes.

Aus der böhmischen Hauptstadt fuhr ich die ganze Nacht bis nach Preßburg am Anfang der Slowakei. Von dort hätte ich gar nicht weit zu meiner Schwester nach Wien gehabt, allerdings musste ich die andere Richtung wählen, denn ich wurde an diesem Morgen des 1. Oktober 1937 in der Garnison von Neutra erwartet. Nachdem ich keinen besonderen Wunsch geäußert hatte, kam ich zur Infanterie.

Die Kaserne stammte noch aus der österreichisch-ungarischen Monarchie. Das alte einstöckige Gebäude umgab in einem geschlossenen Karree den großen, quadratischen Exerzierplatz. An der Innenseite der lang gezogenen Unterkunft befanden sich breite, offene Gänge, auf denen die Soldaten zum jeweiligen Dienst antraten und von denen man den riesigen Hof überblicken konnte. Hinter den Gängen lagen die geräumigen Schlaf- und Aufenthaltssäle der Mannschaften mit den Fenstern zur Straße. Dazwischen führten die Stiegenabgänge zum Platz hinunter und an den Enden der Gänge waren die Wasch- und Abortanlagen.

Ich wurde einem Zuge der Maschinengewehrkompanie zugeteilt und in den Raum geführt, in dem diese untergebracht war. Mein Platz lag an der Fensterseite. Er bestand aus einem eisernen Gestell mit Strohsack, Keilpolster, Leintuch und einer Wolldecke. Darüber hing an der Wand eine eiserne Konsole. Meinen Holzkoffer musste ich vor das Fußende dieser Bettstatt stellen, wo er seinen ständigen Platz fand. Dann ging ich zur Einkleidung. Ich erhielt zwei Kaki-Uniformen mit Wickelgamaschen und hohe Nagelschuhe samt einigen Fußfetzen, einen Zwillich-Anzug und weiße Leinenwäsche, ferner eine runde Menageschale aus Aluminium mit Essbesteck und ein paar sonstige Kleinigkeiten. Außerdem gab es einen Tornister und vier schmale Brettchen. Mit den Letzteren wusste ich zuerst nichts anzufangen, bis die einjährigen Kameraden uns Rekruten zeigten, dass damit die gerade nicht verwendeten Uniformen in eine ganz bestimmte Fasson gebracht wurden. Hosen und Röcke mussten mithilfe dieser Brettchen so zusammengelegt werden, dass sie auf der Wandkonsole von vorne genau wie zwei glatte, kantige Vierecke aussehen, zwischen denen der Tornister aufgebaut wurde. Bis wir uns umgezogen und einigermaßen eingerichtet hatten, traten wir zum Empfang des Mittagessens an. Wir nahmen unsere Menageschalen und bildeten auf dem Gang eine Reihe. Dann gingen wir unter Anführung eines Unteroffiziers über den Kasernenhof zur Küche. Dort stellten wir uns vor zwei Gulaschkanonen an. Das waren auf zwei großen Rädern fahrbare, beheizbare Kochkessel. Der erste Koch füllte die tiefe Essschale mit einem großen Schöpfer Suppe. Nun setzten wir den flachen Deckel ein, auf den der zweite Koch die Hauptspeise klatschte. Mit den gefüllten Essgeschirren kehrten wir in unsere Unterkünfte zurück. Dazu muss ich noch sagen, dass sich zwischen den Bettenreihen lange Tische und Bänke befanden, auf denen sich unser häusliches Leben abspielte. Dort wurde gegessen und alles geputzt, was zu reinigen war. Das Essgeschirr spülten wir am Ende des Ganges im Waschraum. Nachtmahl erhielten wir um fünf Uhr. Am Abend konnten wir uns an den Stubentischen die Zeit vertreiben. Das taten wir besonders am Anfang, denn in den ersten drei Wochen gab es keinen Ausgang. Um neun Uhr hatten wir in den Betten zu liegen und es durfte kein Licht mehr brennen. Da wurde der Zapfenstreich geblasen.

Der Weckruf erscholl um sechs Uhr früh. In dem Moment mussten alle aufrecht in den Betten stehen, denn im nächsten Augenblick kam der Dienst habende Unteroffizier bei der Tür herein und wer noch nicht stand, bekam Strafdienst. Bis sieben Uhr waren wir alle gewaschen und angezogen. Da holten wir unser Frühstück, wieder bei der Feldküche. Die tiefe Schale wurde mit süßem, schwarzem Mischkaffee angefüllt und auf den flachen Deckeleinsatz zwei Stück Weißgebäck gelegt. Der Kaffee schmeckte mir übrigens sehr gut, obwohl manche behaupteten, er würde zur Beruhigung der Gemüter Brom enthalten.

Die Rekrutenausbildung fand vorerst von acht bis zwölf Uhr und von eins bis fünf Uhr auf dem Exerzierplatz statt. Da die wenigsten Deutschen Tschechisch verstanden, gab es unter den Zweijährigen auch sudetendeutsche Instruktoren. Das waren meistens Gefreite. Das Offizierskorps bestand jedoch hauptsächlich aus Tschechen und einigen Slowaken, die aber auch mehr oder weniger gut Deutsch sprachen. Da sich die slowakische Sprache von der tschechischen nicht viel unterscheidet, konnte ich mich mit allen Kameraden und Vorgesetzten tadellos verständigen.

Nachdem wir das Exerzieren schon einigermaßen beherrschten, wurde uns das Schießen beigebracht. Zu diesem Zwecke marschierten wir zum ersten Male von der Kaserne auf einen großen Schießplatz, wo wir mit den Gewehren auf Zielscheiben schossen. Das wiederholten wir jede Woche und ich erwarb mir dabei das Schießabzeichen zweiter Klasse für gutes Treffen. Zwischendurch unternahmen wir außer dem Exerzieren auch Geländeübungen mit Laufen und Kriechen. Nur bei schlechtem Wetter erhielten wir theoretischen Unterricht in der Unterkunft und einmal in der Woche gingen wir in einen großen Duschraum zum Brausen.

Als wir mit dem Karabiner schon gut umgehen konnten, fingen die Übungen mit dem Maschinengewehr an. Das war noch ein Modell aus der österreichisch-ungarischen Monarchie mit Wasserkühlung und wurde von zwei Mann bedient. Einer trug den schweren, wassergekühlten Lauf, der andere das dreiteilige Stativ und in jeder Hand eine Munitionskiste. Auch mit diesem Ungetüm mussten wir natürlich Lauf-, Kriech- und Schießübungen durchführen, was man allerdings nicht mehr als angenehmen Sport bezeichnen konnte. Wir schossen damit bis auf 2000 Meter, trafen dann aber kaum noch was. Das nannte man Streufeuer.

Am besten gefielen mir die Marschübungen mit Tornister und Gewehr. Das konnte ich leicht den ganzen Tag aushalten. Es war jedoch wichtig, dass man die Gamaschen gut gewickelt hatte, nicht zu locker und nicht zu fest. Dann stützten sie die

Waden und verhinderten die Bildung von Krampfadern. Auch die Fußfetzen mussten gut gelegt sein, damit sie nicht drückten. Diese weißen quadratischen Leinentücher waren ja viel vorteilhafter als Socken. Es gab praktisch kein Stopfen von Löchern und das Waschen ging besser. Man legte die Fetzen beim Anziehen nach einer ganz bestimmten Methode bis über die Knöchel um den Fuß, und drückte das Tuch mit einer Hand an, um es am Verrutschen zu hindern. Dann zog man den hohen Schuh darüber und schnürte ihn gleich zu. Nachher folgten die Wickelgamaschen vom Knöchel bis unter das Knie.

Die Marschübungen führten immer in die liebliche Umgebung von Neutra, wo es viele Weingärten gab. Jede Stunde hielten wir kurze Rast. Die Gewehre wurden zu Pyramiden zusammengestellt und wir entspannten uns. In einem der idyllischen, slowakischen Dörfer machten wir jeweils Pause bei der Weinschänke. Dort verzehrten wir unseren Proviant und tranken dazu für einen Pappenstiel den guten heimischen Wein. Wir fühlten uns richtig wohl und auf dem Rückmarsch waren wir manchmal so beschwingt, dass es uns vorkam, als ob unsere Beine von selbst liefen. Der Leutnant, der uns anführte, war Slowake, ein gutmütiger Hüne, der in mir den Eindruck erweckte, als ob er keiner Fliege etwas zuleide tun könnte. Seine Kommandorufe klangen wie das laute Blöcken eines verschreckten Kalbes. So kam es mir nach dem Leeren des großen Glases Wein bei der Mittagsrast einmal wirklich vor, als lief ich einem Kalbe nach, aber zum Nachtmahl in der Kaserne gab es Kaffee, der mich wieder munter machte.

Aufgrund meiner guten Sprachkenntnisse wurde ich bald nach Beendigung der Rekrutenausbildung in die Unteroffiziersschule versetzt. Dort ging es viel genauer zu als zuerst. Der Kommandant war ein slowakischer Hauptmann, der mit uns Tschechisch sprach. Er hatte eine kleine, fast gnomenartige, korpulente Figur. Um sich jedoch Respekt zu verschaffen, ritt er im Außendienst fast immer auf einem stattlichen Schimmel. Er konnte nur mit einer hohen Fistelstimme reden, aber die erklang oft so schrill, dass seine Befehle wie abgehackte Pfiffe einer Alarmsirene durch die Luft peitschten.

Der Dienst wurde härter, aber nicht ungerecht, denn im kommenden Oktober, wenn die Alten abrüsteten, sollten wir Unteroffiziersschüler die Ausbildung der neuen Rekruten übernehmen. Deshalb lernten wir auch kommandieren, obwohl wir selbst unter einem strengen Kommando standen. Die Reinlichkeitsappelle wurden viel genauer durchgeführt, allerdings nicht schikanös. Beim Bekleidungsappell durfte jedoch an den Schuhen kein einziger Nagel fehlen, damit sich die Sohlen nicht zu rasch durchtraten. Bei den Hosen wurden die Nähte nach außen umgedreht und wehe, wenn der Unteroffizier auch nur eine einzige Staub- oder Wollfluse entdeckte, dann setzte es sofort eine Strafe. Das war sicherlich keine Sekatur, sondern sollte höchstwahrscheinlich dem Überhandnehmen von Kleiderläusen vorbeugen.

An Unterhaltung war in der kleinen Garnisonsstadt nicht viel los. Familienanschluss konnten wir Sudetendeutsche bei den Slowaken kaum finden. Also spazierten wir in unserer Freizeit bei schönem Wetter auf den Kalvarienberg mit seinen drei steinernen Kreuzen, die vielleicht vielen, die zum ersten Male die Fremde spürten, als Symbol erschienen. Von dort sahen wir weit ins Land hinein und dachten uns, in welcher Richtung wohl unsere Heimat liegen mochte. Da sprachen wir von Zuhause und ließen unsere Lieben in Gedanken an uns vorbeiziehen, denn nachts in den Kasernenbetten waren wir zum Sinnieren meistens zu müde.

Bei Schlechtwetter und auch sonst öfter besuchten wir ein Lokal, das sich Milchbar nannte. Die wohlbeleibte, ältere Wirtin sprach gut Deutsch und begrüßte uns immer persönlich. Sie unterhielt sich auch sonst mit uns, wenn sie Zeit hatte. Das gab dem kleinen Café für uns eine Art von Heimeligkeit, aber gerade darüber schimpfte unser Hauptmann fürchterlich. Da wetterte er sogar deutsch, damit wir ihn ja gut verstünden:

„Ich warne euch!", schrie er mit seiner sich überschlagenden Fistelstimme, „Da gibt es eine Milchstube, aber darin wird nicht nur Milch serviert, sondern auch Fleisch. Dieses Fleisch ist jedoch nicht zum Essen, sondern zum Vernaschen. Ich warne euch vor dieser Nascherei. Sie könnte für manchen von euch schwerwiegende Folgen haben an Leib und Seele."

So ging es weiter und der kleine Hauptmann kam mir plötzlich vor wie ein Prediger oder sogar wie ein strenger Vater. Ich wusste zuerst gar nicht, warum er sich so aufregte. Dann dämmerte es mir. Es war ja durchaus möglich, dass manche Kameraden es in der Fremde ohne körperliche Befriedigung nicht mehr aushielten und diese bei der Wirtin finden konnten. Mir wäre jedoch nie eingefallen, mich mit diesem alten Weibe intim einzulassen. Dem Hauptmann ging es sicherlich in erster Linie darum, dass sich von seinen Untergebenen niemand eine Geschlechtskrankheit zuzog.

Nach erfolgreichem Abschluss der Unteroffiziersschule wurde ich zum Gefreiten befördert. Dann kehrte ich zu meiner Kompanie zurück. Dort hörte ich, dass mich der Kanzleifeldwebel in seine Büroarbeiten einführen sollte, damit ich, wenn er abrüste, seine Tätigkeit übernehmen könne. Das freute mich riesig. Auf diese Weise hatte ich keinen Außendienst mehr zu erwarten. Das war besser als die Rekrutenausbildnerei und ich sah einem ruhigen Posten entgegen, aber es kam alles anders.

Am 12. März 1938 gab es Alarm. In aller Herrgottsfrühe erscholl das Trompetensignal, das uns bei noch vollkommener Dunkelheit aus dem Schlafe schreckte. Da hieß es auch schon, alles packen zum Abmarsch. Wir wussten nicht, warum. Wir wussten nicht wohin. Zuerst dachten wir an eine Übung. Dann erfuhren wir, dass der Hitler mit der deutschen Armee in Österreich eingefallen war. In der Kaserne ging es zu wie in einem riesigen Ameisenhaufen.

Unser Bataillon bildete eine lange Kolonne und setzte sich bei Sonnenaufgang in Bewegung. Wir marschierten den ganzen Tag. Je weiter wir kamen, desto mehr hörten wir die Zivilisten ungarisch sprechen. Also näherten wir uns der ungarischen Grenze. Viele meinten, es gäbe Krieg, was ich mir jedoch nicht vorstellen konnte. Mit Ungarn? Wieso?

Am nächsten Tage bezogen wir Privatquartiere in einem sauberen, kleinen Dorf. Ich wurde bei einer ungarischen Familie einquartiert, nette Leute, die auch Slowakisch verstanden. Mein kleines Zimmer hatte einen Fußboden aus festgestampftem Lehm, der so präpariert war, dass er wie Terrazzo aussah. Kein Stäubchen entdeckte ich darauf und so zog ich mir die Schuhe immer schon vor der Tür aus. Ich fühlte mich wie bei Freunden.

Die Gegend war leicht hügelig und wie ich etwas später erfuhr, befanden sich hinter jenen Hügeln, in der Erde versteckt, kleine Bunker. Diese hatten wir zu bewachen. Von meinem Innendienst in der Kanzlei war nun keine Rede mehr, aber der Außendienst gestaltete sich auch nicht schlecht. Aus dem gerade beginnenden Frühling wurde für uns sprichwörtlich ein Lenz. Die Tage vergingen mit Wacheschieben, Schlafen, Essen und Faulenzen. Zwischendurch wurde auch manchmal exerziert oder ein Appell abgehalten. Die Gewehre waren immer zur Hand, aber es fiel kein einziger Schuss.

Ich wurde fast täglich ein paar Stunden zum Wachdienst eingeteilt. Da saß ich mit meinem Gewehr bei dem mir zugeteilten Bunker und beobachtete das zu einem Fluss abfallende Gelände. Der Fluss selbst, genannt Ipoly, bildete die Grenze zwichen der Slowakei und Ungarn. Ich konnte noch so lange meinen Blick über die sonnenbeschienenen Weingärten schweifen lassen, es war nie etwas Verdächtiges zu sehen, weder diesseits noch jenseits des Flusses. Wenn eine Kontrolle kam, stand ich stramm und machte meine Meldung, die nie besondere Vorkommnisse enthielt. Dann träumte ich in der wohligen Wärme der Sonnenstrahlen dahin, bis meine Ablösung kam. Manchmal hatte ich auch Nachtwache. Obwohl diese kürzer war, kam sie mir viel länger vor, denn es gab nichts zu sehen und ich wartete immer schon ungeduldig, bis ich abgelöst wurde.

Nachdem die Deutschen aus Österreich nicht mehr abzogen, blieben auch wir noch den ganzen Sommer über an diesem Standort. Der Tagesablauf war immer gleich. Es wurde schon fad. Obwohl es mir, den Verhältnissen entsprechend, nicht schlecht ging, bin ich doch eines Tages auf den Hund gekommen – aber es war ein lieber Hund. Eigentlich kam er zum Bunker und ließ sich von mir streicheln. Das war eine nette Abwechslung. Ich spielte mit ihm und gab ihm manchmal etwas zu fressen. Das machte ihn so anhänglich, dass er mir sogar bis ins Dorf folgte. Er wollte sich auch zu mir stellen, als ich in der Kompanie angetreten war. Als der Zugführer das bemerkte, schrie er: „Was will denn dieser Köter hier!", und warf ihm einen Stein nach. Danach tauchte das Tier nicht mehr auf.

Als der Sommer sich seinem Ende näherte, ging das Gerücht, dass Hitler nach Österreich auch das Sudetenland annektieren wolle, und viele sagten: „Jetzt kommt der Krieg!"

Ich und meine sudetendeutschen Kameraden fragten einander verunsichert, was uns in einem solchen Falle bevorstünde, und manche meinten, bevor sie gegen deutsche Brüder kämpfen müssten, flohen sie lieber nach Ungarn. Es entstand eine unruhige Spannung in unseren Reihen, denn keiner wusste, was auf uns zukäme.

Am 1. Oktober 1938 mussten alle deutschen Angehörigen des Bataillons vor dem Kommandeur Brejl antreten und der erklärte in fließendem Deutsch, dass die tschechoslowakische Regierung die vorwiegend deutsch besiedelten Grenzgebiete von Böhmen und Mähren an das Deutsche Reich abgetreten habe. Wer in seine Heimat zurückwolle, würde sofort aus der Armee entlassen. Wenn einer jedoch bei der Truppe bleiben möchte, so müsste er eine schriftliche Erklärung abgeben, dass er für die verbleibende Republik optiere. Ich sah keinen Einzigen, der das getan hätte. Es ging alles überraschend schnell und vollkommen korrekt zu.

Auch für mich gab es kein Überlegen. Nachdem meine Verwandten alle deutscher Nationalität waren, konnte ich doch gar nicht plötzlich sagen, ich sei Tscheche. Das war schon aus gefühlsmäßigen und moralischen Gründen gar nicht möglich und ich hätte auch meinen Lieben nie mehr vor die Augen treten können. Demnach verlangte ich meinen Entlassungsschein, der mir auch prompt ausgestellt wurde. Die Uniform, die ich am Leibe hatte, durfte ich behalten. Nur den Gefreitenknopf musste ich von den Schulterklappen herunternehmen. Der Entlassungsschein galt auch als Fahrschein für die Bahn. Also trat ich noch am gleichen Tage meine Heimfahrt an. So schnell ging das.

In Prag unterbrach ich die Reise für einige Stunden. Ich heftete mir die Rangabzeichen noch einmal an, denn ich wollte mich meiner Firma und ganz besonders meinem tschechischen Freund Vajsejtl als Gefreiter vorstellen. Chefs und Kollegen freuten sich sehr über mein Erscheinen, denn das wäre vielleicht das letzte Mal, dass ich sie sähe. Dann fuhr ich weiter nach Saaz. An der neu geschaffenen Grenzlinie passierten wir eine Kontrolle ohne weitere Formalitäten und am 2. Oktober abends war ich schon daheim.

2.
Deutsche Wehrmacht

"Befreiung!"

Ich fiel meinen Eltern um den Hals und auch Mantschi, die wieder daheim war. Die waren erleichtert, dass ich nach meinem bisher längsten Fernbleiben so plötzlich und heil auftauchte. Die Zeitung schrieb: "Das Sudetenland ist befreit." Und meine Mutter sagte schon am nächsten Tag, als sie vom Kaufmann kam:

"Ja, die befreien uns von der Butter! Es gibt manches nicht mehr zu kaufen, weil die deutschen Soldaten die Läden stürmen und alles nachhause schicken, was es bei ihnen kaum noch gibt."

Tatsächlich gingen die gerade erst angekommenen Uniformierten schon mit Paketen durch die Straßen, statt mit Gewehren, aber immerhin sah man sie lieber damit und die Mädchen lachten ihnen zu.

Die Organisation der neuen Machthaber klappte einmalig. Schon hingen große Kundmachungen an den Wänden, in denen die vorzeitig aus der tschechischen Armee Entlassenen und alle anderen Wehrpflichtigen aufgefordert wurden, sich bei den soeben eingerichteten deutschen Stellungskommissionen zu melden. Mein Freund Emsch, der als Henlein-Anhänger automatisch in die Nationalsozialistische Partei übernommen wurde und in Saaz inzwischen eine gute Stellung bei der Bank hatte, ging freiwillig mit mir zur Musterung. Wir wurden wieder ärztlich untersucht wie im Vorjahre bei den Tschechen. Nur durften wir diesmal wenigstens Turnhosen anbehalten. Da Emsch bei seiner nun freiwilligen Meldung natürlich nicht gehungert und die Perforierung seines Trommelfelles verschwiegen hatte, wurde er mit mir für den Wehrdienst als tauglich befunden. Wir durften uns eine von drei Garnisonen im Altreich aussuchen und wählten Düren im Rheinland, denn von dort könnte ich wenigstens meinen Bruder Karl in Köln besuchen, wenn ich frei hatte. Der Einrückungstermin wurde allerdings erst für den 9. Jänner 1939 festgesetzt, sodass Emil noch bis Ende 1938 auf seinem Arbeitsplatz bleiben konnte.

Ich wollte auch nicht untätig daheim herumlungern, sondern mich um eine Arbeit umsehen, damit ich in einem Jahr, nach Beendigung der Militärzeit schon einen Posten gesichert hätte. Ein Bekannter sagte mir, dass der Stadtschulrat einen Schreiber brauche. Also ging ich hin, mich vorzustellen.

„Heil Hitler!" begrüßte mich der Rat und fragte: „Sind Sie bei der Partei?" Als ich verneinte, meinte er, da käme ich für die Stelle gar nicht in Frage. Nachdem bei einer Arbeitssuche noch nie vorher jemand von mir hatte wissen wollen, ob ich bei einer Partei sei, traf es mich wie ein Blitzschlag. Es interessierte also nicht mehr, ob jemand etwas konnte, sondern ob er in der Partei war. Das kränkte mich so, dass ich ganz verdattert nachhause ging. Mutter merkte sofort meine Niedergeschlagenheit und als sie mich nach dem Grund fragte, fiel ich ihr schluchzend um den Hals. Sie tröstete mich, wie nur eine Mutter trösten kann und sagte:

„Jetzt wird alles anders, aber kränke dich nicht, sondern ruhe dich aus bis zu deiner neuen Einberufung. Du hast es dir verdient und wer weiß, was nachher kommt. Du kennst doch einen, der Lehrer werden wollte und beim Henlein war. Sag ihm, dass der Posten frei ist. Der wird ihn kriegen und sich freuen."

Und so war es dann auch. Also hatte ich ein gutes Werk getan.

Mit dem Anschluss des Sudetenlandes wurden schlagartig viele Schicksale verändert. Mein Bruder Erich wohnte natürlich auch nicht mehr in Prag. Seine Firma, die Union Versicherung, teilte man in eine tschechische mit dem alten Sitz in Prag und in eine sudetendeutsche Union in Reichenberg auf. Dadurch wurde Erich nach Reichenberg versetzt.

Mein Cousin Pepp veränderte sich noch viel mehr. Der Bund der Landwirte, die kleine deutsche Splitterpartei im tschechischen Parlament, bei der Pepp als Klubsekretär tätig gewesen war, wurde von der Sudetendeutschen Partei aufgesogen und ging mit dieser automatisch beim Anschluss in die Nationalsozialistische Partei über. Pepp bekam als Ersatz für seinen inzwischen hinfällig gewordenen Sekretärsposten die Stelle eines Amtsleiters beim Reichsnährstand von Deutsch Gabel in Nordböhmen angeboten. Er, der nie ein Nazi war, musste jedoch als Gegenleistung der Hitlerpartei beitreten, sonst hätte er das Amt nicht erhalten und vielleicht sogar Repressalien erleiden müssen. Um seinen Standard zu erhalten, biss er in den sauren Apfel und wurde dafür sogar noch in eine verlassene jüdische Prachtwohnung eingewiesen. Unter diesen Umständen konnte er endlich seine seit Langem geliebte Kusine Ottilie aus Karlsbad heiraten, eine dem Aussehen nach typisch deutsche, blonde Maid. Es schien ein „Happy End" nach Muster des Dritten Reiches zu sein, mit dem ich kaum mitkam.

Das öffentliche Leben entwickelte sich nun natürlich ganz anders. Die in den vergangenen zwanzig Jahren zugewanderten Tschechen hatten sich fast alle in das noch verbliebene böhmische Gebiet zurückgezogen. Kein Mensch fragte mehr, ob jemand Tschechisch sprechen konnte. Die frei gewordenen öffentlichen Stellen wurden von Nationalsozialisten besetzt. Es herrschte fast allgemein großer Jubel, dass wir von einer Fremdherrschaft befreit und nur noch Deutsche unter Deutschen waren. Dass wir nun aber freier sein sollten, konnte ich nicht feststellen.

Im Gegenteil! Wer nicht schief angesehen oder vielleicht sogar benachteiligt werden wollte, fühlte sich veranlasst, irgendeiner nationalsozialistischen Organisation beizutreten. Mein Vater sagte zur Mutter: „Wenn ich schon irgendwo dabei sein soll, dann nur bei der NSV, das ist die Nationalsozialistische

Volkswohlfahrt. Da kann am wenigsten schiefgehen und es ist vielleicht doch ein guter Zweck damit verbunden."

Ich war von dieser Frage glücklicherweise nicht betroffen, weil ich ja praktisch schon zur deutschen Wehrmacht gehörte und diese damals noch als unpolitisch galt.

Mit diesen Beobachtungen verging meine Wartezeit bis zum Einrücken in die Kaserne schneller, als ich dachte. Ein Drittel war schon um, als etwas Sonderbares, oder richtiger Schreckliches passierte. Am 10. November 1938 erzählten die Leute auf der Straße mit gemischten Gefühlen: „Der Judentempel brennt!"

Da ich Zeit hatte, ging ich sogleich hin, um zu sehen, was los war. Angeblich unbekannte Täter hatten die Synagoge in der Nacht angezündet Das Gebäude war bereits bis auf die Grundmauern ausgebrannt. Die Feuerwehr ließ niemanden in die Nähe und beschränkte sich lediglich darauf, ein Übergreifen der Flammen auf Nachbarhäuser zu verhindern.

In der Zeitung stand, dass ein Angehöriger der deutschen Botschaft in Paris von einem Juden erschossen worden war. Aus Empörung darüber habe die Bevölkerung in vielen deutschen Städten die Synagogen in Brand gesteckt und in Geschäften von Juden die Scheiben eingeschlagen.

Ich hatte bei uns vorerst keine empörte Bevölkerung gesehen. Als ich jedoch später zum Ringplatz kam, trieb die Polizei eine Gruppe jüdischer Bürgern vor sich her. Die Eskorte zog immer wieder zwischen der im Rathaus untergebrachten Polizeiwache und dem Gerichtsgebäude hin und zurück. Dahinter schloss sich der Pöbel an und spuckte den Gefangenen unter Beschimpfungen ins Gesicht. Von den Mitläufern kannte ich einige. Das waren keine Deutschnationalen und auch keine Christlichsozialen. Nein!, das waren die ärgsten Proletarier aus der unteren Vorstadt, die immer einen eher asozialen als nationalsozialen Eindruck hinterlassen hatten.

Unter den zusammengetriebenen jüdischen Unglücksraben erkannte ich einige als Kunden meines Vaters und die tragische Angelegenheit ergriff mich so peinlich, dass ich mich verschämt hinter den Pfeilern der Laubengänge, die den Ringplatz säumten, verbarg, obwohl ich doch gar nicht in diese Affäre verwickelt war.

In meiner weiteren zwischenmilitärischen Wartezeit traf ich mich oft mit meinen Freunden, aber die Tagesereignisse interessierten mich nicht mehr besonders. Davon hatte ich einstweilen genug. Dagegen freute ich mich so sehr auf das bald bevorstehende Weihnachtsfest, als ob ich ahnte, dass es das letzte sein könnte, das ich bei meinen Eltern feiern durfte.

Als es so weit war, schmückte Vater wie immer den Christbaum und Mutter bereitete ein gutes Essen vor. Fisch gab es ja nie, weil Vater Furcht davor hatte, dass ihm eine Gräte im Halse stecken bleiben könnte, aber vielleicht mochte er Fisch überhaupt nicht. Dafür machte Mutter schwarzsauren Hasen, eine Spezialität mit Wurzelsoße. Dazu tranken wir ein Glas Rotwein, den wir sonst das ganze Jahr hindurch nicht hatten. Das mochte Vater lieber. Ich war dagegen froh, dass wir dieses Festessen nur am Heiligen Abend bekamen, denn mich begeisterte es nicht so sehr, aber schließlich konnte ich mich zu den Feiertagen noch an anderen guten Sachen ergötzen, die Mutter alle selbst zubereitete. Auch den Stollen machte sie und ließ ihn nur gegenüber beim Bäcker in den großen Ofen stecken, weil er dort schöner wurde.

Nach dem Abendmahl wurden die Kerzen angezündet und wir sangen alle das Lied von der stillen Nacht, aber es kam keine richtige Stimmung auf, denn es war nur die halbe Familie da und ich musste auch wieder gehen.

Die Silvesternacht feierte ich mit meinen engsten Freunden beim Braun Seff. Der war Vollwaise und lebte unweit von uns in der Wohnung seiner verstorbenen Eltern, wo er sich auch um seinen minderjährigen Bruder kümmerte, der noch in der Lehre war. Er selbst arbeitete bei einem Rechtsanwalt im Büro.

Bei der Party war natürlich auch Emsch, dann ein Schulkollege namens Recki und der Bekannte, dem ich den Posten beim Stadtschulrat verschafft hatte. Jeder von uns brachte etwas zum Trinken und natürlich auch einiges zum Knabbern mit in die Jugggesellenbude. Wir wollten noch einmal richtig lustig sein vor dem Einrücken, denn wir mussten alle am 9. Jänner zur deutschen Wehrmacht, bis auf Seff. Der sorgte als Vormund für seinen minderjährigen Bruder und außerdem war er wehrdienstuntauglich, weil er von Geburt aus einen sogenannten Wolfsrachen hatte, der nicht operiert werden konnte. Dadurch verstand man ihn kaum, wenn er sprach, und er litt deshalb oft unter Depressionen.

Wir unterhielten uns an diesem Abend blendend, erzählten einander eigene Erlebnisse bei Grammofonmusik, sangen gemeinsam schöne Lieder und ließen unsere Kehlen nicht vertrocknen. Die Zeit verging rasch und im Nu war das alte Jahr zu Ende. Um Mitternacht prosteten wir uns mit Schnaps zu. Recki war besonders in Schwung. Immer wieder füllte er die Stamperln und stieß auf mein Wohl an mit den Worten: „Wer weiß, was uns das neue Jahr bringt und wann wir einander wiedersehen!"

Ich dachte mir: „Der hält aber was aus!", und bemühte mich, seinen Aufforderungen zum Trinken zu folgen und nicht zu kneifen. Auf einmal wurde mir furchtbar schlecht. Alles begann vor mir zu schwanken und ich dürfte leichenblass geworden sein, denn Seff kam mit einem Kübel gerannt und ich erbrach mich. Man gab mir ein Glas Milch zu trinken und ich kotzte noch paar Mal in den Eimer. Dann legten sie mich auf das Kanapee und ich schlief wie in einer tiefen Ohnmacht.

Als ich wieder zu mir kam, brummte mir fürchterlich der Schädel und eine Frauengestalt beugte sich über mich. Es war meine Schwester Mantschi. Sie sagte, es sei sechs Uhr früh und Mutter mache sich große Sorgen. Dann geleitete sie mich nachhause, wo Mutter schon in Ängsten wartete, und beide brachten mich richtig in mein Bett.

Zu Mittag aßen wir den üblichen, sonntäglichen Schweinsbraten und am Nachmittag holte mich Recki zu einem Neujahrsspaziergang ab. Dabei gestand er, dass er mich in der Nacht beschwindelt und seine Schnapsgläseln nicht alle ausgetrunken hatte. Er wollte mich mal angeheitert sehen. Nun sagte er aber:

„Sei froh, dass du in deinem Tiefschlaf nichts bemerkt hast, denn der Seff hatte wieder seine Depressionen bekommen. Er wurde ganz still. Plötzlich zog er von irgendwo eine Pistole hervor und wollte sich erschießen. Wir entrissen ihm natürlich sofort die Waffe und hielten ihn fest. Dann fing er an zu weinen und klagte, was für ein Krüppel er sei und dass er niemanden habe. Erst als wir ihm klar machten, dass sein kleiner Bruder ihn doch noch brauche, beruhigte er sich wieder."

Ausbildung

Ich wartete nun nur noch auf meinen Dienstantritt. Beim Hitler brauchte man keinen schwarzen Holzkoffer für die Privatsachen, wie es bei den Tschechen war, denn in den deutschen Kasernen gab es angeblich Wandkastln, genannt Spinde. Ich richtete mir daher lediglich ein kleines Handgepäck zum Mitnehmen.

Als es so weit war, erwartete uns auf dem Bahnhof ein langer Sonderzug, der uns direkt in das Rheinland brachte. In Düren hatte ich mit vielen anderen Kameraden die Endstation. Dort warteten einige Unteroffiziere auf uns. Wir mussten uns in Reih' und Glied hinstellen. Dann wurden wir namentlich aufgerufen. Emsch war dabei sowie ein jüngerer Bruder von Recki, weiters ein Sohn des früheren Bürgermeisters und andere, die ich kannte. Einer nach dem anderen wurde eingeteilt. Die Reihe schrumpfte zusammen. Zum Schluss blieb ich ganz allein zurück und niemand rief mich. Ich dachte: „Die haben mich vergessen!", und wusste nicht, was ich tun sollte. Am liebsten wäre ich verschwunden.

Da kam ein Unteroffizier auf mich zu und sagte: „Sie sind der Ulli? Kommen Sie mit mir!"

Nun erfuhr ich mein Einzelschicksal. Die anderen hatte man auf verschiedene Kompanien verteilt. Nur ich kam allein zum Bataillonsstab. Warum? Das hörte ich erst in der Kaserne. Diese bestand nicht aus einem riesigen Karree wie seinerzeit der altösterreichische Bau in der SIowakei. Hier besaß jede Kompanie ihr eigenes Gebäude. Zwei Züge waren im Erdgeschoss links und rechts vom Eingang und die anderen zwei im ersten Stock untergebracht.

Der Stab hatte natürlich auch sein eigenes Haus. In dieser Kaserne gab es keine so großen Mannschaftssäle wie bei den Tschechen, sondern nur geräumige Stuben mit Stockbetten. Der Gang zum Antreten befand sich auch nicht im Freien, sondern zwischen den Zimmerreihen, sodass wir zu den Waschräumen nicht durch die Kälte laufen mussten, und die Aborte hatten Wasserspülung.

Nachdem ich die Ausrüstung empfangen und meinen Spind eingerichtet hatte, wurde ich zum Kommandeur gerufen, der mich ungefähr mit folgenden Worten empfing:

„Na, was machen wir mit Ihnen! Wie ich aus Ihren Papieren sehe, sprechen Sie fließend Tschechisch. Vielleicht können Sie mal als Dolmetscher verwendet werden. Deshalb kommen Sie zur Nachrichtenstaffel des Bataillons. Verstehen Sie Morsezeichen? Nein? Dann werden Sie als Fernsprecher ausgebildet. Sie sollen hier keinen Nachteil haben. Nachdem Sie bei den Tschechen schon Gefreiter waren, werden Sie das auch bei uns sein. Lassen Sie sich in der Schneiderei den Gefreitenwinkel auf den Waffenrock nähen. Die sind informiert. Mit unserer Grundausbildung müssen Sie natürlich anfangen, das ist klar!"

Eines war mir nicht klar, nämlich was ich bei der deutschen Infanterie jemals Tschechisch dolmetschen sollte, aber ich nahm mit Freude und Verwunderung zur Kenntnis, dass ich gleich wieder Gefreiter wurde.

Mein Ausbilder war ein Berufsunteroffizier aus dem Essener Kohlengebiet. Er hieß Reza. Dem Namen nach waren seine Vorfahren irgendwann mal aus Polen gekommen. Der betrachtete mich gleich von Anfang an mit so hämischen, lauernden Blicken, dass ich mir von ihm nichts Gutes versprach. Er war auch sehr streng beim Exerzieren und schonte uns nicht. Der preußische Drill dürfte übrigens allgemein darauf abgerichtet gewesen sein, die Rekruten zu einem Kadavergehorsam zu erziehen. Was allerdings nicht dazu gehörte: In seinem Zimmer ließ sich Reza vornehmlich von den studierten Rekruten den Brettelfußboden mit Rasierklingen abziehen, was wir als ausgesprochene Schinderei und Demütigung ansahen. Wenn Reza Leute für Dreckarbeiten brauchte, dann fingerte er im geputzten Stubenofen so lange herum, bis er irgendwo ein Rußfleckerl fand, und verdonnerte die Zimmerinsassen dafür zum Strafdienst wegen Unsauberkeit.

An mich wagte er sich wegen meines Gefreitenwinkels doch nicht mit allen Gemeinheiten so heran, obwohl er es sicher gern getan hätte, aber ich bemühte mich auch sehr, ihm keine Veranlassung zu geben.

In der Grundausbildung lernte ich vor allen Dingen zackig gehen, grüßen und nochmals mit dem Gewehr zu hantieren. Beim Exerzieren brachte man uns ganz schön in Schwung, „auf Vordermann", wie man sagte, aber es gab auch lustige Momente.

Einmal rief ein Unteroffizier zum Rekruten: „Mensch, Sie sind ja ein Tell, aber kein Wilhelm Tell, sondern ein Trottel!" Oder der Spieß wollte sich jovial zeigen und fragte einen Rekruten: „Na, wie geht es dir, mein Sohn?", worauf jener Haltung annahm und lakonisch antwortete: „Danke gut, Vater", obwohl der nicht sein Vater war.

An manchen Sonntagen durfte ich meinen Bruder Karl in Köln besuchen oder er holte mich mit seiner Familie im Auto von der Kaserne ab und wir unternahmen Ausflüge in das nahe Eifelgebirge. Das waren angenehme Abwechslungen.

Ansonsten vertrieb ich mir die Freizeit in Düren mit meinem alten Freund Emsch. Der diente in der Maschinengewehrkompanie, aber ihm fehlte die einschlägige Erfahrung, die ich schon ein ganzes Jahr vorher beim Militär erworben hatte. Er ging seinen Dienst fürs Dritte Reich mit einer derart enthusiastischen Begeisterung an, dass er den rheinischen Kameraden, die bei Gott keine Nazis waren, etwas lächerlich vorkam und auch der ihm vorgesetzte Unteroffizier nahm ihn nicht ernst. Er teilte ihn über Gebühr für Wach- und Strafdienst ein, was mir natürlich nicht passierte.

In einer anderen Kompanie hatten wir einen degenerierten Baron aus meiner Heimat. Der fiel durch sein dummes Benehmen im ganzen Bataillon unangenehm auf. Das sprach sich herum und es fehlte nicht viel, dass man bald alle Sudetendeutschen als Trottel bezeichnete, denn man beurteilt ein Volk immer nach den Auffälligen. Die Übrigen gehen in der Masse unter.

Ich konnte mich beim Stab aus dieser Masseneinschätzung heraushalten und wurde nach Beendigung der Grundausbildung mit einigen anderen Kameraden unter Führung des Herrn Unteroffizier Reza zu einem Nachrichtenkursus nach Aachen abkommandiert. Bevor wir losfuhren, ließ mich der Kommandeur noch einmal zu sich rufen und sagte:

„Ich habe vom Oberkommando eine Instruktion erhalten, die es verbietet, ehemalige Gefreite aus anderen Armeen schon während der Rekrutenzeit wieder zu solchen zu befördern. Sie müssen leider den Gefreitenwinkel von Ihrer Jacke wieder abtrennen, aber heben Sie ihn auf. Wenn Sie den Nachrichtenkurs in Aachen gut bestehen, was ich annehme, dann werden Sie nach Ihrer Rückkehr offiziell befördert. Also, viel Glück!"

Ich war natürlich enttäuscht und führte diese Demütigung auf Intrigen zurück. Reza jedoch setzte sein höhnischstes Lächeln auf, als er meine Pleite erfuhr. Er dachte sicher: „In Aachen habe ich freiere Hand. Dem werde ich jetzt zeigen, was es bedeutet, deutscher Soldat zu sein!"

Die neue, schöne Kaserne hieß „Rote Erde", denn der Boden der Umgebung enthielt Ocker wie daheim im Goldbachtal. Aber es wuchs kein Hopfen. Für uns gab es nur Dreck. Die Schneeschmelze ging ihrem Ende entgegen und es folgte oft Nebel mit Nieselregen.

Fast jeden Morgen marschierten wir im Drillichanzug laut singend aus der Kaserne, um anschließend mit der Telefonausrüstung am Rücken und Gewehr in den Händen auf Bauch und Ellenbogen durch den Morast zu kriechen. Unteroffizier Reza stand meistens auf einem trockeneren Platz und schrie: „Auf marsch, marsch!" Das hieß „Laufen, Hinlegen!", meistens in den ärgsten Kot. Dabei hatten wir oft noch den Telefondraht abzuspulen. Das ging so von einer Zigarettenpause bis zur anderen den ganzen Vormittag lang. Ich rauchte ja nicht und erholte mich immer wieder.

Dann lernten wir Hochleitung legen. Einer ließ den Draht von der Handtrommel abrollen und der andere schupfte ihn mit einer Art langer, zusammenlegbarer Kleidergabel abwechselnd links und rechts in die Baumkronen. Das mussten wir manchmal mit aufgesetzter Gasmaske im Laufschritt tun und Reza kontrollierte, ob wir auch den Luftfilter fest eingeschraubt hatten. Es war eine Zerreißprobe für meine Lunge. Manchmal taumelte ich nur noch hin und her. Ich dampfte in meiner Uniform und sah fast nichts mehr durch die verschmierten Augengläser, aber ich hielt durch. Wenn der Unteroffizier entdeckte, dass einer schwindelte, indem er Maske oder Filter gelockert hatte, um besser Luft zu kriegen, dann mussten wir alle die Gasmasken auch beim Abmarsch aufsetzen und er befahl: „Ein Lied!"

Die erste Reihe fing an und wir sangen alle: „Kehr ich einst in meine Heimat wieder..." Der Text war durch die Maske hindurch kaum zu verstehen, aber jeder wusste, dass es ein Protestlied war.

Vor dem Rückmarsch in die Kaserne wurde der ausgelegte Leitungsdraht wieder aufgespult und wir freuten uns auf das Mittagessen, denn wir hatten Kohldampf, zu Hochdeutsch Hunger. Mein besonderer Trost war Fisch. Den gab es jeden Freitag, gedünstet mit weißer Soße. Dazu standen auf den Tischen Schüsseln mit jeder Menge Pellkartoffeln, die wir uns selbst abschälten.

Natürlich hatten wir uns umgezogen, das verschmutzte Drillichzeug gewaschen und die Schuhe gereinigt. Am Nachmittag war Putz- und Flickstunde. (Beim Sprechen dieses Wortes vergaßen wir oft absichtlich und scherzhalber das „L".) Da wurde die Ausrüstung wieder tipptopp gesäubert und in Ordnung gebracht. Bei ausgesprochenem Sauwetter ersetzte man den Außendienst manchmal durch theoretischen Unterricht in der Kaserne.

Wenn ich am Sonntag nicht mit meinem Bruder Karl zusammentraf, dann sah ich mir die alte Kaiserstadt Aachen an. Ganz besonders interessierte mich der Dom. Oder ich ging mit Kameraden in eine Kneipe. Dort tranken wir Korn mit Schuss. Das hört sich so militärisch an und bestand aus einem Stamperl Kornschnaps als Zielwasser für den Schuss, der aus einem Hellen mit eben einem Schuss schwarzen Süßbieres gemischt wurde.

So verging der Winter des Jahres 1939. Die Nachrichtenausbildung hatte ich gut überstanden und als ich nach Düren zurückkehrte, durfte ich meinen Winkel wieder tragen. Ich war zum dritten Male Gefreiter geworden und dachte mir: „Alle guten Dinge sind drei!"

Das Glück meinte es auch sonst gut mit mir, denn ich erhielt von meinem Bruder aus Reichenberg eine Einladung zur Hochzeit und durfte deshalb meinen ersten Urlaub nehmen.

Erich hatte nämlich schon, als ich noch beim tschechischen Militär war, eine Südböhmin kennen gelernt. Die wollte er nun heiraten. Ich fuhr nachhause und wurde von meinen Bekannten sehr bestaunt, dass ich schon Gefreiter war. Karl kam aus Köln mit dem Auto nach Saaz und nahm mich samt Mutter mit nach Südböhmen zur Hochzeit. Das wäre durch das tschechische Land nicht so weit gewesen. Dieses durften wir jedoch nicht passieren. So hatten wir einen riesigen Umweg über den Bayrischen Wald in Kauf zu nehmen, wo das Auto auf einer Bergstraße sogar einmal stecken blieb und wir ein Stück zu Fuß wandern mussten. Endlich kamen wir ans Ziel. Die Hochzeit war sehr schön und ich fiel als deutscher Gefreiter fast mehr auf als der Bräutigam. Zurück wählten wir genau dieselbe Route. Dabei hätte mich der viel kürzere Weg über Budweis und Pilsen mehr interessiert, aber diese Gegend war von Hitler gerade besetzt worden und für uns vorläufig tabu. Die Wehrmacht hatte das tschechische Gebiet als sogenanntes „Protektorat Böhmen-Mähren"', also als Schutzgebiet widerstandslos eingenommen. Man fragte sich nur, wer dabei noch geschützt werden sollte und vor wem? Das geschah im März 1939.

Als ich von meinem Urlaub wieder in die Kaserne nach Düren im Rheinland zurückkehrte, blieben wir nicht mehr lange in der Garnison, sondern fuhren nun zu einer größeren strategischen Übung in das Eifelgebirge. Dort wohnten wir in Privatquartieren. Das war sehr angenehm. Wir fanden Familienanschluss und standen nicht auf Schritt und Tritt unter Beobachtung. Auch das Gelände war nicht mehr so kotig, denn auf den nassen Winter folgte ein sonniger Frühling. Da wir nun mit anderen Truppenteilen in Verbindung standen, konnte Unteroffizier Reza nicht mehr mit uns, wie er wollte, was ihn sehr fuchste. Ich fühlte mich jedenfalls wohler als in der Kaserne.

Leider hat jede Übung mal ein Ende. Kaum nach Düren zurückgekehrt, fing Reza wieder mit seiner Schleiferei an. Ich kam mir vor wie ein Hampelmann. Der Kasernenplatz staubte nur so vom Exerzieren. Das war mir zu viel. Ich litt schon seit meiner Kindheit an Wucherungen der Nasenschleimhäute. Wenn diese anschwollen, wurde ich gezwungen, durch den Mund zu atmen und die Folge davon war oft eine eitrige Rachenmandelentzündung. Diese Umstände nahm ich zum Anlass, mich krankzumelden. Unser Stabsarzt erkannte die Wucherungen und, da ich ihm sagte, dass ich beim Laufen zu wenig Luft bekäme, ließ er mich in das städtische Krankenhaus von Aachen einweisen. Das war in einem modernen Hochhaus untergebracht mit allem Komfort und ich fand dort Ruhe. Leider operierte der Primarium anscheinend nur zahlende Klassepatienten und mich überließ er einem jungen Assistenten, der sich als ungeübter Pfuscher herausstellte. Als er sich anschickte, mir die Poypen zu entfernen, fing er an, vor Aufregung zu schwitzen. Die assistierende Oberschwester wurde nervös und unruhig. Er brachte die Operationsschlinge nicht mehr aus meiner Nase heraus. Sie hatte sich im Knochen der Nasenhöhle verfangen und der Arzt zwickte mir mit einer Spezialzange ein Stück eines Knorpels ab. Die Schwester stopfte mir einen meterlangen Tampon in das Nasenloch. Der fand jedoch keinen Widerstand und rutschte durch die Nase in den Rachen, sodass er, wenn ich nicht ersticken sollte, mit einer Pinzette durch den Mund wieder herausgezogen werden musste. Das kam mir vor wie beim Reinigen des Gewehrlaufes. Oben steckte die Krankenschwester das Werk hinein, zog es durch und unten wieder heraus, bis der Pfropfen dann doch endlich hielt und die Blutung stillte. Ich begriff das Ganze damals gar nicht und freute mich sogar, dass ich statt einer Woche drei Wochen im Spital bleiben durfte. Seitdem leide ich zwar nicht mehr so viel an Angina, aber dafür oft an Nebenhöhlenentzündungen.

Als ich mich beim Spieß, dem Hauptfeldwebel Mayer, in Düren zurückmeldete, wunderte sich dieser, dass ich so lange weg gewesen war. Er glaubte, ich hätte mich drücken wollen, was ja zum Teil auch zutraf. Nachdem ich ihm jedoch von meinen Komplikationen erzählte, sagte er gutmütig: „Wenn Sie wollen, können Sie sich noch drei Wochen erholen. Der Furier von der Verpflegungskammer geht auf Urlaub. Sie könnten ihn vertreten. Er soll Ihnen alles zeigen!"

Ich war natürlich sofort einverstanden. Eine Woche wurde ich vom Furier, einem Berufsunteroffizier, angelernt. Dann saß ich allein drei Wochen zwischen Wurst, Brot, Butter und was es sonst noch an Proviant gab und genoss die Ruhe. Das Einteilen der Portionen für die Mannschaften fiel mir nicht schwer. Ich kam rasch darauf, dass ich die Stücke Wurst eine Spur kleiner schneiden musste, um etwas Reserve zu behalten. Nur mit der Butter war es kritisch. Da durfte ich mich nicht irren. Butter war rar und die Landser wussten genau, wie viel sie zu bekommen hatten. Trotzdem fehlte mir mal ein Paket davon und ich schwindelte mich in die Stadt, um es dort heimlich von meinem Taschengeld zu kaufen, denn ich wollte mich nicht bloßstellen. Erst viel später gestand mir lachend der Küchenunteroffizier, dass er mich um das Stück Butter beschwindelt hätte, um zu sehen, wie ich darauf reagieren würde.

Nachdem ich diese Urlaubsvertretung beendet hatte, fragte mich der Spieß, ob ich damit zufrieden war. „So eine Stelle oder eine noch bessere könnten Sie haben, wenn Sie sich als Berufsunteroffizier verpflichten würden", sagte er.

Dieser Vorschlag überraschte mich und ich antwortete: „Herr Hauptfeldwebel! Der Posten gefällt mir sehr gut, aber ob ich mich für eine längere Dienstzeit verpflichten werde, muss ich erst mit meinen Eltern besprechen."

In Wirklichkeit dachte ich gar nicht daran, länger Soldat zu bleiben, als ich unbedingt müsste, denn ich stellte mir das Zivilleben im Dritten Reich noch immer besser vor als den Militärdienst und sehnte mich nach meiner Entlassung. Ich schrieb meinen Eltern darüber überhaupt nichts und sprach nie mehr von einer längeren Dienstverpflichtung. Spieß Mayer wollte keinen Korb einstecken und schnitt das Thema auch nicht mehr an. Also blieb ich Fernsprecher.

Im Sommer 1939 zogen wir zu Manövern in die Hocheifel. Angenommen wurde ein feindlicher Angriff von Westen. Also besetzten wir die Bunker an der Grenze zu Belgien zwischen Schleiden und Prüm.

Westwall

Am Morgen des 1. September 1939 wurde verlautbart, Polen habe die deutsche Grenze verletzt – in Wahrheit war es umgekehrt – und die deutsche Wehrmacht sei zum Gegenangriff angetreten. Also nun gab es den Krieg, den vor einem Jahre schon die Tschechen befürchtet hatten. Nur wurden diese nicht mehr davon betroffen, weil sie sich schon vorher kampflos ergaben. Mich betraf es auch nicht direkt, denn im Westen gab es nicht Neues.

Ich befand mich mit einigen Kameraden in einem speziellen Fernsprechvermittlungsbunker. Nachdem ich mich nicht für eine längere Dienstzeit verpflichtet hatte, wäre meine Zugehörigkeit zur deutschen Wehrmacht noch in diesem Monat abgelaufen und ich hätte nachhause zurückkehren können. Doch der nun angefangene Krieg machte meine ohnedies schon ungewisse Hoffnung nun ganz zunichte. Polen wurde zwar von der Wehrmacht in kurzer Zeit überrannt, aber uns schickte man nicht heim. Niemand ging heim.

Man vertröstete uns wohl auf ein baldiges Kriegsende, jedoch wir blieben in den feuchten Betonklötzen des Westwalls sitzen. Mein Tagesablauf im Bunker wurde genau eingeteilt. Es gab Vermittlungsdienst am Klappenschrank der Wehrmachtsleitung, Schaltstöpsel in die Buchse gesteckt: „Hallo!", Stöpsel wieder raus, acht Stunden lang im Dämmerlicht. Da fing ich aus Langeweile an, die mir zugeteilten Rationszigaretten, die ich bisher verschenkt hatte, selbst zu rauchen. Die Asche klopfte ich durch ein Loch in der modrigen Tischplatte. Da sah man sie nicht mehr, denn darunter war es stockfinster, ein Aschenbecher, der nie voll wurde. Dann durfte ich bis zu acht Stunden schlafen, in einer der drei übereinander angebrachten feuchten Hängematten, von keinem Lichtstrahl gestört. Die restlichen Stunden des Tages verbrachte ich in sogenannter Bereitschaft. Wenn zu dieser Zeit gerade die Sonne schien, konnte ich mich hinter dem Bunker an deren Strahlen erwärmen. Das Essen wurde von einer Feldküche gebracht. So vegetierte ich mit paar Kamaraden etliche Wochen lang und sah sonst keinen Menschen und kein Dorf, weil unser Standort der Geheimhaltung unterlag.

Eines Tages kam ich auf die Idee, meine Schwägerin in Köln telefonisch anzurufen. Das gelang einfacher, als ich dachte, denn wir besaßen eine direkte Leitung zur Wehrmachtsvermittlungsstelle Köln. Ich steckte die Abrufklinke in die entsprechende Buchse, drehte die Klingelkurbel durch und schon meldete sich ein Kamerad aus Köln. Nun brauchte ich nur Annis Fernsprechnummer zu verlangen und in wenigen Sekunden hatte ich meine liebe Schwägerin am Apparat. Die wunderte sich nicht schlecht, als sie meine Stimme hörte und fragte: „Wieso bist du denn in Köln?"

Ich antwortete, ich spräche aus einer anderen Welt, könne ihr jedoch nicht sagen, von wo, denn das wäre Dienstgeheimnis. Anni hatte keine Ahnung, dass ich aus den Bergen an der Grenze sprach. Ich unterhielt mich nun des Öfteren mit ihr am Gratistelefon, bis sich eines Tages der Vermittler in Köln dazwischenschaltete und sagte:

„Kamerad! Wissen Sie nicht, dass Privatgespräche auf Wehrmachtsleitungen verboten sind? Sie könnten doch damit wichtige Stabsgespräche blockieren!"

Man hatte das Telefonat mitgehört und ich ließ es von nun an wieder sein. Im Herbst 1939 wurden wir aus den öden und einsamen Bunkerstellungen von einer anderen Truppeneinheit abgelöst, aber wir kamen nicht mehr in unsere Friedensgarnison nach Düren zurück, denn dort bildete man schon längst neue Rekruten aus. Wir gewannen allmählich den Eindruck, dass wir unsere Uniform nicht mehr so bald würden ausziehen können. Nachdem Hitler nun alle deutschen Ostgebiete fast reibungslos in sein Reich einverleibt hatte und wir noch immer am Westwall saßen, begannen wir uns vorzustellen, dass er zur Vervollständigung seines Großdeutschen Reiches auch das nun französische Elsaß-Lothringen wiederhaben wollte.

Ich wurde mit meinen Kameraden in einem Gasthaus in dem kleinen Eifelstädtchen Dudeldorf einquartiert und ich muss sagen: „Nomen est omen!" Wir fühlten uns so glücklich, der deprimierenden Bunkeratmosphäre entkommen zu sein, dass wir gleich am ersten Abend die Wirtsstube stürmten, um unseren Wiedereintritt in die uns noch heil erscheinende Welt zu feiern. Das Gästezimmer war schön und gemütlich eingerichtet, aber uns interessierte nur die Theke, denn dahinter befanden sich auf einem Wandregal dutzende von Schnaps- und Likörflaschen aneinander gereiht und ein Kamerad rief: „Wir haben etwas nachzuholen! Lasst uns die Schnäpse mal ausprobieren!"

Gesagt, getan. Die ersten Fläschchen schmeckten mir sehr gut und wir sangen lustige Lieder, aber ich war so viel Alkohol nicht gewöhnt und wurde nach einiger Zeit schwindelig. Nun schmeckte es mir auch nicht mehr. Ich wollte schlafen gehen und wankte zur Tür hinaus. Mein Quartierzimmer lag im ersten Stock, nicht weit, aber ich kam über die Stufen nur noch auf allen vieren hinauf. Wie ich das Bett erreichte, weiß ich nicht mehr. Ich schlief jedenfalls wie erschlagen.

Als ich am nächsten Morgen erwachte, war mir furchtbar schlecht. Ich schaute auf die Uhr und stellte fest, dass ich mich hätte bereits zum Dienst melden sollen. Also nichts wie raus aus dem Bett. Dabei entdeckte ich noch ein weiteres Malheur. Ich musste mich im Schlaf erbrochen haben, denn die schöne weiße Tuchent war grässlich angekotzt. Nach langer Zeit lag ich wieder mal in einem ordentlichen Bett und dann sah das so aus. Dabei hatte ich nicht einmal mehr Zeit, das Zeug zu reinigen, denn ich musste schleunigst weg. Es war mir furchtbar peinlich, als mir einfiel, was wohl die Wirtin sagen würde. Aber ich musste sofort raus, es half nichts. Ich eilte in den Hof hinunter, wo sich die Fernsprechkameraden auch erst bei der Pumpe wuschen. In diesem Moment kam der Bataillonsadjutant, Leutnant Fritsche, beim Hoftor herein und fing an, fürchterlich zu schreien: „Ihr Taugenichtse, wo bleibt ihr! Wenn ihr euch nicht in fünf Minuten bei der Schreibstube meldet, lasse ich euch alle einsperren!"

In fünf Minuten meldeten wir uns beim Spieß und der sagte: „Ihr habt nun lange genug gefaulenzt. Hier in der Reservestellung gibt es für euch kein Telefon zu besetzen. Deshalb erhält jeder von euch ein Fahrrad und meldet sich noch heute als Radmelder bei jener Kompanie, der ich ihn zuteile!"

Wir packten unsere sieben Sachen auf die Fahrräder und ab ging es. Jede Kompanie lag in einem anderen Dorf und ich atmete erleichtert auf, denn ich brauchte nie mehr in mein angekotztes Bett zurück. Ich hätte mich vor der Wirtin fürchterlich geschämt und wenn sie auch schimpfen mochte, sie bekam mich hoffentlich nicht mehr zu sehen.

Weihnachten 1939 verbrachte ich mit meinen Kameraden von der Nachrichtenstaffel in einem Dorf bei Bitburg. Ein leeres Zimmer in einem Privathaus war für uns mit Strohsäcken ausgelegt, wie ein Massenlager. Das Quartier sah primitiv aus, aber wir hatten es warm durch einen kleinen Kanonenofen und die Tochter des Hauses leistete uns Gesellschaft. Am Heiligen Abend putzte sie uns auf einem Tisch in der Ecke einen Tannenbaum auf mit Zuckerwerk und Kerzen. Daneben zapften wir ein Fass Bier an und tranken so viel wir vertragen konnten. Dazu sangen wir Weihnachts- und Stimmungslieder. Sogar der Stabsarzt, der im Hause ein Extrazimmer bewohnte, nahm an unserer Feier teil, bis wir alle zum Schlafen müde wurden.

Auf die Feiertage folgte ein kalter Winter und wir zogen wieder um, diesmal in die Nähe von Wittlich. Trotz der großen Kälte übten wir jeden Tag Telefonleitung durch verschneite Wald und Wiesen legen. Glücklicherweise hielten meine Finger den Frost gut aus. Ich wurde diesmal durch den Spieß persönlich zusammen mit einem westfälischen Kameraden bei einer netten Familie untergebracht. Unsere Freizeit verbrachten wir zwei gemeinsam mit den freundlichen Quartiergebern an einem großen Tisch in der warmen Stube, denn draußen im Dorf gab es nichts als bittere Kälte. Am Abend spielten wir mit den Leuten Skat oder erzählten einander Geschichten aus dem Leben.

Die Bevölkerung in den Bergen der Hocheifel war arm, denn die Felder der Bergbauern lieferten nur karge Ernte. Dementsprechend sahen auch die Häuser armselig aus und der Mist lag auf der Straße. Das zeigte sich ganz anders als darunter im reichen Moseltal, wo die Weinbauern sich dumm verdienten und soffen. Die lebten in Saus und Braus und konnten dennoch ihre Häuser herrichten wie kleine Paläste. Entgegen den staubigen Schotterstraßen von oben, gab es im Tal bereits spiegelglatte Asphaltchausseen.

Wir lagen nun gerade dazwischen, an der Grenze zwischen reich und arm in einem schönen Haus, aber die Familie musste, den wirtschaftlichen Verhältnissen entsprechend, auch schon anfangen zu sparen. So wurde bloß in der Wohnstube geheizt. Ich teilte mit meinem Kameraden nicht nur ein eiskaltes Schlafzimmer, sondern auch das einzige darin befindliche

Bett. Damit wir uns nicht verkühlten, erlaubte uns die Hausfrau, unsere Oberbekleidung beim Schlafengehen schon in der warmen Stube abzulegen. Dann eilten wir in das kalte Schlafzimmer, sprangen rasch ins Bett und kuschelten uns eng zusammen, um unsere Körper warm zu halten. Bis sich die gemeinsame Federdecke auch erwärmt hatte, hörte ich meinen Kumpan schon neben mir laut schnarchen.

Einen Nachteil hatte dieses sonst so nette Quartier noch aufzuweisen. Der Abort befand sich auf dem Hofe und war sehr zugig. Dabei spielte mir der strenge Gebirgswinter einen Streich. Ich zog mir einen Blasenkatarr zu. Ein steter Drang zum Urinieren zwang mich, das stille, aber kalte Örtchen auch nachts sehr oft aufzusuchen. Dadurch wurden meine Beschwerden immer schlimmer und ich harrte schon fast mehr draußen in der Kälte als im warmen Bett.

Gott sei dank durfte ich, um mich zu schonen, im März 1940, zu meinem fünfundzwanzigsten Geburtstag, auf Urlaub nachhause fahren, obwohl uns wieder eine Standortverlegung bevorstand. Aber der Kommandeur wusste schon, wohin wir umziehen sollten, und so stand auf meinem Urlaubsschein: Bahnfahrt von Wittlich nach Saaz/Sudetengau und Rückfahrt von Saaz nach Bad Kreuznach.

Der Spieß erklärte mir, wie ich nach dem Urlaub meine Einheit in Bad Kreuznach wiederfinden könne. Mein Tornister und das Gewehr wurden von der Truppe mit übersiedelt. Ich brauchte nur Brotbeutel und Gasmaske mit mir zu nehmen.

Es war noch stockfinster, als ich auf der eisglatten Straße mehrere Kilometer zum Bahnhof nach Wittlich hinunterstapfte, denn ich wollte den ersten Personenzug nach Trier erreichen, um dort den Schnellzug nicht zu versäumen. Es klappte zeitlich wunderbar und ich freute mich schon sehr auf die interessante Bahnfahrt und das Wiedersehen mit meinen Eltern. Während ich selig das Moseltal an mir vorüberziehen ließ, zuckte ich plötzlich zusammen. Wo war meine Gasmaske? Nach einiger Überlegung kam ich darauf, dass ich sie im Personenzug vergessen hatte. Das setzte eine saftige Strafe, wenn ich ohne Maske zur Einheit zurückkäme. Ich fragte den Schaffner um Rat und der versprach mir, vom Bahnhof Koblenz in Trier telefonisch anzufragen, ob man die Gasmaske dort gefunden habe. Das war schließlich der Fall und ich atmete erleichtert auf. Der Schaffner sagte: „Die Maske können Sie nach Ihrem Urlaub beim Bahnhofsvorstand in Trier abholen!"

Ich fuhr schon im nächsten Zug weiter, als mich wieder der Schreck packte. Ich kehrte ja gar nicht mehr nach Trier zurück! Als ich daheim ankam, schrieb ich sofort nach Trier einen Brief mit dem Ersuchen, meine Gasmaske an den Bahnhofsvorstand in Bad Kreuznach zu schicken. Nun blieb mir nur noch das vage Bangen, ob sie dann auch wirklich dort für mich bereitläge.

Den Heimaturlaub genoss ich dennoch in vollen Zügen. Meinen Eltern ging es gut. Vater übte noch immer sein Handwerk aus, aber allein, denn er war schon achtundsechzig Jahre alt. Mutter kochte meine Lieblingsspeisen und ich traf alte Bekannte. Das Stadtbild hatte sich nur insofern verändert, dass man viel mehr Leute in Uniform sah und oft grüßten sie „Heil Hitler!" mit erhobener Hand. Das Letztere geschah nicht einmal bei meiner Truppe so auffällig.

Nachdem ich auf der langen Bahnfahrt keinerlei Kontrollen unterlegen war, versuchte ich mit dem Urlaubsschein auch meine neue Schwägerin in Reichenberg zu besuchen. Diese wohnte dort allein mit ihrem Baby, denn meinen Bruder Erich hatte man auch schon eingezogen.

Ausgerechnet auf dieser kurzen Fahrt wurde ich von einer Wehrmachtsstreife kontrolliert. Der Wachtmeister kannte sich auf meinem Urlaubsschein nicht aus, aber er sagte: „Die Richtung stimmt nicht!"

Nachdem ich ihm beteuerte: „Da muss ich wohl in den falschen Zug gestiegen sein", machte er sich ein paar Notizen und ging weiter. Die Kontrolle schien demnach gut verlaufen zu sein und ich verbrachte einen schönen Tag bei Schwägerin Poldi, die mir gefiel. Dann fuhr ich zurück zu Mutter.

Allzu bald musste ich meine lieben Eltern wieder verlassen, um zeitgerecht in dem neuen Standort einzutreffen. In Bad Kreuznach angekommen, schritt ich mit bangem Hoffen zur Bahnhofskanzlei. Plötzlich! Ich traute meinen Augen nicht. In der Tür erschien bereits der Vorstand mit erhobener Hand und rief: „Ist das vielleicht Ihre Gasmaske? Die liegt schon die ganze Woche hier herum. Ich bin froh, dass ich das Ding wieder loswerde!"

Und ich war froh, dass alles so vorzüglich geklappt hatte! Ich wurde sogar von einem guten Kameraden abgeholt. Unser Quartier hatten wir diesmal in einer Lagerhalle. Das fand ich weniger schön, aber dafür gab es nur leichten Dienst. Sogar Unteroffizier Reza erschien mir milder und etwas in sich gekehrt. Die kalten Winterstürme hatten einem warmen Frühlingslüfterl Platz gemacht. Als sich auch dieses beruhigte, schwebte leichter Dunst wie ein weißer Schleier über den Feldern. Wir putzten und flickten proforma ein wenig unsere Sachen und kamen uns vor wie das Gesinde in einem Märchenreich. So vergingen die Tage in süßem Nichtstun. Sogar der Adjutant schien helle Wonne, als er mich einmal rufen ließ. Er sprach mit verschmitztem Lächeln:

„Ich habe da Meldung von einer Zugstreife bekommen, dass ein gewisser Olbricht seinen Urlaubsschein für Fahrten mit falschen Zügen missbraucht habe. Sie befanden sich doch kürzlich auf Urlaub? Das ist zwar nicht Ihr Name, aber sagt es Ihnen vielleicht etwas? Wenn Sie es sind, den diese Anzeige betrifft, dann muss ich Sie bestrafen. Ansonsten müsste ich rückfragen, aber wenn diese Leute so blöd sind und nicht einmal einen Namen schreiben können, dann sollen sie mir den Buckel runterrutschen. Wegtreten!"

Damit zerriss er den Zettel und warf ihn in den Papierkorb.

Frankreichfeldzug

Unser geruhsamer, fast erholsamer Dienst kam mir schon vor wie die Ruhe vor dem Sturm und tatsächlich wurde am 10. Mai 1940 in aller Herrgottsfrühe plötzlich Alarm geblasen. Wir sprangen ganz verdattert aus den Feldbetten und schon rief der wachhabende Unteroffizier: „Alles fertig machen zum Abmarsch!"

Wir glaubten zuerst an eine Übung, aber bald hörten wir die Stimme Hitlers aus den Radiolautsprechern schreien, dass die deutsche Wehrmacht ab heute früh in den Krieg gegen Frankreich ziehe.

Nun war es auch für uns Ernst geworden. In einer Stunde stand unser Bataillon marschbereit. Von sechs Uhr früh bis zwei Uhr mittags zogen wir gegen Westen und hielten nur zu jeder vollen Stunde wenige Minuten Rast. Dann hatten wir das Hunsrückgebirge erreicht. Dort erhielten wir ein kräftiges Mittagessen und konnten uns drei Stunden ausruhen. Um sechs Uhr abends marschierten wir schon wieder weiter. Die Dunkelheit brach herein und man gönnte uns weiterhin nur stündlich eine ganz kurze Rauchpause. Um uns munter zu halten, sangen wir Marschlieder. Ein besonders Eifriger stimmte sogar das Nazi-Lied an „Es zittern die morschen Knochen der Welt vor dem großen Krieg!", aber die Übrigen sangen „Uns zittern im Arsch die Knochen!" und ein müdes Schmunzeln ging durch die Reihen.

Wer zusammenklappte, durfte sich auf einen Pferdewagen setzen oder für kurze Zeit eines der wenigen Fahrräder benützen. Ich latschte und hatschte weiter. Um Mitternacht war aus dem Gehen bereits ein allgemeines Schwanken geworden, aber erst um zwei Uhr nachts durften wir uns im Stroh einiger Scheunen zur Ruhe legen. Ein vorher verabreichtes Abendmahl schmeckte uns vor Übermüdung kaum noch und wir fielen aus Überanstrengung um wie die Mehlsäcke. In voller Montur schliefen wir auf der Stelle ein.

Wir hatten an diesem Tage über achtzig Kilometer zurückgelegt und trotzdem wurden wir beim ersten Morgengrauen schon wieder geweckt. Die Haut meiner Fußsohlen war mit Wasserblasen bedeckt, die ich mittels einer Sicherheitsnadel aufstach. Sonst wäre ich nicht mehr mit den Füßen in die Schuhe hineingekommen. An diesem Morgen schwor ich mir, wenn ich diesen Krieg gut überstünde, nie mehr zu Fuß zu gehen, wenn ich nicht muss.

Es war gerade Pfingsten, als wir durch die schöne, alte Stadt Trier marschierten, und da geschah etwas Rührendes. Die Frauen hatten Tische vor ihre Häuser gestellt und sämtliche Pfingstkuchen darauf in handgroße Stücke geschnitten. Jeder Soldat konnte sich im Vorbeizug davon wegnehmen, so viel er wollte und so lange der Vorrat reichte. Das war eine schöne Geste der Zivilbevölkerung. Die Frauen wünschten uns immer wieder gesunde Heimkehr und dachten dabei sicherlich auch oft an ihre eigenen Söhne.

Wir zogen in langen Kolonnen widerstandslos über Luxemburg nach Belgien durch eine riesige Weidelandschaft und da bemerkten wir schon die ersten Folgen des Krieges. Unzählige Rinder lagen rücklings auf den Wiesen, hatten die Bäuche aufgebläht zum Platzen und streckten alle vier Beine steif in die Luft. Die belgische Bevölkerung hatte die Flucht ergriffen und die Kühe waren verendet, weil sie nicht mehr gemolken wurden.

In wenigen Tagen erreichten wir die französische Grenze, wo wir nach Süden abbogen. Dort dürfte sich das nördliche Ende der berühmten Maginot-Verteidigungslinie befunden haben, das wir wahrscheinlich umgehen sollten. Unser Vormarsch verlief in vollkommener Ruhe, aber wir kamen nur bis zu einem kleinen Fluss, hinter dem sich ein Teil der französischen Armee verschanzt hatte, denn als unsere Vorhut das Ufer erreichte, wurde von jenseits herübergeschossen, worauf wir sofort in Deckung gingen.

Wir hatten die obere Oise erreicht, einen Nebenfluss der Seine. Der Wasserlauf wurde von niedrigem Gebüsch begrenzt, das stellenweise in Hochwald überging. Wir bildeten entlang der leichten Senke eine aufgelockerte Linie und gruben uns

Deckungslöcher. Das geschah aber erst in der Abenddämmerung und bevor es ganz dunkel wurde, hatte ich mit einem Kameraden eine Grube ausgehoben, in der wir flach liegend die allernächste Umgebung beobachten konnten, ohne selbst gesehen zu werden. Wir wussten nur, dass sich vor uns am Waldrand die Kompanien verteilt hatten und wir von der Nachrichtenstaffel befanden uns unter den Bäumen dahinter. Ich versuchte noch wach zu bleiben, während mein Kumpel schon schlief. Es fiel kein einziger Schuss mehr und ich konnte außer einigen Baumstämmen nichts sehen. Nur die Wipfel rauschten leise und, übermüdet wie ich war, nickte ich auch ein.

Wir wurden erst munter, als wir vor uns das Geknatter eines Maschinengewehrs vernahmen. Dann war es wieder still. Die Nacht begann allmählich zu schwinden und als der Essenholer mit dem Frühstück daherkam, fragten wir ihn, was vor uns los war. Der erzählte uns, dass ein Kamerad vom Vorposten zurückkam und das Losungswort vergessen hatte. Als ihm zugerufen wurde: „Halt! Wer da?", war er so verdutzt, dass er keine Antwort wusste. Der MG-Posten glaubte daher, dass er Franzosen vor sich habe und feuerte eine Garbe ab. Nachher stellte sich heraus, dass der Posten voller Panik den Sohn unseres heimatlichen Bürgermeisters erschossen hatte. Schließlich war das unser erster Fronteinsatz. Der Verstorbene hatte immer einen etwas beschränkten Eindruck gemacht und kein gutes Bild für die Sudetendeutschen abgegeben. Man sprach von ihm als von einem degenerierten Baron. Nun konnte man den Angehörigen gar nicht mitteilen, unter welchen Umständen der Sohn sein Leben lassen musste. Er starb als Held fürs Vaterland, der Arme!

Der Tag verlief ruhig. Hinter uns lagen einige Hügel, zwischen denen wir tags zuvor anmarschiert waren. Dort befand sich unser Tross mit der Feldküche und anderen Fahrzeugen. Wenn der Wind aus dieser Richtung kam, hörten wir manchmal schürfende und grabende Geräusche, die nicht von unseren Leuten sein konnten. Wahrscheinlich erhielten wir Verstärkung.

Am Abend wurden wir zurückbeordert. Nur die vorderen Posten mussten in der Stellung ausharren. Nun sahen wir, dass Pioniere angekommen waren, die sich in die Rückseite der Hügel kleine Höhlen gegraben hatten. Diese Truppe wechselte zum Teil mit uns die Stellung und wir verkrochen uns nach dem Abendessen in den frei gewordenen Höhlen, wo wir weitere Befehle abzuwarten hatten.

Ich hockte mit meinen engsten Kameraden gedrängt in einer der Gruben und konnte nicht schlafen, denn es lag etwas in der Luft. Ab und zu glühte eine Zigarette auf. Es fiel kein Wort. Wer noch nicht schlief, war mit seinen eigenen Gedanken beschäftigt. Von draußen sah ich noch ein paar Sterne leuchten, bis sich mein Kopf vor Ermüdung auf die Knie senkte und ich einnickte. Mit dem Schläfchen war es jedoch bald wieder vorbei, denn plötzlich fing es an zu krachen und wollte gar nicht mehr aufhören. Granaten rauchten ununterbrochen über uns hinweg. Hinter uns stand die Artillerie und belegte die andere Seite des Flusses mit Sperrfeuer schier ohne Ende. Es war zermürbend und stumpfte uns in dem kleinen, dreckigen und finsteren Erdloch derart ab, dass es uns schon fast egal war, was wir am kommenden Tage zu erwarten hatten.

Im Morgengrauen rief man zum Aufbruch. Es war bereits alles in Bewegung. Wir marschierten zur Oise hinunter, über die die Pioniere in der Nacht unter dem Artillerieschutz eine Notbrücke gebaut hatten. Unsere Kompanien waren schon darüber hinweggezogen und zum Angriff vorgestoßen, um einen sogenannten Brückenkopf zu bilden. Wir von der Nachrichtenstaffel rannten da hinterher, damit wir erforderlichenfalls eine Telefonverbindung herstellen konnten. Aber dazu kam es gar nicht, denn die Franzosen waren inzwischen zum Gegenangriff übergegangen und kamen immer näher. Ich hörte das deutlich, aber sehen konnte ich es nicht, denn ich lag in einem Kornfeld und sobald ich den Kopf hob, sausten sofort die Kugeln über mich hinweg, und zwar mit immer stärkerem Pfeifen. Also blieb ich liegen, um so auf ein Kommando zu warten, das nicht kam. Die Minuten erschienen mir wie Stunden, bis endlich die Schießerei etwas nachließ. Vor lauter Getreidehalmen sah ich keinen Menschen. Hier konnte ich nicht liegen bleiben, also kroch ich langsam weiter. Nur nirgends hinauf, um keine Zielscheibe abzugeben, sondern lieber möglichst irgendwo hinunter, denn ich wusste sowieso nicht mehr wohin. Nach einer Weile gelangte ich wieder zum Wasser und sah in einiger Entfernung die Notbrücke. Das Schießen hatte aufgehört und zwei Sanitäter trugen gerade einen Verwundeten über den Steg zurück. Ich folgte ihnen und erreichte so unseren Verbandsplatz. Dort hatten sich schon einige versprengte Kameraden eingefunden. Die Sanitäter beschäftigten sich mit Verwundeten, die mir sehr leidtaten, aber dann entdeckte ich einen, den ich gar nicht bedauerte. Das war Unteroffizier Reza. Er hatte einen Schulterstreifschuss erlitten und nun wusste ich, warum ich vorne im Felde vergeblich auf einen Befehl gewartet hatte. Der Vorgesetzte hatte sicherlich seinen Kopf erhoben, um einen Überblick zu bekommen, und war sofort angeschossen worden. Reza sah mich nun nicht mehr mit seinem hämischen, sondern mit einem süßsauren, verlegenen Lächeln an. Ich hätte ihm nicht einmal diese oberflächliche Verletzung gewünscht, aber der momentane Anblick des ehemaligen Schleifers verschaffte mir eine unglaubliche Erleichterung. Den hatte ich vom Hals. Mittlerweile war der Sanitätsplatz zum Sammelplatz unseres Bataillons geworden, denn nachdem der feindliche Gegenangriff doch noch von unseren Leuten aufgehalten worden war, löste uns eine SS-Standarte ab, die nun den siegreichen Vormarsch antreten konnte und bei der ich sogar einen Landsmann vom Kupferbergl in Saaz entdeckte. Ich begrüßte ihn und er verriet mir, dass er sich freiwillig zur Waffen-SS gemeldet habe. Das wäre mir nie eingefallen.

Wir von der Nachrichtenstaffel waren außer unserem Unteroffizier alle heil geblieben, aber die Kompanien hatte es arg erwischt. Bei dem feindlichen Gegenangriff kamen viele Kameraden in die französische Kriegsgefangenschaft, unter ihnen auch mein fanatischer Freund Emsch von der zwölften Kompanie.

Nachdem sich der Rest unseres Bataillons gesammelt hatte, setzten wir unseren Marsch nach Süden fort, aber nicht mehr als Spitze, sondern als Reserve. Zuerst sahen wir noch viele gefallene Franzosen herumliegen. Die meisten waren Schwarze, blutige Leichen mit dunkelblauen Gesichtern. Wir überquerten unser eigenes Schlachtfeld vom Vortage mit Entsetzen und konnten nicht helfen, denn wir mussten weiter, auch in der Nacht, immer bereit, auf versprengte Feinde zu stoßen.

Die nach genügend ausgestandener Angst und Ungewissheit glücklich überstandene erste Schlacht sowie das neue Gefühl eines unbehinderten, siegessicheren Vormarsches machten nun viele Kameraden übermütig. Als wir am nächsten Morgen in einem menschenleeren Ort am nördlichen Rande der Champagne eine ausgiebige Rast machten, entdeckte ein Landser in einem verlassenen Bauernhaus ein riesiges Weinfass und hatte anscheinend nichts Besseres zu tun, als den Spund herauszuschlagen. Nachdem sogleich ein herrlicher Rotwein in großem Bogen hervorsprudelte, schrie der Kerl beim Tor heraus: „Kommt alle herein! Hier gibt es Wein!"

Die Kameraden ließen sich das nicht zweimal sagen. Sie füllten ihre Kochgeschirre voll, auch ich, denn angesichts dieser Situation dachte ich mir: „Lieber besoffen als getroffen!"

Schließlich waren außer den Wachtposten fast alle angetrunken und die Letzten wateten mit ihren Stiefeln schon bis zum Schaft im sinnlos ausfließenden Wein. Welche Schande!

Als die Feldküche uns verköstigt und der Alkohol uns getröstet hatte, fielen wir in den verlassenen Häusern und Scheunen in einen tiefen Schlaf der Entspannung, aus dem wir erst am Abend geweckt wurden. Nach dem Nachtmahl brachen wir schon wieder auf und marschierten im fahlen Licht der Sterne, immer von einer Vorhut abgesichert, vom Ardennengebirge bis zu den Argonnen. Im Morgengrauen stimmten wir nach einer größeren Rast dann auch das Lied vom „Argonnerwald" aus dem Ersten Weltkriege an.

Wir zogen hinter der Maginot-Linie nach Süden und schnitten so praktisch die feindliche Verteidigung hinter ihrem

Rücken vom übrigen Frankreich ab. Natürlich waren wir mit einer ganzen Armee unterwegs, vor uns die SS und hinter uns der Nachschub. Das ging alles so zügig, dass wir sogar schon die flüchtende Zivilbevölkerung überholten, und entgegen kamen uns, von Kameraden bewacht, riesige Scharen entwaffneter Kriegsgefangener.

Der Argonnerwald hinterließ auf mich einen unheimlichen Eindruck, besonders, da wir auch in der Nacht marschierten. Schließlich befanden wir uns auf historischem Boden des Ersten Weltkrieges, wo vor nicht viel mehr als zwanzig Jahren Deutsche und Franzosen zwecklos verbluteten. Ich dachte nach, was für einen Sinn unser diesmaliger Vormarsch nach Frankreich haben sollte. Es konnte sich nicht mehr nur darum handeln, alle Deutschen zu vereinigen in einem Großdeutschen Reich, aber was wollte Hitler wirklich? Ich kam mit meinen Gedanken zu keinem Ergebnis, denn ich hatte keine Ahnung von Politik. Ich war nur ein kleines Rädchen in einer großen Maschinerie, aus der ich nicht herausfand, und die Zukunft konnte ich mir überhaupt nicht vorstellen,

Nach einigen Tagen überquerten wir den Rhein-Marne-Kanal und von da ab ging es uns allmählich etwas besser. Wir bewegten uns nunmehr nur noch tagsüber und bangten nicht mehr so viel vor dem, was uns noch Unangenehmes bevorstehen könnte. Bei so viel gefangenen Franzosen, die wir sahen, musste doch die feindliche Armee schon bald aufgerieben sein.

Wir verlagerten uns langsam nach Süden. Weit konnte es auch nicht mehr gehen, sonst überquerten wir zum Schluss noch die Schweizer Grenze. Bei Epinal richteten wir uns dann auf einen längeren Aufenthalt ein. Da erhielten wir am 22. Juni 1940 die Friedensbotschaft, dass Frankreich kapituliert habe und unsere gefangenen Kameraden wieder freigelassen werden müssten.

Das wurde natürlich gefeiert. Die Küche strengte sich besonders an. Die Regimentsmusik veranstaltete Platzkonzerte und es gab Beförderungen. In der Nachrichtenstaffel hatte man an Stelle des durch Verwundung ausgefallenen Reza gleich zwei vom Nordrhein stammende Gefreite zu Unteroffizieren ernannt und ich wurde Obergefreiter.

Nach ein paar Wochen der Ruhe setzte man uns neuerlich in Bewegung. Es ging wieder zurück nach Norden, vorerst bis zum Rhein-Marne-Kanal. Wir hatten inzwischen Hochsommer und gingen fleißig im Kanal baden. Ich lag in der Sonne und dachte nach, was ich daheim anfinge, nachdem der Krieg aus wäre, aber diese Gedanken erwiesen sich bald als überflüssig. Wir kamen wieder nicht nachhause. Unsere Marschrichtung änderte sich nach Nordwesten ins nordfranzösische Industriegebiet. Die ganze Division ging dorthin.

Unterwegs, während einer Rast an der Straße, zog berittene Artillerie an uns vorbei. Da blieb ein Geschütz vor mir stehen. Ein Unteroffizier musste beim Pferdegespann etwas in Ordnung bringen. Er drehte sich um und schrie: „Reckie!!!"

Es war mein Schulfreund aus Saaz. Das gab eine Begrüßung! Umarmt haben wir uns, aber er konnte nicht zurückbleiben und musste wieder weiter.

Auch wir brachen auf. In mehreren Tagesetappen kamen wir über Reims bis in die Gegend von Amiens, wo nur wenige alte Franzosen zurückgeblieben waren. Dort quartierten wir uns für einige Zeit ein. Ich bewohnte mit einem Kameraden ein kleines Einfamilienhaus mit Hof und Garten. Wir hatten keine Ahnung, was wir in dieser Gegend tun sollten, und lebten quasi als Besatzung wie auf einem Landurlaub. Wir pflegten und erholten uns und schrieben Briefe nachhause.

Unser Kommandeur bewohnte eine einmalig schöne Villa, die wir aufräumen mussten. Ich erinnere mich noch heute an die exquisiten Räume. Das Foyer hatte geschliffene Spiegel an den Wänden und in der Mitte einen Springbrunnen. Das Speisezimmer enthielt schwere altdeutsche Eichenmöbel. Der Salon war ein Musikzimmer im Renaissancestil, das Boudoir ganz in Hellblau gehalten und das Herrenzimmer in Braun. Jeder Raum hatte seine besondere Note. Im Souterrain war eine große, weiß gekachelte Küche untergebracht sowie Personalzimmer und Nebenräume. So etwas an Geschmack hatte ich in einem Privathaus noch nicht gesehen. Der Garten war voll von reifen Ribiseln, die wir nach Herzenslust aßen. Auch sonst lebten wir sprichwörtlich wie der Herrgott in Frankreich.

Damit uns die Ruhe im Feindesland nicht zu fad wurde, hatte man einen Wehrmachtspuff eingerichtet, ein Freudenhaus in Amiens, wohin wir mit einem Autobus gelangen konnten. Natürlich war ich auch mit von der Partie und fuhr am Sonntag mit meinen Kameraden in die Stadt. Am Nachmittag sahen wir uns die berühmte Kathedrale an und nachher gingen wir zum Puff. Wir waren sehr neugierig darauf, was wir dort erleben würden, und unsere Spannung wuchs, je näher wir dem besagten Hause kamen.

Dort betraten wir einen im Parterre gelegenen Saal. An den Wänden herum standen Hocker, auf die wir uns setzen konnten. Vor uns promenierten sehr leicht bekleidete Damen, die uns zulächelten und uns einluden, mit ihnen zu kommen. Wenn einem Landser eine dieser Frauen zusagte, dann führte sie ihn zu einer gegenüberliegenden Kasse. Er bezahlte dort einen bestimmten Betrag, wonach die beiden über eine daneben emporführende Stiege in den ersten Stock hinaufgingen.

Nachdem ich eine Welle zugesehen hatte, kam ein recht hübsches, molliges Fräulein auf mich zu und lud mich ein, mit ihr zu gehen. Na!, dann ging ich halt mit ihr zur Kassa, bezahlte die vorgeschriebene Gebühr, worauf mich das Mädchen im oberen Stockwerk in ein Zimmer führte, wo sich unter anderem eine französische Liege und ein Waschtisch befanden. Das weibliche Wesen verschwand einen Augenblick hinter einem Paravent und tauchte dann in Gestalt eines klassischen Aktes wieder auf. Die Venus verwöhnte mich in einer äußerst angenehmen Art und Weise, die keinerlei schmutziges Gefühl aufkommen ließ. Eventuelle Bedenken, die mich vorher geplagt hatten, wurden von der Art dieses Weibes vollkommen zerstreut. Der Akt war für mich Ungebundenen nicht nur ein erquickliches, sondern sogar ein reines Erlebnis, aber so etwas gibt es bestimmt nicht überall. Ich glaube, dass man in dieser

Hinsicht hauptsächlich die Französinnen lobt, hat einen wahren Grund, nur wissen es die Wenigsten richtig einzuschätzen.

Im Herbst 1940 kamen wir von Amiens in ein richtiges Seebad, und zwar nach Paris Plage am Ärmelkanal. Dort standen hunderte weißlackierte Blockhäuser von wohlhabenden Pariser Familien, aber ich fand keinen Pariser. Infolge des Krieges waren die Gebäude unbewohnt und die Badesaison hatte auch schon geendet. Das kalte Meereswasser brandete in riesigen Wogen an die weiße Steilküste und manche Brecher schlugen sogar bis hinauf zur Straße. Wir schienen von der Besatzungstruppe zur Küstenwache umfunktioniert worden zu sein.

Ich hatte ein eigenes Schlafzimmer für mich allein mit einem breiten französischen Bett, aber leider keine Frau dazu, wo ich mich doch nun so gut daran gewöhnt hätte. Wir waren im Dorf nur Soldaten, Soldaten, Soldaten, aber es gab wieder mal Urlaub! Dafür wurden Sonderzüge eingesetzt.

Unser Kommandeur von Lübke war sehr gerecht, aber auch streng. Er ließ erst die eine und nachher die andere Hälfte des Bataillons auf Heimaturlaub fahren. Um Plünderungen zu unterbinden, befahl er den Spießen, das Urlaubergepäck zu kontrollieren. Wenn ein Kamerad außer seinem Privateigentum etwas mitnahm oder auch per Post verschickte, so musste er mit einer Rechnung nachweisen, dass er den Gegenstand ordnungsmäßig gekauft hatte. Hauptfeldwebel Mayer überprüfte auch mein Gepäck, aber es gelang mir dennoch, meiner Familie außer offiziell gekauften und belegten Waren eine Dose schwarzen Tee mitzunehmen, obwohl ich keinen Kassabeleg darüber vorzeigen konnte. Der Spieß war mir wohlgesinnt und drückte ein Auge zu.

Ich ließ mir den Urlaubsschein auf Saaz und Wien ausstellen, damit ich außer meinen Eltern auch meine Schwester besuchen könnte, ohne noch einmal mit Bahnstreifen in Schwierigkeiten zu gelangen. Der Urlauberzug fuhr von Abbeville nach Maastricht in Holland. Dort hatte ich mehrere Stunden Aufenthalt, den ich dazu benützte, mir diese Stadt anzusehen. In einer Garage beim Bahnhof stellte ich meinen Koffer zur Aufbewahrung ein. Dann ging ich spazieren und kaufte mir unter anderem noch eine Flasche des besten holländischen Eierkognaks, Sachen, die es daheim nicht mehr gab.

Als ich schon im nächsten Zuge saß und in Richtung Nürnberg weiterfuhr, vermisste ich plötzlich meine Geldbörse. Nach dem ersten Schrecken kam ich darauf, dass ich das Geld nur beim Bezahlen der Verwahrungsgebühr in der Garage vergessen haben konnte. Es war mein Wehrsold und ich hatte noch Glück im Unglück, dass ich das Soldbuch als Ausweis samt dem Urlaubsschein separat in einer Tasche meines Waffenrockes aufbewahrt hielt. Ich fuhr also anstandslos weiter, nur konnte ich mir nichts mehr kaufen, aber ich nahm mir vor, auf der Rückfahrt vom Urlaub beim Umsteigen in Maastricht nach dem Geld zu fragen.

Beim nächsten Umsteigen in Nürnberg wurde ich von der Bahnhofsmission verpflegt und so frettete ich mich bis nach Saaz durch. Meine Eltern halfen mir dann natürlich mit Geld aus und die Situation war erst mal gerettet. Es freute mich, nach langer Zeit wieder ein paar Tage daheim zu sein. Mein Vater arbeitete allein und die Mutter bemühte sich, aus dem wenigen, das sie auf Lebensmittelkarten erhielt, für uns das Beste zu kochen.

Ich musste mich beim Gemeindeamt anmelden, um auch für mich Lebensmittelmarken zu erhalten, und da gab es einige Schwierigkeiten. Der Beamte verschwand mit meinem Urlaubschein hinter den Regalen und ließ mich warten. Nach einiger Zeit tauchte er wieder auf und sagte: „Mit Ihrem Urlaubsschein stimmt etwas nicht, der Wilhelm ist schon längst gestorben!"

Da ging mir ein Licht auf. Ich war laut Geburtsschein auf Franz Wilhelm getauft. Da mich meine Eltern aber Willi nannten, ließen sie mich in die Volksschule als Wilhelm einschreiben. Erst in der Handelsschule berief man sich darauf, dass der erste Vorname gilt, und nannte mich Franz. Auch beim tschechischen Militär war ich der Frantisek. Erst in der deutschen Wahrmacht hieß es „Rufnamen unterstreichen" und gerufen wurde ich Willi, also war ich wieder der Wilhelm. Nun dachte ich mir, dass die Kartei beim Meldeamt in Saaz doch alt sei und sagte dem Beamten: „Schauen Sie doch mal unter Franz nach!"

Diesmal kam der Schreiber rascher zurück und sprach ganz ernst: „Das ist Irreführung der Behörden. Bei uns heißen Sie Franz und bei der Wehrmacht Wilhelm. Das müssen Sie richtig stellen lassen, sonst können Sie noch die größten Schwierigkeiten haben!" Nun bekam ich endlich meine Lebensmittelmarken. Das war im Moment das Wichtigste.

Ich fuhr auch noch paar Tage zu meiner Schwester nach Wien. Nun durfte ich sogar die gerade Strecke über tschechisches Gebiet benützen, denn auch dieses wurde ja als sogenanntes Schutzgebiet von deutschen Truppen besetzt und hieß Protektorat Böhmen-Mähren.

Auf meiner Rückfahrt nach Frankreich benützte ich den Aufenthalt in Maastricht, um mich nach der verlorenen Geldbörse zu erkundigen. Als ich den Holländer in der Garage danach fragte, antwortete dieser:

„Ja, die haben Sie bei mir vergessen. Ich habe es auf dem Bahnhofe ausrufen lassen, aber Sie waren wahrscheinlich schon weg. Da habe ich die Börse dem deutschen Bahnhofsoffizier übergeben. Wenden Sie sich an den!"

Ich ging sofort zum Bahnhofsoffizier und erkundigte mich dort nach dem Fund. Ein Soldat dieser Dienststelle sagte mir darauf: „Bei uns wurde nichts abgegeben. Wir haben auch nichts hier!"

Ich gab jedoch nicht sofort auf, sondern kehrte nochmals zum Garagenmann zurück, um ihn nun zur Rechenschaft zu ziehen. Der regte sich furchtbar darüber auf, dass man ihn einer Veruntreuung bezichtigte, schloss die Garage ab und begleitete mich unverzüglich zum Bahnhofsoffizier, der selbst noch immer nicht da war. Der Zivilist schrie den anwesenden Soldaten an:

„Wo habt ihr das Portmonee, das ich vor zwei Wochen dem Offizier persönlich übergeben habe? Das muss doch hier sein. Wo ist der Herr überhaupt? Ich möchte mit ihm sprechen!"

Der Mann traute sich was gegenüber dem Besatzungssoldaten. Aber er hatte Erfolg. Der Soldat wurde ganz kleinlaut und bat uns zu warten. Dann flüsterte er einem zweiten anwesenden Landser etwas ins Ohr, worauf sich dieser entfernte. Nach einer geraumen Weile kam er zurück und siehe da, er hatte mein Geldtascherl in der Hand. Nun ging es auf einmal. Ich erhielt mein Eigentum zurück. Sogar das Geld schien noch vollzählig zu sein. Nachdem ich mich bei dem ehrlichen Holländer für seine Bemühungen bedankt hatte, bestieg ich meinen Sonderzug nach Abbeville, der inzwischen schon zur Abfahrt bereitstand.

Als ich nach Paris Plage zurückkam, wurde getuschelt, dass wir den Ärmelkanal übersetzen und die englische Südküste angreifen sollten. Da stand uns etwas Schreckliches bevor, was ich mir gar nicht vorstellen konnte. Entsprechende Übungen wurden schon für die nächste Zeit angesagt. Es war vorgesehen, dass wir etwas weiter nördlich in Le Tourquet auf adaptierte Rheinkähne verladen würden, mit diesen in einem Bogen an unseren Strand führen, dort bewaffnet in das seichtere Wasser sprängen und an Land stürmen sollten. Ich verstand nichts davon, aber für mich war es Wahnsinn. Das dürfte dann auch die deutsche Führung eingesehen haben, denn nach ein paar Tagen hörten wir nichts mehr von dem gefährlichen Plan. Es gab zwar ein neues Kampflied: „Wir fahren gegen Engeland!", aber glücklicherweise wurde nichts daraus, was uns nun sehr erleichterte.

Als reine Küstenwache waren wir allerdings trotz der im Mai erlittenen Verluste noch immer zu stark. Deshalb hatte sich unser Bataillon auf den Rücktransport in die Heimat vorzubereiten. Bevor es jedoch dazu kam, stattete unser Kommandeur für den bisherigen Einsatz seinen besonderen Dank ab, indem er mit dem ganzen restlichen Bataillon in einem Sonderzug nach Paris fuhr. Heute könnte man das einen Betriebsausflug nennen. Damals war es zumindest für uns bei der Wehrmacht etwas ganz Neues, ein Tag in Paris.

In kleinen Gruppen besichtigten wir die französische Hauptstadt. Einer war immer dabei, der sich schon auskannte, und

Chargen übernahmen die Führung. Die Nachrichtenstaffel, in der ich nach wie vor als Fernsprecher diente, wurde von einem Feldwebel und einem älteren Schirrmeister angeführt. Wir fuhren mit der Metro, der Pariser Untergrundbahn, von einer Sehenswürdigkeit zur anderen und als wir uns im Invalidendom das Grabmal Napoleons ansehen wollten, mussten wir uns, wie alle anderen Besucher, vor dem großen Feldherrn verneigen, denn der Sarg liegt im Untergeschoss und der Betrachter ist genötigt, durch eine große runde Öffnung vom Parterre hinabzusehen.

Am Abend wendeten wir uns den Vergnügungslokalen zu. Da gab es unter anderem eine Schau, in der nackte Frauen mit künstlichen Gliedern Geschlechtsakte imitierten. Sie führten die verschiedensten Stellungen vor und anschließend boten sie den Zuschauern Gelegenheit, dasselbe gegen entsprechendes Honorar an ihnen in natura zu versuchen.

Wer weiß, ob wir jemals wieder Gelegenheit hätten, das berüchtigte Pariser Nachtleben zu genießen. Deshalb reizte es uns sehr, dieses Etablissement zu besuchen. Der Feldwebel war Feuer und Flamme dafür und wir begaben uns schon zum Eingang. Da rief der ältere Schirrmeister:

„Halt! Ich bin dagegen. Ich lasse es nicht zu, dass ihr jungen Schnösel da drinnen verdorben werdet und euch vielleicht sogar noch eine Geschlechtskrankheit holt. Das kann ich nicht verantworten."

Die beiden Unteroffiziere stritten eine Weile miteinander, aber der Älteste gewann natürlich die Oberhand. Nachdem wir in der Gruppe beisammen bleiben mussten, zogen wir unverrichteter Dinge weiter, bis wir zum weltberühmten „Moulin Rouge" kamen. Da gingen wir dann hinein.

Im Eintrittspreis war ein Imbiss samt Getränk inbegriffen. Wir betraten einen riesigen Saal, in dessen Mitte sich eine große, rechteckige Tanzfläche befand. Um dieses Parkett herum standen viele Tische und Sessel, deren Reihen an einer Stelle von der Musikkapelle unterbrochen wurden. Wir fanden gute Plätze, als gerade eine Vorstellung begann. An die hundert Tänzerinnen verteilten sich auf dem Tanzboden in Reih' und Glied. Sie waren dürftig mit glitzerndem Flitter bekleidet, jedoch den Busen hatten sie entblößt. So zeigten sie uns diverse Tänze, hauptsächlich Can-Can. Das Programm dauerte ungefähr eine Stunde, wobei es vollkommen sauber zuging. Das konnte der Schirrmeister mit seinem Gewissen vertreten und wir anderen fühlten uns schließlich auch zufrieden gestellt.

Das war für uns wenigstens ein schöner Abschluss des Frankreichfeldzuges. Ein paar Tage später fuhren wir schon in Richtung Deutschland.

Afrikakorps

Den Winter 1940-41 verbrachten wir in Wahn bei Köln auf einem großen Übungsplatz, wo man Truppen für einen Feldzug in Afrika ausrüstete.

Mein Bataillon wurde dort auf volle Kriegsstärke ergänzt. Man untersuchte uns auf Tropentauglichkeit. Wir mussten Atebrin-Tabletten gegen Malaria schlucken. Wer sie nicht vertrug, den schied man aus und versetzte ihn woanders hin. Ich hielt sie aus und wurde nach der ärztlichen Begutachtung noch zu einem Dentisten im Ort, er hieß Trapp, geschickt. Der setzte mir auf schlechte Zähne Stahlkronen auf, damit das Gebiss dem tropischen Klima besser widerstehen könnte. Es gab vollkommen neue, leichtere Uniformen mit Tropenhelmen und Schnürstiefeln, die bis zu den Knien reichten. Ich lernte einen Trick, mit dem ich diese Stiefel in Sekundenschnelle auf und zuschnüren konnte, denn bereit sein hieß alles.

Der Dienst in der Nachrichtenstaffel verlief nicht unangenehm und beschränkte sich darauf, uns in Übung zu halten und auf neue Gegebenheiten vorzubereiten.

Der alte, bewährte Hauptfeldwebel Mayer wurde Stabsfeldwebel und im Zuge der Umgruppierungen zur 12. Kompanie versetzt. An seiner Stelle bekamen wir einen Feldwebel namens May. Der fand sich nicht gleich zurecht und wenn etwas nicht so ging, wie er wollte, dann rief er immer: „Ach, du kriegst die Tür nicht zu!" Das erheiterte mich jedes Mal.

Von Wahn konnten wir mit der Straßenbahn nach Köln fahren. Da besuchte ich öfter die Familie meines Bruders Karl oder ich fuhr mit Kameraden in die Stadt zur Unterhaltung. Manchmal gingen wir nur spazieren und Biertrinken oder besuchten, wenn wir Hunger hatten, eine Fischküche. Dort erhielten wir für wenig Geld ausgezeichnete Fischgerichte. Einmal hatten ein paar Kameraden jedoch Hunger auf etwas anderes.

Da gab es am Rheinufer unterhalb des Domes eine kleine Gasse. Ich weiß nicht mehr, wie sie wirklich hieß. Bei meinen Kameraden war sie nur das Puffgässchen. Dort stand ein Freudenhaus neben dem anderen, auf beiden Seiten. Aus den Fenstern schauten Halbweltdamen heraus und winkten vorbeischlendernden Landsern zu, doch hineinzukommen. Auf dieser Straße sah man viele Soldaten, die den erotischen Betrieb genießen wollten, passiv oder aktiv, von denen aber die meisten sich nur vorübergehend in Köln aufhielten. Diese nützten natürlich die einmalig seltene Gelegenheit, sich von ihrem Los abzureagieren. Die Allerärgsten waren die Matrosen mit ihren Latzhosen. Die kamen betrunken aus einer Haustür heraus und betraten die andere, ohne sich unterwegs überhaupt den Latz hochzuknöpfen. Da konnte man schon was erleben. Die Lustbetriebe dienten vorwiegend der deutschen Wehrmacht und standen unter ärztlicher Kontrolle. Wenn schon, denn schon, also betraten wir auch eines dieser mittelalterlich aussehenden Gebäude. Man musste auch hier für die Damen im Voraus bezahlen, aber was nachher folgte, befand sich nach meinen Begriffen tief unter französischem Niveau. Vielleicht hatte ich bei meiner Wahl diesmal kein Glück, aber die nackte Frau, die sich mir anbot, erschien mir ordinär und vulgär. Mich ekelte. Als sie das bemerkte, fing sie an zu schimpfen und rief: „Immer dasselbe! Erst saufen sich die Kerle einen an und dann bringen sie nichts zustande!"

Dabei war eher sie betrunken als ich. Mir reichte es jedenfalls und ich verließ sofort das Lokal. Das konnte man mit Frankreich nicht annähernd vergleichen, eine Enttäuschung war es für mich.

Mit Beginn des Frühlings 1941 verließen wir Wahn in einem langen Sonderzug Richtung Ostmark. So hieß das annektierte Österreich. Um Mitternacht hielten wir einige Zeit am Brennerpass und rollten dann hinab nach Italien. Wir wussten nicht, von welchem Hafen es nach Afrika gehen sollte, aber als wir nach langer Eisenbahnfahrt, in Viehwagons auf Stroh liegend, endlich ausstiegen, lasen wir auf dem Bahnhofe die Aufschrift: „Napoli".

Wir wurden mit Lastkraftwagen zu einem großen Exerzierplatz transportiert, wo man als Unterkunft für uns viele Rundzelte bereitgestellt hatte. In einem solchen Zelte schlief ungefähr ein Dutzend von uns im Kreise herum mit den Köpfen außen zum Rande und den Füßen zur Mittelstange, gebettet auf Stroh. Die Tornister mit unseren paar Habseligkeiten benützten wir als Kopfpolster.

Unser Lager befand sich am südlichen Rande von Bagnoli, einem Vorort Neapels, in unmittelbarer Nähe eines Sandstrandes, hinter dem wir das Meer und bei klarem Wetter die Insel Ischia sehen konnten. Zwischen dem Strand und dem Dorfe erhob sich die riesige Schlackenhalde einer großen Erzhütte. Als bei Ischia die rote Sonne im Meer versank, wurde die Abendröte vom feurigen Scheine der glühenden Schlacke abgelöst und dieses Licht konnten wir von unserem Lager aus die ganze Nacht hindurch beobachten. Östlich von uns zog sich ein schmaler Bergrücken nach Süden ins Meer hinaus und dahinter breitete sich Neapel mit dem ihm vorgelagerten Golf aus.

Hier warteten wir auf die Einschiffung und versahen nur leichten Dienst, vor allem Waffen- und Gerätepflege. In unserer Freizeit fuhren wir meistens mit dem Autobus in die Stadt. Da gab es zwei Möglichkeiten. Entweder wir durchquerten den vorgelagerten Bergrücken in einem Straßentunnel oder wir fuhren oben drüber durch das herrliche Villenviertel San

Alto. Dahin spazierten wir auch manchmal am Abend vom Lager aus, um von einem romantischen Terrassenrestaurant den Sonnenuntergang zu genießen. Als wir in der Dämmerung die gewundene Bergstraße wieder hinab schlenderten, säumten tausende von Glühwürmchen den Weg. Sie blinkten so zahlreich um unsere Köpfe herum, wie ich dies sonst niemals gesehen habe. Der exotische Reiz des Südens hatte mich gepackt. Ach, könnten wir doch hierbleiben und müssten nie nach Afrika! Wer weiß, was uns dort in der Wüste noch erwartete.

So dürfte auch unser Bataillonsadjutant, Leutnant Fritsche, gedacht haben, denn er beschloss, mit dem Einverständnis des Kommandeurs, uns die Schönheiten der Umgebung zu zeigen, solange noch dazu Zeit vorhanden war. Wir hatten für tausend Mann leider nur vier Lastautos. So unternahmen wir damit wenigstens von der Stabseinheit zweimal wöchentlich kulturelle Besichtigungsfahrten. Ein neu zu uns gekommener Gefreiter namens Kaeber, ein Jus-Student, musste sich einen Baedeker verschaffen und übernahm die Reiseleitung.

Natürlich begannen wir mit den berühmtesten antiken Ausgrabungen von Pompeji am Fuße des Vulkans Vesuv, der im Jahre 79 nach Christi Geburt Feuer spie und die ganze Stadt unter Lava und Asche begrub. Es war sehr interessant, sich anhand der Ruinen und Kaebers Erklärungen vorzustellen, wie im alten Römischen Reich die Häuser aussahen. Sie besaßen meistens einen umbauten Innenhof, genannt Atrium, in dem sich das Familienleben abspielte. Drumherum waren in einem Quadrat die Wohn- und Schlafräume angeordnet und es gab damals bereits ein großes Badezimmer. Die Gassen waren so schmal, dass gerade ein Wagen passieren konnte, und die Räder hatten immer an den gleichen Stellen zum Teil tiefe Rillen in den Steinquadern hinterlassen. Damals gab es dort jedoch noch keine Kanäle und das Wasser rann zwischen den schmalen Gehsteigen durch die Gassen. Deshalb befanden sich an den Kreuzungen an Stelle der heutigen Zebrastreifen erhabene Steinblöcke, über welche die Passanten von einer Seite auf die andere steigen konnten, ohne sich die Füße nass zu machen, und die Wagenräder fuhren dazwischen durch.

Wir sahen auch den versteinerten Jüngling, der von der glühenden Asche verschüttet wurde, und in den Resten eines ehemaligen Patrizierhauses eine Skulptur, die eine Waage darstellte, auf welcher der Herr seinen überdimensionierten Phallus gegen Gold aufwog. Ich bezweifle, dass dieses erotische Standbild echt antik war, sondern glaube, dass es nur einen Gag darstellte. Aber es sollte sicher versinnbildlichen, dass die römischen Bewohner der Stadt für ihr ausschweifendes Leben von Gott durch eine Naturkatastrophe bestraft worden waren.

Um uns von der für uns noch ungewohnten Sonnenwärme in den Ruinen zu erholen, fuhren wir zum Abschluss des Tages entlang der idyllischen Küstenstraße in das malerische Fischerdorf Sorrent, das so gerne besungen wird wie die Insel Capri, die nun vor uns aus dem Meer herausragte.

Capri selbst besuchten wir an einem anderen Tag. Vom Hafen in Neapel fuhren wir auf einem Fährboot hin, wobei wir die ganze Bucht durchquerten. Das kleine Schiff schwankte manchmal ganz erbärmlich, aber mir wurde nicht schlecht, obwohl das meine erste kleine Seefahrt war. Von der Anlegestelle gelangten wir in Kutschen zum höher gelegenen Ortszentrum Anacapri. Von dort wanderten wir an einem steil abfallenden Felsen hinauf über den Kruppweg zur hoch oben gelegenen Kruppvilla. Anscheinend gehörte dieses Haus der deutschen Großindustriellenfamilie von Krupp. Es war aber nicht bewohnt. Wir befanden uns hier auf der von Neapel abgewandten Seite der Insel und erlebten einen gigantischen Ausblick auf die Weite des Tyrrhenischen Meeres.

Am Nachmittag sahen wir die berühmte Blaue Grotte. Wir näherten uns im Motorboot einer Stelle der Insel, wo der Felsen senkrecht ins Meer abfiel. Dort stiegen wir in kleine Ruderboote um und fuhren nacheinander in ein Felsloch, das nicht einmal einen Meter aus dem Wasser herausragte. Wir mussten uns bücken, um mit dem Kahn hineinzugelangen. Nun befanden wir uns in einer großen Höhle, die gar nicht finster war.

Erst von innen konnten wir sehen, dass nämlich die Eingangsöffnung sich unter dem Wasserspiegel furchtbar tief erweiterte. Das Tageslicht konnte demnach nur durch das Wasser eindringen und gab der Höhle eine gespenstische, bläuliche Beleuchtung. Nun sagte der Bootsfahrer, wir sollten die Hände ins Wasser stecken, und siehe da, diese sahen darin wie versilbert aus, als ob sie tot wären. Das war also der Zauber der Blauen Grotte von Capri.

Ein anderes Mal fuhren wir nach Pozzuoli. Das war der interessanteste Ausflug. Dort marschierten wir zuerst singend durch einen alten Römertunnel, denn was heute unter San Alto der Abkürzung des modernen Verkehrs dient, hatten die alten Römer schon vor zweitausend Jahren, um ihre Wagen nicht mühevoll über den Bergrücken schieben zu müssen. Aber als Höhepunkt betraten wir einen echten Vulkankrater, wo die Erde direkt vor unseren Füßen kochte und brodelte. Wehe dem, der da nur mit dem Fuße hineingeriet, der kam sicher nicht ohne schwere Verbrennungen davon. Am inneren Kraterrand betraten wir Höhlen, die uns wie Heißluftkammern vorkamen. Zur Beleuchtung trugen wir Kerzen. Da hatten wir einen ortsansässigen Fremdenführer und als dieser seine Kerze senkte, verlöschte sie. Er bat einen von uns, seine Kerze hinunterzuhalten. Die ging ebenfalls aus. Als der Führer unsere verwunderten Gesichter sah, schmunzelte er und erklärte, dass die Luft im Stollen, wenn ich richtig verstanden habe, mit Stickstoff gemischt sei. Dieses schwere Gas bleibe jedoch am Boden und deshalb verlöschten die Flammen nur unten. Aus diesem Grunde durften auch kleine Kinder und Tiere nicht mitgenommen werden, weil diese ersticken würden, aber die hatten wir sowieso nicht.

Die schönste Besichtigung war die des Schlosses in Caserta, denn dort konnten wir die erfrischenden, farbenprächtigen Deckengemälde berühmter italienischer Maler bewundern. Ein Teil dieses Prachtbaues diente damals als Kadettenschule.

Wir verweilten vier Wochen in Bagnoli und es war immer etwas los. Ich kam mir schon fast vor wie ein Campingurlauber.

Mit dem Bus erreichten wir die Innenstadt von Neapel in zehn Minuten. Wir bestaunten die Häuserschluchten der engen, steilen Gässchen, in denen von den Stockfenstern zu den gegenüberliegenden Gebäuden hinüber die bunte Wäsche zum Trocknen aufgehängt war. Dann besuchten wir Straßen- und Tanzcafés, wo die Musikkapellen deutsche Schlager spielten wie zum Beispiel „Im Wald und auf der Heide" oder „Das blonde Gretchen". Wir wunderten uns über das verwahrloste Hafenviertel, aber in der Nähe gab es natürlich wieder mal einen Puff, den wir nicht versäumen sollten. In diesem „freudigen" Hause war es ein breiter, rot tapezierter Gang, an dessen mit großen Spiegeln geschmückten Wänden ich mit meinen Kameraden auf gepolsterten Hockern Platz nahm. Vor uns stolzierten geschminkte Amazonen wie die Mannequins auf einer Modenschau daher. Nur machte diese Mode auf mich den Eindruck, als ob sie sich kommenden dürftigen Zeiten anpasse, denn von Stoff sah man fast nichts und das Wenige war so dünn, dass die Haut durchschimmerte. Diese Weiber gingen dann plötzlich in Angriffsstellung, indem sie ihre Busen wackeln ließen und uns mit ihren Gesäßen anrempelten. Ich erinnerte mich in diesem Moment an meine hässlichen, sexuellen Erfahrungen in Köln und bekam auch hier ein verlegenes Grausen vor diesem primitiven Revuetheater, sodass ich mich auf nichts Weiteres einließ, sondern nach einer Weile das Lokal unverrichteter Dinge verließ.

Die vier erlebnisreichen Wochen in Italien vergingen in Windeseile. Wir brachen unsere Zelte ab und marschierten in geschlossener Kolonne zu Fuß zum Hafen. Dort erwartete uns ein riesiges, elegantes Passagierschiff, das wir von der Mole einzeln hintereinander über eine hängende Treppe betraten. Oben wies man uns in große Aufenthaltsräume ein. Von der Eleganz des Ozeanriesen war hier nichts zu sehen, denn die Spiegelwände der offensichtlichen Gesellschaftsräume hatte man zum Schutz vor der Masseneinquartierung mit Holz verschalt, die Einrichtungen entfernt und den Parkettfußboden zum Schlafen mit Stroh belegt. Ich ergatterte mir einen Platz in einem kleinen Nebenraum. Nach dem Auslaufen durften wir uns auf unserem Deck frei bewegen und da sah man, dass wir noch von einigen anderen Schiffen begleitet wurden. Das war meine erste Seereise.

Zuerst ging ich auf Deck spazieren, um alles Neue zu betrachten, das ich erreichen konnte. Es war ein herrlicher Tag. Bald verschwand der letzte Landstreifen vom Horizont und wir sahen außer den Begleitschiffen nur noch das spiegelglatte Meer. Da legte ich mich in eine Ecke und ließ mich von der Sonne bescheinen, bis nach geraumer Zeit doch wieder Land auftauchte. Wir fuhren durch die Straße von Messina und konnten außer Ortschaften in dunstiger Ferne auch die Umrisse des Vulkans Ätna erkennen.

Gegen Abend befanden wir uns schon längst wieder auf hoher See im mittelländischen Meer. Ich hatte mich auf dem Deck mit ein paar Landsleuten aus dem Bataillon zusammengesetzt. Das war eine günstige Gelegenheit zum Plaudern. Wir erzählten von der Heimat und von anderen Freunden, als ein Flugzeug über uns hinwegrauschte. Wir erkannten nicht, ob es ein italienischer oder ein feindlicher Flieger war. Nachdem aber alles ruhig blieb, nahmen wir das Erstere an und mein Freund Karli sagte: „Da schau! Sogar in der Luft haben wir Geleitschutz!"

Obwohl das Wasser bekanntlich keine Balken hat, fühlten wir uns froh und munter. Freund Gust kam mit einer Gitarre angerückt und wir sangen Heimatlieder. Zum Nachtmahl gab es auch für jeden einen Becher Wein, sodass wir uns in bester Stimmung befanden, während die rötlich leuchtende Abendsonne im Meer versank.

Als es dunkel wurde, verkroch ich mich im Stroh meiner Kammer und schlief sofort ein. In der Morgendämmerung fand ich meine Dienstbrille nicht. Diese bestand aus einem einfachen Drahtgestell mit zwei kleinen, kreisrunden Gläsern. Während ich sie im Stroh suchte, knirschte es unter meinem Fuß. Jetzt hatte ich das Ding gefunden, aber es war zertreten und nicht mehr zu gebrauchen, der Rahmen verbogen und die

Gläser ganz zertrümmert. Zuerst stand ich ratlos da. Dann fiel mir ein, dass ich auch noch eine Gasmaskenbrille besaß. Nun musste ich wohl oder übel diese aufsetzen. Deren Gläser waren noch kleiner als die anderen und statt der Seitenbügel hingen zwei Stoffschlaufen weg, die man über die Ohren zog. Als ich den Vorfall dem Spieß meldete, rief dieser:

„Mensch, du kriechst die Tür nicht zu! Wie schauen denn Sie aus? Wie ein Marsmensch! Wenn die Afrikaner Sie sehen, räumen sie kampflos das Feld! Bei nächster Gelegenheit müssen Sie am Revier eine Ersatzbrille bestellen."

Als ich an Deck kam, liefen wir gerade aus einem Hafen aus. Wir sollten nun in Tripolis sein. Wollten uns die Afrikaner nicht? Nun erfuhr ich Folgendes:

Der Flieger vom Vorabend war ein englischer Aufklärer, der uns bestimmt Bombenflugzeuge oder Unterseeboote auf den Hals gehetzt hätte. Wir hatten Glück, dass die Nacht kam, änderten im Schutze der Dunkelheit, während ich schon schlief, den Kurs und flohen zurück nach Italien, gingen im Hafen von Tarent vor Anker und begannen unsere Überfuhr nach Libyen gerade zum zweiten Mal.

Diesmal erreichten wir auch glücklich unseren Bestimmungshafen, dessen Eingang angeblich vermint war und nur eine schmale Fahrrinne offen ließ. Die Anlegestellen dürften Bombenschäden erlitten haben, denn wir wurden auf großen Flößen an Land gebracht. Dort standen schon etliche Lastautos, um uns abzuholen. Wir kamen fünf Kilometer östlich von Tripolis in ein großes Lager, das wegen dieser Entfernung „Kilometre cinque" hieß.

Zum ersten Male sah ich entlang der Straße ausgedehnte Palmenhaine auf sandigem Boden. Die Kasernengebäude glichen großen Lagerhallen, aber im Innern gab es da kein Stroh mehr, sondern zusammenlegbare Feldbetten mit je zwei Wolldecken. In dieser Unterkunft gewöhnten wir uns erst mal an das heiße Klima. Auf einer Seite des großen Exerzierplatzes befand sich die einzige Wasserquelle, die wie ein großer Springbrunnen aussah, von dem aus mehrere Wasser spendende Rohre über den Rand des runden Beckens hinausragten. Darunter tummelten sich tagsüber die nackten Gestalten der Kameraden, die sich gerade wuschen oder von der Sonnenhitze abkühlten.

Am anderen Ende des Platzes zogen sich lange Gräben dahin. Es handelte sich nicht um Schützengräben, denn die Front lag noch tausend Kilometer weit entfernt. Es waren schon Gräben mit „Sch...", aber wir nannten sie Latrinen. Da konnte jeder wie auf einer Bühne im hellen Sonnenlicht seine Notdurft verrichten. Über den Gräben standen Holzböcke, die mit langen Stangen verbunden waren. Auf den oberen setzte man sich mit den Schenkeln und an dem unteren hielt man sich mit den Füßen fest. Dahinter lag die ausgegrabene Erde und darin steckten Spaten, mit denen jeder sein gemachtes Häufchen zuschaufeln musste, damit die massenhaft vorhandenen Fliegen keine Bakterien übertragen konnten, denn es gab hier so viele Fliegen, dass man beim Essen anständig wacheln musste, sonst war der Brotaufstrich von dem Ungeziefer so schwarz bedeckt, dass man glauben könnte, es wäre russischer Kaviar. Uns verging oft der Appetit und wir mussten aufpassen, dass wir nicht so ein Mistvieh verschluckten.

Von diesem Lager aus bestand eine regelmäßige Autobusverbindung zur Stadt, wohin wir fuhren, so oft wir durften. Wir besuchten den arabischen Markt, wo ich mir bei einem Silberschmied einen dicken Fingerring mit dem Symbol des deutschen Afrikakorps als Andenken kaufte. Unter anderem kamen wir auch in ein italienisches Spezialitätenrestaurant mit Selbstbedienung. Bei der Kasse waren die Speisen abgebildet. Dort musste man zuerst bezahlen und mit der Quittung konnte man sich dann das Essen holen. Nun berieten wir hin und her, was wir nehmen sollten, denn die Gerichte kannten wir nicht. Unter den Bildern waren sie zwar beschrieben, aber auf Italienisch, das wir nicht verstanden.

Als die einheimische Kassiererin unseren misstrauischen Beratungen eine Weile zugesehen hatte, sagte sie plötzlich in reinem Deutsch:

„Was der Bauer nicht kennt, das frisst er nicht." Ein Sprichwort! Das war ja eigentlich eine Beleidigung, aber Landser dürfen nicht so empfindlich sein. Die Neugierde siegte und wir fragten die Frau, woher sie so gut Deutsch könne, ob sie Deutsche sei. Da erzählte sie uns, dass sie zwar Italienerin sei, aber mit einem Deutschen verheiratet und viele Jahre in Deutschland gelebt habe. Sie beriet uns dann, was wir am besten wählen sollten, und das schmeckte uns recht gut.

Wir genossen diese Zeit, denn einmal mussten wir sicher an die Front. Ich wusste zwar nicht wie, denn wir hatten für tausend Mann nur vier Lastautos und zwischen Tripolis und Benghasi, um das gerade gekämpft wurde, lagen an die tausend Kilometer Wüste. Das Transporträtsel löste sich jedoch bald. Nachdem unsere Vorkämpfer, eine motorisierte Truppe, die Stadt Benghasi erobert hatten, schickten sie uns ihre Fahrzeuge, um uns abzuholen. Unsere vier Lastautos beförderten bloß die zusammengelegten Zelte und die Feldbetten, während wir selbst in den Transportfahrzeugen der anderen Einheit mitgenommen wurden. In einer langen Kolonne fuhren wir auf der libyschen Küstenstraße nach Osten, bis wir in die Cyrenaika kamen, immer links das Meer und rechts die Wüste.

Die Cyrenaika selbst war ein von Italienern besiedeltes, fruchtbares Hügelland. Als wir dort übernachteten, wurden wir von den Bewohnern freundlich bewirtet, aber wir konnten nicht bleiben.

Man führte uns noch weiter über Benghasi hinaus. Dann zogen die Transportfahrzeuge wieder ab und wir schlugen unsere Zelte als Reserve zwischen Benghasi und Tobruk in der Wüste auf. Dort gab es nur Sand, Disteln und Steine, kein Meer, kein Dorf. Nicht einmal Wasser hatten wir da und daher auch keine Bäume. Wasser und Lebensmittel, alles mussten wir mit unseren paar Lastwagen täglich von weit her heranschaffen.

Einmal unternahmen wir einen Wüstenmarsch, aber weit kamen wir nicht. Nachdem wir bei jedem Schritt bis zu den Knöcheln im Sand versanken, wurden wir bald so müde, dass wir das Unternehmen nach einigen Kilometern abbrechen mussten. Da wir nicht motorisiert waren, konnten wir nur für den Stellungskrieg verwendet werden und den gab es augenblicklich nicht. In der größeren, westlichen Stadt Benghasi waren schon die Italiener und unsere motorisierten Einheiten zingelten gerade die von britischen Truppen besetzte Hafenstadt Tobruk ein.

Erst als der Ring auf dem Festland südlich von Tobruk schon enger geschlossen war, wurden wir mit fremden Fahrzeugen wieder nachgeholt und bezogen eine Stellung im Westen der belagerten Stadt in der Nähe des mittelländischen Meeres. Dort blieben wir lange. Wir gehörten nun der 90. leichten Afrika-Division an: „leicht" wahrscheinlich deshalb, weil wir nicht motorisiert und daher nur beschränkt beweglich waren. Die Engländer hatten Tobruk so stark befestigt, dass Angriffe auf die Stadt zwecklos erschienen. Deshalb wurde es bei uns immer ruhiger. Die motorisierten Verbände stießen inzwischen weiter bis zur ägyptischen Grenze vor und wir hielten die Stellung bei Tobruk.

Den afrikanischen Stellungskrieg darf man sich nicht so vorstellen, dass wir dem Feind in Schützengräben gegenüberlagen. Das wäre schwierig und unzweckmäßig gewesen. Außerdem befanden wir uns hier auf einem felsigen Plateau ohne jegliche Deckung. Wir bewohnten einfach in größeren Abständen voneinander unsere Zelte und vom Feinde sahen wir gar nichts. Der traute sich aus der Stadt, die tiefer unten lag, nicht heraus und wurde nur vom Meere her mit Schiffen versorgt. In der Nacht sandten wir Spähtrupps aus und am Tage hätten wir einen feindlichen Angriff schon von Weitem bemerkt.

Wir hörten im Radio die deutschen Wehrmachtsberichte. Während diese von der afrikanischen Front gegenseitige Spähtrupptätigkeit an der ägyptischen Grenze bei Sollum meldeten, tat sich bei uns überhaupt nichts Kriegerisches. Wir sonnten uns vor unseren runden Spitzzelten, aßen und tranken und warteten auf Post aus der Heimat.

Ich sah weder Tobruk noch das Meer. Das lag alles unterhalb unseres Plateaus, aber es war nicht weit zum Wasser, das bei uns eine Bucht bildete. Wir entdeckten bald den kürzesten Weg dorthin und einen Pfad, der vom halbkreisförmigen Bruchrande unseres steinigen Plateaus etwa hundert Meter hinunter zu einem herrlich klaren, flachen Sandstrand führte. Auch von da konnten wir die Festung Tobruk nicht sehen, denn dazwischen lagen noch etliche steile Felsenecken.

Eine bessere Badegelegenheit konnten wir gar nicht finden und das nützten wir reichlich aus, den ganzen Sommer über. Wir tummelten uns nackt im Sande wie die Kinder, denn wir fühlten uns da vollkommen frei und unbeobachtet. Ab und zu schaute ein einsamer, einheimischer Wüstenwanderer über den Felsrand, wenn er unser Geschrei hörte, aber der kümmerte uns nicht. Wir liefen, sprangen und turnten. Ich konnte sogar schon die Brücke, indem ich mich nach hinten hinunterließ, bis meine zuerst nach oben ausgestreckten Arme den Boden berührten. Wir wälzten uns im Sande und rannten dann ins Meer hinaus den heranbrechenden Wellen entgegen, die je nach Brise über unsere Köpfe hinwegstürzten und uns beinahe umwarfen, bis sie sich im Sand verliefen. Bei ruhiger See schwammen wir unter Wasser, so lange wir die Luft anhalten konnten, und betrachteten die kleinen Meerestiere, Muscheln und Algen. Manchmal führten wir auch sogenannte Hahnenkämpfe durch, indem sich je einer auf des anderen Schultern setzte, und die gegnerischen Paare versuchten, einander ab- oder umzuwerfen. Im Wasser tat das nicht weh. So einen Kampf ließ ich mir lieber gefallen als den großen Weltenbrand. Wenn wir müde wurden, machten wir ein Nickerchen im heißen Sand. Ich war schon ganz braun gebrannt vom Sonnenschein und fühlte mich wie der erste Mensch im Paradies. Nur die Eva fehlte noch, aber wer lässt sich deswegen schon gern eine Rippe ausreißen, wie es die Bibel schreibt.

Für mich bedeutete die Sonnenbestrahlung sogar eine Genesungskur, denn ich litt seit dem eiskalten Winter in der Hocheifel noch immer an einem Blasenkatarr. Von dessen Beschwerden wurde ich erst hier in der subtropischen Wärme endgültig befreit.

Wir schoben eine so ruhige Kugel, dass die Wehrmachtsberichte vom Afrikakorps außer der üblichen Spähtrupptätigkeit fast gar nichts mehr zu melden hatten. Dafür war woanders der Teufel los. Die deutschen Truppen eroberten fast ganz Europa. Sie hatten Jugoslawien und Griechenland besetzt und marschierten sogar nach Russland. Wir konnten uns das gar nicht vorstellen. Was sollte noch alles kommen?

Bei uns kam jedenfalls etwas anscheinend Besseres. Es gab endlich Urlaube, zwar spärlich, aber doch. Die erste Partie fuhr mit dem Autobus nach Benghasi. Vor dort flogen die Glücklichen in einem alten Junkers-Transportflugzeug nach Athen, von wo sie per Bahn die Heimat erreichten. In der nächsten Gruppe fuhr unser Schreibstubenhengst mit und ich musste ihn vertreten. Er hatte mich vorher angelernt und was ich noch nicht wusste, zeigte mir der Spieß. Am folgenden Tage erreichte uns eine traurige Nachricht. Die Maschine wurde über dem mittelländischen Meer abgeschossen und versank samt Besatzung in den Fluten. Die Kameraden hatten zwar Maschinengewehre zur Verteidigung an Bord der langsamen alten „Ju", aber was half das schon gegen ein paar englische Düsenjäger. Der Feind kontrollierte das ganze Mittelmeer mit seinen Schiffen und Fliegern. Bei einem der weiteren Transporte wurde sogar schon der Autobus auf der Küstenstraße von britischen Tieffliegern in Brand geschossen. Die Kameraden konnten den Bus durch die einzige vorhandene Tür nicht rechtzeitig verlassen und kamen fast alle ums Leben oder wurden schwer verletzt. Daraufhin blies man die Urlaubsaktion wieder ab. Vielleicht war das mein Glück. Ich kam zwar nicht heim, aber ich lebte noch.

Nachdem von der Nachrichtenstaffel keine Telefonleitungen zu legen waren, blieb ich aufgrund des tragischen Todes meines Vorgängers auch weiterhin im Schreibstubenzelt. Ich schrieb Meldungen sowie Berichte und verwaltete die Personalien der Mannschaft. Das Schönste und Dankbarste war jedoch am Abend die Verteilung der ankommenden Feldpostbriefe und Pakete. Es bewegte mich, wie die Empfänger sich über die spärlich ankommenden Zeilen ihrer Lieben freuten, wenn sie aufgerufen wurden, und wie die meisten enttäuscht waren, wenn sie keinen Brief dabei hatten. Aber etwas hielt ich immer streng ein. Wenn die Sonne am Horizont verschwand, ließ ich alles liegen und stehen und wechselte meine kurze Hose im Zelt gegen ein warmes Gewand, denn in diesem Moment des Sonnenuntergangs sank die Lufttemperatur in Minutenschnelle um 15 bis 20 Grad. Es wurde uns nämlich eingetrichtert, dass man sonst die Ruhr bekommen könnte, wenn man sich vor diesen plötzlichen und starken Temperaturschwankungen nicht rechtzeitig schützte.

Tagsüber stieg die Temperatur den ganzen Sommer hindurch immer auf 30–40 Grad Celsius. Da war es nahe liegend, dass wir nach dem Essen ein Mittagsschläfchen hielten. Einmal hatte ich mich gerade ins Zelt begeben und mich müde auf mein Feldbett hingestreckt. Da hörte ich, noch bevor ich einschlief, von der Ferne ein Auto näher kommen. Das war nicht das Geräusch eines unserer vier Lastwagen. Was konnte es wohl sein, das uns die Ruhe störte? Die Neugierde trieb mich hoch, denn es war schon lange nichts mehr los. Ich blinzelte durch den Türspalt in die flimmernde Sonnenhitze und sah, wie in der Mitte unseres Zeltlagers gerade ein Mercedes-Kübelwagen stehen blieb. Drei Offiziere stiegen aus. Einer davon kam mir bekannt vor. Den hatte ich schon irgendwo gesehen, natürlich auf Bildern. Das war doch der Rommel, unser Feldmarschall!

Im nächsten Moment fing der an zu brüllen: „Was ist das hier für ein Sauhaufen! Will mir den niemand eine Meldung machen?"

Darauf folgte eine kleine Ruhepause. Ich schnappte geistesgegenwärtig meinen Fotoapparat, da steckte beim Nachbarzelt gerade Spieß May seinen Kopf heraus. Als er nun den Oberbefehlshaber des deutschen Afrikakorps erkannte, kam er zitternd herausgekrochen. Nur mit kurzer Hose und einem Hemd bekleidet, ging unser Hauptfeldwebel ganz verdattert auf den General zu. Dann riss er sich irgendwie zusammen und stotterte mit zum deutschen Gruß erhobener Hand seine Meldung.

Es war zum Schießen und ich schoss es auch. Ich machte von dieser komischen Szene einen tollen Schnappschuss, schickte den Film nachhause und freute mich später über das gelungene Foto, denn das war das einzige Mal, dass ich General Rommel persönlich sah.

Ich habe in Libyen keinen einzigen Regentag erlebt. Es gab nur heißen Sand unter heißer Sonne und kühle Nächte, aber im Herbst kamen die Sandstürme. Wir sahen sie schon von weit her herankommen. Zuerst entstand am Horizont ein dunkelgrauer oder gelber Streifen, der im Näherrücken immer höher zum Himmel hinaufreichte. Wenn ich nicht gerade irgendwo unterwegs war, dann flüchtete ich ins Zelt und machte es fest zu. Auf jeden Fall band ich mir ein Taschentuch vor die Nase, das ich, wenn möglich, feucht machte. So schützten wir uns am besten davor, den gleich vom Sturm aufgepeitschten, feinen Sand einzuatmen. Wenn das Unwetter da war, wurde es ganz finster und wir konnten keine Lampe anzünden, weil diese entweder sofort wieder ausgegangen wäre oder ein Feuer verursacht hätte. Das Zelt wackelte gefährlich. Der heiße Sand drang durch die Ritzen und bedrückte meine Brust in einer Weise, dass ich das Gefühl hatte, ich müsste ersticken. Wer kein Zelt erreichte, fühlte dieses Unbehagen besonders stark.

Die Badezeit ging nun auch vorbei und unser Dasein gestaltete sich immer trister. Daran konnte selbst das baldige Weihnachtsfest nichts ändern, denn die Feldpost ging schlecht, sodass Pakete von den Lieben aus der Heimat nur spärlich ankamen. Zur Jahreswende 1941/42 wurde das Wetter so kühl, dass wir sogar tagsüber unsere Mäntel anziehen mussten. Es gab auch Wolken am Himmel, aber keinen Tropfen Regen, sondern nur kalten Wind. An manchen Tagen gingen wir mit aufgeschlagenen Mantelkrägen zur Feldküche, um unser Essen zu holen, und verschwanden dann gleich wieder im Zelt. Die Zeit wollte gar nicht vergehen, aber wenn wir im Wehrmachtsbericht hörten, was sich inzwischen an der deutschen Ostfront in Russland tat, so waren wir immerhin froh, dass bei uns in Afrika Ruhe herrschte.

Im Frühjahr 1942 wurden wir an die ägyptische Grenze bei Sollum verlegt. Wir tauschten die Plätze mit den motorisierten Verbänden, die uns vor einem Jahr nach Tobruk gebracht hatten und anschließend weiter bis an die Grenze vorgestoßen waren. Während wir unbeweglichen Fußtruppen jetzt diese Grenze halten mussten, schienen sich die Panzer der Motorisierten doch für einen Angriff auf Tobruk vorzubereiten.

Wir lagen nun nicht mehr so nahe beim Meer, sondern hatten unsere Zelte südlich von Sollum in den Dünentälern der Sahara aufgeschlagen. Hier gab es nicht einmal mehr Disteln, geschweige denn andere Pflanzen, sondern nur noch Berge von Sand. Wir konnten vom Feinde nicht eingesehen werden. Die Fühlungnahme erfolgte nur durch gegenseitige kleine Stoßtrupptätigkeit, mit der ich jedoch beim Bataillonsstab nichts zu tun hatte.

Aber Wache musste ich jetzt auch stehen, weil wir hier vor unangenehmen Überraschungen nicht sicher waren. Es wäre ohne Weiteres möglich gewesen, dass plötzlich eine feindliche Wüstenpatrouille hinter einer Sanddüne auftauchte. So schritt ich einmal mit geladenem Gewehr die allernächste Umgebung ab, als ich in einem Dünental ein ganz sonderbares Motorengeräusch heranbrummen hörte. Ich konnte mir nicht erklären, was das sein könnte, und als ich mich umdrehte, kam plötzlich ein Flugzeug auf mich zu. Es flog zum Greifen nahe über meinen Kopf hinweg und verschwand hinter der nächsten Düne, bevor ich kapierte, was los war. Ich hatte ganz deutlich die britische Kokarde gesehen, also musste es ein englischer Aufklärer gewesen sein, der seine Bahn durch die Sandmulden zog, um nicht entdeckt zu werden. Ich erstattete sofort im Stabszelt Bericht, denn die hatten dort gar nichts bemerkt. Da rief der Spieß: „Warum haben Sie nicht darauf geschossen?"

Ich antwortete: „Mit dem Gewehr gegen ein Flugzeug?"

Aber vielleicht hätte ich es wirklich tun sollen? Vielleicht hätte ich eine entzündbare Stelle getroffen oder sonst was Empfindliches. Dann dachte ich mir jedoch: „Alles Blödsinn! Die hätten ja genauso gut auf mich schießen können."

Dem war ich entgangen. Dafür begann jedoch ein innerer Feind mich zu quälen. Ich bekam fürchterliche Zahnschmerzen, mitten in der Wüste. Das fehlte mir gerade noch, aber unser Kommandeur von Lübke hatte an alles gedacht. Bei unseren Sanitätern befand sich sogar ein Dentist. Es war der alte Trapp aus Wahn bei Köln, der sich damals freiwillig gemeldet hatte und für das Abenteuer in Afrika sogar seine Familie samt gut gehender Praxis im Stich ließ. Den suchte ich auf. Ich fand ihn vor dem Krankenzelt. Im heißen Sande stand er mit seiner Bohrmaschine und bearbeitete gerade einen Kameraden, der vor ihm auf einem Klappstuhl saß. Während Trapp mit dem Fuße auf einem Antriebspedal herumtrat, steckte er dem Sitzenden seinen lieblich surrenden Spindelbohrer in den Rachen. Als der Patient vor Schmerzen zu stöhnen anfing, tröstete ihn Trapp mit den Worten:

„Mach dir nichts draus. Stell dir vor: Ich habe neulich gehört, dass das Schiff, auf dem wir seinerzeit nach Afrika kamen, beim nächsten Transport von einem feindlichen Unterseeboot im Meer versenkt wurde. Was hatten wir doch für ein Glück, dass wir bei der Überfahrt nicht untergegangen sind, denn unterm Wasser hätte ich dir den Zahn nicht plombieren können."

Das sollte ein Witz sein, aber unser Dampfer war wirklich beim nächsten Transport von den Engländern abgeschossen worden. Das hatte ich schon öfter gehört.

An meinem Zahn wollte Trapp nichts machen, denn die Stahlkrone, die er mir in Wahn draufgesetzt hatte, war so schön. Er gab mir entzündungshemmende Tabletten, aber meine Schmerzen wurden dennoch unerträglich. Da schickte mich der Stabsarzt zum Feldlazarett. Dort zog man mir den schlimmen Zahn heraus, ohne schmerzstillende Injektion, dabei hatte das Ding drei Wurzeln. Ich hätte in die Luft gehen können. Erst nach mehreren Stunden ließ der Schmerz langsam nach.

Als ich zu meiner Einheit zurückkam, erhielt ich den ersten Orden, aber nicht für das Erdulden besonderer Qualen im

Wüstenkrieg. Nein, es handelte sich um eine von den Italienern dem deutschen Afrikakorps gestiftete Erinnerungsmedaille an gemeinsame Kämpfe. Ich wunderte mich darüber, denn ich hatte bei unseren bisherigen Einsätzen noch keinen einzigen italienischen Soldaten gesehen. Jedenfalls verteilte der Spieß die Anhängsel aus einer Schachtel und jeder konnte sie sich selbst anstecken.

Am 20. Juni 1942 fand die Schlacht um Tobruk statt. Es gelang unseren Panzern, in die befestigte Stadt einzudringen. Die Engländer waren völlig überrascht und flüchteten mit den ihnen zur Verfügung stehenden Schusswaffen auf das Meer hinaus. Es blieb ihnen nichts anders übrig, denn jede Verstärkung erreichte sie zu spät.

Während sich der Feind noch auf dieses Ereignis konzentrierte und wir uns über die Siegesnachricht freuten, sahen wir südlich von uns riesige Staubwolken aufsteigen, die langsam nach Osten zogen. Zuerst glaubten wir, das wäre ein Sandsturm, aber es bewegte sich kein Lüftchen. Erst als die sandigen Wolken in der Ferne verschwanden, tauchten dahinter mächtige, schwarze Rauchschwaden auf. Diese zogen jedoch in die andere Richtung. Also ein Sandsturm konnte es nicht sein. Dort musste ein Treibstofflager brennen. Was war geschehen?

Rommel hatte sofort nach der Einnahme Tobruks seine Panzer südlich von uns in die Wüste beordert. Dort ließ er hinten an jedes Fahrzeug große Decken anhängen und erteilte Marschbefehl nach Osten. Dieses Manöver mit den Fetzen, die im Sande schleiften, wirbelte riesige Staubwolken auf. Die britischen Truppen ließen sich dadurch täuschen. Sie glaubten, von einer verstärkten deutschen Truppe eingeschlossen zu werden und ergriffen die Flucht. Um uns nicht den wertvollen Treibstoff in die Hände fallen zu lassen, steckten sie rasch ihr Öllager in Brand. Von dort sahen wir die schwarzen Rauchschwaden. Aber sonst ließen die Feinde noch vieles zurück, das sie in der Eile nicht mehr mitnehmen konnten.

Unsere Panzer jagten die Gegner fast bis nach El Alamein, das nur mehr hundert Kilometer von Alexandrien am Nildelta entfernt liegt, und eroberten bereits am 28. Juni 1942 die ägyptische Hafenstadt Marsa Matruk, die auf diesen Angriff nicht vorbereitet war. Zu dieser Zeit hörten wir in Verbindung mit Generalfeldmarschall Rommel zum ersten Mal den Beinamen „Der Wüstenfuchs", denn es war ihm gelungen, die getäuschten Briten mit verhältnismäßig geringer Kampfstärke zu überrumpeln.

Wir wurden nachgezogen und suchten uns aus der reichlich zurückgelassenen Beute alles aus, was wir brauchen konnten. Als wir zwischen Marsa Matruk und El Alamein unsere Zelte aufschlugen, hatte jeder von uns unter seinem Feldbett Kisten stehen, gefüllt mit feinstem, englischen Proviant und indischen Zigaretten. Außerdem waren so viele gegnerische Kraftfahrzeuge zurückgeblieben, dass nun viele vom Stab ihr eigenes Auto fuhren. Unser Bataillon bekam zu den bereits vorhanden vier Lastautos mindestens hundert erbeutete britische Kraftfahrzeuge dazu. Das heißt, die Motorisierung, auf die wir vergeblich gewartet hatten, war uns nun praktisch vom Feinde selbst unfreiwillig verschafft worden. Die einzige Schwierigkeit blieb die Benzinversorgung und überhaupt nun auch der sonstige Nachschub. Den Beuteproviant hatten wir uns bestens schmecken lassen und relativ bald verzehrt. Doch die Lebensmittelversorgung unseres Nachschubs blieb manchmal aus. Wir erhielten oft nicht einmal die halbe Brotration und manchmal war das Brot sogar verschimmelt.

Um uns Mut zu machen, ernannte Hitler alle Infanteristen zu Panzergrenadieren. Eine Augenwischerei. Ich war inzwischen vom Obergefreiten zum Stabsgefreiten ernannt worden. Auch schon was! Und dann hatte man noch verkündet, dass die vorher als unpolitisch geltende deutsche Wehrmacht der Nationalsozialistischen Partei unterstellt würde. Das sagte mir nichts, aber es hatte Folgen. Hitler konnte unmittelbar militärische Befehle erteilen. Auch die allerhöchsten Generäle mussten sagen „Jawohl, mein Führer!", und das zu einem Mann, der die Kriegführung nie gelernt hatte.

In der Wehrmacht gab es auch Halbjuden, die seinerzeit einberufen wurden. Diese mussten nun entlassen werden. Das passierte auch meinem Schulfreund Karli von der zwölften Kompanie, der daheim in Saaz einer der besten Säbelfechter im deutschvölkischen Turnverein gewesen war. Er diente wie ich ein Jahr beim tschechischen Militär und wurde nach dem Anschluss in die Wehrmacht übernommen. Mir war nicht bekannt, dass er einen jüdischen Vater hatte, denn ich kannte nur seine Mutter. Jedoch so etwas kümmerte auch niemanden. Karli war ein Prachtkerl und begeisterter Soldat, aber es trifft immer die Falschen. Statt dass er froh war, nicht mehr für die Nazis kämpfen zu müssen, wollte er sich das Leben nehmen. Die schmähliche Dienstentlassung bereitete ihm jedenfalls eine schwere Enttäuschung. Allerdings ungewisser als unsere Zukunft konnte seine auch nicht mehr sein. Der Heldentod blieb ihm erspart und ich wünschte ihm beim Abschied viel Glück in der Heimat.

Unsere neue Stellung lag nicht mehr zwischen Dünen, sondern auf einer unendlich weiten, sandigen Ebene, aus der in verschiedenen Abständen ungefähr einen halben Meter hohe Disteln herausragten, die das Entstehen von windbedingten Erhebungen verhinderten. Wir konnten das Gelände kilometerweit einsehen und deshalb gab es zwischen unserer und der gegnerischen Front ein breites Niemandsland. Spähtrupps gingen nur in der Nacht los, denn bei Tage wären sie schon von Weitem gesehen und beschossen worden.

Ich befand mich mit dem Tross ungefähr einen Kilometer hinter den Kompanien und da völlige Ruhe herrschte, nützten wir die Zeit, um uns in dem flachen Sandboden möglichst tief einzugraben. Die Zelte verschwanden um mindestens einen halben Meter und die Kraftfahrzeuge kamen schräg zu stehen, mit dem Motor nach unten. Die ausgehobene Erde wurde am Rande zu einem Schutzwall aufgeschüttet. Wir hatten nämlich mit feindlichen Bomben und Granaten zu rechnen. Vor Volltreffern konnten wir uns leider nicht schützen, aber vor der Splitterwirkung, und wir mussten auf alles gefasst sein, denn der Feind würde sicherlich eines Tages einen Gegenangriff versuchen.

Ich richtete die Stabsschreibstube mit Arbeitsplatz und allen schriftlichen Unterlagen in einem erbeuteten britischen Kastenwagen ein, der natürlich auch in einer Grube stand. Das kam mir recht komfortabel vor. Schließlich war es mein erstes fahrbares Büro. Dazu hatte ich sogar einen ehemaligen Fremdenlegionär als Chauffeur, aber wir blieben in der Grube stehen.

Von einem weiteren Vormarsch wurde nur erzählt. Fast jeden Tag hörte ich neue fantastische Geschichten. Wir würden Ägypten besetzen und über Arabien nach Vorderasien vorstoßen, um uns dort mit deutschen Osttruppen zu vereinen, die über Kleinasien hinkämen. Der Großmufti von Jerusalem hatte schon mit Hitler einen Pakt geschlossen. Das erschien mir wie ein Märchen aus Tausendundeiner Nacht. Ich kam einfach nicht mehr mit und war froh, dass Ruhe herrschte und ich mich in der Sonne aalen durfte. Es erschien mir wieder einmal wie die Ruhe vor dem Sturm, aber der Sturm konnte uns diesmal leicht entgegenkommen, denn Rommel, der Wüstenfuchs, hatte ausgestürmt. Ein zweites Mal ließ sich der Tommy nicht überrumpeln und zog bei El Alamein alle Truppen zusammen, die er irgendwo auftreiben konnte. Das dauerte bis in den Herbst hinein und wurde von unserer Aufklärung ständig registriert. Bis dahin träumten wir vom Morgenland und warteten auf eigene Verstärkung, die nicht eintraf.

Rückzug

Gegen Ende des Jahres 1942 ging der englische Feldmarschall Montgomery mit einer gewaltigen Übermacht zum Gegenangriff über. Englische Jagdbomber machten die Gegend unsicher. Wie gut, dass wir uns eingegraben hatten, denn die Bomben, die der Tommy warf, waren zwar nicht groß, aber die seitliche Splitterwirkung sehr gefährlich.

Unsere Kompanien meldeten per Funk starke Massierungen feindlicher Panzer. Major von Lübke ersuchte die Division um sofortige Verstärkung oder die Erlaubnis, uns abzusetzen, aber weder das eine noch das andere kam. Da fuhr der Major selbst nach vorne, um den Kameraden einzuschärfen, dass sie durchhalten müssten.

Wir hörten schon den Kampfeslärm, der langsam näher kam, Detonationen von Panzergranaten, Abwehrgeschützen und dann auch das Geknatter von Maschinengewehren. Nach einiger Zeit – ich traute meinen Augen nicht – sah ich vereinzelte Panzer am Horizont auftauchen. Die waren durch unsere Kompanien durchgebrochen! Der Spieß bemerkte nun auch die englischen Tanks, die direkt auf uns zukamen, und schrie: „Wir müssen weg, die Dokumente retten! Die dürfen nicht in Feindeshand fallen!"

Wie gut, dass ich die Schreibstube nicht mehr in einem Zelt, sondern im Auto hatte. Ich lud noch schnell das Wichtigste dazu und, während unser Legionär den Motor in Gang brachte, kam schließlich der Rückzugsbefehl durch.

Die feindlichen Sturmpanzer waren höchstens noch einen halben Kilometer von uns entfernt, als wir uns endlich mit dem gesamten Tross fluchtartig absetzten. Es war ein Glück, dass wir im Sommer so viele britische Kraftfahrzeuge erbeutet hatten, die uns mobil machten, sonst wären wir nicht weggekommen und unweigerlich in Kriegsgefangenschaft geraten. Das einzige Fahrzeug, das der Bataillonsstab zu unseren ursprünglichen vier Lastautos vom deutschen Nachschub dazubekommen hatte, war ein Auto, das Hitler dem Volke versprochen hatte, aber nur für den Krieg verwendete, ein VW-Kübelwagen für den Major. Nachdem dieser aber mit einem erbeuteten britischen Geländewagen in die vorderste Linie gefahren war, ergriff nun der Spieß mit dem offenen Volkswagen-Kübel die Flucht und rief mir zu: „Kommen Sie mit! Wir fahren voraus, den neuen Sammelplatz zu erkunden."

Wir legten mit Vollgas los wie die Wahnsinnigen. Über Stock und Stein ging die wilde Jagd. Plötzlich gab es einen gewaltigen Ruck. Wir flogen beinahe über die Windschutzscheibe und der Wagen stand. Als wir uns den Schaden besahen, stellten wir erschrocken fest, dass beide Vorderräder gegen massige Distelbüsche gestoßen waren. Die Führungsstange hatte sich in zwei Bruchstücke zerlegt und die Räder standen quer nach außen wie Charlie Chaplins Füße. „Um Himmelswillen! Was machen wir jetzt?", rief zitternd der Spieß.

Da tauchte nach einer Weile hinter uns der Legionär mit dem Schreibstubenwagen auf und sagte: „Lasst den alten Krempel stehen und steigt bei mir ein. Es wird sich schon ausgehen."

Dieser Kamerad hatte Praxis mit Wüstenfahrten, denn er diente vor dem Kriege in der französischen Fremdenlegion. Er wäre dafür als Deutscher in der Heimat eingesperrt worden, wenn er sich nicht freiwillig zur Wehrmacht gemeldet hätte.

Wir quälten uns zwischen Disteln durch den Sand, bis wir weiter westlich die asphaltierte Küstenstraße erreichten. Nun konnten wir unsere Fahrt etwas rascher fortsetzen. In der Nähe von Marsa Matruk wurden wir sodann zum Sammeln angehalten, aber von den Kompanien kam fast niemand mehr. Die große feindliche Übermacht brach mit ihren zahlreichen Panzerfahrzeugen durch unsere Stellung durch. Den Kompanien blieb nichts anders übrig, als sich zu ergeben. Sie gerieten alle, samt dem Major, in englische Gefangenschaft. Nur unser Adjutant konnte sich vom Bataillonsgefechtsstand retten. Vom Stab fehlten die Funkunteroffiziere, die mit ihren Geräten bei den Kompanien eingesetzt waren, und der Gefreite Kaeber, unser seinerzeitiger Fremdenführer von Neapel. Der geriet aber nicht in Gefangenschaft, sondern war schon vorher von Tobruk aus zu einem Kriegsoffizierslehrgang in die Heimat beordert worden.

Inzwischen war die Nacht hereingebrochen. Wir zogen unsere Mäntel an und legten uns im Sand ein paar Stunden zur Ruhe. Am nächsten Tage entfernten wir uns vom Feinde noch weiter nach Westen und, man staune, wir trafen auf unseren Nachschub, jetzt nachdem die Kompanien schon verloren waren. Die Verstärkung hätte wenigstens drei Tage früher eintreffen müssen, aber es war dennoch fraglich, ob es etwas genützt hätte, denn der Feind besaß ein Vielfaches an Panzern. So blieb uns wenigstens die dürftige Ersatzmannschaft. Die bestand aus lauter blutjungen Sachsen, angeführt von einem Oberfeldwebel des Wehrersatzkommandos.

Die Neuen wurden aufgeteilt und der Oberfeldwebel kam zum Stab als Bataillonsschreiber. Nachdem die Engländer vorerst nicht nachzogen, sondern sich nach der Schlacht auch erst sammeln mussten, schlugen wir diesmal für die Nacht die noch vorhandenen Rundzelte auf. Es wurde rasch finster und ich zündete im Zelt die Sturmlaterne an. Dann sah ich mich draußen noch ein wenig um, als ich plötzlich von innen markerschütternde Schreie vernahm. Erschrocken stürzte ich ins Zelt zurück. Da stand der neue Oberfeldwebel zitternd und wild gestikulierend. Dabei schrie er noch immer wie wahnsinnig und starrte mit weit aufgerissenen Augen auf die senkrechte Mittelstange, die die Zeltspitze hochhielt. Nun entdeckte ich die Ursache seiner Verzweiflung. An dem Mast kroch ganz langsam eine faustgroße, dunkel behaarte Vogelspinne hinauf. Ich wusste, dass die sehr giftig war, aber trotzdem, was sollte das Gebrülle? Ich nahm vom Spieß die Pistole und schoss aus nächster Nähe auf das Biest, bis es tot war und sich nicht mehr rührte.

Der Oberfeldwebel legte sich nervlich erschöpft und schluchzend auf sein Feldbett, ich verstand nur eines nicht. Was ist das für ein Berufssoldat, der vom Anblick einer Spinne fast wahnsinnig wird? Leider ist es meistens so, dass ein Soldat, der sich für eine lange Dienstzeit verpflichtet, dabei nur an einen nach seinem Ermessen angenehmen Broterwerb denkt und niemals glaubt, dass es eigentlich seine Aufgabe wäre, sein Vaterland im Kriegsfall mutig zu verteidigen.

Am nächsten Morgen näherten wir uns, nicht mehr wild durcheinander, sondern bereits in geordneter Kolonne, der ägyptisch-libyschen Grenze. Auf unseren zahlreichen Beutefahrzeugen war es uns möglich, auch die neu hinzugekommenen Kameraden unterzubringen.

Plötzlich tauchten in der Luft ein paar Punkte auf, die rasch größer wurden, und schon brummten sie direkt auf uns zu, feindliche Jagdbomber! Wir hielten sofort an. Der Leutnant schrie: „Auseinander!", und wir rannten querfeldein. Da hörte ich ein pfeifendes Geräusch und schmiss mich gleich der Länge nach auf die Erde. Im nächsten Moment krachte es und die Bombensplitter sausten über mich hinweg. Ich hatte gar keine Zeit, Angst zu haben. Dann wurde es wieder ruhig. Die Flieger entfernten sich ebenso schnell, wie sie gekommen waren.

Wir gingen zu unseren Fahrzeugen zurück, die wie durch ein Wunder außer ein paar Löchern in der Karosserie unversehrt waren. Also setzten wir unseren Weg fort, bis wir zu einem riesigen von den Italienern erbauten Triumphbogen gelangten, der die Via Balbia, wie die Küstenstraße in Libyen hieß, überspannte.

Hinter dem Bauwerk wartete der Spieß auf uns, der mit dem Schirrmeister wiedermal vorausgerast war, und der fragte mich: „Wo habt ihr den Oberfeldwebel gelassen?"

Ich wunderte mich, denn ich dachte nach der Verwirrung, der wäre bei ihm. Da fing May an zu brüllen: „Mensch! Der war doch bei euch! Sofort fahrt ihr zurück und sucht ihn!"

Ich bestieg mit meinem Legionär den Schreibstubenwagen und fuhr zurück, den Engländern entgegen, mit einem Gefühl, wie wenn ein Dackel seinen Schwanz einzieht, aber die Briten waren ja noch nicht da. Am Ort des Luftangriffs brauchten wir nicht lang zu suchen. Da lag der Oberfeldwebel auf dem Bauch, so wie ich gelegen hatte, aber seine Eingeweide waren total zerfetzt. Sicherlich war er in seiner panischen Angst auch dann noch weiter gerannt, als die Bombe schon explodierte und während die Splitter über mich hinwegsausten, drangen sie durch ihn durch. Die grenzenlose Furcht des bislang daheim gewesenen Berufssoldaten brachte ihm schon nach ganz kurzem Fronteinsatz den Tod. Er hatte seinen Beruf verfehlt.

Wir luden den Gefallenen in unser Fahrzeug und fuhren zu den anderen zurück. Dort begruben wir den Leichnam unter Sand und Steinen. Neben dem großen italienischen Triumphbogen sollte ein kleiner Steinhaufen erinnern, dass am Ende allen Lebenskampfes doch nur Staub übrig bleibt.

Nach einer kleinen Trauerfeier zogen wir weiter wie die Zigeuner. Wir flüchteten vor den Briten, wie diese einst vor uns geflohen waren. Unser Nachschub funktionierte schlecht. Es gab manchmal eine italienische Rindfleischkonserve mit dem Aufdruck AM, weshalb wir sie „Alter Mann" nannten, sowie nur noch verschimmeltes Brot und davon nicht mehr als paar Schnitten im Tag. Also strebten wir der fruchtbaren Cyrenaika zu, in der Hoffnung, uns dort notfalls selbst versorgen zu können. Wir lösten die Kolonne auf, damit die feindlichen Flieger in der vor uns liegenden offenen Landschaft uns nicht schon aus der Weite als geballtes Ziel erkennen und uns nicht nochmals so leicht bombardieren konnten. Der Adjutant nannte uns zum Sammeln einen Punkt am Anfang der Cyrenaika und wir fuhren selbstständig weiter, jedes Fahrzeug für sich allein, ohne am anderen aufgeschlossen zu bleiben. Das schwarze Asphaltband der Via Balbia, das den weißen Sand vor uns zerteilte, erschien uns wie ein Strich ohne Ende. Wir waren ausgehungert, erschöpft und froren, als die Nacht hereinbrach. Da fiel mir ein, dass ich vom letzten Feldpostpaket noch eine Flasche Likör übrig hatte, die ich mir eigentlich für Weihnachten aufheben wollte. Nun zog ich sie hervor und sagte zum Legionär: „Die trinken wir jetzt aus, dann wird uns sicher warm und wenn wir besoffen umfallen. Wir pfeifen auf all die Tommys, egal ob sie nun kommen oder nicht!"

Gesagt, getan! In wenigen Zügen hatten wir die Flasche geleert, ließen das Auto stehen und legten uns einfach daneben in den Straßengraben. Eine wohlige Wärme ließ uns einschlummern.

Als wir wieder erwachten, ging bereits die Sonne auf. Wir lagen allein auf weiter Flur. Die kalte Nacht hatten wir klaglos überstanden und die Engländer waren noch nicht da. Nach einigen Stunden erreichten wir den vereinbarten Treffpunkt, wo die Kameraden bereits auf uns warteten, aber leider konnten wir auch dort nicht bleiben.

Die Cyrenaika liegt südöstlich der Hafenstadt Benghasi, wo Afrika in einem großen Bogen in das mittelländische Meer hinausragt. Diesen Bogen versuchten die britischen Truppen Ende November 1942 mit ihren Panzern geradeaus durch die Wüste abzukürzen. Sie wollten uns auf diese Weise den Rückzug abschneiden und uns in der Cyrenaika einkesseln. Natürlich geht der Vormarsch durch die Wüste langsam und beschwerlich vor sich. Glücklicherweise entdeckte unsere Aufklärung das feindliche Vorhaben rechtzeitig.

Wir versorgten uns noch mit Lebensmitteln, so gut es ging, und zogen so rasch wie möglich auf der Hauptstraße weiter nach Süden, um einer englischen Umzingelung zu entgehen. Plötzlich tauchten vor uns Jagdflugzeuge auf und wieder erschallten gellende Schreie: „Auseinander! Volle Deckung!"

Wir sprangen aus den fast noch rollenden Fahrzeugen und rannten um unser Leben. Da ratterten auch schon die Maschinengewehre der Flieger, aber sie schossen nicht auf uns persönlich, sondern richteten ihre Feuergarben von hinten bis vorne der Länge nach auf die Autokolonne. Es krachte und splitterte und ein Wagen fing sofort zu brennen an. Es war mein Schreibstubengefährt. Die Jäger setzten hintereinander zum Angriff an und feuerten mehrmals auf die Kolonne, bevor sie verschwanden. Ich glaube, es war niemand verletzt, aber bis wir wieder herankonnten, stand der Schreibstubenwagen bereits in hellen Flammen. Der Kastenaufbau bestand nämlich aus Holz und der Inhalt war auch leicht brennbar. Ferner besaßen wir keine Löschmöglichkeit. Es blieb uns nichts anderes übrig, als ohne Schreibstube weiterzufahren.

Man wollte uns durch den Luftangriff aufhalten, aber wir entkamen gottlob der Einkreisung, bevor noch der Ring ganz geschlossen war. In der Nähe von El Agheila an der großen Syrte, einem riesigen Meerbusen, bauten wir in einem hügeligen Gelände eine Verteidigungsstellung auf. Wir befanden uns in einem Wadi, wie die ausgetrockneten Flussläufe der Sahara heißen, und hatten unterwegs noch einige Verstärkung dazubekommen. Es war uns jedoch wieder nicht möglich, unsere Stellung gegenüber der feindlichen Übermacht zu halten. Viele der neu angekommenen jungen Kameraden gerieten bei ihrem ersten Einsatz in englische Kriegsgefangenschaft, wenn sie nicht vorher schon der Tod ereilte.

Mit dem Rest traten wir den weiteren, sogenannten taktischen Rückzug an. Wir fuhren nun eigentlich ziemlich unbehelligt auf der schier endlosen Küstenstraße immer weiter nach Westen, links die Wüste, rechts das Meer und über uns der blaue Himmel. Dieses Bild bot sich uns unverändert, hunderte Kilometer weit. An den libyschen Ufern verbreitert sich das mittelländische Meer nach Süden und zwar zwischen zwei Buchten, der schon genannten großen und der kleinen Syrte, zwischen denen es anscheinend auf eine Entfernung von tausend Kilometern keine gute Verteidigungsbasis gibt. So weit zogen wir uns nämlich zurück, vorbei an der Hauptstadt Tripolis bis nach Tunesien.

Bei der südtunesischen Stadt Gabes brauchte man nur einen verhältnismäßig schmalen Landstreifen zwischen der kleinen Syrte und einem riesigen Salzsee zu verteidigen. Deshalb blieben wir dort liegen.

Da vom Feinde weit und breit noch nichts zu sehen war, schaute ich mir mit einem Kameraden die Gegend an, die mir sehr interessant erschien. Dort gab es nämlich Berberwohnungen unter der Erde. Durch Zufall entdeckte ich ein großes Loch, das man von fern nicht sehen konnte. Als ich hineinblickte, bemerkte ich an den Wänden einer zylindrischen Vertiefung rund herum mehrere Wohnhöhlen, die allerdings verlassen waren. Ein Stückchen weiter kam ich zu einem kleineren Loch, von dem ein schräg abfallender Gang zu den Höhlen hinabführte. Der Gang war aber immerhin so groß, dass man mit einem kleinen Wagen hinabfahren konnte. Diese leere Siedlung faszinierte mich, denn ich hatte so etwas noch nie gesehen.

Später traf ich einen Berber, der mir zeigte, wie seine Familie jetzt wohnte. Er führte mich zu einer armseligen Steinhütte mit einem durchlöcherten Schilfdach. Auf halbem Wege kamen uns schon seine zerlumpten Kinder entgegengelaufen und bettelten um ein Bakschisch. Ich gab ihnen einige kleine Münzen, die ich hatte. Dann stellte mir der Mann seine zwei Frauen vor, die beide fleißig arbeiteten. Die eine im Hintergrund knüpfte einen Teppich an einem senkrechten Gestell, während die erste vorne auf einem glatten Stein irgendwelche Getreidekörner zu Mehl zerstampfte. Die Weiber waren in braune Wolltücher gehüllt, aber zum Unterschied von Araberinnen, zeigten sie ihre Gesichter ohne Schleier. Sogar die Busen waren freizügig sichtbar. Der Mann benahm sich sehr freundlich zu mir. Deshalb schenkte ich ihm auch noch ein Geldstück.

Als ich zu unserem Lager zurückkehrte, kam ich an einem einsamen Brunnen vorbei, der von großen, glatten Steinen umgeben war. Auf diesen wusch gerade eine Frau ihre Wäsche. Sie schöpfte mit einem Eimer Wasser und schüttete es auf das Linnen. Dann trampelte sie mit den nackten Füßen auf dem Wäschehaufen herum, goss nochmals Wasser darüber und trampelte wieder. Das ging abwechselnd eine ganze Weile und siehe da, das Zeug wurde wirklich blendend weiß, ohne Seife, ohne Waschpulver. Sicher wirkten aber auch die Sonnenstrahlen bleichend.

Als die Wäsche schön ausgetrampelt war, packte das Weib sie in den ausgeleerten Kübel, stellte sich diesen auf den Kopf und ging zu ein paar kleinen Häusern, von denen eines wahrscheinlich eine Schänke war, vor der ein Esel stand. Ich dachte, die Wäscherin würde ihre Last auf den Esel packen, aber da täuschte ich mich sehr. Sie schaute zaghaft zur Tür hinein. Dann kam ein Mann heraus, setzte sich auf den Esel und ritt langsam davon. Die Frau ging nun brav hinterher und musste den schweren Kübel weiterhin auf dem Kopfe tragen. Ich staunte nicht schlecht, wie diese einheimischen Männer ihre Frauen beherrschten. Er saß erst im Wirtshaus und ritt dann davon, während sie sprichwörtlich alle Lasten zu tragen hatte, aber die heiratsfähigen Mädchen wurden dort auch dem Brautvater wie Sklavinnen abgekauft, meistens im Tausch gegen Schafe oder Geld.

In dieser Gegend am Rande der Wüste, zwischen Mittelmeer und Salzsee begann für uns das Jahr 1943, einfach und schlicht im runden Spitzzelt. Vom Feinde sahen und hörten wir nichts, aber von unseren Lieben aus der Heimat kam wieder mal Post.

Mutter schrieb, dass am Heiligem Abend nur Tante Jetti bei ihnen war. Meine Brüder befanden sich an der Ostfront. Vater holte einen Christbaum, putzte ihn auf wie immer und stellte von allen abwesenden Familienmitgliedern die Fotografien darunter. Dann sang man wie jedes Jahr das Lied von der stillen Nacht und dachte an alle Lieben in der Ferne. Am Weihnachtstag kam mein Freund Emsch mit einer Braut zu meinen Eltern auf Besuch. Er brauchte nicht mehr an die Front, denn die Russen hatten ihm die rechte Hand abgeschossen. Auch andere Freunde und Kriegskameraden, die sich gerade auf Heimaturlaub befanden, stellten sich bei meinen Eltern ein und ließen mich grüßen.

Vater berichtete, dass er von den indischen Zigaretten, die ich ihm geschickt hatte, auch ein paar Schachteln meinen Freunden spendierte und dass sie mich gern bald im Urlaub sähen. Wenn nur der schreckliche Krieg in Russland schon vorbei wäre, schrieb Vater. Zu Silvester hörten meine Eltern vom Wehrmachtssender Belgrab das Lied „Es geht alles vorüber, es geht alles vorbei!" mit Grüßen aus Afrika, aber nicht von mir. Von mir waren lediglich die Weihnachtspakete zurückgekommen, die ich nicht erhielt.

Ich lag mit dem Haupttross zwanzig Kilometer nördlich von Gabes in einem Palmenhain. Hier erhielten wir auch noch etwas Verstärkung und einige Urlauber vom Oktober 1942 kamen zurück. Sogar ein neuer Bataillonskommandeur wurde uns zugeteilt, ein Hauptmann der Reserve. Der gab sich jovial und erzählte uns mit Stolz, dass er mal Säckelwart bei der Hitlerjugend war. Ich saß dabei gerade beim Sockenstopfen und erwiderte ihm, als er mir zusah, dass ich früher beim tschechischen Militär gedient hatte und dass wir dort statt Socken nur Fußfetzen trugen, die man aber nicht stopfen musste, weil sie nicht so leicht zerrissen. Darauf sagte er: „Ach, was heißt hier Fußfetzen! Das ist gar nichts. Im Ersten Weltkrieg gab es sogar Fußlappen!"

Ich dachte mir: „Das ist doch eh dasselbe. Versteht mich der nicht? Und so was will Offizier sein und soll sogar ein Bataillon führen?" Der war mir unsympathisch.

Da meinte er noch dazu: „Übrigens, ich hörte Sie waren Nachrichtenmann. Übernehmen Sie die uns verbliebenen Fernsprechmannen und lassen Sie Leitungen legen, damit ich mich mit den Kompanieführern telefonisch verständigen kann."

Dadurch wurde ich als Schreibstubenmann nebenbei sogar provisorischer Führer der Nachrichtenstaffel. Die Drähte waren bald gelegt und angeschlossen. Zwei Kameraden übernahmen die Vermittlung. Der Hauptmann konnte in seinem Zelt sitzen bleiben und telefonieren.

Nachdem die Telefonleitungen auch funktionierten und ich persönlich damit keine Arbeit mehr hatte, musste ich mich wieder mit den nötigen Schreibarbeiten befassen. Spieß May hatte an Stelle des verbrannten Schreibstubenwagens ein tolles Zelt mit Sonnenschutzdach organisiert und für die verlorenen Wehrpässe über die Division per Funk Ersatzdokumente in Berlin angefordert. Dann wurde er zu einer Kompanie versetzt, die keinen Hauptfeldwebel hatte, und ich musste nun alles erledigen, was organisatorisch im Bataillonsstab vorkam. Somit war ich als bloßer Stabsgefreiter praktisch auch Hauptfeldwebel-Diensttuer. So hieß das komische Wort, das bedeutete, dass ich die Pflichten eines Dienstgrades ausübte, den ich gar nicht besaß.

Aber ich konnte nicht so streng sein, wie es diese Aufgabe erfordert hätte. Als einem Kameraden, nämlich unserem Südtiroler Dolmetscher Senoner, das Brustband zerriss und er damit auch seine Erkennungsmarke verlor, hätte ich das dem Bataillonsadjutanten melden müssen, damit dieser den armen Kerl dafür bestrafe. Ich ließ demjenigen jedoch vom Gehilfen des Schirrmeisters, namens Höfer, der bei mir im Zelt wohnte, eine neue Marke unter der Hand anfertigen, ohne Aufsehen zu erregen. Der Leutnant erfuhr es aber trotzdem, höchstwahrscheinlich durch den Schirrmeister, und drohte mir, mich wegen Unterlassung dieser Bagatellmeldung strafweise in eine Kompanie zu versetzen. Ich salutierte und rief selbstsicher: „Zu Befehl, Herr Leutnant!" Ich wusste nämlich genau, dass er mich gar nicht entbehren konnte und wahrscheinlich auch nicht wollte. Er lachte nur und ließ mich wegtreten.

Mein Kamerad Höfer erwies sich übrigens als Hobbykoch und machte mir auch manchmal Bratkartoffeln. Dabei briet er einen „Alten Mann" mit, sofern wir ihn noch hatten, nämlich die miese italienische Rindfleischkonserve, die er vorzüglich zubereiten konnte. Aus Ölsardinen machte Höfer eine Delikatesse, indem er Zitronensaft und Zwiebel dazu gab, beides erbettelte er von der Feldküche. So ließen wir es uns den Umständen entsprechend gut gehen.

Die Ersatzwehrpässe trafen rascher ein, als ich glaubte, aber sie enthielten nur die Grundeintragungen der Wehrmeldeämter bis zum Beginn des Fronteinsatzes. Alle Ereignisse, die später bei der Truppe eintraten, musste ich nachtragen. Das bereitete mir sehr viel außertourliche Arbeit und deshalb wurde mir dafür als Hilfskraft ein Nachrichtenmann zugeteilt, der Hermann hieß und aus Hamburg stammte.

Einmal tauchte mein alter, väterlicher Spieß Mayer auf, der nun den Tross der neuen 12. Kompanie anführte. Wir unterhielten uns sehr gut und er sagte schließlich:

„Sie haben sich seinerzeit bei mir nicht für eine längere Dienstzeit verpflichten wollen, sonst wären sie jetzt mindestens Feldwebel. Aber dass man Sie bei diesen Leistungen und bei dieser langen Dienstzeit noch nicht wenigstens zum Unteroffizier befördert hat, ist eine Schweinerei. Hoffentlich geht der Krieg bald zu Ende, denn meine Pflichtzeit ist auch schon um und ich bin des Ganzen müde."

Es war auch zum Ermüden. Das deutsche Radio meldete, dass bei unseren Truppen in Russland der sibirische Winter eingebrochen sei und man bei der Bevölkerung in der Heimat ein sogenanntes Winterhilfswerk betreibe. Das bedeutete, dass bei den Zivilisten warme Bekleidung für die frierenden Kameraden in Osteuropa eingesammelt wurde. Das waren keine guten Nachrichten und auch bei uns sah es nicht rosig aus. Ich ahnte allmählich ein bitteres Ende herannahen und begann nun, von meinen Erlebnissen ganz kurze Notizen zu machen.

Am 2. Februar 1943 vernahmen wir ein unheimliches Getöse. An die hundert schwere Bomber überflogen uns und schon hörten wir es pfeifen und krachen. Sie bombardierten den nahe gelegenen Flugplatz von Gabes und zerstörten dort, wie wir nachher erfuhren, unsere letzten Kampfflugzeuge. Angeblich hatten die Amerikaner starke Truppenverbände in Algerien gelandet, um uns von Westen her anzugreifen, und das Bombardement war der Anfang dazu.

Am 27. Feber durften einige Kameraden, die, so wie ich, schon mindestens zwei Jahre nicht daheim waren, einen Urlaub riskieren, aber ich war nicht dabei. Ich saß noch zu meinem 28. Geburtstag, am 14. März, ohne besondere Vorkommnisse in meinem Schreibstubenzelt im Palmenhain der sogenannten Maretstellung.

Mit dem letzten Ersatz langte auch unser ehemaliger neapolitanischer Fremdenführer Kaeber wieder bei uns ein. Er hatte als Akademiker in der Heimat einen Kriegsoffizierslehrgang besucht und wurde nach dessen Abschluss vom Gefreiten bis zum Leutnant befördert. Diese rasche Karriere verpflichtete natürlich. Kaeber, der auf mich einen überlegt vorsichtigen Eindruck machte, musste sich nun bewähren und wurde selbstverständlich nicht mehr als Fernsprecher, sondern als Zugführer eingesetzt.

Wir warteten täglich auf eine neue feindliche Offensive. Bald war es so weit. Am 17. März setzte in aller Herrgottsfrühe feindliches Artilleriefeuer ein. Die Engländer griffen an und unsere Panzergrenadiere unternahmen sogar einen Gegenangriff, ohne Panzer. Die waren woanders.

Die neunte Kompanie stürmte den sandigen Hügel, den sie hielt, mit lautem Hurra-Gebrülle hinunter, dem Feinde entgegen, der neugebackene, junge Leutnant Kaeber als Zugführer allen voraus, bis ihn die feindliche Kugel tödlich traf. Sein unglaublich rascher Aufstieg fand ein jähes Ende, seine erste Feindberührung brachte ihm den Tod. Das hatte er sicher nicht gewollt, denn Kaeber war ein strebsamer Mensch, der erst am Anfang seines Lebens stand, aber statt des Eisernen Kreuzes als Auszeichnung bekam er Eisen ins Kreuz, Höhe 109 war zurückerobert.

Damals erhielt jedoch ich völlig unerwartet eine Auszeichnung, nämlich das Kriegsverdienstkreuz 2. Klasse ohne Schwerter für meine Verdienste um die Wiederbeschaffung der Dokumente, die durch den seinerzeitigen Tieffliegerangriff verbrannt waren. Der Orden hatte deshalb keine Schwerter, weil ich die neuen Wehrpässe nicht gerade unter feindlichem Beschuss ausstellte.

Noch einen Höhepunkt erlebte ich nach fast zwei Jahren meiner Wüstensafari. Für meine in letzter Zeit ausgeübte Tätigkeit als Hauptfeldwebel-Diensttuer, kurz gesagt, Spieß oder Mutter der Kompanie, wurde ich zum Unteroffizier befördert.

Vielleicht hatte gar mein erster, älter Spieß, Hauptfeldwebel Mayer, für mich interveniert, wenn dem Adjutanten die Idee schon nicht selbst gekommen war, mich zu einer Beförderung vorzuschlagen.

Auf diesen Lorbeeren konnte ich mich jedoch nicht lange ausruhen. Ab 20. März fing die englische Artillerie wieder an, auf uns zu schießen. Außerdem bestreuten uns feindliche Jagdflieger abwechselnd mit Bomben und MG-Feuer. Unsere Sanitätsstelle hatte sich deshalb in den nahe liegenden, unterirdischen und unbewohnten Berberhöhlen einquartiert. Nun schliefen auch wir vom Bataillonsstab dort in den Löchern.

Am 4. April erhielten wir den Befehl, uns möglichst unauffällig vom Feinde abzusetzen. Wohin noch? Tatsächlich zogen wir uns wieder einmal zurück, um angeblich weiter nördlich einen leichter zu verteidigenden Brückenkopf zu bilden. Wir bewegten uns am Flugplatz von Sfax vorbei, Richtung Sousse, jedoch bevor wir diese Stadt erreichten, blieb mein Wagen stecken.

Am 6. April, genau in dem kleinen Ort Msaken, zwanzig Kilometer vor Sousse, streikte der Motor. Mein Fahrer, der ehemalige Fremdenlegionär, sagte nur: „Da ist nichts mehr zu machen". Die anderen Fahrzeuge zogen vorbei und der Schirrmeister versprach, uns am nächsten Tag abzuschleppen.

Das Land Tunesien war französisches Protektorat, aber die dortige arabische Bevölkerung wollte von der Schutzherrschaft Frankreichs nichts mehr wissen. Deshalb benahm sie sich zu uns sehr freundlich. Es meldeten sich sogar einheimische junge Männer, um als freiwillige Kämpfer an unserer Seite ausgebildet zu werden.

Mein Chauffeur war noch aus seiner Dienstzeit in der französischen Fremdenlegion in diesem Ort bekannt. Er führte mich in ein Gasthaus, das einer Deutschen gehörte, und zwar stammte diese Frau aus dem Elsass. Nachdem wir einige Glas Wein geleert hatten, kehrten wir zu unserem Fahrzeug zurück. Da standen auf der Straße die Araberjungen Spalier und riefen zu unserer Verwunderung im Sprechchor: „Heil Hitler!"

Inzwischen war die Sonne am Horizont verschwunden. Wir wollten uns beim Auto schlafen legen und abwechselnd sollte einer aufpassen, damit nichts gestohlen würde. Da erschien aus dem nächsten Haus ein Araber und lud uns ein, bei ihm zu schlafen. Wir machten ihm weiß, dass wir auf den Wagen aufpassen müssten, doch er wollte schon dafür sorgen, dass nichts wegkomme. Nach langem Bitten zogen wir mit unseren Feldbetten ins Haus. Ich legte mich gleich nieder, weil ich müde war, aber der Legionär ging noch einmal hinaus, um nach dem Rechten zu sehen. Er traute seinen Augen nicht. Da ging doch der Araber zu seinem Erstaunen mit geschultertem Gewehr vor unserem Fahrzeug auf und ab, um es zu beschützen.

Am anderen Morgen führte uns der Gastgeber durch die Stadt, erst in ein Lokal, wo wir arabischen Kaffee tranken. Dann ließen wir uns in einem anderen Kaffeehaus eine heiße Trinkschokolade kochen. Wir setzten uns noch zu einigen anderen Einheimischen dazu und bestellten eine Wasserpfeife an unseren Tisch, um auch einmal nach dortiger Sitte zu rauchen.

Die Wasserpfeife sieht fast aus wie eine große schlanke Blumenvase. Unten ist Wasser drin und obenauf wird gepresster Tabak angezündet. Der Rauch kühlt sich im Wasser vollkommen ab und gelangt dann durch einen langen Schlauch zum Mundstück. Die Pfeife wird neben den Tisch gestellt. Der Tabak wird mit einem kleinen Fächer in Brand gehalten und das Mundstück herumgereicht, damit jeder in der Runde abwechselnd ein paar Züge machen kann.

Zwischendurch unterhielten wir uns mit den anwesenden Arabern, so gut es ging. Sie sprachen alle mehr oder weniger Französisch und mein Fahrer beherrschte es auch. So erweckten wir allgemein großes Interesse. Von den Engländern wollten die Eingeborenen nichts wissen. Sie waren bange, dass der Tommy kommen könnte und ihnen den Hals abschneiden, sagten sie, aber solange wir da seien, wären sie zufrieden.

Man führte uns auch in eine Bäckerbude, in der laufend Omeletten gebacken wurden. Die Einrichtung bestand aus einem steinernen Herd mit einer öligen Schüssel, Bedienung drei Mann, die alle feuchte Tücher um Mund und Nase gebunden hatten, weil der Rauch zuerst durch die ganze Stube strich, bevor er seinen Ausweg fand. Die Arbeitseinteilung bestand darin, dass ein Mann ständig feuerte, der zweite warf den dickflüssigen Pfannkuchenteig in das Öl und der dritte nahm die fertigen „Fritelle" (so hießen die Dinger) heraus und bot sie den Gästen an. Weil man wusste, dass Deutsche gern Eier essen, ließ uns unser Gastgeber extra noch einige davon hineinschlagen. Als jeder von uns seine drei Pfannkuchen vertilgt hatte, verließen wir fluchtartig das Lokal, da wir sonst wahrscheinlich eine Rauchvergiftung erlitten hätten.

Zur Erholung bekamen wir auf dem Markt Limonade vorgesetzt, die sehr gut aussah, aber wie Abwaschwasser schmeckte. Während wir so unsere Kehlen spülten, wurden von zwei Jungen unsere Schuhe frisch geputzt und poliert. Dann schlenderten wir wieder zum Quartier zurück. Dort bemühte sich ein junger Araber, mit uns deutsch zu sprechen. Er lernte schon seit Kriegsbeginn die deutsche Sprache aus einem Buch, das er sich besorgt hatte. Er erhoffte sich viel davon, denn, wie er meinte, würden nach dem Krieg ja doch die Deutschen nach Tunis kommen.

So verging der Tag in angeregter Unterhaltung, bei der ich auch ein paar Brocken Arabisch auffing. Nachdem unsere Abschlepper noch nicht erschienen waren, wartete man uns am Abend in Öl gebratenes Hammelfleisch auf. Dazu gab es Fladenbrot und Wasser.

Da wir sicherlich am nächsten Morgen wieder fort mussten, zeigte man uns noch zum Abschluss, wie ein Araber seine Frau erwirbt. Es war zu Deutsch eine Hochzeit, die da drei Tage dauerte. Der Bräutigam musste die Braut ihrem Vater um dreitausend Franken abkaufen. In einem Zelt saßen viele Gäste, unter denen diesmal auch wir waren. Alkohol sahen wir nicht und zum Festessen erschienen wir zu spät, aber es gab Musik, zu der Männertänze vorgeführt wurden, alles auf ziemlich primitive Art und Weise. Frauen haben wir nie gesehen, oder nur ganz kurz und dann tief verschleiert. Der Höhepunkt der Hochzeit bestand nun darin, dass der Bräutigam an der Rückseite des Saales die Brautkammer betrat und den Gesichtsschleier der Neuvermählten zur Tür hinauswarf. In diesem Augenblick wurde gejubelt und geböllert, denn nun erst hatte der neugebackene Ehemann sein „Glück", das heißt „die Katze im Sack", erkannt.

Am nächsten Morgen befasste sich mein Legionär mit unserem Fahrzeug und siehe da, das Vehikel bewegte sich wieder. Ich weiß heute noch nicht, ob sich mein Kumpan in seiner altgewohnten Umgebung nicht nur einen schönen Tag machen wollte, falls ja, dann war dies bestens gelungen. Wir fuhren jedenfalls weiter nach Norden bis in die Gegend von Enfidaville, wo sich unser Tross bereits verschanzt hatte, Der Wagen, der uns gerade holen wollte, drehte gleich wieder um.

Wir lagen hier in den östlichsten Ausläufern des Atlasgebirges und hatten reichlich zu essen, denn ein Verpflegungslager wurde aufgelöst. Das erschien mir wie eine große Henkersmahlzeit. Ich hatte nämlich das Gefühl, als wären wir beim letzten Kommando. Die Offensive des Feindes durfte nun schon voll begonnen haben, denn ganze Bombengeschwader überflogen uns ohne nennenswerten Widerstand und zerstörten auf unserem letzten Flugplatz die meisten noch vorhandenen Maschinen.

Rommel war angeblich nach Berlin geflogen, um weitere Befehle zu empfangen. Vom Afrikakorps dürfte nämlich nicht mehr viel da gewesen sein.

Am 2. Mai wurde ich mit der Bataillonsschreibstube in die Kompaniestellungen vorgezogen, denn von Westen und Norden kamen die amerikanischen Divisionen immer näher, um uns in den Rücken zu fallen, oder uns den südlich von uns liegenden Engländern in die Arme zu treiben.

Am 6. Mai 1943 war unsere Westfront bereits vollkommen aufgerieben. Das beklemmende Gefühl, immer enger eingeschnürt zu werden, kroch meinen Rücken hinauf. An eine Evakuierung über das Meer nach dem nahen Sizilien war nicht mehr zu denken. Vom nächsten Hügel sahen wir schon im Süden die Engländer langsam heranrücken, aber nach Norden konnten wir auch nicht mehr, denn von dort näherten sich noch langsamer, aber sicher Massen von Amerikanern. Wir hörten kein Schießen und erhielten auch keine Befehle. Es herrschte fast unheimliche Stille und die Sonne brütete auf uns herab. Da sagte einer: „Jetzt noch kämpfen ist Wahnsinn. Bevor ich mich jedoch ergebe, schlage ich mich lieber in den Bergen durch!"

Aber wohin? Wenn man nicht verhungern will, wird man trotzdem noch gefangen. Auf die Freundschaft der Araber kann man sich nun nicht mehr verlassen. Die empfangen doch wahrscheinlich die Engländer und Amerikaner genauso ergeben, wie sie uns empfangen haben.

Wir warteten nur noch auf einen Angriffssturm der in unheimlicher Stille vor uns stehenden englischen Panzer, aber es geschah nichts. Man hörte auch keinerlei sonstiges Geschützfeuer mehr.

Eines war gewiss. Die letzten Stunden des Afrikakorps brachen an. Ich notierte mir:

8. Mai 1943. Mein Gehilfe Hermann, der inzwischen auch zum Unteroffizier ernannt wurde, soll mit einem der letzten Flugzeuge als Kurier nach Deutschland fliegen und von uns noch Post mitnehmen.

9. Mai. Auch der Hauptmann wird als Kurier der 90. leichten Afrikadivision abberufen. Beim Abschied kommen ihm sogar die Tränen. Wir haben uns endgültig damit abgefunden, dass wir in Gefangenschaft geraten, aber wir dürfen nicht kampflos aufgeben.

10. Mai. Die erste britische und ein Teil der 8. amerikanischen Armee rücken mit zahlreichen Panzern immer näher an uns heran.

11. Mai. Wir werden zum ersten Male von rückwärts beschossen und verschanzen uns in einem Wadi hinter dem Bataillonsgefechtsstand.

Der 12. Mai beginnt mit schwerem Artilleriefeuer von Süden und Norden. Es kracht überall ohne Unterlass, wir dünsten in unseren Sandlöchern im wahrsten Sinne des Wortes, vor Hitze und Angst und warten nur noch auf den Nahkampf, der unser Schicksal besiegeln soll.

Das bange und unentschlossene Ausharren in unserer trockenen, heißen Deckungsmulde wird immer unerträglicher. Wann kommt endlich ein Befehl? Keiner spricht mehr ein Wort.

Plötzlich schreit der Adjutant zum Zelt heraus: „Das Oberkommando der Wehrmacht hat soeben per Funk die Kapitulation des Afrikakorps angeordnet. Die noch in Tunesien stationierten deutschen Soldaten haben ihre Waffen zu vernichten und sich dem Feinde zu ergeben!"

Das ist die Erlösung, obwohl uns noch immer eine ungewisse Zukunft erwartet. Nun geht alles ziemlich rasch. Waffen und Munition sowie alle Dokumente werden verbrannt oder gesprengt. Das ist eine große Krascherei.

Nachmittags um zwei Uhr hissen wir eine rasch gefertigte weiße Flagge, aber wie zum Trotz werden wir aus einer wieder eingetretenen, zermürbenden Stille heraus von britischen Bombern, die wir die sturen Achtzehn nannten, noch dreimal angegriffen, bevor endgültige Ruhe eintritt.

Wir besteigen mit unseren persönlichen Sachen im Tornister die Lastautos, spannen als Zeichen, dass wir uns ergeben, weiße Leintücher über dem Führerhaus auf und fahren langsam aus unserer Deckung heraus, den englischen Soldaten entgegen, die uns, nur noch wenige hundert Meter entfernt, in aller Ruhe erwarten. Es fällt kein einziger Schuss, denn die wissen schon genau, was los ist.

Im Frühjahr 1943, zwei Jahre nach seinem ersten Einsatz, hatte sich das deutsche Afrikakorps buchstäblich totgelaufen. Am Rande der Sahara war die wüste Jagd hin- und hergegangen. Wofür? Für ein Großdeutsches Reich? Oder gar für Mussolini? Ich wusste überhaupt nicht, wofür das gut gewesen sein sollte.

Kriegsgefangenschaft

Wir hielten vor einer Gruppe britischer Soldaten, die uns mit schussbereiten Gewehren empfingen. Dann kam ein englischer Offizier auf uns zu und verlangte einen deutschen Offizier zu sprechen. Unser Adjutant, der neben dem Chauffeur gesessen hatte, stieg aus und salutierte. Darauf erwiderte der Engländer den Gruß so zackig, wie es der strammste Preuße hätte nicht besser tun können.

Nun ließ man uns, die wir auf der Ladefläche standen, ohne Händehoch absteigen und in Reih' und Glied aufstellen. Wir wurden von den Tommys zwar gezählt, aber nicht einmal nach Waffen untersucht. Dabei nahm jedoch einer von ihnen den Kameraden, die ihre Orden trugen, dieselben von der Brust und steckte sie ein. Natürlich beschwerte sich der Adjutant, dass uns die Orden entwendet wurden, worauf der englische Offizier zu unserer Verwunderung sofort reagierte. Es geschah etwas, das die britische Armee sehr in unserer Achtung steigen ließ. Der Offizier ließ die Tommys, die uns kontrolliert hatten, in einer Reihe vor uns antreten und wir mussten angeben, wer unsere Orden an sich genommen hatte. Der Missetäter war gleich gefunden. Sein Vorgesetzter schrie ihn vor uns unter Androhung einer Strafe fürchterlich an und er musste seine Beute sofort zurückgeben.

Dann durften wir wieder aufsteigen, aber der Fahrer wurde von einem Tommy abgelöst. Unter englischer Bewachung fuhren wir in ein provisorisch errichtetes Gefangenenlager an der Straße bei Bir Bou Rebka, wo wir unseren Hunger noch aus eigenen Altbeständen stillen mussten.

Am Nachmittag des 14. Mai übersiedelten wir dreihundert Meter weiter östlich in ein Sandwadi, das mit Stacheldraht abgeteilt war. Der Zaun wurde nachts beleuchtet und mit Gewehren bewaffnete Tommys patrouillierten außerhalb auf und ab. An den Ecken standen auch Maschinengewehre.

Wir mussten uns noch immer von Restbeständen ernähren und hatten fast kein Brot mehr. Es gab keine Unterkünfte, jedoch eine Wasserleitung und Latrinen, sodass wir uns wenigstens sauber halten konnten, wenn wir schon Tag und Nacht unter freiem Himmel verbrachten.

Faule Tage schienen zu kommen. Ich versuchte mich in Englisch oder spielte Schach. Andere bevorzugten das Kartenspiel. Am 15. Mai führten einige Kameraden eine Art Varieté vor, um uns aufzuheitern.

23. Mai: Man brachte uns in ein größeres Lager. Dort befanden sich schon dreitausend Mann unter Aufsicht eines Oberstleutnants namens Kolbeck, genannt der Säbelrassler, weil er uns auch in der Gefangenschaft hätte als Zeitvertreib am liebsten noch exerzieren lassen.

24. Mai: Wir bekamen von den Tommys die erste Suppe, die wir Rennfahrersuppe nannten, weil sie ganz dünn war, und am Abend erhielten wir Rotwein gegen Bezahlung.

25. Mai: Wir durften im Meer baden und anstatt Brot gab es pro Mann sechs Wasserkekse.

26. Mai: Nach dem gestrigen Bad hat uns ein Sandsturm schon wieder total verdreckt. Die englische Verpflegung war dürftig, aber am Abend gab es nochmals einen halben Liter Rotwein.

28. Mai: Jeder durfte eine Postkarte nachhause schreiben.

29. Mai: Wir wurden mit englischen Transportwagen auf die Rennbahn von Tunis verlegt, in ein großes Gefangenenlager, wo wir zum ersten Male wieder in Zelten schlafen durften. Ich traute meinen Augen nicht, denn ich traf meinen Hamburger Kameraden Hermann wieder. Er hatte kein Flugzeug nach Europa mehr erreicht und wusste auch nicht, ob der Hauptmann noch weggekommen war.

31. Mai: Hermann zog in mein Zelt, das ich mit einigen jungen Kameraden aus Sachsen bewohnte. Zur Begrüßung rauchten wir unsere letzten Zigaretten. In Tunis gab es endlich wieder Brot und zwar einen Wecken für drei Mann. Zigaretten tauschten wir gegen Andenken von Bewachungsposten ein.

6. Juni: Ich schrieb meinen ersten Brief nachhause.

9. Juni: Wir wurden nach Medjez el Bab verlegt, wo wir erst bei Dunkelheit eintrafen. Ich befand mich da mit nur vierhundert Mann in einem Teillager. Daher war die Verpflegung für uns etwas besser. Hier kamen wir auch zur Entlausung und freuten uns, endlich von den winzigen, aber unangenehm beißenden Kleiderläusen befreit zu werden.

14. Juni: Wir fuhren auf britischen Militärtransportwagen nach Guadimaou weiter. Dort befanden wir uns zwar in einem idyllischen Olivenhain, aber wieder ohne Zelte, und die Bewachung war sehr streng. Früh und abends mussten wir zur Zählung antreten. Dem Zaun durften wir uns auf höchstens zehn Meter nähern. Ein Kamerad wollte sich freundlich zeigen und mit einem jungen, schüchtern aussehenden Wachtposten ein Gespräch anfangen. Dabei kam er dem Stacheldraht etwas zu nahe und wurde auf der Stelle niedergeschossen. Er war sofort tot. Zur Beruhigung erhielten wir erstmals pro Tag fünf Zigaretten.

16. Juni: Einer unserer Unteroffiziere begann Englisch zu unterrichten. Außerdem wurde ein Gesangschor gegründet und ich lernte zum Zeitvertreib Skat spielen.

3. Juli: Wir wurden auf italienischen Dieselwagen nach Khemis verlegt. Dort vertrieben wir uns die Zeit mit einem Sängerwettstreit. Der neue Chor erhielt natürlich den ersten Preis und ich mit meinen Kameraden den zweiten. Wir sangen „Eine Tasse Tee, Kuchen und Kaffee" und als Belohnung gab es tatsächlich etwas zum Fressen.

So gewöhnten wir uns allmählich an unser Schicksal, aber am 6. Juli bekamen wir die subtropische Hitze Afrikas noch einmal sehr unangenehm zu spüren. Mittags erschien eine ganze Kolonne offener Lastautos. Wir wurden alle aufgeladen und wieder unter Bewachung abtransportiert. Die Fahrt ging fast ständig aufwärts. Immer größere Bergmassive säumten unseren Weg. Wir kamen höher und höher ins Atlasgebirge hinauf. Da ließ uns die Sonne zum Andenken an unseren Afrikafeldzug noch einmal richtig schmoren. Die Hitze musste vierzig Grad weit überschritten haben, denn bis zu dieser Temperatur kühlte nämlich der Fahrtwind, aber darüber hinaus ist es gerade umgekehrt. Der Luftzug biss uns im Gesicht wie glühende Asche. Der Atem wurde beklemmend heiß und trocken, denn ein Sandsturm fegte uns noch aus der Wüste nach und wir wünschten uns nur noch fort von da, egal wohin.

Wir kamen nach Souk el Ahras. Da blieben wir zehn Tage. Um unsere tief gesunkene Stimmung zu verbessern, spielte jeden Abend eine deutsche Militärkapelle, die ihre Instrumente hatte behalten dürfen. Wir ergötzten uns an Märschen und anderen Musikstücken, wie Marinarell & Mignon, Rosamunde, am Kaiserwalzer, ungarischen Tänzen, dem Florentinermarsch und so weiter.

Am 17. Juli abends marschierten wir zum Bahnhof von Souk el Ahras und fuhren in einem Lastzug nach Gonstantine. Man pferchte jeweils sechzig Mann in einen Güterwagon, auf dem wir die ganze Nacht und noch den nächsten Tag unterwegs waren. Während der Fahrt gab es kein Wasser und die immer noch große Hitze ließ uns fast verdursten.

Am Abend des 18. Juli stiegen wir endlich aus, mussten aber noch zehn Kilometer zu einem höher gelegenen Lager hinaufmarschieren. Ich war schon vollkommen schlapp und litt noch tagelang an Muskelkater. Die Organisation war hier umständlich, aber sonst nicht schlecht. Wir hatten eine geregelte Verpflegung. Warmes Essen wurde geschlossen an Tischen eingenommen, aber Zigaretten gab es keine.

Am 23. Juli marschierten wir wieder zum Bahnhof, wo wir in geschlossene Viehwagen verladen wurden. Darin waren wir tagelang unterwegs. Dabei bekamen wir fast nichts zu essen und hatten kaum Platz zum Schlafen. Manchmal hielt der Zug auf freier Strecke an, damit wir unsere Notdurft verrichten konnten. Dabei durften wir uns nicht weiter wegbegeben. So saßen wir am Bahndamm wie eine Kompanie Dukatenscheißer. So nannten wir daheim kleine Juxfiguren aus Schokolade.

Erst am 26. Juli stiegen wir wieder aus. Wie man uns sagte, befanden wir uns zwanzig Kilometer südlich von Oran. Hier wurden wir von Amerikanern übernommen. Wir mussten antreten. Die Engländer zählten uns ab. Dann zählten uns auch die Amerikaner. Wahrscheinlich hatte sich keiner verzählt, denn die Briten fuhren schließlich ohne uns zurück und wir marschierten sechs Kilometer zum nächsten Lager, wobei wir von Gaullisten bewacht wurden. Das waren französische Widerstandskämpfer.

Auf uns wartete wieder ein großer mit Stacheldraht eingezäunter Platz. Man hieß uns einzeln unter nochmaligem Zählen durch den Eingang gehen. Dabei perlustrierten uns amerikanische Soldaten. Taschen- und Rasiermesser sowie Fotoapparate und diverse andere Sachen, die den Amerikanern als nicht zulässig erschienen, nahmen sie uns weg und warfen alles auf einen Haufen. Darunter gab es auch noch andere Gegenstände von persönlichem Wert, die wir nie wiedersahen. Wir fanden das empörend, konnten jedoch nichts dagegen tun. Bei den

Amis gab es wahrscheinlich zwischen Straf- und Kriegsgefangenen keinen Unterschied. So schien es uns zumindest.

Dann erhielt jeder eine kleine Konservendose mit Haschee. Das war unser Nachtmahl, das wir sofort essen mussten, sonst hätten es uns die Amis wieder weggenommen. Es herrschte eine furchtbar hektische Überorganisation.

Auf dem großen, eingezäunten Platz, der natürlich auch wieder von außen bewacht wurde, befand sich eine einzige Brause. Als wir das bisschen Haschee verschlungen hatten, stellten wir uns in einer langen Schlange zum Duschen an, denn wir waren von Staub und Schweiß total verklebt und hatten auch eine Erfrischung dringend nötig. Kurz vor der Brause angekommen, zogen wir uns nackt aus und legten unsere wenigen, verbliebenen Habseligkeiten auf ein Häufchen. Dann duschten wir in Windeseile, damit jeder mal nass wurde, und nahmen unsere paar Sachen wieder auf. Die Luft trocknete uns rasch, sodass wir uns bald wieder anziehen konnten.

Selbstverständlich gab es auch eine ausgegrabene Latrine, aber sonst nichts. Nachdem wir abgeprotzt, das heißt unsere Notdurft verrichtet hatten, legten wir uns angezogen auf die Erde zum Schlafen, wo wir gerade ein Plätzchen fanden. Als müder Krieger schläft man bald in jeder Lage.

In diesem Lager wurden wir dann wieder den Gaullisten unterstellt, den französischen Freiheitskämpfern, die unter dem berühmten General de Gaulle zum Widerstand gegen die deutschen Aggressoren ausgebildet wurden. Da fielen wir gerade in die richtigen Hände. Natürlich sahen die in uns nur die „boches" – die deutschen Schweine. Das war ihnen auch nicht zu verdenken. An uns konnten sie ihren ersten Unmut auslassen. Außer Mehlsuppen gab es fast nichts zu essen. Wir standen im Staube mehr zur Zählung angetreten als sonst was. Keiner durfte sich rühren und auch sonst geschah nichts. Nur die Sonne brannte erbarmungslos auf uns nieder. Die Wachtposten lösten einander ab, aber keiner zählte. Erst als einige von uns in der sengenden Hitze ohnmächtig umfielen, unter ihnen auch der junge, eigentlich groß und kräftig aussehende

Hermann, erschien ein Offizier in Reithosen, schnalzte mit seiner Gerte, strich sich über das Menjou-Bärtchen und wenn einer von uns übrigen auch nicht mehr stramm stehen konnte, sagte er mit höhnischem Stolz: „Wo bleibt euer preußischer Drill?"

So wurden wir gedemütigt, tagelang, obwohl die meisten von uns doch selbst diesen Krieg nicht gewollt hatten. Sicher hätte man uns noch mehr drangsaliert, wenn nicht die Amerikaner auch ein Wort zu sagen gehabt hätten.

Wir kamen bald darauf, dass wir von der algerischen Hafenstadt Oran nach Amerika verschifft werden sollten. Dieses Gerücht gab uns wieder etwas Mut. Lieber wollten wir in die Neue Welt fahren, als bei den Franzosen bleiben.

Am 4. August war es so weit. Die Amerikaner holten uns ab. Sie zählten wieder, ob wir noch genauso viele waren wie vorher. Dann fuhren wir auf Lastautos nach Oran, direkt zum Hafen. Dort lagen viele Schiffe vor Anker. Auf eines steuerten wir zu. Es war ein Frachtschiff und hieß „Thomas Pinkney". In Zweierreihe gingen wir über eine schräge Rampe hinauf. Auf dem offenen Deck befand sich eine viereckige Öffnung, in die wir auf Strickleitern hinabklettern mussten.

Nun befanden wir uns zu 425 Mann in einer Verladeluke, die ganz allein nur von oben durch das quadratische Loch im Deck zugänglich war. Der metallene Raum besaß weder Fenster noch Türen. Außer einem kleinen, eckigen Stück Himmel über dem Einstieg sahen wir kein Licht. Ich kam mir vor wie in einem utopischen Burgverlies. Außer uns Gefangenen befanden sich in dem finsteren Raum lediglich ein paar blecherne Fässer. Diese standen mitten unter dem einzigen Einstieg. Sie waren oben offen und leer.

Als wir uns erst mal niedersetzten, blieb fast kein Platz mehr frei auf dem eisernen Boden. Nun kam ein amerikanischer Unteroffizier über die Strickleiter herunter, während von oben bewaffnete Posten hereinsahen. Der Ami gab in fließendem Deutsch einige Anweisungen. Dann zeigte er auf die Fässer und sagte:

„Das ist eure Latrine. Da könnt ihr euch oben hinaufsetzen und hineinmachen. Und jetzt kommen die Verpflegungsrationen. Sie sind genau abgezählt. Wenn ihr nicht Ordnung haltet und euch darum rauft, bekommt ihr nichts mehr!"

Nun wurden von oben an Seilen die Kartons mit Essen heruntergelassen und verteilt. Jeder erhielt eine sogenannte K-Ration, bestehend aus einer kleinen Konservendose, ein paar Keksen sowie einem Plastikbecherl mit Kaffeepulver, zwei sauren Zuckerln und vielen Zigaretten, alles in einem buchförmigen Karton. Die Verteilung klappte tadellos, denn keiner wollte am nächsten Tag hungern.

Der Ami kletterte über die Strickleiter wieder hinauf und zog dieselbe hinter sich in die Höhe. Nun waren wir richtig eingeschlossen und nur ab und zu sah oben ein Wachtposten mit schussbereitem Gewehr über den Rand, anscheinend um festzustellen, ob bei uns unten Ruhe herrschte.

Unser bisschen Essen hatten wir rasch verzehrt und die Ersten kletterten schon mit entblößten Hintern auf die Blechtonnen, um sich zu entleeren, während die anderen versuchten zu schlafen. Da wurde der Platz plötzlich zu eng. Ich wollte mich niederlegen, konnte jedoch meine Beine nicht ausstrecken. Zum Liegen erwies sich der Raum für uns alle als zu klein. Ich hätte müssen meine Füße über die der anderen legen. Das ließ sich natürlich niemand gefallen. Also blieb mir nichts anderes übrig, als die ganze Nacht mit aufgestellten Knien zu schlafen. Es war schon gegen Morgen, als ich austreten musste. Meine Beine hatten sich inzwischen so verkrampft, dass ich kaum aufstehen konnte. Gott sei dank hatte der Posten von oben eine elektrische Lampe hereingehängt, sodass ich mich über die Körper der Schlafenden auf allen vieren langsam zu den grauslichen Abfallbehältern hintasten konnte. Die stanken fürchterlich. Mit großer Überwindung turnte ich mich hinauf und musste verdammt aufpassen, dass ich nicht selbst in die Jauche fiel. Als ich nachher zurückkroch, fand ich meinen Platz nicht mehr. Die Kameraden hatten sich im Schlaf verschoben und fluchten, als ich sie ungewollt mit Füßen trat. Aber ich konnte mich doch nicht in Luft auflösen. Es kostete mich geraume Mühe, bis ich meine Augen wieder ein wenig schließen konnte.

Bevor das Frühstück fällig war, traute sich niemand mehr, auf diese menschenunwürdige Latrine zu steigen, denn die Fässer waren schon bis zum Rande voll gefüllt mit Abfällen und Exkrementen, die einen bestialischen Geruch verbreiteten. Ein Feldwebel von uns rief hinauf zur Luke, dass wir in der Scheiße ersticken würden, aber es rührte sich nichts. Wir hörten lediglich leise Geräusche, die darauf schließen ließen, dass wir den Hafen schon verlassen hatten und schwammen.

Nach einiger Zeit erst bemerkten wir, wie sich der riesige Arm eines Schiffskranes über unser einziges Luftloch erhob. Ein schwerer Haken senkte sich zu uns herab. Dann kam der Amerikaner vom Vortage über die nun herabgeworfene Strickleiter herein und organisierte das Anhängen sowie das Hochziehen der vollen Abfalltonnen. Anschließend wurden leere Metallfässer zur weiteren Benützung heruntergelassen. Nun erhielten wir auch das Frühstück. Es bestand aus einer Dose Fleisch und einer Dose Keks im Unterschied zu der K-Ration am Abend. Diese dürftigen Portionen gab es nur zweimal am Tage, früh und abends. Zu Mittag schauten wir in die Luft und rätselten, wo wir uns wohl befänden, denn außer unseren vier Stahlwänden sah man nur das kleine, hellblaue Fleckchen Himmel ganz oben.

„Ach, wenn ich nur schon im Himmel wäre", dachte so mancher, der keine Hoffnung mehr hatte. Drei Tage und drei Nächte saßen wir schon zusammengepfercht in dieser schwimmenden Katakombe. Einmal brachte man uns Formulare herunter, die wir für das Rote Kreuz ausfüllen mussten. Die Luft war unheimlich heiß und schlecht.

Am Morgen des vierten Tages nach dem Frühstück ließen die Amis mehrere Strickleitern herab und riefen: „Come up! Hello! You may come up!" („Kommt rauf! Ihr dürft heraufkommen!")

Zum ersten Male ließ man uns an Deck wieder gute Luft atmen. Einige mussten jedoch unten bleiben, den Verladeraum reinigen. Der hatte es auch schon nötig. Wir durften nur einen abgesperrten Teil des Verdecks betreten und als ich hinaufkam, sah ich noch andere Schiffe sowie an beiden Seiten Land. Da rief einer: „Schau, dort ist der Felsen von Gibraltar!"

Tatsächlich! Ich hatte ihn schon mal auf einem Bild gesehen. Also fuhren wir durch die Straße von Gibraltar, vom Mittelmeer in den Atlantischen Ozean hinaus. Nach drei Tagen Kerker erlebte ich einen fantastischen Eindruck, den ich mit der frischen Luft förmlich in mich hineinsog. Ich konnte mich gar nicht sattsehen, denn allmählich wurde die See wieder breiter und die Küstenstreifen verschwanden hinter uns.

Nun entdeckte ich erst, dass man in einer Ecke des Decks für uns einige Brausen installiert hatte, die mit Meerwasser versorgt wurden. Natürlich duschte ich mich sofort, denn es juckte mich schon am ganzen Körper vom Schwitzen. Auch eine Toilette durften wir auf Deck benützen. Den ganzen Tag ließ man uns allerdings nicht oben bleiben. Wir wurden partienweise eingeteilt, so wie Kerkerinsassen sich allgemein täglich eine Stunde oder zwei auf dem Gefängnishofe bewegen dürfen. Nachts befanden wir uns jedenfalls wieder wie die Ölsardinen geschlichtet im Loch und machten in die Fässer.

Am nächsten Tage bemerkte ich erst richtig, dass wir von sehr vielen Schiffen umgeben waren. Es mussten an die hundert sein, in der Nähe lauter Frachtschiffe und außen herum größere und kleinere Kriegsschiffe. Wir befanden uns in einem riesigen Geleitzug. Die Schiffe bewegten sich ständig in ganz gewissen Abständen voneinander und wechselten nach kurzer Zeit immer gemeinsam die Richtung, einmal nach links, einmal nach rechts. So ging das ununterbrochen. Ich wunderte mich darüber und ein Kamerad sagte mir:

„Angeblich werden wir von deutschen Unterseebooten verfolgt. Wir müssen ständig die Richtung ändern, damit wir ihren Torpedos kein sicheres Ziel bieten. Sonst wären wir schon längst abgeschossen und lägen versenkt am Meeresgrund. Da kennen die nichts."

Ich bekam es richtig mit der Angst zu tun, wenn ich daran dachte, dass es uns allen so gehen könnte, wie seinerzeit meinem Landsmann in Frankreich, der auch von den eigenen Kameraden abgeknallt wurde. Aber es geschah nichts. Wir befanden uns schon drei Wochen auf dem Wasser und fuhren noch immer im Zick-Zack-Kurs. Wahrscheinlich war das bei Geleitzügen im Krieg so üblich. Vielleicht wussten auch die Besatzungen der deutschen U-Boote, dass sich gefangene Kameraden an Bord der feindlichen Schiffe befanden, und wollten uns schonen. Nicht einmal seekrank wurde ich, denn das Meer blieb ruhig.

Am einundzwanzigsten Tage unserer Seereise fuhren wir in einen großen Hafen ein. Er hieß Newport News. Nun begann erst richtig die amerikanische Organisation. Was jetzt geschah, hat mich frappiert. In Zweierreihen verließen wir das Schiff über einen Holzsteg und betraten am Pier direkt gegenüber eine lange Baracke. Dort mussten wir uns ganz nackt ausziehen. Jeder erhielt eine nummerierte Netztasche, in die er alle seine Sachen steckte und die er dann bei einem Schalter abgab. Daneben kamen wir in einen Duschraum zum Waschen, immer alle der Reihe nach. Beim gegenüberliegenden Ausgang der Brause standen zwei Posten mit riesigen Flitspritzen und besprühten uns von oben bis unten sowie rundherum mit einem Ungeziefervertilgungs- und Desinfektionsmittel, das uns nachher rasch trocknen ließ. Im nächsten Raum erwarteten uns schon der Reihe nach unsere Packerln, die man ebenfalls entkeimt hatte. Unsere Sachen lagen da genau in der gleichen Reihenfolge, wie wir aus dem Rad kamen. Jeder fand sofort sein Eigentum und zog sich an. Man konnte besonders nach dem Geruch deutlich wahrnehmen, dass wir total sterilisiert wurden, jedoch Gott sei dank nicht geschlechtlich. Mein Riemen in der Hose sowie das lederne Portmonee waren zwar von den chemischen Mitteln bocksteif geworden, aber durch mehrmaliges Kneten konnte ich beides schließlich wieder geschmeidig machen. Da ging es nach meinen Begriffen schon typisch amerikanisch zu. Ich kam mir vor wie eine Ware auf dem Fließband, denn als wir nun die Durchschleus- und Sterilisierungsbaracke auf der anderen Seite verließen, stand direkt vor uns ein langer Zug, den wir, immer noch in der gleichen Reihenfolge, sofort bestiegen.

Ich traute meinen Augen nicht. Wir befanden uns nun in echten Pullman-Wagons und ließen uns in Ohrenfauteuils nieder, die mit dunkelgrünem Samt gepolstert waren. So etwas gab es damals in der Heimat nur in der ersten Klasse, während man sonst im Zug auf einfachen Holzbänken sitzen musste. Wenn nicht an den Enden der Wagons die bewaffneten amerikanischen Wachtposten gestanden wären, hätte ich mir einbilden können, dass ich mich auf einer exquisiten Gesellschaftsreise befände, was man im besonderen Sinne sogar behaupten konnte. Der Wagon besaß keine Abteile, sondern einen durchgehenden Mittelgang, sodass die Wachen uns gut überblicken konnten. Bei den Fenstern waren lediglich die schlitzartigen Oberlichter zu öffnen. Wir durften auch nicht in der Mitte stehen und nur einzeln zum Abort gehen.

Solange der Zug hielt, gingen auf beiden Seiten desselben zusätzlich Patrouillen auf und ab. Nachdem uns schließlich einige Leute gezählt hatten, fuhren wir weiter einer ungewissen Zukunft entgegen, aber es ging uns schon bedeutend besser. Wir bekamen noch immer die kartonierten Feldrationen, aber sie wurden mit einem Servierwagen durch den Zug gefahren und verteilt. Das machte natürlich einen tollen Eindruck auf uns. Zwei Tage und zwei Nächte lang durchquerten wir ein waldreiches Gebiet. Dabei blieben wir auf manchen Stationen stundenlang stehen, besonders in der Nacht. Während der Fahrt mussten wir Formulare ausfüllen, die mit unseren Soldbüchern eingesammelt wurden. Am dritten Tag kamen wir an riesigen Feldern vorbei, bis nach einer kleinen Station der Zug zwischen Stacheldrahtzäunen anhielt. Aus Lautsprechern gebot eine Stimme in reinem Deutsch: „Alle Unteroffiziere bis zum Stabsfeldwebel aussteigen."

Da sahen wir, dass das Gleis im Vorhofe eines großen Barackenlagers endete. Wir wurden namentlich aufgerufen und mussten in Reih und Glied antreten. Nachdem alles stimmte und ein jüdisch aussehender amerikanischer Offizier eine Ansprache hielt, rollte der Zug mit den restlichen Mannschaften wieder aus dem Lager. Die kamen woanders hin.

Wir Dagebliebenen erhielten Verhaltensmaßregeln und erfuhren nun, dass wir uns in dem Unteroffizierslager Aliceville, Alabama befanden, das zehntausend Mann aufnehmen konnte. Auf einem großen, von doppelten Stacheldrahtzäunen eingefassten Areal standen weit über zweihundert hölzerne Baracken. Wir wurden zu fünfzig Mann jeweils in ein Haus eingewiesen, das ziemlich lang war und nur an den beiden Giebeln je eine Tür besaß. An den Längsseiten befanden sich Schiebefenster und darunter standen zusammenklappbare Feldbetten, je fünfundzwanzig Stück beiderseits des Mittelganges, auf dem einige Tische und Bänke sowie zwei große Kanonenöfen untergebracht waren. Zwischen den Fenstern hingen primitive Holzregale, auf denen wir unser Eigentum abstellen konnten. Fünf der Baracken lagen je an beiden Seiten asphaltierter Nebenstraßen, die von einer mittleren Hauptstraße rechtwinkelig abzweigten.

Man hatte uns in kompanieartige Gruppen zu fünfhundert Mann eingeteilt, nämlich fünf Baracken links und die anderen fünf rechts der Nebenstraße. Dazu gehörte noch eine Küche mit Aufenthaltsraum und Kantine sowie eine Sanitärbaracke mit Wasch-, Dusch- und Klosettanlagen. Darin konnten wir uns heiß oder kalt waschen und brausen so oft und so lang wir wollten. Als Besonderheit gab es bei den in einer langen Reihe angeordneten Klosettmuscheln keine Zwischenwände, damit sich niemand abschließen konnte, und ich muss sagen, dass sich dort die interessantesten Gespräche ergaben. Man spricht nicht grundlos von Latrinengerüchten. Ferner gab es für das gesamte Lager eine Veranstaltungsbaracke und einen Sportplatz. Was wollten wir noch mehr?

Am ersten Tage bekamen wir unser Essen bei der ersten Kompanie, die schon ein paar Wochen da war. Dort erzählte mir ein Kamerad, dass dieses Lager noch nicht bestanden hatte, als er ankam. Er war beim ersten Transport. Da hatte es nur das mehrfach verzweigte, asphaltierte Straßenkreuz, die sanitären Anschlüsse und außen herum den doppelten Stacheldrahtzaun gegeben. Die Baracken lagen in Teile zerlegt auf einem Platz, der später zum Sportplatz gemacht wurde. Die Erstankömmlinge mussten sich ihre Unterkunft selbst aufbauen, und als sie damit fertig waren, auch noch die vielen restlichen Baracken. Alles war jedoch so organisiert, dass es sehr rasch ging.

Nachdem sich Köche gefunden hatten, konnten wir am nächsten Tag schon im eigenen Speisesaal essen und ich muss sagen, es schmeckte mir sehr gut. Wie sich nachher herausstellte, erhielten wir von nun die gleiche Verpflegung wie die dortige Heimattruppe, angeblich dreitausend Kalorien beste Lebensmittel. Es gab sogar Hummer und Austern sowie Lachs, Leckerbissen, die ich vorher nie gegessen hatte. An Thanksgiving, dem größten Feiertag der Vereinigten Staaten, bekamen wir auch den üblichen Truthahn und man höre und staune, wir aßen mit versilberten Besteck, wahrscheinlich der Hygiene wegen.

Wir wurden auch neu eingekleidet in amerikanische Uniformen, die allerdings schwarz gefärbt waren und auf dem Rücken stand groß in weißer Farbe „PW", das hieß Prisoner of War, zu Deutsch Kriegsgefangener. Unsere alte Afrika-Montur durften wir nur noch bei festlichen Anlässen anziehen. Damit wir uns in der Kantine etwas kaufen konnten, bekamen wir monatlich drei Dollar ausbezahlt, und wer etwas arbeitete, wie der Koch oder der Kantinier, dem wurden pro Stunde zehn Cent auf ein Konto gutgeschrieben.

Und nun war ich froh, dass ich während der letzten Tage meines Afrika-Einsatzes doch noch zum Unteroffizier befördert worden war, denn Unteroffiziere mussten zum Unterschied von Mannschaften nicht arbeiten. Wir wurden ohne unseren Willen keinen Arbeitskommandos zugeteilt. Die Gefangenschaft fing an, mir zu gefallen, denn ich kam mir sicher vor. Es gab fast keine Zählungen mehr. Antreten mussten wir nur noch bei besonderen Verlautbarungen und das veranlassten unsere selbst ernannten Kompanieführer, keine Amis. Für mich schien der Krieg aus zu sein. Ich befand mich zwar fern der Heimat und durfte nicht hingehen, wo ich wollte, außer im Lager. Da ich jedoch für niemanden zu sorgen hatte, konnte ich selbst eigentlich sorgenlos leben, beinahe sprichwörtlich wie der Mops im Paletot. Ich hatte kein Ziel vor Augen, aber das hatte ich doch schon seit Hitlers Einmarsch in Böhmen nicht mehr. Nicht einmal die freie Stelle beim Stadtschulrat in Saaz bekam ich damals anvertraut, weil ich kein Parteianhänger war.

Hier konnte ich mich pflegen und satt essen und brauchte an nichts zu denken, wie gewinnt der Hitler, was dann? Und verliert er? Das war überhaupt nicht auszudenken. Da spielte ich lieber Skat. Wir droschen die Karten auf den Tisch von früh bis abends, bis mir das zu blöd wurde.

Das Lager war bald voll belegt und unter nunmehr zehntausend Unteroffizieren gab es nicht nur Kartenspieler, die die Zeit totschlugen, sondern über den Durchschnitt hinaus auch sehr gescheite Menschen. Das waren Professoren und Gelehrte, die kein soldatisches Auftreten hatten und auch nicht sonderlich daran interessiert waren, sonst wären sie Offiziere geworden. Diese Weisen gründeten in der Veranstaltungsbaracke eine Schule, in der sogar Dozenten von Universitäten Vorlesungen hielten. Die Schule der deutschen Kriegsgefangenen in Aliceville.

Das interessierte mich. Ich besuchte vorwiegend Kurse in Volkswirtschaft und fremden Sprachen, wie Englisch, Französisch und Russisch, die hauptsächlich nachmittags stattfanden. Allerdings stellten die Amis die Bedingung, dass wir auch amerikanische Geschichte lernten. Karten spielte ich nur mehr manchmal am Abend.

Wir durften auch über das Rote Kreuz nachhause schreiben. Da ersuchte ich meine Mutter, mir auf diesem Wege Lehrbücher zu schicken, die verhältnismäßig bald eintrafen. Darunter befand sich ein kaufmännischer Briefersteller Englisch-Deutsch. Mit dem befasste ich mich vormittags zusammen mit meinem Bettnachbarn Hermann aus Hamburg. Der konnte besser Englisch als ich. Zu zweit arbeiteten wir das fast fünfhundert Seiten starke Buch durch, von vorn bis hinten, hin und her, monatelang, bis wir es fast auswendig konnten. Ich dachte mir, egal was nachher kommt, englische Handelskorrespondenz kann ich vielleicht mal gut gebrauchen.

Man kann aber nicht immer nur lernen und so sah ich mir manchmal Fußballspiele an, obwohl mich diese Sportart nie interessiert hatte. Ich war moralisch verpflichtet, zum Fußballplatz zu gehen, denn meine beiden Bettnachbarn übten diesen Sport mit Begeisterung aus. Mein Hamburger Freund betätigte sich als Mittelstürmer und der andere war Tormann, obwohl er eine so unangenehme Meniskusverletzung hatte, dass er sich sein Knie trotz Gummibandagen fast bei jedem Sprung nach dem Ball wieder mit den Händen einrichten musste. Aber der lachte nur darüber. Wenn ich jedoch die Spiele der beiden nicht besucht hätte, wäre ich bei ihnen unten durch gewesen.

Mein einziger Sport, den ich selbst ausübte, war Tischtennis. Ich war kein guter Spieler, aber Linkshänder. Das verblüffte meine Gegner. Meine Bälle kamen ohne jeden Kniff anders, als sie es gewöhnt waren und dadurch gewann ich oft unverhofft. Das freute mich.

Wir konnten uns von der Lagerleitung Musikinstrumente ausborgen und mein Mittelstürmer hatte daher eine Mandoline, die er auch sehr schön spielte und ich sang manchmal dazu. Bei Sonnenuntergang vor der Baracke war das besonders nett, wenn wir unter deutschen Heimatliedern zur Abwechslung auch „My Old Kentucky Home" sangen. Das klang richtig melancholisch und passte so gut zu unserer Stimmung.

Ich hatte als Schuljunge Geige gelernt und borgte mir eine aus, aber ich besaß keine Griffsicherheit mehr. Nachdem ein Kamerad aus Bayern mehrmals sagte „Hör auf mit deiner Katzenmusik" gab ich das Violinspiel wieder auf. Mutter hatte mir jedoch mit den Büchern auch meine alte Mundharmonika geschickt. Darauf konnte ich besser spielen und das hörten auch alle gern. So verbrachte ich eigentlich eine unbekümmerte Zeit, wie man sich eine Gefangenschaft gar nicht vorstellt.

In der Schulbaracke gab es abends die verschiedensten Darbietungen. Wir hatten einen Chorleiter, in dessen Sängergruppe ich als Bariton mitsang. Dann befand sich im Lager ein Klaviervirtuose. Wenn der auf dem Podium das Piano bearbeitete, bewegte er sich wie ein Reiter, der die hohe Schule vorführt, aber seine Musik war auch wirklich klassisch.

Varietévorführungen erlebte ich da, wie ich sie vorher nicht besser gesehen habe. Gedankenleser hatten wir unter uns und Zauberer. Folgende Szene beeindruckte mich nachhaltig:

Der Vorhang öffnet sich zur Seite. Auf der Bühne steht eine Holzwand. In deren Mitte befindet sich ein porträtgroßes Fenster. Der Magier ruft einen Zuschauer aus dem Publikum und ersucht ihn, sich hinter das Fenster zu setzen. Wir beobachten genau, wie der Kamerad dort Platz nimmt. Wir sehen seinen Kopf, Hals und Kragen. Nach einer Weile wird er blass und immer blässer. Die Wangen fallen ihm ein. Hals und Kragen verschwinden und mit ihnen auch die Haut, Haare und Augen. Die Zähne treten hervor. Die Knochen werden sichtbar. Es bleibt nur ein Totenschädel. Schrecklich! Unfassbar! Wir halten gespannt den Atem an in der Erwartung, was noch geschehen wird. Da kommt langsam wieder Farbe auf. Allmählich bildet sich das Medium zurück, wie es wirklich war. Der Kamerad sitzt schließlich wieder da wie zuerst, steht auf, kommt hinter der Wand hervor und lacht. Applaus! Er hat von diesem Vorgang selbst nichts mitbekommen.

Schließlich bildete sich eine Theatergruppe, die sogar ganz gut spielte. Nur herrschten da zum Teil mittelalterliche Verhältnisse, denn auch in Frauenrollen traten nur männliche Künstler auf, nicht deshalb, weil, wie im Mittelalter, Frauen nicht spielen durften, sondern weil wir keine hatten. Neben bekannten Einaktern kamen auch Sketche zur Vorführung, die dem Milieu der Landser angepasst waren, wie zum Beispiel dieser:

Ein Mann wird von Räubern seiner Kleider beraubt. Nur der Hut bleibt ihm zum Bedecken seiner Blöße. Da schreit die tolle Gangsterbraut „Hände hoch!" Er reißt seine Arme in die

Höhe und als Gag, der Hut bleibt hängen, wo er war. Schallendes Gelächter folgt im Saal.

Sogar eine eigene Lagerzeitung durften wir drucken. Sie hieß „Der Zaungast" und erschien zweimal im Monat. Die meisten Artikel stammten von Lagerinsassen. Dabei handelte es sich vorwiegend um Erzählungen aus der Heimat und von der Front sowie um Anregungen und Empfehlungen. Gedichte wurden prämiiert. Eines davon lautete:

Ach einmal noch im Leben
durch Deutschlands Wälder gehen,
und morgens auf den Wiesen
die Nebel steigen sehen!
Und hören, wie am Sonntag
die Morgenglocke klingt,
und junges Volk im Dorfe
die alten Lieder singt.
Und einmal noch erleben
die Weihnachtsseligkeit,
wenn es draußen vor dem Fenster
die weißen Flocken schneit.

Viele Lagerinsassen legten sich die verschiedensten Hobbys zu. Ein junger „Afrikaner" aus Sachsen hatte sich ein Poesiebuch angelegt, in dem er von Kameraden Sprüche einschreiben ließ.

Der war sehr helle, wie die meisten meiner Landsleute, und wollte schon bald vom Dritten Reich nichts mehr wissen. Dadurch distanzierte er sich von den alten Nazis und es gab manchmal Reibereien. Als er mich als Neutralen ersuchte, ein Gedicht in sein Album, das er Schatzkästlein nannte, zu schreiben, tat ich dies zur Jahresende 1943/44 wie folgt:

Zeiten ändern sich und Leute.
Wie sie wenden sich und drehen,
Sieht man oftmals – nicht nur heute –
schicksalhaft im Weltgeschehen.

Auch Soldaten, die gefangen,
Können manchmal diesem Drehen,
Weil sie aus der Zucht gelangen,
Von sich selbst nicht widerstehen.
Wer in diesen schlimmen Tagen,
Da sich welche kaum noch kennen,
Kamerad zu Kameraden,
Soll erst ein Soldat sich nennen.
Kameradschaft soll gedeihen,
Soll Bewährung noch bestehen,
Dass wir in geschloss'nen Reihen
Unser Deutschland wiedersehen.

Also fad war uns überhaupt nicht. Nachdem ich schon über zehn Jahre in der Fremde lebte und seit drei Jahren keinen Urlaub mehr hatte, plagte mich auch das Heimweh nicht mehr. Irgendetwas wird schon noch kommen, dachte ich. Nur als meine alten Eltern schrieben, dass sie ausziehen müssten, weil die Hausfrau die Wohnung für ihre Kinder brauchte, war ich sehr traurig.

An Sonntagen wurden in der Freizeitbaracke Gottesdienste abgehalten, denn wir hatten unter uns auch Pfarrer und man ging wieder zur Kirche. Die Predigten des katholischen Feldgeistlichen konnten als germanisch-katholisch bezeichnet werden. Der meisterte es trefflich, die alten Krieger damit zu packen, so vorzüglich, wie ich es zuvor nie gehört hatte. Sogar eine Ferntrauung hat es gegeben. Ein Kamerad ließ sich von seiner Braut aus der Heimat entsprechende Dokumente schicken, aufgrund derer er als verheiratet erklärt wurde mit einer Frau, von der er nur das Foto in der Hand hielt. Das geschah am 27. Feber 1944 und beeindruckte mich so sehr, dass ich dem Bräutigam folgendes Gedicht auf das selbstverfertigte Glückwunschbillet schrieb:

Hochzeit!
Welche Hohe Zeit ist das, wenn in jungen Jahren
Reife Herzen quellen weit,
Um sich liebevoll zu paaren.

Schicksalschwere hohe Zeit
Raubt uns heute solche Feste,
Denn in banger Einsamkeit,
Sind wir noch woanders Gäste.
Doch wenn einst die Glocken läuten,
Werden wir vom Joch befreit
Und wir ziehen heim in Freuden,
Holen nach die Kriegshochzeit.

Bei dem Mädchen in der Heimat wurde anscheinend die gleiche Zeremonie vorgenommen, in Abwesenheit des Bräutigams. So etwas geschah in diesem Kriege manchmal, wenn man befürchten musste, dass der Bräutigam nicht mehr heimkehren würde und von ihm ein Kind unterwegs oder schon vorhanden war. Überhaupt wollte man dem Kind geregelte Verhältnisse schaffen und auch der Mutter. Das gab es also sogar noch in der Gefangenschaft.

In unserem Camp war es auch gestattet, amerikanische Verwandte zu empfangen, und da fiel mir auf, wie unterschiedlich die Menschen deutscher Zunge sind. Wir hatten zwei Kameraden, deren Brüder unabhängig voneinander schon vor dem Kriege nach Amerika ausgewandert waren. Die besaßen die amerikanische Staatsbürgerschaft, dienten in der dortigen Armee und kamen auf Besuch in unser Lager. Das eine Brüderpaar stammte aus Schwaben, während die anderen beiden Rheinländer waren. Dabei fiel mir ein großer stammesmäßiger Unterschied auf. Der amerikanische Schwabe schwäbelte noch genauso wie sein deutscher Bruder. Er hatte seine Muttersprache nicht verlernt, wie es in vielen deutschen Sprachinseln in den verschiedensten Ländern der Fall ist, wo viele ausgewanderte Schwaben wohnen oder wohnten, wenn sie nicht von Hitler heim ins Reich geholt wurden. Der rheinische Amerikaner hingegen hatte seine Muttersprache schon fast ganz vergessen. Er konnte nur noch wenige Worte Deutsch und die sprach er mit amerikanischem Akzent, falls sie ihm überhaupt einfielen. Das war der leutselige Rheinländer, der sich überall gleich einfügte und die Gebräuche seiner Umgebung annahm, nur Nazi mochte er keiner sein.

Diese unsere beiden Kameraden wollten auch nach der Gefangenschaft in den Vereinigten Staaten bleiben. Ihre Brüder hätten für sie gebürgt und Kautionen hinterlegt, aber das gab es nicht. Man sagte ihnen, dass alle Kriegsgefangenen eines Tages zurückgeschickt würden. Wenn sie in die USA einwandern wollten, dann müssten sie nach ihrer Entlassung beim amerikanischen Konsulat in ihrem Heimatland darum ansuchen.

Von Zeit zu Zeit wurden von den Amerikanern Arbeiten außerhalb des Lagers ausgeschrieben. Dabei gab es den Achtstundentag und pro Stunde bekam man zehn Cent gutgeschrieben. Im Jahre 1944 entschieden wir uns in unserer Baracke, an so einem Arbeitskommando teilzunehmen. Es ging zur Erdnussernte im Süden Alabamas und wir versprachen uns davon neben dem kleinen Verdienst auch eine Abwechslung.

An einem frühen Morgen stand die Autokolonne da, die uns abholte. Es waren wie immer Plateauwagen, die wir bestiegen, ein Fahrzeug wir, das nächste Wachtposten, dann wieder meine Kameraden und anschließend Wachen, immer abwechselnd. Wir hatten es besser, denn wir konnten sitzen und uns die Gegend ansehen, während die Amis stehen mussten, mit dem Gewehr im Anschlag. Den Ortstafeln nach gelangten wir über Birmingham und Montgomery nach Andalusia. Dort bezogen wir ein eingezäuntes, bewachtes Zeltlager und am nächsten Tage begann die Arbeit.

Wir fuhren auf ein riesiges Areal. Es sah aus wie ein Kartoffelfeld. In langen, parallelen Beeten zogen sich die kleinen Stauden dahin. Für einen Erdäpfelacker kam mir der Boden jedoch zu sandig vor, aber es war auch nichts desgleichen, denn es handelte sich hier nicht um Erdäpfel, sondern um Erdnüsse, die in meiner Heimat Burlnüsse hießen. Wir schritten in gebückter Haltung zwischen jeweils zwei Beeten entlang, zogen links und rechts mit beiden Händen aus der Erde die Stauden, an deren Wurzeln statt Kartoffeln die Nüsse hingen, und ließen sie im Sande liegen. Das war nicht schwer zu machen, nur tat uns schon am ersten Tage vom vielen Bücken das Kreuz weh. Bei der zweiten Partie steckten wir Holzstangen in bestimmten Abständen senkrecht in die Erde und gabelten die nun freiliegenden Stauden daran zum Trocknen auf. Das sah dann aus wie daheim die Heumännchen. Die getrocknete Frucht wurde von Lastautos abgeholt und in die Fabrik gebracht. Dort erzeugte man daraus vorwiegend Erdnussbutter. Die sieht aus wie verzuckerter Honig, schmeckt jedoch viel herber. Diese „peanutbutter", wie man dort sagt, findet man in Amerika fast in jedem Haushalt. Sie wird wie Honig auf das Brot gestrichen, aber auch massenhaft in der Süßwarenindustrie verarbeitet.

Unser Ernteeinsatz dauerte einen Monat. Dafür wurden jedem etwa zwanzig Dollar auf einem Konto gutgeschrieben. Dann fuhren wir genauso nach Aliceville zurück, wie wir gekommen waren.

In unserem alten Lager fühlte ich mich wieder recht wohl. Wir hatten unsere Schlafplätze schön hergerichtet, Nachtkästchen gebaut und die Wandregale mit Karton verschalt. Den Pappendeckel ließen wir mit Schuhpasta ein, sodass alles aussah wie poliert. Dann gab es einen Kameraden, der aus leeren Blechdosen die verschiedensten Gegenstände herstellte, wie Aschenbecher, Federpenale etc. Wir bastelten überhaupt alles Mögliche. Ein Nachbar fertigte mir eine Schreibmappe an, in der ich meine Schulnotizen aufbewahrte. So vertrieben wir uns die freie Zeit. Aus alten Brettern tischlerte ich mir sogar selbst einen Liegestuhl und ruhte mich darauf in der Sonne aus.

In der Kantine konnten wir vielerlei kaufen, wie Zigaretten, Schreibwaren, alkoholfreie Getränke und Süßigkeiten. Da fing ich an zu naschen und wurde immer behäbiger. Ich wog schon sechsundachtzig Kilo, um zehn Kilo mehr als normal. Ich weiß nicht, ob es vielleicht insgeheim Kummer war, der mich zum Fressen verleitete, denn wir sahen eigentlich schlechten Zeiten entgegen. Jedenfalls kam der Moment, wo mir nichts mehr schmeckte. Ich dachte, ich wäre krank, und meldete mich beim Lagerarzt, der mir übrigens schon mal meine Zähne hatte richten lassen und mir auch eine neue Brille verschafft hatte. Nun verschrieb mir der doch zur Appetitanregung eine Medizin, die wie Schnaps schmeckte – zum ersten Mal Alkohol nach einem Jahr. Das ließ ich mir gefallen. Ich kam mir vor wie auf einer Insel der Seligen.

Schließlich bekam ich wieder Lust zu studieren und belegte in unserer Lagerschule die Fächer Volkswirtschaft, Handelsrecht, Betriebswirtschaftslehre sowie Bilanzbuchhaltung. Auch Sprachen lernte ich weiter. Zu Weihnachten 1944 erhielt ich meinen ersten Studiennachweis, der von einem Studienrat aus Düsseldorf und anderen Professoren unterschrieben war.

Das freute mich zwar sehr, aber andererseits vernahmen wir zur gleichen Zeit die traurige Nachricht, dass unser Feldmarschall Rommel eines mysteriösen Todes gestorben sei und die deutschen Truppen sich überall zurückzögen.

Obwohl es uns in Aliceville verhältnismäßig sehr gut ging, konnte keine Weihnachtsstimmung aufkommen. Die gab es bei mir schon seit vier Jahren nicht mehr. Weihnacht und Heimat sind anscheinend keine teilbaren Begriffe.

Trotzdem studierte ich im Winter 1945 weiter und nahm sogar noch Steuerrecht dazu. Am 28. März 1945, zwei Wochen nach meinem dreißigsten Geburtstag erhielt ich meinen letzten Studiennachweis. Dann löste sich die Schule allmählich auf. Es hatte niemand mehr Lust dazu.

Es war Ostern 1945 und ich gedachte, um neun Uhr zur heiligen Messe zu gehen, aber ich hatte mich vertrödelt. Da kam mein Bettnachbar Hermann, der Mittelstürmer, bei der Barackentür hereingestürmt und rief mir zu:

„Mensch! Du gehst nicht zur Messe? Was bist du für ein Christ? Komm mit mir zum evangelischen Gottesdienst! Der fängt erst um zehn Uhr an. Da kannst du mal sehen, wie das bei uns ist."

Ich brachte zuerst Bedenken hervor, aber dann ließ ich mich überreden und ging mit. Es wurde ein feierliches Erlebnis. Der Pastor predigte nicht so stürmisch, wie der katholische Pfarrer es zu tun pflegte, aber seine Ansprache ging mir dennoch tief ins Gemüt. Es gefiel mir auch, dass ich beim heiligen Abendmahl nicht nur die Hostie bekam, sondern auch vom Weine trinken durfte, was bei den Katholiken nicht üblich ist. Ich war froh, dass mein Freund mich mitgenommen hatte, und schlug ihm vor, nachmittags zur Feier des Tages einen kleinen Osterspaziergang um die Baracken herum zu unternehmen. Das war ihm recht, denn Gesprächsstoff gab es genug.

Das Mittagessen schmeckte uns sehr gut. Die Küche hatte sich wirklich angestrengt. Nach einem kurzen Mittagsschläfchen wanderten wir zu zweit um das ganze Lager herum, natürlich innerhalb des doppelten Stacheldrahtzaunes, der von Wachtürmen unterbrochen war und nachts grell beleuchtet wurde. Die bewaffneten amerikanischen Posten sahen uns gelangweilt nach. Sie wussten, dass wir nicht fliehen wollten. Ganz am Anfang fantasierten manche unter uns von Fluchtversuchen. Wir könnten aus einer Baracke unter dem Zaun hindurch einen unterirdischen Gang graben, meinten sie. Aber, abgesehen von Mühe und Gefahr, wo hätten wir hin sollen? Besser und sicherer als in dieser Umzäunung konnten wir doch zur Zeit gar nicht leben. Vielleicht hätten sich eher noch ein paar Landstreicher von draußen zu uns hereinschmuggeln wollen, um versorgt zu sein.

Hermann erwies sich als der intelligentere meiner beiden Nachbarn und stand mir durch unsere gemeinsamen Studien viel näher. Er machte auf mich den Eindruck eines blonden, germanischen Hünen und ich musste bei seinem Anblick manchmal an Hermann den Cherusker denken, der die Römer besiegte. Sein Vater war evangelischer Pastor. Von der Mutter erzählte er nichts, aber über seine Schwester lachte er nun auf unserem Rundgang und gab folgende humorvolle Geschichte zum Besten:

„Ich bin froh, dass meine Schwester älter ist, aber ich war der Gescheitere. Als ich mal als Junge einen Apfel mit ihr teilen sollte, reichte ich ihr beide Hälften zum Aussuchen. Natürlich griff sie nach der größeren und ich rief: ‚Du bist aber unbescheiden! Schämst du dich nicht?' Darauf errötete sie vor

Verlegenheit und tauschte mit mir. Nun hatte ich das größere Stück und lachte mir ins Fäustchen. Wie war die doch dummerhaftig, aber ich mochte sie gern."

Nun berichtete ich meinem Begleiter einige Erlebnisse von mir, darunter auch eines aus Afrika, von dem ich nach den zahlreichen Stellungswechseln gar nicht mehr genau wusste, wo es mich überraschte:

„Kannst du dich noch erinnern, wie wir auf unserem Rückzug als Nachschub russische Waffen erhielten? Unsere Einheit war doch überhaupt nie für den Wüstenkrieg ausgerüstet. Wir besaßen keine eigenen Fahrzeuge. Ich wundere mich, dass wir zwei Jahre lang aushielten. Wenn wir nicht Autos von den Tommys erbeutet hätten, wären wir aus Ägypten nicht mehr herausgekommen. In unserer letzten Verzweiflung schickte man uns alte russische Feldhaubitzen und sogenannte Stalinorgeln, die man anscheinend an der deutschen Ostfront erobert hatte. Diese sollten wahrscheinlich den Engländern Angst bereiten und uns stark erscheinen lassen. Das waren ganze Batterien von Raketen, die nacheinander abgeschossen wurden. Wie riesige, rot leuchtende Kometen rauschten sie lautstark über unsere Köpfe, um den Feind aufzuhalten. Es sah aus, wie ein gigantisches Feuerwerk, das jedoch keinen Jubel bereitete, sondern immensen Schrecken.

Ich war, da ich momentan keine andere Verwendung hatte, mit einigen meiner Kameraden zur Küstenwache abkommandiert. Wir befanden uns mit einer der soeben erhaltenen Haubitzen am Ufer des mittelländischen Meeres und bekamen die Aufgabe, falls sich feindliche Schiffe nähern würden, diese durch Artilleriebeschuss am Landen zu hindern. Nun waren wir also ohne jegliche einschlägige Ausbildung sogar zu Artilleristen geworden. Ich sollte zum ersten Male in meinem Leben ein Feldgeschütz bedienen. So etwas ist natürlich undenkbar und wäre im Zeitalter der modernen Technik niemals möglich gewesen, wenn die vor uns stehende Beutewaffe nicht so einfach und primitiv gewesen wäre, als ob sie aus dem Mittelalter stammte. Es gab nichts anderes als Visier einstellen, laden und zünden. Zielen mussten wir ja mit dem Gewehr auch.

So warteten wir auf die Tommys. Erst als es schon dunkel war und das entsetzliche Zischen der Feuer speienden Raketen aus der Stalinorgel über uns nachließ, die Explosionen im Osten aufhörten, legten sich meine Freunde rund um das Geschütz in voller Montur auf die sandige Erde zum Schlafen. Nur ich blieb sitzen und lauschte in die Nacht. Nach dem unheimlichen Getöse trat eine entspannende Stille ein. Außer dem leisen, monotonen Geplätscher des Wassers am Meeresrand war nichts mehr zu hören. Da zündete ich mir eine der letzten indischen Zigaretten an, die ich noch besaß und sinnierte vor mich hin. Ich konnte mir kein gutes Ende mehr ausdenken, nachdem wir auf fremde Transportmittel angewiesen waren und nicht einmal mehr eigene Waffen erhielten. Außerdem gestaltete sich die Verpflegung sehr mangelhaft.

Nach zwei Stunden weckte ich einen meiner Leidensgenossen als Wachablöse, streckte mich selbst auf die Erde und verfiel sofort in einen tiefen, traumlosen Schlaf. Beim ersten Morgengrauen wurde ich munter. Von den Engländern sah ich keine Spur, aber dennoch fuhr ich zu Tode erschrocken in die Höhe, denn direkt neben der Stelle, wo sich vorher mein Kopf befunden hatte, lag im Sande eingeringelt ein sehr giftiges Reptil, nämlich eine Hornviper. Entweder zog sie in der kühlen Nacht die Wärme meines ruhenden Gesichtes an, oder ich legte mich in der Finsternis selbst neben das schlafende Tier, ohne es zu bemerken. Stell dir vor, ich hätte mich ahnungslos daraufgelegt. Dann wäre für mich der Krieg schon damals aus gewesen. Alles wäre aus gewesen, denn einen Biss von dieser gefährlichen Schlange hätte ich sicherlich nicht überlebt. Nach jahrelangem Kriegsdienst wäre ich nicht an einer Kugel, sondern an einem Schlangenbiss gestorben.

Ich glaubte jedoch immer an das Glück im Unglück und das lag im Morgenfrost. Das Biest blieb erstarrt vor Kälte. Ich weckte sofort meine Mannschaft und zeigte den Burschen, in welcher Gefahr ich mich befunden hatte. Nach dem ersten Staunen beschlossen wir, dass das Geschütz uns schützen sollte. Wenn es uns schon erspart blieb, auf die Briten zu schießen, so beschloss ich, die Kanone gegen den eingeringelten Feind im Sande anzusetzen.

Du wirst jetzt glauben, ich erzähle dir einen Schildbürgerstreich, der bei euch daheim so gerne gehört wird und wir schossen vielleicht mit Granaten auf ein erstarrtes Häufchen Unglück. Nein, es geschah ganz anders. Wir mussten doch mit Munition sparen und wollten auch kein Aufsehen erregen. Also gab ich den Befehl, Geschütz in Stellung! Wir packten alle an und schoben die alte Haubitze mit einem der schweren Räder über das noch immer steife, riesenschneckenähnliche Getier hinweg. Was zurückblieb, war ein blutiger Brei."

Hermann erwiderte:

„Ja! Man weiß nie, was im nächsten Moment geschehen kann, und es erscheint auch bedenklich, dass unsere eigenen Waffen nicht mehr ausreichen. Die amerikanischen Zeitungen schreiben, die Nazi-Truppen befänden sich nun in Europa überall auf dem Rückzuge. Außerdem hörte ich, dass amerikanische Bombengeschwader fast alle deutschen Großstädte in Schutt und Asche legen, aber Hitler lässt angeblich an einer neuen Superwaffe arbeiten, der Wasserstoffbombe V2. Eine einzige solche Bombe soll New York vernichten können. Wenn die rechtzeitig fertig wird, dreht sich der Spieß wieder um. Sollten wir jedoch den Krieg verlieren, dann will ich in meine zerstörte Heimat nicht mehr zurückkehren. Dann flüchte ich lieber irgendwo in den Urwald, vielleicht nach Kanada und fange an wie Robinson. Dann kann ich die Welt nicht mehr sehen."

Das waren Ostern! Statt an Auferstehung dachten wir an Untergang, an Zerstörung, an Vernichtung, und wir wussten noch lange nicht alles.

Kriegsende

Am 8. Mai 1945 teilte uns die amerikanische Lagerleitung mit, dass die Reichsregierung kapituliert habe und der Krieg mit Deutschland zu Ende sei. Damit änderte sich vieles für uns, aber nicht zum Guten. Wer glaubte, dass wir nun heimfahren könnten, der täuschte sich.

Nachdem zwischen uns in USA und den amerikanischen Kriegsgefangenen in Deutschland kein gegenseitiges Verhältnis mehr bestand, fühlten sich unsere Bewacher anscheinend nicht mehr so stark an die Genfer Konvention über Interniertenbetreuung gebunden. Wir wurden nicht mehr speziell als Unteroffizierslager geführt. Unsere Verpflegungsration setzte man von dreitausend auf tausendfünfhundert Kalorien, also auf die Hälfte herab. Man empfahl uns, in Arbeitslager zu gehen. Dort könnten wir wenigstens Brot essen, so viel wir wollten, um unseren Hunger zu stillen.

Zu allem Überdruss stellten unsere eigenen Lagerärzte sogar noch fest, dass wir in Wirklichkeit nicht einmal fünfzehnhundert, sondern sogar nur siebenhundert Kalorien erhielten, und meldeten diesen verhängnisvollen Missstand der nächsten Kommission, die unser Lager überprüfte. Nun muss ich allerdings sagen, dass man uns dann doch noch Gerechtigkeit widerfahren ließ. Die Kommission prüfte unsere Beschwerde genau und stellte tatsächlich fest, dass die amerikanische Lagerleitung von der ohnehin schon verringerten Verpflegungsration noch die Hälfte unterschlagen und privat weiterverkauft hatte. Der amerikanische Lageroffizier wurde daraufhin sofort strafweise an die japanische Front versetzt, denn dort war der Krieg noch nicht aus, und wir bekamen wenigstens unsere fünfzehnhundert Kalorien wieder.

Das war uns eine Genugtuung, aber die meisten von uns litten trotzdem an Hunger und meldeten sich für eine Verlegung in Arbeitslager an. Dadurch schien das Lager Aliceville allmählich einer Auflösung entgegenzugehen.

Die Theatergruppe spielte als letztes Stück eine Posse. Die hieß: „Lauter Lügen". Auf der Bühne sangen die Schauspieler:

„Lauter Lügen hat dein Mund mir erzählt – und das machte mir Vergnügen!" Das sollte eine Anspielung auf Hitler sein, was der dem Volk erzählt hatte, wie begeistert die meisten waren und was daraus wurde, nämlich die größte Enttäuschung, die man sich nur denken kann.

Ich drängte mich nicht zur Arbeit und wartete ab, was da käme, denn mir war die Lust endgültig vergangen. Außerdem gab es unter uns noch immer Nazis, die predigten, dass wir für den Feind nicht arbeiten sollten. Das hätte mich wahrscheinlich nicht zurückgehalten, aber wir hörten auch Gerüchte, dass Mannschaftskameraden, die schon vorher arbeiten mussten, bis aufs Blut ausgenützt wurden.

Am schlechtesten waren die Holzfäller dran, denn die steckten tief drin im Wald, weit entfernt von jeglicher Kontrolle. Die mussten angeblich schuften und hungern, bis sie umfielen, denn die Lagerleiter ließen sich von den Waldbesitzern bestechen und erhoben gegen die schlechte Behandlung keinen Einspruch. Die Vertreter des Roten Kreuzes kamen nicht bis dort hin, um nach dem Rechten zu sehen. Dieser Willkür wollte ich mich freiwillig nicht aussetzen.

Auch die Baumwollernte, die sonst nur von Schwarzen besorgt wurde, schilderte man uns als sehr anstrengend. Warum sollte ich mich um so etwas reißen? Dazu kam ich noch zeitig genug.

Der Sommer 1945 wurde sehr heiß und schwül. Aufs Lernen konnte ich mich nicht mehr konzentrieren. Sport gab es auch keinen. Da spielte ich wieder Karten oder ich döste halb entblößt in der Sonne und träumte von der Heimat. Wann würde ich sie wieder sehen? Wie mochte es wohl meinen Lieben ergangen sein? Was könnte ich vor allen Dingen anfangen? Ich hatte keine Ahnung.

In diese Gedanken platzte eines Tages die Nachricht hinein, dass die Tschechen die sudetendeutschen Gebiete mithilfe der Alliierten wieder okkupiert hätten, von uns dürfe niemand mehr in seine Heimat zurück und unsere dort zurückgebliebenen Landsleute würde man rücksichtslos in das Altreich ausweisen. Das war die Rache der Tschechen, die sagten: „Ihr wolltet doch heim ins Reich. Nun könnt ihr dorthin gehen!"

Das traf mich schwer, denn ich hatte nie die Absicht gehabt, nach Deutschland auszuwandern, sondern einfach in meiner Heimat zu bleiben. Nach Prag wurde ich vor dem Krieg nur deshalb verschlagen, weil ich daheim keine Arbeit fand. Es gefiel mir dort auch und ich erfüllte nachher sogar meine Pflicht beim tschechischen Militär, obwohl ich kein Tscheche war, ebenso wie ich, durch Hitlers Anschluss bedingt, viele Jahre hindurch meine Dienstpflicht in der deutschen Wehrmacht versah. Welches Schicksal würde mich nach meiner Entlassung aus dieser Kriegsgefangenschaft erwarten? Sicher kein gutes! Deutschland war zerschlagen, meine Heimat verloren und alles durcheinander, jeder irgendwo, vielleicht gar nicht mehr auffindbar. Wo sollte ich da hin?

Aus den letzten Briefen hatte ich erfahren, dass von meinem Bruder Erich an der russischen Front keine Nachricht mehr kam. Seine Frau war mit den Kindern zu ihren Eltern nach Südböhmen gezogen, wo sie nun auch nicht mehr bleiben konnte. In ihre Reichenberger Wohnung flüchtete die Familie meines Kölner Bruders, die total ausgebombt wurde. Karl selbst schrieb zuletzt aus Italien. Wohin man meine Eltern und Schwestern womöglich verjagte, wusste ich überhaupt nicht, und ob ich meine seinerzeitige unbekannte Brieffreundin aus Köln würde einst in Anspruch nehmen können, erschien mir sehr ungewiss.

Diese Gedanken ließen mich am Abend keinen Schlaf finden. Die Schwüle in der hölzernen Baracke wurde unerträglich. Ich lag nackt auf meinem Feldbett, nur dürftig mit einem Leintuch bedeckt, und streckte die Arme von mir wie ein Gekreuzigter, der nach Labung lechzt.

Meine beiden Fußballfreunde links und rechts von mir hatten wahrscheinlich ähnliche Sorgen. Aber früher sprachen wir oft noch ein paar Worte, bevor wir einschliefen. Jetzt ließen jeden seine geheimen Gedanken in dieser Hitze nicht gleich zur Ruhe kommen. Seelische Konflikte mit rein persönlichen, charakterlichen, familiären oder politischen Problemen bekamen die Oberhand.

Ich war so einsam wie noch nie. Jedoch im Halbschlaf spürte meine ausgestreckte Hand nun pulsierende Wärme eines anderen Lebens. Da merkte ich plötzlich nicht mehr die scheußliche Schwüle der Sommernacht, sondern eine Beruhigung, die anscheinend von Hermann dem Cherusker, ausstrahlte, meinen Körper wohltuend durchrieselte und mich endlich mit einem gewissen Gefühl von Geborgenheit in erholsamen Schlaf versetzte. Wohlige Wärme wirkte wahre Wunder!

Am nächsten Morgen, nachdem ich geduscht hatte, sagte ich zu meinem Busenfreund: „Hermann, ich glaube, ich begleite dich in den Urwald, sobald wir hier rauskommen, denn die Amis wollen uns nicht und daheim ist alles aus."

Darauf erwiderte dieser erstaunt:

„Urwald? Daran denke ich schon lange nicht mehr. Habe ich dir nicht erzählt, dass mein Onkel eine Lederwarenfabrik besitzt? Da diese wahrscheinlich noch ganz ist und ausnahmsweise nicht ausgebombt wurde, soll ich sie einmal übernehmen. Ich muss mich nach meiner Heimkehr nur noch einarbeiten, dann könnt ihr armen Hunde von Sudetendeutschen zu mir kommen!"

Obwohl Hermanns Stimme einen wohlwollenden Eindruck machte, kam sie mir doch spöttisch vor. Jedenfalls „arme Hunde" hätte er nicht sagen dürfen. Das kränkte mich sehr und ich nahm mir vor, von seinem Angebot, falls es überhaupt ernst gemeint war, niemals Gebrauch zu machen.

Nun stand mir Aliceville schon bis zum Hals. Ich meldete mich zum nächsten Transport in ein Arbeitslager an und schwor mir, Hermann nicht mehr wiederzusehen, wenn ich ihm nicht beweisen könne, dass ich auf seine Gnade nicht angewiesen sei.

Unter den Kameraden, die sich freiwillig zur Arbeit meldeten, gab es auch ehemalige Sozialisten, die sich erst jetzt wieder trauten, ihre diesbezügliche politische Anschauung zu bekennen. Nur eingefleischte Nazis wollten noch immer nicht arbeiten. Diese wurden aber nun, ohne gefragt zu werden, unter die Arbeitskommandos aufgeteilt, denn die Amis wollten natürlich nicht letzten Endes ein Nazi-Lager zurücklassen.

So kam ich bald bunt gemischt mit anderen Schicksalsgenossen in eine viel kleinere bewachte Umzäunung, die jedoch dem riesigen Army-Camp Tuscaloosa, einer Kombination von Kaserne und Truppenübungsplatz, angeschlossen war, das ebenfalls in Alabama lag, aber noch etwas südlicher als unser vorheriges Domizil.

Wir befanden uns in ungefährer Stärke einer Kompanie und wurden von einem Feldwebel betreut, den ich schon aus der Lagerschule Aliceville kannte. Bei dem hatte ich Vorlesungen über Steuerrecht besucht, ein sehr gescheiter Mensch. Vor dem Krieg war er Regierungsrat bei einem Finanzamt in Pommern. Auf den konnten wir uns verlassen. Der verstand es gut, sich bei den amerikanischen Militärs durchzusetzen. Die waren aber auch nicht so stur wie seinerzeit die Briten. In ihren Uniformen steckte nicht nur Drill, sondern auch Kompromissbereitschaft. Man konnte mit ihnen handeln und so erreichten wir auch recht angenehme Lager- und Arbeitsverhältnisse.

Wir bewohnten da liebliche, kleine Holzbaracken mit jeweils sechs Betten, richtigen Metallbetten mit Matratzen und Decken. Diese Unterkünfte sahen wie größere Gartenhäuschen aus und besaßen rundherum helle Schiebefenster, unter denen die Betten im offenen Karree angeordnet waren. In der Mitte befand sich ein Kanonenofen und vor diesem ein großer Tisch mit zwei Bänken. Die Ablageregale hingen zwischen und über den Fenstern.

Auch da besaßen wir eine tadellose Sanitärbaracke mit zahlreichen Waschmuscheln, Brausen und Klosetts sowie eine Küche, die sich bemühte, aus den fünfzehnhundert Kalorien das Beste zu machen, und Brot gab es, wie versprochen, so viel wir wollten. Es war das amerikanische Toastbrot, das man zusammendrücken konnte wie eine Ziehharmonika. So große Poren hatte es.

Man verwendete uns für Tätigkeiten, die sonst vorwiegend von Schwarzen ausgeführt wurden. Dadurch kamen wir zum ersten Mal mit Farbigen direkt in Verbindung und gewannen bei manchen auch Sympathien, denn diese Leute sahen uns benachteiligt, wie sie sich selbst vorkamen, aber Kontakte gab es natürlich nur am jeweiligen Arbeitsplatz.

Ich musste mit mehreren Kameraden in der riesigen Armeewäscherei arbeiten. Früh um acht Uhr wurden wir von einem Wachposten an unserem Lagertor abgeholt und marschierten in die große Halle der Wäscherei. Der Leiter dieses Unternehmens war ein älterer, weißhaariger Zivilist, der uns zu verschiedenen Maschinen führte und uns zeigte, wie diese zu bedienen seien.

Ich kam mit fünf Kameraden zu einer großen Heißmangel. Dort zeigten uns sechs junge schwarze Frauen, wie die Leintücher gebügelt wurden. Das geschah wie auf dem Fließband, ging aber nicht schwer. So konnten wir die Mädchen bald ablösen. Vor der Maschine standen Holzböcke, die so lang waren wie die Dampfrollen. Wir legten die Leintücher aus dem Transportwagen in ihrer gesamten Länge darauf, ein Mann links, einer rechts. Die Böcke besaßen kleine Rädchen und wurden, sobald sie voll beladen waren, vor die Mangel geschoben. Dort stand wieder auf jeder Seite ein Mann. Diese beiden fütterten vom Bock aus die Maschine und am anderen Ende nahmen die letzten zwei die gebügelten Laken heraus, legten sie zusammen und schlichteten dieselben zu Stößen. Das ging so tagein, tagaus.

Um zwölf Uhr mittags führte uns der Wachposten in unser Lager zurück zum Mittagessen. Um eins holte er uns wieder. Dann blieben wir bis fünf. Wir hatten also genau den Achtstundentag von Montag bis Samstag. Am Sonntag mussten wir im Lager bleiben, so wie auch sonst in unserer Freizeit. Da kamen die alten Nazis unter uns auf dumme Gedanken. In der Gegend liefen viele kleine Landschildkröten frei in der Natur herum. Die fingen sie ein, malten ihnen mit Ölfarbe Hakenkreuze auf den Rücken und ließen sie dann laufen. Natürlich krochen die Tiere wieder durch den Zaun hinaus und verbreiteten auf diese Art und Weise Nazi-Propaganda allerletzten Stils. Man wusste nicht, war es Dummheit oder Spaß, wahrscheinlich beides und Freund und Feind lachten nur darüber. Aber manchmal gerieten Nazis und Sozialisten bei uns in Streit, sodass andere sie vor Tätlichkeiten zurückhalten und wieder beruhigen mussten. Einmal gelang das nicht. Ein fanatischer Nazi schlug einem Genossen die Zähne ein. Glücklicherweise verzichtete der Verletzte auf eine Anzeige, sonst hätten wir mit den Amerikanern unangenehme Schwierigkeiten bekommen. Der Betroffene sagte dem Arzt nur, er sei unglücklich gefallen. Dieser glaubte die Ausrede zwar nicht, aber er ließ sie gelten. Der verbohrte Nazi bekam jedoch in der folgenden Nacht die Decke. Einige Kameraden warfen dem Schlafenden eine Wolldecke über den Kopf und verprügelten ihn, ohne dass er sie erkannte. Damit war die Angelegenheit unter uns bereinigt.

Um uns weiterhin von dummen Ideen abzulenken, griff unser Obmann die Vorschläge einiger Sportfreunde auf und ersuchte die amerikanischen Vorgesetzten um die Erlaubnis, innerhalb der Einzäunung einen Sportplatz errichten zu dürfen. Der Platz dazu war vorhanden, aber leider nicht eben. Unser ganzes Lager fiel nämlich nach einer Seite schräg ab. Mit Schaufel und Spaten wären wir da alle miteinander kaum zum Ziel gekommen. Aber unser Feldwebel verstand es, die Amis zu packen. Er schmeichelte ihnen mit ihrem technischen Fortschritt und siehe da, bereits an einem der nächsten Tage kamen zwei riesige Straßenbaumaschinen mit amerikanischen Lenkern gefahren und fingen an, die freie Wiese systematisch zu bearbeiten. Ein Bulldozer lockerte die höher gelegenen Stellen des Geländes, zog dann das lose Erdreich mittels eines großen Schabekastens auf die andere Seite und ebnete die Fläche auf diese Weise ein. Hernach fuhr eine Straßenwalze hin und her, bis der Boden wieder fest war. Am dritten Tage wurden schon zwei Fußballtore aufgestellt und der Sportplatz war fertig.

Zur Eröffnung spielte man Handball. Die Gegner von der anderen Lagerseite hatten einen riesigen Mittelstürmer. Der rannte immer mit langen Schritten auf unser Tor zu. Dabei durfte er laut Spielregel den Ball nicht in den Händen behalten, sondern musste ihn zwischendurch immer zu Boden fallen lassen. Da kam unser Verteidiger angeflitzt, ein kleiner Stöpsel, der dem anderen nur bis zum Bauch reichte, aber der war so flink, dass er den Ball schon hatte, bevor der Große es bemerkte. Das wiederholte sich so oft, dass ich mich köstlich amüsierte. Jedes Mal bevor sich der Riese überhaupt umdrehte, war der Kleine schon um ihn herumgesaust, hatte den Ball geschnappt und weg war er. Da sah ich, was kleine Leute leisten können und dass Kraft nicht alles vermag.

Dieser Kleine wohnte übrigens in meiner Baracke. Er konnte auch wunderbar auf der Gitarre spielen. Am Abend saßen wir oft vor dem Hause und wenn er so musizierte, scharten sich Kameraden vom ganzen Lager um uns, um zuzuhören. Dann stimmte der Virtuose sein Instrument um und fuhr beim Zupfen mit einem Messerrücken über die Saiten. Das klang echt nach Hawaii und ich dachte mir, wie leicht man auch in Zwangslagen oft schöne Stunden genießen kann, wenn man nicht mit dem Schicksal zu sehr hadert.

Natürlich spielen auch Charakter und Willensstärke eine große Rolle. Das sah ich an zwei Kameraden, die in unserem Lager wohnten, aber nicht arbeiten mussten, denn sie waren schwer verletzt. Beide litten an Munddurchschüssen. In dem Army-Camp befand sich auch ein Lazarett und dort wurden sie behandelt.

Einmal im Monat kam eine Kieferspezialistin in unser Lager und nahm die entsprechenden Operationen vor. Das war eine gebürtige Russin, aber in den Vereinigten Staaten als Spezialistin tätig. Die beiden versehrten Kameraden schliefen nicht im Armeespital, sondern bei uns, damit sie mehr Mut bekämen, denn ihre Behandlung gestaltete sich sehr schwierig und zeitraubend. Zuerst wurden die fehlenden Stücke des Unterkiefers durch künstliche Teile ersetzt und mit Haut samt Fleisch vom linken Unterarm überdeckt. Auch die zerschossene Wange flickte man so. Dabei musste der Muskel des Unterarms der

Länge nach aufgeschnitten werden und eine Verbindung zwischen Wange und Arm solange bestehen bleiben, bis das Fleisch am Gesicht festgewachsen war. Der Arm wurde in einer Schlinge getragen. Die Patienten erhielten von unserer Küche Diätkost, denn sie konnten nur Brei essen. Ich erlebte noch, wie die fleischliche Verbindung zwischen Arm und Gesicht der beiden wieder getrennt wurde, und da merkte ich, wie unterschiedlich die Kameraden reagierten. Der eine war lustig und spielte schon bald darauf mit mir Tischtennis, während der andere noch immer verzweifelt blieb. Er konnte nicht darüber hinwegkommen, dass er verändert und niemals mehr so hübsch sein würde wie zuvor. Er wollte oft gar nichts essen, nicht nur, weil es schwierig war, sondern auch vor lauter Gram.

In meiner Baracke schliefen auch zwei Sudetendeutsche, aus Mährisch-Schlesien. Beide waren von Beruf Kellner. Der eine erzählte mir immer von seinen Erlebnissen mit Frauen. Man müsse diesen beim Tanz den Rücken streicheln, sagte er, das hätten sie gern.

Der andere hieß Hermann, wie mein Nachbar aus Aliceville, war aber kein Cherusker, sondern ein ganz toller Organisator. So nannten wir Menschen, die sich Sachen unter den Nagel reißen oder an Land ziehen konnten. Kurz gesagt, der arbeitete in der Ami-Küche als Hilfskoch und brachte uns jeden Tag etwas zum Futtern mit. Das war gar nicht so einfach, denn wir wurden beim Durchschreiten unseres Lagertores immer kontrolliert, aber Hermann störte das überhaupt nicht. Er war groß und schlank, als er früh hinausging, und kehrte nach der Arbeit doppelt so dick zurück, denn er stopfte sich bei Dienstschluss lauter essbare Sachen oberhalb des Hosengürtels rund herum unter das Hemd. Er machte das so geschickt, dass er die Jacke offen ließ und kein Posten merkte etwas. Die besten Sachen brachte er da, wie Wurst, Käse und Obst. Die Früchte setzte er in Alkohol an und bereitete für uns einen herrlichen Obstschnaps. Was wollten wir noch mehr? Wir aßen, tranken und waren lustig. Hermann erzählte seine Episoden, die er in der Küche erlebte, unter anderem folgende:

„Wir arbeiten dort mit Schwarzen zusammen und die sind sehr freundlich zu uns. Da gibt es einen Hilfskoch, ein stämmiger Bursche. Dem hängt der Riemen bis zum Knie. So etwas habe ich noch nicht gesehen. Aber das nur nebenbei, denn heute erlebte ich etwas! Das möchte man nicht glauben. Wir schrubben den Küchenboden und machen ihn keimfrei. Dazu verwenden wir eine Lauge. Die wird von einem Kameraden der anderen Barackenseite angerührt. Der ist Chemiker. Rührt der doch das Zeug mit der Hand um? Natürlich hat er sich die Haut verätzt. Das wäre mir nie passiert und ich bin kein Chemiker, höchstens ein Komiker!"

So verging uns die Zeit recht gut. Nur manchmal dachten wir mit Bangen an die Zukunft und an unsere Lieben, von denen wir seit unserer Verlegung aus Aliceville keine Post mehr bekommen hatten. Erst im Herbst 1945 erhielt ich wieder eine Nachricht. Es handelte sich um eine Express-Nachricht des Internationalen Roten Kreuzes in Genf. Das gab es auch und darauf stand gedruckt: „Ausschließlich für Kriegsgefangene und deren Angehörige bestimmt, die seit mehr als drei Monaten ohne direkte Nachrichten sind!"

Absender war meine Schwester in Wien, die schrieb:

„Lieber Willi! Seit August 44 keine Nachricht von dir. Wir sind gesund. Komme möglichst direkt nach Wien. Vielleicht kommen die Eltern zu uns. Grüße Küsse
Datum 11. Sept. 1945
Emma"

Das war natürlich eine große Erleichterung für mich, nun zu wissen wohin, aber wann und wie das sein würde, lag noch in den Sternen.

Jedenfalls machte mir sogar die Arbeit in der Wäscherei jetzt mehr Spaß und der Chef teilte mich auch zu anderen Maschinen ein. So lernte ich fast den ganzen Betrieb kennen und da fiel mir etwas Besonderes auf, das mich an meine Kindheit erinnerte. Wenn der Boss eine Partie Weißwäsche besonders schön und duftig haben wollte, dann ließ er diese zum Trocknen nicht in die Heißlufttrommel stecken, sondern auf die angrenzende Wiese legen, um sie in der frischen Luft von der Sonne bleichen zu lassen, so wie ich es seinerzeit daheim für meine Mutter auf der Bleichwiese an der Eger getan hatte. Bei aller Technik und Chemie hielt der Fachmann doch noch die althergebrachte natürliche Behandlung der Wäsche für besser, gesünder und angenehmer.

Ich sammelte so meine Erfahrungen und hätte mir nötigenfalls sogar zugetraut, später einmal in dieser Branche tätig zu sein.

Ich muss sagen, dass es uns als Kriegsgefangenen trotz der Rationskürzung noch immer recht gut ging, aber es dauerte uns schon zu lang. Deshalb ließen immer mehr Kameraden in der Arbeit sehr nach und machten oft etwas falsch, manchmal sogar absichtlich. Wir sprachen scherzhalber von Sabotage, aber in Wirklichkeit dachte jeder, dass uns die Amis früher heimschickten, wenn sie mit uns nicht mehr zufrieden wären.

Wir trieben die tollsten Sachen, es war zum Lachen. So kam es immer öfter vor, dass Schafwollpullover anscheinend irrtümlich zur Kochwäsche geworfen wurden. Bekanntlich geht Wolle beim Kochen ein. Was nachher herauskam, war ein Witz, bei dem uns die Tränen kamen. Die Erwachsenen-Pullis hatten nur noch Babygröße und fühlten sich so verfilzt an wie Lodenjanker. Man konnte sie nicht mehr brauchen. Als das der Wäschereileiter sah, raufte er sich die Haare.

Bei den Hosenbüglern ging es noch lustiger zu. Die bedienten Dampfpressen, in die eine Uniformhose gerade der Länge nach hineinpasste. Dabei gab es sogenannte Drillichhosen, die gestärkt wurden. Die Bügler rührten jedoch die Stärke so konzentriert an, dass die darin eingetauchten Hosen nachher stocksteif aus den Pressen herauskamen, als ob sie selbst zu Bügelbrettern geworden wären. Das erschien uns derart komisch, dass wir das Lachen kaum verbergen konnten, aber der Boss hätte sicherlich weiße Haare bekommen, wenn er sie nicht schon gehabt hätte.

Wir unterhielten uns blendend, denn die Amerikaner erwiesen sich als sehr tolerant. Schließlich konnten sie von uns keine Facharbeit erwarten. Was sollte uns schon passieren? Der Umgang mit den Maschinen war auch nicht gefährlich. Es gab überall Sicherungen. Die Dampfbügelpressen schlossen sich nur, wenn zwei voneinander entfernte Knöpfe gleichzeitig gedrückt wurden. Es war dadurch nicht möglich, dass der Bügler dann noch eine Hand zwischen die heißen Platten hielt und sich verbrannte. Er konnte sich zwanglos mit dem Nachbarn unterhalten und wenn der Tratsch besonders interessant wurde, legte der Kamerad eine Pause ein und kam herüber. Im Gespräch vertieft, stützte er sich auf. Der Bügler drückte automatisch weiter seine Knöpfe. Da ertönte ein gellender Schrei! Des Freundes Hand steckte zwischen den Platten. Diese wurden zwar gleich wieder geöffnet, doch die Haut klebte bereits am heißen Eisen. Der Handrücken bestand nur noch aus rohem Fleisch. Der Boss kam gelaufen und ließ sofort die Rettung rufen, die in Minutenschnelle mit Sirenengeheul angefahren kam, um den Verunglückten ins nahe Lazarett zu schaffen. Da war uns die Lust an der sogenannten Sabotage rasch wieder vergangen.

Jetzt beobachteten wir lieber die jungen Frauen, die den ganzen Tag Herrenhemden bügelten. Die blinzelten auch manchmal verstohlen zu uns zurück, aber der Boss durfte es nicht merken, sonst hätte er sofort Meldung an die amerikanische Lageraufsicht erstattet und wir wären versetzt worden, aber sicher nicht zu etwas Besserem.

Nun unterhielt ich mich halt manchmal mit einem alten Schwarzen, der den ganzen Tag mit einem Besen herumging. Da fiel es nicht auf, wenn ich paar Worte wechselte. Der arme, kleine Mann kehrte von früh bis abends, tagaus, tagein, die riesige Werkshalle aus. Wenn er mit seinem großen Besen am Ende des Raumes angelangt war, fing er am Anfang wieder von Neuem an zu fegen. Ich konnte mir nicht vorstellen, dass das eine Lebensbeschäftigung sei, und fragte ihn, ob er keinen Beruf erlernt habe. Da sagte er mir zu meinem Erstaunen, er sei eigentlich Lehrer und unterrichtete früher Mädchen und Buben an einer kleinen Schule für Schwarze, aber er wurde so schlecht bezahlt, dass er nun lieber bei der Armee den Dreck putze. Das sei für ihn lohnender. Ich hatte schon einmal gelesen, dass die Schwarzamerikaner zwar keine Sklaven mehr seien, aber dass es den meisten von ihnen dennoch nicht gut gehe. Nun sah ich diese erschreckende Wirklichkeit vor mir und ich wunderte mich, dass die jungen Schwarzen dennoch von der Armee begeistert sein konnten, aber es ging halt doch auch um ihr Vaterland und vielleicht brachte ihnen der Armeedienst einige Vorteile. Sie hatten zumindest keine Sorgen, wenn sie sich auch manchmal gedemütigt vorkamen.

Als unsere Blickwechsel mit den schwarzen Büglerinnen immer auffälliger wurden, befürchtete der Boss wahrscheinlich, dass er die Sittlichkeit bei einigen Kameraden aus den Augen verlieren könne, und wir wurden versetzt. Vielleicht waren auch unsere dummen Streiche mit an dieser Versetzung schuld. Jedenfalls kam ich mit vier anderen in die Geschirrwaschkammer der großen Armee-Zentralkantine als Tellerwäscher. Mit dieser Arbeit hat angeblich mancher Dollar-Millionär seine Laufbahn angefangen, aber als Kriegsgefangener konnte ich mit einer derartigen Karriere natürlich nicht rechnen. Ich war schon froh, wenn man mich nicht letzten Endes noch zum Holzfällen in den Wald schickte.

Der Spülraum besaß keine Fenster, sondern nur eine Tür und gegenüber davon eine kleine Durchreiche. Dazwischen befand sich die Abwasch, die man allerdings sehr praktisch eingerichtet hatte. Unter der Durchreiche stand ein großer Tisch mit einer Blechplatte, die in der Mitte zwei Löcher besaß, unter denen Mülltonnen standen. Anschließend gab es zwei geräumige Waschbecken mit Warmwasserhähnen, weiters zwei Abtropfflächen und als Abschluss zwei große Spülmaschinen. Bei der Tür stand noch ein langer Abstelltisch.

Den Speisesaal der Amis haben wir nie gesehen, denn wir durften uns nicht frei bewegen und hingehen, wo wir wollten, aber wir wussten, dass es dort Selbstbedienung gab, weil die Soldaten das benützte Geschirr bei uns durchreichen mussten. Ich stand meinem Kameraden am Blechtisch gegenüber. Wir nahmen das schmutzige Geschirr mit einer Hand entgegen. In der anderen hielten wir eine grobe Bürste, mit der wir die Speisereste durch die Löcher im Tisch in die Mülltonnen hineinkehrten. Dann reichten wir das Geschirr den Spülern, die es in warmem Seifenwasser mit einer weicheren Bürste abwuschen. Daneben auf den Abtropfblechen wurden hölzerne Roste hingelegt und in diese das gereinigte Geschirr senkrecht hineingestellt. Wenn ein Rost voll war, schob ihn der Wäscher in die Maschine, wo er von einem Förderband durch zwei Unterteilungen durchgezogen wurde. Im ersten Abteil spritzte von allen Seiten kochend heißes Wasser herein. Das zweite war eine richtige Dampfkabine. Darin wurde das Geschirr entkeimt und kam dann auf der anderen Seite zwar brennend heiß, aber bereits wieder trocken aus der Spülmaschine heraus. Dort stand unser fünfter Mann mit Lederhandschuhen, damit er sich nicht verbrühte, und postierte Schalen, Becher und Tabletts auf einen fahrbaren Serviertisch, der von einem Schwarzen abgeholt wurde. Das silberne Essbesteck kam in Kästchen und wurde von Negerinnen zum Nachputzen abgeholt. Manchmal putzten die schwarzen Mädchen das Silber auch bei uns herinnen. Anscheinend waren sie auf uns neugierig. Aber dann kam immer ein Mann nach dem Rechten sehen.

Diese Prozedur erledigten wir dreimal am Tag, zum Frühstück, Mittagessen und Nachtmahl. Wir selbst erhielten dort keinen einzigen Bissen, weil uns ja nicht mehr so viel zustand, vor allem nicht das amerikanische Frühstück, das zu Brot und Kaffee zusätzlich noch Fruchtsaft, Cornflakes, Ei, Speck und Kuchen enthielt. Wir hätten in unserer eigentlich unappetitlichen, lichtlosen Kammer auch weder Platz noch Zeit zum Essen gehabt, denn wenn wir uns nicht beeilten, wären die bei der Durchreiche hereingeschobenen, schmutzigen Tabletts zu unübersichtlichen, stinkenden Türmen emporgewachsen.

Unsere Gefangenenkost erhielten wir in der eigenen Küche als Allererste, damit wir rechtzeitig zum Abwaschen kamen und dabei keinen Hunger litten, denn sonst hätten wir vielleicht gar nach den Amis den Dreck gefressen. Beinahe wäre es wirklich dazu gekommen, denn unsere Rationen wurden im November 1945 immer kleiner. Der Koch sagte, er bekäme nicht mehr und die Aufteilung fiele ihm von Tag zu Tag schwerer. Glücklicherweise war wieder einmal eine Inspektion angesagt. Diese Gelegenheit nutzte unser Lagerfeldwebel, um sich bei der Kommission darüber zu beschweren, dass wir viel zu wenig Lebensmittel erhielten. Der Koch bezeugte dies, jedoch glaubten wir nicht, dass es etwas nützen würde.

Im Dezember kam ein kleiner, amerikanischer Offizier in unser Lager. Der ging zum Koch und verlangte, auch den Lagerleiter zu sprechen. Er sprach gut Deutsch und dürfte Jude gewesen sein. Man sah ihm jedenfalls seine jüdische Abstammung deutlich an. Wir dachten uns, was er wohl wollte? Nun berief er sich auf unsere Beschwerde wegen der zu geringen Verpflegung und versprach, dass wir ab sofort wieder genau bekämen, was uns zustünde. Die US-Armee nehme sich kein Beispiel an den Ungerechtigkeiten der Deutschen. Wir wussten gar nicht, was er damit meinte. Jedenfalls zückte er nun einen Notizblock und sagte, dass wir anlässlich der bevorstehenden Festtage auch für die gemeldeten Kosteinbußen entschädigt würden. Der Koch solle alle seine Wünsche in dieser Hinsicht angeben. Dem blieb zuerst mal der Mund offen. Dann legte er los und nannte die besten Sachen, die es seinerzeit in Aliceville gab und noch einiges dazu, was ihm gerade einfiel.

Wir befürchteten, dass unser Koch mit seinen Forderungen den Bogen überspannte und dabei nichts herausschaute. Außerdem hätte uns der kleine Jude auf den Arm nehmen können, denn schließlich waren die Nazis mit Juden wirklich nicht gut umgegangen. Jedoch ein paar Tage vor Weihnachten erhielt die Lagerküche tatsächlich eine Sonderlieferung an Lebensmitteln und es war fast alles dabei, was der Koch angegeben hatte. Dadurch konnten wir es uns zu den Feiertagen sehr gut gehen lassen. Den Brauch des Singens von Weihnachtsliedern hatten wir schon längst aufgegeben, aber nach langer Zeit wieder einmal reichlich und gut zu essen, war für uns allein schon ein Fest.

Nachdem der Gefangenenalltag wieder eingetreten und die Sonderverpflegung verzehrt war, organisierte mein Stubengenosse Hermann eine ganz tolle Faschingsaktion. Wir stellten unter anderem auch ein Arbeitskommando für die zwischen unserem Lager und der Ami-Küche gelegene Müllverbrennungsanlage. Dort beseitigte man den Abfall des gesamten Truppenübungsplatzes. Wir lieferten unsere vollen Mülltonnen genauso ab, wie es die Küche der Amerikaner tat, und der Hilfskoch Hermann schmiedete folgendes Komplott. Er stellte in der Ami-Küche eine große Kiste mit Butter zu den Abfalltonnen. Das Ganze fuhr man sodann zur Müllverbrennung und unsere eigenen Küchenleute sollten anschließend mit den leeren Mülltonnen auch die Butter von der Verbrennungsanlage zu uns hereinschmuggeln. Leider kamen sie zu spät. Zwei besonders eifrige Mistmänner hatten die Butter ahnungslos bereits den Flammen übergeben. So eine schöne Verbrennung sahen sie zum ersten Male. Der Kamin leuchtete auf wie ein Sonnwendfeuer und wir schauten durch die Finger.

Am Abend schimpfte Hermann mit den Mistkameraden:

„So etwas Blödes! Ich opfere mich auf für unser Wohlbefinden und ihr schmeißt die Butter einfach ins Feuer. Ihr arbeitet für zehn Cent die Stunde viel zu schnell. Morgen schicke ich euch eine große Tonne voll Schweineschmalz. Stellt die am besten gleich zu den leeren Abfallbehältern, die für uns bestimmt sind. Die schauen auch so aus und keiner merkt den Schwindel."

Diesmal funktionierte es, aber unser Koch bekam Bedenken, wie er das Fass Fett deklarieren solle, wenn unverhofft eine Küchenrevision käme. Da gab es nur eine Alternative. Es musste so rasch wie möglich verbraucht werden. Die Lösung war, von dem vorhandenen Mehl und Zucker Faschingskrapfen zu backen und die Köche backten Tag und Nacht. Das passte sogar zur Saison, aber der Krapfenberg wurde so groß, dass er noch mehr auffallen musste, als vorher das Fass Schmalz. So schnell konnten wir diese Menge von Mehlspeisen nicht vertilgen. Also wurden sie aufgeteilt. Jeder erhielt mindestens ein bis zwei Dutzend dieser süßen Bälle und verschanzte sie möglichst unauffällig auf seinem Ablagebrett über dem Fenster. Nur so konnten wir die Krapfen in Ruhe nacheinander genießen und erlebten wenigstens auf diese Weise eine stille Faschingsstimmung.

Nicht lange darauf verlegte man uns in ein anderes Lager, wo wir wieder in langen Baracken unterkamen, wie wir sie im seinerzeitigen Unteroffizierslager Aliceville hatten. Wir befanden uns nun, wie sich herausstellte, in unmittelbarer Nähe der Stadt Atlanta im Staate Georgia. Unser neues Camp war nicht voll belegt. Vielleicht hatte man unsere Vorgänger gar schon Richtung Heimat in Marsch gesetzt? Wir wussten es nicht. Wir mussten jedenfalls wieder zur Arbeit gehen.

Ich wurde mit ein paar Kameraden täglich in eine riesige Hühnerfarm geschickt und so, wie vorher in der Wäscherei ein schwarzer Lehrer von früh bis spät den Besen schwang, so fütterte ich tagein, tagaus das Federvieh. Die Hühner waren nach Alter und Größe sortiert, in vielen kleinen Holzhäuschen untergebracht. Man konnte sie durch Fenster und Drahtgitter von außen beobachten. Auch die kleinen, langen Futtertröge sowie die seichten Trinkwasserbecken wurden von außerhalb gefüllt. Ich ging tagtäglich mit Wassereimer und Futtersack vom einem Käfig zum anderen und schüttete immer nach, damit die lieben, gefräßigen Kleinen rasch groß und stark werden konnten, denn schließlich und endlich warteten schon viele Lazarett- und Kasernenküchen auf sie, um sie den Soldaten der amerikanischen Heimattruppe als Braten vorzusetzen.

Der Bewacher meiner kleinen Gruppe war ein Army-Reservist, dem man wieder einmal deutlich seine jüdische Abstammung ansah. Er trug lässig sein Gewehr und bemühte sich, uns nicht aus den Augen zu verlieren. Ich weiß nicht, ob er etwas Deutsch verstand. Jedenfalls sprach er nur Englisch und, als er darauf kam, dass ich mich mit ihm verständigen konnte, entspann sich zwischen uns beiden eine angeregte Diskussion. Ihm war fad und ich freute mich, dass ich mit ihm englisch reden durfte.

Ich wanderte acht Stunden am Tage mit meinem Futter von einer Hütte zur anderen und wenn ich bei der letzten angekommen war, fing ich bei der ersten wieder an, mich um das Wohl meiner geflügelten Pfleglinge zu kümmern. Mein Ami blieb meistens in meiner Nähe.

Die großen Hennen wohnten schon in richtigen Ställen und jede hatte ihr eigenes Nest. Denen musste ich die gelegten Eier wegnehmen. Das passte ihnen nicht und als sie mit den Schnäbeln nach mir pickten, erschrak ich im Moment. Da sagte mein Bewacher: „Fürchte dich nicht, sie können dir nichts tun."

Einmal half mir ein Kamerad beim Ausnehmen der Eier, während der Posten draußen blieb. Da sagte mein Freund: „Komm, wir trinken paar Eier aus. Das gibt Kraft!"

Er tat es wirklich, gleich mit drei Stück, und ich versuchte es auch, aber mehr als eines brachte ich nicht hinunter, sonst hätte ich mich erbrochen. Da verzichtete ich lieber auf diese Art der Krafterneuerung.

Als wir vor einem der Häuschen standen, in dem die ganz kleinen Kücken herumquietschen, fragte mich der Wachtposten, ob ich wüsste, was ein „Chicken-Express" sei. Ich dachte mir, ein Zug würde es wohl nicht sein, und verneinte. Da erklärte er mir:

„Nicht alle Kücken werden hier großgezogen. Diejenigen, die zu viel sind, kommen noch am Tage des Ausschlüpfens in abgeteilte Kartons mit Luftlöchern und werden sofort per Flugzeug an andere Bestimmungsorte versandt. Das nennt man den Chicken-Express. Spätestens am dritten Tag müssen sie ihren ordentlichen Futterplatz haben, sonst gehen sie ein."

Die dagebliebenen Hühnchen hatten schon ihre ersten drei Lebenstage überwunden und erinnerten mich mit ihrem gelben Flaum daran, dass wieder Ostern kam, Ostern 1946, aber darüber sprach ich nicht mit meinem Wächter, denn ich wusste nicht, ob es diesen als Israeliten interessierte. Mir kam auch keine Feiertagsstimmung mehr auf.

Die lieben, zarten Pipi-Henderln tummelten sich unter einer großen elektrischen Wärmeglocke und ich sah ihnen zu, wie sie schon in ihren ersten Lebenstagen um ihr Futter kämpften. Sie taten mir von Anfang an leid, denn es waren ihrer viel zu viele in dem kleinen Käfig. Es kam immer wieder vor, dass manche der Schwächeren beim Run auf das Futter von den anderen niedergetreten wurden und starben.

Als ich das meinem amerikanischen Wachtposten gegenüber bedauerte, wurde dieser plötzlich ganz ernst, ja fast zornig und fing an, auf mich einzureden:

„Ihr Deutschen seid komisch! Das bedauerst du, obwohl die Tiere der Ernährung dienen, aber dass ihr Massen von Juden bestialisch ermordet habt, das ist mein Leid und das bedauerst du vielleicht nicht? Daran seid ihr alle schuld! Davon willst du vielleicht nichts wissen, he! Ich habe das Thema gemieden, aber jetzt geht mir die Galle über!"

Ich versuchte, ihn zu unterbrechen, und rief: „Wovon sprichst du eigentlich! Was ist los?"

Da starrte er mich an und sagte: „Stell dich nicht blöd! Das gibt es doch nicht, dass du nichts von euren Konzentrationslagern weißt."

Ich antwortete: „Was ist das? Was meinst du? Wie soll ich alles wissen, wenn ich sechs Jahre nicht mehr daheim war und die Feldpost zensuriert wurde."

Nun beruhigte sich der Ami endlich wieder und erzählte mir schreckliche Geschichten, die ich gar nicht glauben konnte. Jeden Tag sprach er nun davon. Er musste es sich von der Leber reden. „Ich sah es im Kino und auch ihr werdet den Film sehen. Dann wirst du es glauben!", sprach er.

Tatsächlich wurde in unserem Lager eine leere Baracke als Kino eingerichtet und wir mussten uns alle nacheinander einen Film über deutsche Konzentrationslager ansehen. Wir wurden nach Listen namentlich dazu aufgerufen, damit sich keiner drücken konnte.

Die Vorführung war so schrecklich, dass ich zeitweise vor Horror und Scham die Augen schloss. Unglaubliche Szenen spielten sich auf der Leinwand ab. Uniformierte der Leibstandarden Adolf Hitlers führten halb verhungerte Menschen zum Brausen. Vor Betreten der Duschkammer mussten sich diese nackt ausziehen. Dann wurde nach ihnen die Tür verriegelt. Aber aus den Düsen im Innern kam kein Wasser, sondern Giftgas, so lange, bis alle Eingeschlossenen tot waren. Dann erst ging die Tür wieder auf. Die Leichen wurden unverhüllt auf Lastautos geladen, von diesen in vorher ausgehobene Gruben gekippt und zugeschaufelt. So entstand ein Massengrab nach dem anderen und so etwas sollte kein Krimi, sondern noch viel schlimmere Wirklichkeit gewesen sein.

Ich war erschüttert. Um mich abzulenken, begab ich mich nach Schluss der Filmvorführung mit meinem Nachbarn zerknirscht in eine andere, unbewohnte Baracke, wo einige Kameraden auf dort bereitgestellten Pingpong-Tischen Tischtennis spielten. Ich sah eine geraume Weile teilnahmslos zu, bis mich mein Begleiter aufforderte, auch eine Partie zu machen. Ich willigte ein, doch während wir die kleinen weißen Zelluloidbälle über den Tisch springen ließen, verfinsterte sich draußen der Himmel, obwohl es noch nicht Abend war. Schwere, schwarzgraue Wolken zogen über unser Lager und ließen die Sonne verschwinden. Die schwüle Frühlingsluft verwandelte sich in eisige Kälte und ein furchtbarer Orkan erhob sich. Die hölzerne Baracke fing an, in ihren Fugen zu krachen, als ob sie bersten wolle. Nun schwankten schon die Wände wie auf hoher See und wir stemmten uns gemeinsam mit aller Kraft dagegen, vor lauter Angst, von einem Einsturz erdrückt zu werden. Plötzlich zerriss ein gewaltiger, greller Blitz die Finsternis. Sofort darauf gab es einen ohrenbetäubenden Donnerschlag, dem unerklärlich laut dröhnende Trommelwirbel folgten. Das war kein Wolkenbruch, sondern unheimlich starker Hagel, der unser Dach erzittern ließ.

Nach dem schauerlichen Film dachte ich natürlich bei diesem Unwetter wieder einmal an eine Gottesstrafe. Schließlich hatte mir der Jude vorgeworfen: „Ihr seid alle schuld!"

Es war ein Blizzard, den ich erlebte, eine typisch amerikanische Sturmart. Als die Naturgewalten abflauten und meine Angst nachließ, fühlte ich mich auch nicht mehr schuldig. Ich war doch selbst einer, der schon seit fast einem Jahrzehnt vom Schicksal herumgeworfen wurde.

Nachdem der Hagel aufgehört hatte, brachten wir die Barackentür kaum auf, denn draußen lag eine Dezimeter hohe Eisschicht. Vor Schreck fiel mir der Pingpong-Ball aus der Hand. Ich fand ihn wieder, weil die unzähligen Schloßen rund herum genauso groß und weiß waren. Vor der Baracke stand eine Pappel. Die hatte der Blitz von oben bis unten der Länge nach auseinandergespalten und die eine Hälfte lag über dem eingedrückten Dach einer leer stehenden Nachbarbaracke. Vielleicht war die Pappel unser Lebensretter, denn der Blitz hätte sonst leicht auch unsere Tennisbaracke zerstören können.

Als man allen Lagerinsassen den Film über die Massenmorde in deutschen Konzentrationslagern vorgeführt hatte, um uns von den Kriegsverbrechen der Nazis zu überzeugen, wurde bekannt gegeben, dass wir nun bald aus der amerikanischen Gefangenschaft entlassen würden. Darüber freute ich mich sehr. Obwohl ich nichts vom Verbleib meiner Eltern und Brüder wusste, so hoffte ich doch, für einen neuen Anfang bei meiner Schwester in Wien Unterkunft zu finden.

Wir fingen an, uns auf den Abtransport vorzubereiten. Außer der schwarzen Gefangenenbekleidung, die wir am Leibe trugen, durfte jeder von uns einen Seesack, wie er bei Matrosen üblich ist, als Reisegepäck mit seinen Habseligkeiten anfüllen. Außer meinen Büchern und persönlichen Utensilien sowie Andenken, nahm ich vom Lagerbett die Doppelsteppdecke mit, obwohl dies nicht vorgesehen war, denn für die Fahrt erhielt jeder eine gelbe Wolldecke zum Schlafen. Ich machte zuerst eine Packprobe und stopfte jede noch freie Lücke mit Zigaretten voll, die ich in der Kantine kaufte, denn Rauchwaren gab es in der Heimat angeblich fast keine. Deshalb konnte man sie vielleicht als Tauschobjekt gegen ebenfalls mangelnde Lebensmittel verwenden. Da ich befürchtete, dass man mir die Steppdecke sowie einen Teil der Zigaretten bei einer Kontrolle wegnehmen könnte, packte ich diese schließlich ganz nach unten.

Am letzten Tage vor der Abfahrt gab es die Entlohnung für geleistete Arbeitsstunden. Wir wurden namentlich aufgerufen und ich bekam einen Bankscheck über nicht ganz hundert Dollar, der daheim einzulösen war. Also das Startgeld für einen neuen Anfang in meinem Leben hatte ich schon in der Hand. Wir konnten uns über die Amis wirklich nicht beschweren und ich war zum Schluss noch froh, dass ich in westliche Kriegsgefangenschaft geraten war, sonst hätte ich die letzten Kriegsjahre sicherlich nicht so gut überlebt, wenn überhaupt.

Endlich stiegen wir wieder in einen langen Zug ein, der aus den gleichen Pullmannwagen zusammengestellt war, die uns vor drei Jahren in diese Gegend gebracht hatten. Es gab keine Gepäckkontrolle. Also Steppdecke und Zigaretten blieben mir. Diesmal rollten wir nach Norden. Ich weiß nicht mehr, wie lange wir unterwegs waren und glaube, es war die dritte Nacht, in der wir von einer Brücke aus in ein fantastisches Lichtermeer rollten. Nach den Umrissen zu schließen, dürfte es sich um die Silhouetten der Wolkenkratzer von New York gehandelt haben.

Am nächsten Tage trafen wir in einem großen Hafen ein. Wenn ich mich richtig erinnere, hieß er New Haven, zu Deutsch „Neuer Hafen". Dieser Name erschien mir symbolisch. Aus einem neuen Hafen in der sogenannten Neuen Welt sollten wir in die Alte Welt zurückkehren, aber leider nicht in die alte Heimat, denn diese gab es nicht mehr. Das war vorbei, wahrscheinlich für immer, Familien zerrissen, Freunde verloren. Würde es mir überhaupt noch gelingen, einen neuen Hafen für mich zu finden?

Der Zug fuhr bis auf den Pier. Dort lagen mehrere Schiffe vor Anker, die einander vollkommen gleich sahen. Wie ich erfuhr, hatte die amerikanische Kriegsmaschinerie zum ersten Mal Ozeandampfer in Großserie hergestellt. Was ich da sah, mussten einige davon gewesen sein. Auf einem schiffte man uns ein. Er war speziell als Truppentransporter eingerichtet und, was ich befürchtete, nämlich dass wir wieder, wie vor drei Jahren, wie die Heringe in eine Verladeluke zusammengepfercht würden, trat nicht ein. Jeder bekam seine Hängematte zugeteilt, die mich an die Einrichtung der Westwallbunker in der Eifel zu Beginn dieses unglückseligen Krieges erinnerte. Die fensterlosen Kabinen erschienen mir genauso düster und eng, nur bestanden die Wände nicht aus Beton, sondern aus Stahl und waren nicht so nass. Auch hier hatte man jeweils drei Hängematten übereinander an den Wänden befestigt. Es gab gemeinsame Waschanlagen und Toiletten, wie im Lager, jedoch ebenfalls unter Deck und ohne Fenster.

Nur der große Speisesaal befand sich oben auf Deck. Bevor man uns in diesen führte, waren wir bereits aus dem Hafen ausgelaufen und fuhren dem offenen Meere zu. Der Saal besaß kleine Fenster, durch die ich in gleichmäßigen Zeitabschnitten den Horizont sah, der abwechselnd vor der Luke auftauchte und wieder verschwand. Ich spürte schon vorher ein leichtes Schwanken, aber nun merkte ich, dass das Schiff immer stärker anfing zu schlingern. Der Atlantik erschien mir nicht so still, wie ich ihn von der seinerzeitigen Überfahrt nach Westen in Erinnerung hatte.

Das Essen, das ich mir von der Theke holte, schmeckte sehr gut. Leider stellte sich bald heraus, dass mir selbst nicht sehr gut wurde. Ich bekam das Verlangen nach frischer Luft. Glücklicherweise durften wir uns nach der Mahlzeit auf dem offenen Deck bewegen. Die Luft war gut. Es blies eine steife Brise, als ich zur Reling schritt, und dementsprechend wogte auch die See. Die Wellenspitzen erreichten Höhen bis zu mehreren Metern. Je weiter wir fuhren, desto unruhiger wurde das Meer. Das mochte wohl einem Seemann normal erscheinen, aber ich hatte das noch nie erlebt. Ich sah zur Bugspitze und gewann den Eindruck, dass sich der Horizont dahinter haushoch erhob und wieder senkte. Außerdem schlingerte der Kahn auf den unendlichen Wasserhügeln nach allen Seiten.

Da wurde mir unsagbar übel. Mein Magen begann sich ebenfalls zu heben wie die Wellen, wenn sie sich überschlugen. Ich hielt mich krampfhaft am Geländer fest und plötzlich konnte ich das gute Essen nicht mehr halten. Es kam mir alles hoch und ich spie es, noch unverdaut, ins Wasser, den Fischen zum Fraß. Ich fühlte mich so schlecht, dass ich mich nur mühsam in meine Kabine hantelte und mich angezogen auf die Hängematte legte. Ich kam mir vor wie in einer Wiege, aber im Liegen wurde mir sofort wieder besser. An der nächsten Mahlzeit nahm ich vorsichtshalber nicht teil, aber dann bekam ich doch wieder Hunger und ging essen. Auch nach dieser Mahlzeit wurde mir schlecht. Da mir jedoch beim ersten Brechreiz schon aufgefallen war, dass mir in liegender Stellung sofort wohler wurde, begab ich mich gar nicht erst an Deck, sondern verkroch mich gleich in meine Hängematte. Ich war seekrank. Nur allmählich konnte ich mich an die wogende und schlingernde Bewegung des Schiffes gewöhnen und begann nun zunehmend länger auch auf dem offenen Deck zu bleiben, bis ich die Nahrung auch so wieder vertrug.

Nun erst konnte ich die gute Seeluft und die unendliche Weite des Nordatlantiks genießen. Der Wind hatte auch inzwischen nachgelassen. Der Wellengang bewegte sich nicht mehr so hoch und da bemerkte ich, dass es nicht nur Wasser war, das auf und nieder ging. Zwischen den nur noch höchstens einen Meter hohen Wogen tauchten in ungefähr gleichen Abständen voneinander immer wieder unzählig viele länglich-ovale braune Rücken heraus. Sie erhoben sich und verschwanden in gleichmäßigen Intervallen. Das musste ein unheimlich großer Schwarm von Fischen sein, der an uns vorbeizog, große Fische. Da sagte mir ein Kamerad, das seien Delfine. Die müssten regelmäßig herausschauen, um Luft zu sich zu nehmen, weil sie Säugetiere sind, die keine Kiemen besitzen und daher unter Wasser nicht atmen könnten. Das war für mich eine sehr interessante Entdeckung.

Am siebenten Tage unserer Seereise kam Land in Sicht. Wie etwas später bekannt wurde, liefen wir in den französischen Hafen Le Havre ein. An Land wartete bereits eine lange Kolonne von Lastautos auf uns, die uns, natürlich wieder unter Bewachung, in ein nahe gelegenes Gefangenenlager namens

Bolbeck brachte. Wir erfuhren bald, dass es sich da nicht um ein Arbeitslager, sondern um ein Durchgangslager handelte. Die deutschen Kriegsgefangenen blieben hier immer nur kurze Zeit, um dann mit einem nächsten Transport weiterbefördert zu werden. Wenn aber einer meiner Kameraden glaubte, nun bald seine Lieben wiederzusehen, so wurde er schwer enttäuscht. Die Amerikaner lieferten alle vor uns Angekommenen den Franzosen aus. Welch ein Schreck! Ich sah mich im Geiste schon in einem Steinbruch in der Bretagne arbeiten, von Gaullisten bewacht, geschunden und verhöhnt, wie vor drei Jahren in Afrika. Wenn ich gar an Filme von der Fremdenlegion dachte, die ich vor dem Kriege im Kino gesehen hatte, da war ich nur noch unglücklicher. So etwas würde mir gerade noch fehlen.

Wir warteten von einer Woche zur anderen auf unseren Abruf, aber es dauerte lang, denn es ging alles der Reihe nach. Mein einziger Trost, denn ich drängte mich nicht nach Zwangsarbeit. Ich hatte da einen Leidensgenossen gefunden, mit dem ich mich sehr gut verstand. Wir zwei gingen oft stundenlang im Lager spazieren und unterhielten uns so blendend, dass wir, Gott sei Dank, gar nicht merkten, wie die Zeit verging. Wir trugen beide die primitiven Dienstbrillen aus Nickeldraht sowie die schwarzen Uniformen mit flachen, runden Schlapphüten auf den Köpfen. Da dachten manche, die uns im Gespräch vertieft zwischen den Unterkünften dahinwandeln sahen, wir wären zwei Pfarrer. Als uns das tatsächlich jemand sagte, mussten wir hellauf lachen und amüsierten uns noch köstlicher als zuvor.

Die Lagereinrichtung war nicht so gut wie in Amerika. Auch die Verpflegung ließ viel zu wünschen übrig, sodass wir oft Durchfall bekamen. Da saßen wir dann auf den einfachen Aborten ohne Wasserspülung und steckten unsere Hintern in die runden Löcher, die in ein langes Sitzbrett hineingeschnitten waren. Wir unterhielten uns auch in dieser Stellung weiter, denn an den Dünnschiss hatten wir uns schon fast gewöhnt. Doch plötzlich erfasste mich ein großer Schrecken. Ich bemerkte, dass das benützte Klopapier sich blutig rot verfärbt hatte. So etwas war einem Kameraden in Afrika passiert. Der bekam die Ruhr und verstarb nach wenigen Tagen. Da schrie ich entsetzt: „Ich habe die Ruhr!"

Meinem Nachbarn blieb zuerst die Sprache weg. Der war zufällig Sanitäter und griff mir sofort an die Stirn. Dann fing er zu lächeln an und sagte:

„Bei Ruhr müsstest du hohes Fieber haben, aber deine Stirn ist ja ganz kalt. Das sind die rote Beete! Schließlich fressen wir ja, seitdem wir hier sind, fast nichts anderes als rote Rüben. Die können wir einfach nicht mehr richtig verdauen."

Das war der Schreck in der Morgenstund. Ich hatte von der miesen Kost auch an Gewicht verloren und sah schlecht aus, aber richtig krank war ich nicht.

Nach fünf Wochen unseres Aufenthaltes in Bolbeck hatte man alle vor uns Eingetroffenen schon an die Franzosen weiterverfrachtet. Nun wurden wir aufgerufen. Als ich in die Schreibstube kam, fragte mich ein dort beschäftigter Kamerad: „Wo willst du hin?"

Und ich erwiderte ganz verdattert: „Wenn ich wählen darf, auf keinen Fall in einen Steinbruch."

Da lachte der andere, hellauf und rief: „Mensch! Ihr kommt doch gar nicht mehr zu den Franzosen. Die haben jetzt keinen Bedarf."

Mir fiel nicht nur ein Stein, sondern gleich der ganze Steinbruch vom Herzen und ich atmete erleichtert auf. Hatte ich nicht immer noch Glück im Unglück?

„Deine Heimatadresse möchte ich wissen, wo du hin willst", fuhr der andere fort und ich sagte ihm die neue Anschrift meiner Schwester, so gut ich sie von der Rotkreuz-Nachricht ablesen konnte, nämlich: „Wien 6, Mariahilfergürtel 1317."

Nun sah mich mein Gegenüber erstaunt an und erwiderte: „Mensch, diese Hausnummer gibt es ja gar nicht, aber das ist mir wurscht!

Wie konnte der das wissen? Der war Wiener! Und ich kam durch. Er hätte mich aufgrund meiner ungenauen Angabe nach

Deutschland schicken können, aber ich wurde zu einem Transport nach Österreich eingeteilt.

Bereits am nächsten Tage verfrachtete man uns in richtige Viehwagons mit Stroheinlage, wo wir gerade so viel Platz hatten, dass wir uns eng aneinander gedrückt für die Nacht zum Schlafen ausstrecken konnten. Manche Wagen besaßen kleine, sogenannte Bremserhäuschen und aus jedem derselben sahen pechschwarze Gesichter mit funkelnden Augen heraus. Das waren Kongoneger in französischen Uniformen, die uns während der Fahrt zu bewachen hatten. Der Zug blieb mehrmals am Tage auf freier Strecke stehen, damit wir während dieser Aufenthalte Essen empfangen und am Bahndamm entlang unsere Notdurft verrichten konnten. Während der Nacht blieben die Schiebetüren der Wagons einfach von außen verschlossen. Gott sei Dank hatte ich keinen Durchfall mehr, denn die „Rote-Rüben-Diät" von Bolbeck war abgeschlossen und der Magen fast leer.

Am dritten Tage unserer primitiven Reise erreichten wir ein amerikanisches Kriegsgefangenenlager in Hallein bei Salzburg. Dort hielt man Österreicher fest, die verdächtig waren, der Nationalsozialistischen Partei angehört zu haben. Uns Neuangekommene teilte man aufgrund irgendwelcher Unterlagen und Listen nach gründlichen Befragungen in drei Gruppen ein.

In die erste Gruppe kamen Männer, die man verdächtigte, sich nationalsozialistisch oder gar kriegsverbrecherisch betätigt zu haben. Diese mussten das Schicksal der alteingesessenen Lagerinsassen teilen und blieben auf ungewisse Zeit weiter interniert.

Die zweite Gruppe setzte sich aus Kameraden zusammen, die nachwiesen, dass sie Österreicher waren und weiters keinen Verdacht erregten. Diese erhielten Entlassungsscheine sowie fünf Schilling Taschengeld und wurden per Bahn in ihre Heimatorte in Marsch gesetzt.

Die übrig gebliebene dritte Gruppe bestand aus sogenannten Volksdeutschen. Die Amerikaner nannten sie „displaced persons". Das waren Staatenlose, die infolge des verlorenen Krieges nicht mehr ihn ihre Heimat zurückkehren durften, und dazu gehörte ich. Ich bekam auch meinen Entlassungsschein, wurde jedoch nicht mit Taschengeld in Marsch gesetzt, sondern einfach ohne jeden Groschen vor die Tür gesetzt. Das begab sich am 1. Juli 1946.

IV.
Neue Heimat

I.
Staatenlos

Ich war frei, aber hoffentlich nicht vogelfrei. Als sogenannter Volksdeutscher, vielmehr Sudetendeutscher, galt ich nämlich in Österreich als staatenlos und begann mich durchzuschlagen. Ich wollte ohne Geld nach Wien gelangen. Mit einem jungen Kameraden aus Mährisch-Schlesien, dem es ebenso erging wie mir, fragte ich mich zum Bahnhof Hallein durch. Obwohl wir keine Reisegenehmigung besaßen und uns auch keine Fahrkarten kaufen konnten, setzten wir uns einfach in den nächsten Zug nach Wien in der Hoffnung, irgendwie hinzukommen. Es konnte uns wahrscheinlich nichts Ärgeres passieren, als wieder an die Luft gesetzt zu werden.

Kurz vor Salzburg tauchte der Schaffner auf. Als er unsere schwarzen Heimkehreruniformen sah, verlangte er keine Fahrscheine, aber er fragte uns, wohin wir wollten, und sagte dann:

„Wenn ihr keine Passierscheine habt, kommt ihr nicht über die Zonengrenze. An der Ennsbrücke hört die amerikanische Besatzung auf. Ab dort herrschen die Russen und die lassen niemanden ohne besondere Genehmigung durch. Am besten wäre, ihr steigt in Linz aus und meldet euch dort bei der Heimkehrerzentrale. Die helfen euch weiter."

Diese Heimkehrerleitstelle fanden wir in der Nähe des Bahnhofes. Dort erfuhren wir, dass der nächste Interzonentransport erst in drei Tage abginge, aber wir konnten im Hause schlafen und erhielten auch etwas zu essen. Der Registrierungsbeamte war schon heimgegangen, also suchten wir den großen Schlafsaal auf.

Am nächsten Tage stellten wir uns mit anderen zur Aufnahme in die Transportliste an. Als ich an der Reihe war, fragte mich der Beamte, ob ich österreichischer Staatsbürger sei. In diesem Moment haute mir ein Kamerad, der hinter mir stand, mit der Faust ins Kreuz und ich stotterte „Ja!", obwohl das nicht stimmte. Hätte ich jedoch Nein gesagt, dann wäre ich sicherlich nicht in das Verzeichnis aufgenommen worden, oder ich hätte an der Demarkationslinie Schwierigkeiten gehabt. So gab mir mein Kumpan den Anstoß zu einem kleinen Schwindel, ohne den sich meine Zukunft vielleicht ganz anders gestaltet hätte.

Am 4. Juni 1946 fuhr ich durch die strenge Kontrolle der Russen, jedoch ohne weitere Behinderung, mit der Eisenbahn über die Ennsbrücke Richtung Wien, wo ich am späteren Nachmittag eintraf. Die von meiner Schwester seinerzeit im Rotkreuzbrief angeführte Straße lag in unmittelbarer Nähe des Westbahnhofes, jedoch was mir der Wiener Bazi im Lager Bolbeck gesagt hatte, stimmte tatsächlich. Eine Hausnummer über tausend gab es dort wirklich nicht. Ich suchte und fragte herum, bis es finster wurde, aber ohne Erfolg.

Von meinen früheren Besuchen in Wien erinnerte ich mich noch dunkel, wo meine Schwester damals gewohnt hatte. Ich wusste auch, mit welcher Straßenbahn ich dorthin gelangen konnte, und stieg einfach ein. Da ich in der schwarzen Montur steckte, ließ mich der Schaffner auch schwarzfahren und erklärte mir, wo ich aussteigen müsse. Es war schon stockdunkel, als ich glaubte, das alte Wohnhaus meiner Schwester gefunden zu haben. Die meisten Straßenlaternen blieben finster und aus den Fenstern der Häuser kam kein einziger Lichtstrahl hervor, denn es gab keine Glasscheiben, sondern nur Pappendeckel in den Fensterrahmen. Die Parterrefenster des gesuchten Gebäudes waren sogar zugemauert, bis auf die letzten zwei. Dort klopfte ich auf gut Glück an, aber es rührte sich nichts. Erst als ich es nochmals versuchte, fragte von drinnen eine Stimme, wer da sei. Ich stellte mich vor und wollte wissen, ob meine Schwester noch da wohne, das wäre im ersten Stock, Tür elf.

„Ich schau nach", klang es zurück. Dann war es wieder still. Nach einer Weile hörte ich auf der linken Loggia im ersten Stock eine Tür gehen und dann erklang zaghaft die Stimme meiner Schwester: „Bist es du, Willi? – Der Willi ist es! – Rudolf macht dir auf."

Wieder nach einer Weile vernahm ich Schritte hinter der Haustür. Ein Schlüssel drehte sich im Schloss. Die Tür wurde geöffnet und dahinter stand mein Schwager mit einer Kerze in der Hand und Tränen in den Augen. Er umarmte mich und sprach verlegen: „Das Licht funktioniert nicht."

Oben erwartete mich Emma schon vor der Wohnungstür und fing natürlich gleich an zu erzählen:

„Unsere Eltern sind nach dem Kriege von den Tschechen nach Sachsen ausgewiesen worden, aber vielleicht können sie mal herkommen. Was uns anbelangt, so hat Rudolf ja nach dem Anschluss aufgrund unserer Zugehörigkeit zur Hitlerpartei eine bessere Stellung bei einer größeren Firma erhalten. Da ging es uns nicht schlecht, aber nach dem Zusammenbruch wurde das Unternehmen kommunistisch und Rudolf hinausgeworfen. Der musste dann für die Russen Hilfsarbeiten leisten. Als das sein früherer Chef erfuhr, kam dieser persönlich zu uns und holte Rudolf wieder in sein kleines Büro zurück. Nachdem dieser ihn ja eigentlich damals des besseren Postens wegen verlassen hatte, fanden wir den alten Chef sehr großzügig, aber er wusste schon, was er an Rudolf hatte.

Unser Haus wurde vor Kriegsende ausgebombt. Es gab kein ganzes Fenster mehr und die große Glasverschalung zur Loggia stürzte zur Gänze mitten in das Wohnzimmer. Nachdem große Teile Wiens zerbombt waren, konnten wir mit einer baldigen Reparatur leider nicht rechnen und durften über den Winter bei unserem Cousin Hans wohnen. Im Frühjahr machten die Russen die Parterrewohnungen zu Ställen und stellten dort einfach ihre Pferde ein. Erst als die Besatzungssoldaten woanders für ihre Tiere richtige Stallungen gefunden hatten und unser Haus verließen, begannen wir, unser Zimmer wieder bewohnbar zu machen. Wir reparierten notdürftig Fenster und Loggiatüren, aber statt Glas gab es nur Spanplatten oder Pappendeckel, sodass wir bei geschlossenen Fenstern Licht brennen müssen. Wir wohnen auch erst seit paar Tagen wieder hier."

Ich packte meine amerikanischen Zigaretten aus, worüber sich mein Schwager sehr freute, denn die gab es hier nur im Schwarzhandel zu unerschwinglichen Preisen. Also teilten wir uns das kostbare Nikotin. Schließlich durfte ich da bleiben und auf der Ottomane im Wohnzimmer schlafen.

Am nächsten Tage besuchte ich mit Emma den Cousin Hans. Der schenkte mir einen seiner alten Anzüge, damit ich nicht mehr in Schwarz gehen musste, denn Rudolfs Kleider waren mir zu klein. Hans war vorher auch bei den Nazis. Dafür musste er bei Kriegsende zur Strafe die schon halb vermoderten, stinkenden Leichen aus den Straßen wegschaffen. Eigentlich war er Oberbuchhalter in einer großen Baugesellschaft. Diese wurde von den Russen übernommen, aber den Hans behielten sie schließlich trotz seiner Parteivergangenheit, weil er der Einzige war, der sich in allen Belangen der Firma auskannte. So kam mein Cousin über die Runden, aber er stand dabei furchtbare Angst aus, dass er auf Nimmerwiedersehen nach Sibirien verschleppt würde, wenn bei der Geschäftsgebarung etwas schiefginge.

Zu dem Anzug von Hans, der mir zu weit war, fehlten mir noch Mantel, Schuhe und Wäsche. Abgesehen davon, dass ich kein Geld hatte, gab es sowieso nicht viel zu kaufen, aber die wiedererstandene sozialistische Partei verteilte angeblich Bekleidung an Heimkehrer. Also wandete ich mich an diese um Hilfe. Als Erstes wurde ich gefragt, ob ich Mitglied sei. Nachdem ich Nein sagte, fragte man mich, wahrscheinlich wegen meiner Aussprache, ob ich bei der Sudetendeutschen Partei gewesen wäre. Ich verneinte auch dies. Da sah mich mein Gegenüber ganz misstrauisch an und erwiderte: „Tut mir leid! Die Bekleidungsspenden gibt es nur für Mitglieder."

Also die Praxis geht genauso weiter wie bei den Nazis, dachte ich mir. Ohne Parteizugehörigkeit gibt es nichts. Ich wurde wieder einmal enttäuscht, aber auf diese Weise wollte ich mich nicht fangen lassen.

Es gab noch eine Möglichkeit, zu etwas Kleidung zu kommen. Ich wandte mich an die katholische Organisation der Caritas und ich muss sagen, dort erhielt ich wirklich das Nötigste, das ich brauchte, ohne viele Fragen und ohne besondere Formalitäten. Wenn die Sachen auch alt und gebraucht waren, so bedeuteten sie dennoch für mich eine große Hilfe und ich brauchte mich nicht als Vereins- oder Parteimitglied zu binden. Deshalb empfand ich die katholische Caritasvereinigung eigentlich viel sozialer als die sozialistische Partei und dieser Eindruck blieb natürlich in mir haften.

Um Lebensmittelkarten zu bekommen, musste ich mich als staatenloser Vertriebener bei der Fremdenpolizei anmelden, aber Emma beschwor mich:

„Um Himmelswillen, nicht unter meiner Adresse, sonst schieben dich die Russen gleich nach Deutschland ab, denn wir wohnen ja in der sowjetischen Besatzungszone. Rudolfs Schwester Anna ist sicherlich damit einverstanden, dass du bei der Behörde ihre Adresse angibst, auch wenn du nicht wirklich dort wohnen kannst. Die ist, wie du weißt mit einem tschechischen Schneider verheiratet und gehört zur französischen Zone. Dort kann dir nichts passieren."

Wien war in vier Besatzungszonen eingeteilt, nämlich eine russische, amerikanische, französische und englische und ich kam mir vor wie ein im Untergrund gehetztes Tier, obwohl ich nichts verbrochen hatte. Doch ich vertraute auf die Fürsorge und Umsicht meiner Schwester, die mir nun mitteilte:

„Als Volksdeutscher darfst du hier leider nur Hilfsarbeiten verrichten, aber du sprichst doch jetzt sicher gut Englisch. Ich habe eine Bekannte bei der amerikanischen Besatzung. Die kann dich dort vielleicht als Dolmetscher unterbringen. Denen ist die Hauptsache, dass du kein Nazi bist. Dann hättest du einen Posten, der deinen Kenntnissen entspricht."

Am nächsten Tage ging ich hin. Die Dame stellte mich ihrem Chef vor, einem Captain, der mich freundlich empfing mit den Worten: „Also Sie stammen aus der Tschechoslowakei? Meine Großmutter war auch Tschechin!"

Dann sang er mir ein paar Brocken eines tschechischen Liedes vom Sauerkraut vor und ich war aufgenommen. Am 15. Juli 1946 konnte ich in sein Büro eintreten.

Vorher meldete ich mich jedoch mit der Arbeitszusage unter der falschen Adresse bei der Fremdenpolizei an. Dann löste ich bei einer Bank den in der Gefangenschaft erhaltenen Scheck über zweiundneunzig Dollar ein und erhielt dafür das Zehnfache in Schilling.

Am darauf folgenden Tage unternahm ich mit dem Geld einen Einkaufsbummel, falls man meine Suche nach endlich passender Bekleidung bei dem dürftigen Nachkriegsangebot überhaupt so bezeichnen konnte. Freudig erstand ich in der Meidlinger Hauptstraße ein weißes, doppelreihiges Sakko, dazu hellgraue Hose und Hut, für darunter ein dunkelblaues Jerseyhemd mit hellgelber Krawatte und schließlich beigefarbene Halbschuhe aus grobem Schweinsleder samt Modesocken.

Wahrscheinlich hatte ich von den ewigen Uniformen schon so genug, dass ich mich herrichtete wie ein Gigerl. Ich zog alles sofort an und ließ das alte Gewand einpacken. Als ich zurückkam, stieß meine Schwester einen gellenden Schrei aus und fiel fast in Ohnmacht. Sie dachte, ich sei verrückt geworden.

Ich selbst fühlte das Gegenteil. Ich wollte wieder normal sein, ein normaler Zivilist, frei von Zwängen, jedoch für Emma war ich eine Sensation. Sie stellte mich allen Bekannten und Verwandten vor. Als nicht berufstätige Hausfrau fuhr sie mit mir kreuz und quer durch Wien und sagte jedem hocherfreut: „Mein Bruder ist da, aus Amerika!"

Als wir so täglich in der Straßenbahn fuhren und uns unterhielten, bemerkte ich, dass mich die anderen Passagiere anstarrten, aber nicht vor Verwunderung, sondern mit so bösen Mienen, dass ich bald Angst bekam, die Leute wollten mich aus der Tramway hinauswerfen. Ich konnte mir das nicht erklären. Immer wenn ich sprach, begegneten mir hasserfüllte Blicke. Ich traute mich schon gar nicht mehr zu reden. Da sagte meine Schwester: „Die glauben, du bist ein Piefke."

Natürlich hatte ich mir durch das achtjährige Beisammensein mit rheinischen, westfälischen und sächsischen Soldaten einen reichsdeutschen Dialekt angewöhnt und die Wiener fühlten nach dem verlorenen Krieg einen unbändigen Zorn auf die

Piefkes, die sie mit in dieses Elend hineingerissen hatten. Aber die verkannten mich. Ich war doch wegen meiner Aussprache niemals ein Preuße. Dieselben hätten sich sogar sehr gewundert, wenn ich das hätte behaupten wollen.

Mitte Juli 1946 trat ich jedenfalls meinen Dienst in der amerikanischen Quartiermeisterei an. Wohnungen wurden ein Jahr nach Kriegsende praktisch keine mehr beschlagnahmt, aber die von der Armee besetzten Häuser mussten in Evidenz gehalten und verwaltet werden.

Ich saß mit fröhlichen Wienerinnen in einem großen Büro. Während die netten Kolleginnen auf ihren Schreibmaschinen Inventarlisten abschrieben, bestand meine Aufgabe darin, eine Kartei über verlagerte Möbel zu führen, wobei ich die Kopien der Listen als Unterlagen verwenden konnte. Das war schwierig, aber die Schwierigkeit wurde auch anerkannt, weil die amerikanischen Besatzungssoldaten, die mit dem Mobiliar hantierten, sich vollkommen sorglos benahmen und von dieser Arbeit eigentlich keine Ahnung hatten. Sie bezeichneten die Stücke so ungenau, dass man nachher nicht immer wusste, was es wirklich sein sollte. Außerdem vertraten sie den Standpunkt, das Zeug sei sowieso nur von den verdammten Nazis, was jedoch nicht immer stimmte. Mancher Offizier, der umzog, nahm schöne Möbel einfach mit, ohne es zu melden. Wie sollte ich dann noch wissen, wem was wirklich gehörte?

Für offizielle Möbeltransporte beschäftigten wir einheimische Möbelpacker, unter denen mir zwei Originale besonders auffielen. Das waren uralte Generäle, die noch im Kaiserreich gedient hatten und sich nun mit dieser Hilfsarbeit ihre Pension aufbesserten. Was ihnen aber noch wichtiger erschien, war der Vorteil, dass sie sich mit uns in der amerikanischen Werksküche mittags essen konnten. Wie diese Greise jedoch Möbel trugen, ist mir heute noch ein Rätsel.

Fast täglich erschienen Wiener, die für beschädigte Wohnungen oder abhanden gekommene Möbel Schadenersatz forderten. Dafür hatte uns die Wiener Polizei einen Schätzmeister zugeteilt, der die Fälle in Zusammenarbeit mit der österreichischen Finanzbehörde regelte. Die hatte sogar Pensionisten wieder zur Arbeit geholt, um dem Berg von Forderungen und Klagen gerecht zu werden. Einer dieser Finanzreservisten erweckte meine Sympathie auf besondere Art, indem er ganz offenherzig gestand:

„Wissen Sie, ich bin ja schon ein alter Trottel, aber für diese Arbeit reicht es noch und in den jetzigen schlechten Zeiten kann ich halt ein paar Schilling mehr gut brauchen."

Dabei war er ein wirklicher Amtsrat.

Auch bei den amerikanischen Offizieren, unter deren Aufsicht wir als sogenanntes Eingeborenen-Personal arbeiteten, entdeckte ich sonderbare Charaktere. Die meisten Verheirateten wohnten mit ihren Familien da. Eines Tages kam der Sohn eines Captains auf Besuch ins Büro und bandelte mit einer meiner Kolleginnen an. Als sein Vater ihn davon abhalten wollte, sagte der halbwüchsige Bursche zu ihm: „Lass mich in Ruhe, du Idiot!"

Das war dem Offizier in unserer Gegenwart so peinlich, dass ihm die Schamröte ins Gesicht schoss, aber anstatt dass er seinem Buben eine Ohrfeige versetzt hätte, verschwand er stillschweigend durch die Tür. Dieses Verhalten verwunderte mich sehr. Ob das wohl etwas mit der von den Amerikanern eingeführten antiautoritären Erziehung zu tun hatte? Ich war jedenfalls von den Preußen im Kriege so eine Nachgiebigkeit nicht gewöhnt, aber für uns war sie nun natürlich gut. Wir genossen als einheimische Angestellte bei den amerikanischen Besatzungsmächten eine wohlwollende Behandlung.

Manchmal begleitete ich auch die Offiziere als Dolmetscher. Einmal bog einer mit dem Auto unabsichtlich in eine gesperrte Straße ein. Ich machte ihn darauf aufmerksam, fügte jedoch hinzu, dass sich die Amerikaner eigentlich nicht an dieses städtische Verbot halten. Darauf erwiderte er gekränkt: „Ich halte mich an die österreichischen Gesetze!", und drehte sofort um.

Als ich einmal bei einer Verhandlung im Messepalast dolmetschte, passierte mir ein lustiger Übersetzungsfehler. Die

Besatzungsmacht hatte den großen Saal für Basketballspiele ihrer Soldaten requiriert und der Messedirektor ersuchte uns, den Raum vorübergehend freizustellen, wenn die Messe begänne! In meinem Eifer gab ich die letzten vier Worte wie folgt wieder: „When the mess starts!" Da fing die amerikanische Delegation an zu schmunzeln und ich wusste momentan nicht warum, bis ich darauf kam, dass ich gesagt hatte: „Wenn die Sauerei beginnt!", denn Messe heißt auf Englisch richtig „fair". Diese kleine Episode machte mich damals etwas verlegen, aber dafür muss ich heute noch darüber lachen.

Jedenfalls ging es mir bei der amerikanischen Besatzung sehr gut. Meine Arbeit war nicht anstrengend und wurde gut bezahlt. Besonders zu schätzen war die für die damalige Nachkriegszeit verhältnismäßig gute und preiswerte Werksküche ohne Abgabe von Lebensmittelmarken, denn alle anderen Esswaren wurden streng rationiert, auch viele sonstige Bedarfsartikel. Man bekam zum Beispiel kein Glas. Ich konnte mir jedoch durch mein Büro Bezugsmarken für Glas besorgen. Die gab ich meinem Schwager und in Kürze hatten wir wieder Glasfenster in der ganzen Wohnung, während die meisten Nachbarn noch im Dunkeln sitzen mussten.

So konnte ich mich für die Gastfreundschaft von Schwester und Schwager ein wenig revanchieren und blieb ein gern gesehener Untermieter. An den Wochenenden unternahmen wir fast immer gemeinsame Ausflüge und Wanderungen, auch mit anderen Bekannten eines Gebirgsvereins. Auf diese Weise lernte ich den ganzen Wienerwald sowie die weitere Umgebung kennen. Meine seinerzeitigen Gedanken, aus der Gefangenschaft in den Urwald zu flüchten, waren schon längst verflogen. Der Wienerwald gefiel mir besser.

Im September 1946 erhielt ich eine zensurierte Postkarte von meinem ältesten Bruder Karl. Der war inzwischen mit seiner Familie nach Köln zurückgekehrt, wobei die Schwiegermutter auf dem Transport verstorben war. Nachdem seine alte Wohnung ausgebombt war, richtete er sich gerade eine neue ein und schrieb mir unter anderem:

„Falls du keine Aufenthaltsgenehmigung bekommst, gehe nicht nach Sachsen, sondern komme zu uns. Beim Russen ist es nicht ratsam. Wenn du hier keine Arbeit bekommst, kannst bei mir helfen."

Im Moment überlegte ich wirklich, ob ich nach Köln fahren sollte, besaß ich doch dort meine Briefbekanntschaft, die mir, als unbekannten Soldaten, mehrmals nach Afrika schrieb. Deshalb ersuchte ich meinen Bruder, sich nach dieser Freundin, die ich nie gesehen hatte, zu erkundigen.

Antwort erhielt ich von meinem Neffen Walter. Der teilte mir mit, dass das Mädchen inzwischen mit einem Schlosser verheiratet war. Also brauchte ich mich gar nicht zu bemühen und blieb in Wien, wo ich ja sowieso schon verhältnismäßig gut lebte. Aufgrund meiner Beschäftigung bei der Besatzungsmacht musste ich nicht befürchten, abgeschoben zu werden. Um jedoch meine Position zu festigen, bemühte ich mich noch um diverse fehlende Personaldokumente.

Zuerst schrieb ich an die Pensionsversicherung in Prag um eine Bestätigung meiner Beitragszahlungen, die ich vor dem Kriege an diese geleistet hatte. Zu meiner Überraschung wurde mir diese Mitteilung prompt zugeschickt.

Dann ersuchte ich meinen früheren Chef in Prag brieflich um ein Zeugnis über die fünf Jahre, die ich vor dem Kriege bei ihm beschäftigt war. Auch das klappte tadellos. Herr Setnicka sandte mir eine gute Beurteilung. Er freute sich sogar über mein Lebenszeichen und teilte mir mit, dass das Geschäft leider schlecht gehe und keiner meiner tschechischen Kollegen mehr bei ihm sei. Mein Freund Bohuslav Vajsejtl sei zu seiner Mutter in die Gegend von Reichenberg gezogen.

Ich erinnerte mich gerne an diesen und wusste sogar noch aus seinen Erzählungen den Namen des Dorfes, in dem seine Mutter wohnte. Wir hatten einander vor unserer Trennung im Jahre 1937 versprochen, brieflich in Verbindung zu bleiben und einmal im Jahre ein Lebenszeichen zu geben, doch der Zweite Weltkrieg brachte uns alle so durcheinander, dass es nicht dazu kam. So beschloss ich, es jetzt zu tun, und schrieb ihm an die

Adresse seiner Mutter. In einem Dorf musste diese ja leicht zu finden sein.

Ich hatte Glück. Im Oktober 1946 erhielt ich Antwort aus Reichenberg. Bohuslav schrieb:

„Lieber Frantisek! Deinen Brief habe ich von meiner Mutter erhalten. Auch ich habe, seitdem wir uns zuletzt sahen, oft daran gedacht, wie es dir ergehen möge, denn das Regime, in dem wir genötigt waren zu leben, entsprach nicht den Menschen unserer Ansicht, denn weder ich noch du dachten jemals an Kriegführen und die Gräuel, die daraus entstanden. Gott sei Dank, dass das alles aus ist, und hoffen wir, dass die schrecklichen Leiden aus dem letzten Krieg allen Menschen eine ernste Warnung sein werden, damit das Wort Krieg nicht mehr mit dieser Leichtigkeit ausgesprochen werde wie irgendwann früher. Hauptsache, dass du das alles überlebt und deine Gesundheit bewahrt hast. Das wünsche ich dir wirklich vom Herzen, denn so gute Leute habe ich im Leben nur sehr wenige kennen gelernt. Von Eltern und Bruder schreibst du nichts, aber ich vermute, dass auch alle gesund sind. Was mich betrifft, so bin ich mit der Familie nach Reichenberg übersiedelt und gehe hier auch einer Beschäftigung nach. Wir haben einen drei Jahre alten Buben. Seinerzeit als wir in Prag beisammen waren, hatten wir nichts, keinen Nachkommen. Vom Hanak wurde ich im Jahre 1943 weggeholt und bis Ende des Krieges in einer Fabrik eingesetzt. Von den anderen Kollegen aus Prag weiß ich nichts mehr und stehe auch mit keinem in Verbindung. Sei von uns allen herzlich gegrüßt mit den Wünschen für eine dauerhafte Gesundheit.

Ich verstand Bohuslavs Tschechisch nach der langen Zeit noch sehr gut. In einem späteren Brief lud er mich auf Besuch ein, aber das war leider nicht zu machen. Erstens hatte ich als Volksdeutscher keinen Reisepass, zweitens gab es für solche Zwecke kein Visum und drittens war das Reisen nach dem Kriege viel zu schwierig. Jedenfalls hatte ich mich über die lieben Zeilen meines tschechischen Freundes sehr gefreut.

Von meinen Eltern kam regelmäßig Post aus Sachsen, nur war sie immer lange unterwegs, weil alles zensuriert wurde.

Jeden Brief öffnete man bei der Post und legte ihn den alliierten Militärbehörden zur Überprüfung vor, um wahrscheinlich eventuell befürchtete Komplotte zu verhindern.

Mutter schrieb meistens sorgenvoll, wie es wohl allen Geschwistern gehen möge und dass sie selbst mit Vater immer im Wald Holz sammeln ginge, um damit zu heizen und zu kochen. Nach dieser Mühe schmecke das trockene Brot am Abend wie ein Leckerbissen. Wir schickten ihr von dem Wenigen, was wir hatten, manchmal noch Pakete mit Lebensmitteln, die jedoch haltbar sein mussten, weil die Post lange unterwegs war.

Mutter, Mantschi und Tante Jetti waren ja mit tausenden anderen Sudetendeutschen bald nach Kriegsende von den Tschechen nach Sachsen abtransportiert worden, wobei sie nur Handgepäck mitnehmen durften. Alles andere blieb zurück, auch Vater, der von der Familie getrennt wurde und noch ein Jahr lang im städtischen Armenheim unentgeltlich schustern musste.

All diese traurigen Umstände, wie man nach bereits beendetem Kriege noch Familien zerriss und entwurzelte, bedrückten mich in meinem Unterbewusstsein schwer. Der Krieg war schon schrecklich genug, aber damals an der Front wusste ich nicht, was die Nazis sonst noch verbrochen hatten. Nun erfuhr ich jedoch, wie die Vergeltung auch meine unschuldige Familie ruiniert hatte, und konnte nicht helfen.

Ich litt unter schweren Albträumen. Im Schlaf sah ich mich immer wieder durch die nächtlichen Gassen meiner Heimatstadt Saaz schleichen. Ich suchte das Haus, in dem wir gewohnt hatten, und wenn ich es endlich fand, dann stand es leer und verlassen da, von Vater und Mutter keine Spur. Trostlos bewegte ich mich über das Kupferbergl zum Bahnhof. Düstere Schatten zogen hinter mir her. Ich versteckte mich im nächsten Zug und schlug mich bis nach Preßburg durch, denn ich wusste die Strecke noch vom Einrücken zum tschechischen Militär. Aber in der Garnison von Neutra hatte ich nichts mehr zu suchen. Ich wollte nach Wien zu meiner Schwester. Da musste ich erst über die Donau schwimmen. Ich schwamm und schwamm, bis mich die Kräfte verließen. Nun konnte ich nur noch um Hilfe rufen und fing an zu schreien, so laut ich konnte.

Als ich aufwachte, lag ich schweißgebadet auf der Ottomane im Wohnzimmer meiner Schwester. Diese stand vor mir im Nachthemd wie ein Schutzengel und fragte entsetzt, was geschehen sei.

Solche Träume wiederholten sich oft, aber Emma kam nicht mehr, denn sie wusste dann schon, was los war. Übrigens hörte ich auch sie manchmal nachts im Schlafzimmer schreien, aber hinter ihr als Bergsteigerin war dann meistens auf der Alm ein Stier her.

Manchmal träumte mir auch, ich hätte in einer Wiener Gasse meinen Bruder Erich gesehen, aber der war in Russland vermisst. Seine Frau Poldi wurde mit zwei Kindern und ihrer Mutter aus Südböhmen nach Bayern ausgewiesen. Dort lebte sie von der Mindestrente. Eines Tages schrieb sie mir, wenn sie nachweisen könne, was Erich in Prag verdient hatte, dann würde ihre Rente diesem Verdienst angepasst, ob ich ihr nicht helfen könne. So viel ich wusste, wurden von der Prager Pensionsversicherung nur persönliche, eigenhändig unterschriebene Anfragen beantwortet. Also zeichnete ich meinen Brief mit der Unterschrift meines Bruders und der Trick gelang vorzüglich. Bereits in zwei Wochen erhielt ich aus Prag die gewünschte Pensionsbestätigung, mit der ich meiner Schwägerin zu der ihr zustehenden höheren Familienrente verhalf.

Mit der Zeit fand ich in Wien Landsleute. Als ich mir in der amerikanischen Leihbücherei einen englischen Roman auslieh, sagte der Bibliothekar zu mir: „Sein Sie net aus Sooz?"

Das war ein jüngerer Landsmann, der mich so verblüffte. Wahrscheinlich hatte er sich während des Krieges so stark verändert, dass ich ihn nicht erkannte. Er war Werkstudent und mit einer Wienerin verheiratet. Wir wurden später gute Freunde.

Auch meinen Klassenkameraden Karli traf ich hier wieder, der, obwohl begeisterter Soldat, in Afrika plötzlich schamlos aus der Wehrmacht entlassen worden war, nur weil sein Vater Jude war. Der wollte sich damals aus Gram umbringen, aber schließlich fand er durch einen Onkel in Wien einen guten Posten. Auch er heiratete eine Wienerin. Übrigens besaß er schon die österreichische Staatsbürgerschaft, denn es stellte sich heraus, dass er in Oberösterreich geboren wurde.

Nun musste ich auch daran denken, mich um eine Einbürgerung zu bemühen, wenn ich dableiben wollte und nach einem doch vorauszusehenden Abzug der amerikanischen Besatzung nicht vom Dolmetscher zum Hilfsarbeiter degradiert würde, denn die Volksdeutschen wurden noch immer in dieser Hinsicht benachteiligt.

Also schrieb ich ein Gesuch um Verleihung der österreichischen Staatsbürgerschaft. Um damit zu einem Erfolg zu gelangen, musste ich begründen, dass meine berufliche Tätigkeit für die Republik von Nutzen sei. Das war nicht so einfach. Zuerst verfasste ich eine Erklärung, wie wichtig meine Tätigkeit im amerikanischen Wohnungsamt in Zusammenarbeit mit der österreichischen Finanzbehörde für die Rückerstattung beschlagnahmten Mobiliars an die rechtmäßigen österreichischen Besitzer sei. Dieses Schriftstück ließ ich mir von meinem Chef bestätigen. Der Captain wunderte sich zwar darüber, aber er unterschrieb mit wohlwollender Miene. Dann ließ ich das Papier vom Regierungsrat der Finanz, mit dem ich zu tun hatte, gegenzeichnen. Diese Unterlage reichte ich mit einem Ansuchen um die Verleihung der österreichischen Staatsbürgerschaft beim Finanzministerium ein und dann wartete ich von Monat zu Monat auf einen Bescheid.

Unterdessen, es war im November 1947, erreichte mich ein Brief aus Kärnten und ich staunte nicht wenig, denn er stammte von meinem Saazer Schulfreund Recki, den ich zuletzt im Jahre 1940 als Unteroffizier bei der Artillerie in Frankreich gesehen hatte. Er schrieb hocherfreut, dass er meine Adresse durch Bekannte in Wien erhalten hätte, und teilte mir unter anderem mit:

„In den letzten zwei Jahren konnte ich mich beruflich weiterbilden, machte Prüfungen für die Handelsakademie und Kurse in Welthandel. Eine Kopfverwundung hat mich nämlich schon im Jänner 1945 aus diesem grauenhaften Krieg ausscheiden lassen. Ich war noch zum Hauptmann gekommen und das Ritterkreuz bekam ich nachträglich, doch all dies hat ja jetzt keinerlei Bedeutung mehr. Während des Umsturzes war ich im Lazarett in Heiligenblut. Seit Feber bin ich Buchhalter und soll auf einer Großbaustelle die kaufmännische Leitung übernehmen. Ich habe hier gute Kameraden und Freunde gefunden. Es geht mir auch recht gut und bleibt mir nur eine große Sorge: Frau und Kind. Beide sind im Juli 1945 nach Deutschland ausgewiesen worden und mussten alles zurücklassen. Ich habe sie erst im Frühjahr 1946 brieflich gefunden. Meine Frau lebt von einer fabriksmäßigen Arbeit und es geht ihr so weit gut.

Nur ist der Zustand für mich unhaltbar. Drei Jahre sind wir schon getrennt, die Gefahr der Entfremdung liegt so nahe, dass ich richtig Angst vor unserem zukünftigen Zusammentreffen und Zusammenleben habe. Horst kennt seinen Vater nicht. Erst wenn ich die Staatsbürgerschaft besitze, um die ich schon vor einem Jahr angesucht habe, können Frau und Kind automatisch nach Österreich. Du musst mir gleich schreiben, ob du irgendwelche Beziehungen hinsichtlich Nachhelfens bei meinem im Ministerium liegenden Ansuchen hast. Du bist, glaube ich, Dolmetscher, stimmt es?"

Obwohl ich selbst noch nicht wusste, ob mir die Einbürgerung in Österreich gelingen würde, ersuchte mich mein Freund bereits, ihm dabei zu helfen. Ich antworte, dass ich mein Möglichstes tun werde. Jedenfalls freute ich mich über sein Lebenszeichen und schickte ihm einen langen Brief mit den besten Wünschen für ihn und seine Familie.

Wir schrieben schon das Jahr 1948, als ich vom Finanzministerium eine Vorladung erhielt. Ich sprach natürlich sofort dort vor und ein freundlicher Beamter sagte mir:

„Nach gründlicher Überprüfung und Beurteilung hat der Herr Finanzminister Ihr Ansuchen um die österreichische Staatsbürgerschaft genehmigt. Die amtliche Gebühr kann zwischen dreihundert und tausend Schilling festgesetzt werden. Nachdem Sie ja indirekt auch für uns arbeiten, berechnen wir nur den Mindestbetrag von dreihundert Schilling. Wenn Sie diese Summe drüben an der Kasse einzahlen, leiten wir den Akt zwecks Ausstellung der entsprechenden Urkunde an die Magistratsdirektion der Stadt Wien weiter."

Ich zahlte natürlich die Gebühr unverzüglich und freute mich, dass ich so günstig dabei weggekommen war. Nach einiger Zeit erhielt ich eine Vorladung vom Wiener Rathaus und sprach gleich am nächsten Tage dort vor. Hinter dem Schalter saß ein verknöcherter Amtsrat, der in trockenem Amtsdeutsch daherrasselte, dass ich die Staatsbürgerschaft haben könne, aber die Urkunde bekäme ich erst nach Bezahlung einer Gebühr von tausend Schilling.

So sehr ich mich zuerst freute, so erschrak ich über die Höhe des Betrages, den ich berappen sollte. Das war viel Geld, mehr als ein Monatsgehalt für eine Amtsgebühr. Ich erklärte dem Rat erregt, dass das Ministerium für die gleiche Angelegenheit nur dreihundert Schilling verlangte, worauf dieser erwiderte:

„Das ist mir wurscht! Bei mir zahlen Sie für die Staatsbürgerschaft einen Tausender. Wenn Sie das nicht wollen, können Sie ja auf die Einbürgerung verzichten."

Natürlich wollte ich und kratzte das Geld zusammen, aber ich konnte das unverschämte Verlangen des unsympathischen Beamten nicht verstehen. Erst als ich über diese Gebührendiskrepanz nachdachte, ging mir ein Licht auf. Das dürfte wieder mal einen politischen Hintergrund haben. Der Finanzminister gehörte nämlich der schwarzen Volkspartei an, während der Rathausbeamte offensichtlich ein Sozialist, also ein sogenannter Roter war. Der dachte sicher: „Wenn der Bewerber im Ministerium so günstig abgeschnitten hat, dann ist er wahrscheinlich ein Schwarzer und der soll bei uns blechen!"

2.
ICH BIN ÖSTERREICHER!

Am 6. 9. 1948 wurde mir die Urkunde über die Verleihung der österreichischen Staatsbürgerschaft ausgestellt. Ich war nach dreißig Jahren wieder Österreicher geworden wie bei meiner Geburt und wusste endlich, wohin ich gehörte. Nun konnte ich erst ohne Bangen in die Zukunft sehen und mir meinen Weg gestalten.

In all meinen früheren Zeiten hatte ich eigentlich kein Ziel vor Augen. Vor dem Kriege war ich von der Familie abhängig, die sich sehr um mich sorgte. Es ging mir gut und ich fühlte mich wohl, aber nur deshalb, weil mich mein um sieben Jahre älterer Bruder Erich unterstützte, denn mein Verdienst in Prag reichte nicht weit und ich sah auch keine rosigen Berufsaussichten vor mir. So lange ich nicht den zweijährigen tschechischen Militärdienst hinter mich gebracht hatte, war an weitere Pläne nicht zu denken gewesen, und dann kam durch Hitler-Deutschlands Aggressionen erst recht alles anders, als man glaubte. Die Zukunft erschien mir vollkommen trostlos, denn ich schlüpfte von einer Soldatenuniform nur in eine andere und hatte keine Ahnung, wie das weitergehen würde. Statt eines von Hitler und seinem Propagandaminister Göbbels prophezeiten Großdeutschen Reiches entstand ein noch größerer Krieg.

Trotzdem bildete ich mich in der darauf folgenden Kriegsgefangenschaft weiter, so gut es ging, und das kam mir jetzt bei der amerikanischen Besatzung als Dolmetscher zugute. Auch hier besuchte ich noch an der Wiener Volkshochschule weiter Sprachkurse in Englisch, Französisch, Russisch und sogar Spanisch. Nun brauchte ich nach einem Abzug der Amerikaner wirklich nicht mehr als Hilfsarbeiter mein Brot verdienen, aber vorläufig behielt ich noch meinen angenehmen Posten bei der Besatzung.

Ich besorgte mir neben dem erforderlichen Ausweis auch einen Reisepass und konnte nun anstandslos in alle Zonen Österreichs reisen. Mein Hauptanliegen war jedoch nach jahrelanger Trennung meine Eltern in Sachsen zu besuchen, zusammen mit meiner Schwester. Zu diesem Zwecke mussten wir uns Visa besorgen. Nachdem sich dies jedoch als sehr langwierig herausstellte, folgte ich zuerst einer Einladung meines Schulfreundes Recki und fuhr nach Heiligenblut in Kärnten eine Woche auf Urlaub. Das war im Mai und es lag dort noch Schnee. Da mein Freund tagsüber nicht immer Zeit hatte, stapfte ich oft stundenlang allein durch die weiße Pracht der Hohen Tauern. Ich ging über die verwehte und für den Autoverkehr noch nicht freigegebene, berühmte Glockner-Hochalpenstraße bis auf 2300 Meter hinauf zum Franz-Josefs-Haus, von wo ich einen erhebenden Blick über den Pasterzengletscher zum Großglockner, dem höchsten Berg Österreichs, genoss. Das Hotel war wegen der nachwinterlichen Schneeverwehungen nicht bewirtschaftet und, da ich schon großen Hunger verspürte, machte ich auf dem Rückweg einen Abstecher entlang der kurvenreichen, verschneiten Straße zum Wallackhaus, benannt nach dem Erbauer der kühnen Alpenüberquerung, wo es nach der ebenfalls 2300 Meter hohen Sattelstrecke durch einen Tunnel auf der anderen Seite ins Salzburgische hinabgeht.

Wie ich vielleicht dreihundert Meter von der Hütte entfernt war, wollte ich die letzte Kurve abschneiden und einfach geradeaus auf das Gebäude zugehen. Doch nach nur wenigen Schritten von der Straße weg, versank ich plötzlich bis zur Brust tief in dem weichen Schnee. Ich bekam einen panischen Schrecken und erreichte nur mit Mühe wieder die verschneite Fahrbahn. Vom Abkürzen war ich nun geheilt und schritt schön die Kurve aus, wo ich ebenfalls manchmal noch bis zu den Oberschenkeln einsank.

Das Wallackhaus war auch noch nicht geöffnet. Da jedoch die Bergstraße vor den nahen Pfingstfeiertagen für den Verkehr freigegeben werden sollte und bereits etliche, riesige Schneepflüge unterwegs waren, befand sich der Pächter schon in der Hütte, um sich auf den bevorstehenden Touristenverkehr vorzubereiten. Dieser Mann machte mir nun eine kräftige Eierspeise mit Bratkartoffeln, was meinen Hunger endlich stillte. Ein Bier gab es auch dazu. Nachdem ich mich gestärkt hatte, trat ich meinen Rückweg ins Tal an und erreichte hundemüde, aber glücklich, mein Quartier.

Jeden Abend unterhielt ich mich mit meinem Freund, denn wir mussten einander viel erzählen. Recki hatte sich sehr verändert. Ich trug ihn von der Schule her als äußerst ruhigen und stillen Jungen in Erinnerung, der, so wie ich, immer nur brav in der Bank saß. Nun stand ein lebhafter, gewitzter und schmissiger Mann vor mir, der stolz von seinen Heldentaten erzählte. Seine Offizierskarriere und die hohen militärischen Auszeichnungen hatten einen anderen Menschen aus ihm gemacht. Es war wohl kein Nazi, aber ein Draufgänger aus ihm geworden, der es verstand, sich bei seinen Mitmenschen Geltung zu verschaffen. Nach der Entlassung aus dem Lazarett wurde er Gemeindesekretär und dann ergab es sich, dass man im Ortsbereich eine Großbaustelle errichtete, bei der er einen aussichtsreichen kaufmännischen Posten erhielt.

Nun kam ich auch darauf, warum mein Schulkamerad nach dreijähriger Trennung von seiner Familie eine Entfremdung fürchtete. Er stellte mir eine Freundin vor, die anscheinend sehr an ihm hing. Nachher fragte er mich, was er machen solle, und ich riet ihm natürlich, Frau und Kind herkommen zu lassen, sobald er auch die hiesige Staatsbürgerschaft erhalten habe. In seiner hoffnungsvollen Stellung dürfte ihm das doch keine Schwierigkeiten bereiten, was er sich auch sagen ließ.

Die Urlaubswoche war rasch um. Am letzten Tage zeigte mir Recki mit dem Finger eine hochgelegene Waldlichtung und riet mir, da hinaufzusteigen, ich würde es nicht bereuen. Ich wählte den kürzesten Weg geradeaus über den steilen Hang. Das bereitete mir große Mühe, aber die Anstrengung pumpte mir zum Abschluss meine Lunge noch reichlich mit gesunder, frischer

Alpenluft voll. Oben angekommen zitterten mir zwar schon die Knie, aber es hatte sich wirklich gelohnt, denn es bot sich ein noch nie gesehener Anblick. Die ganze Wiese schimmerte blau von dem herrlichsten Gebirgsenzian. Da konnte ich natürlich nicht widerstehen und ich pflückte eine Hand voll von diesen sonst seltenen Blumen, um sie meiner Schwester mitzubringen.

Recki erhielt bald die österreichische Staatsbürgerschaft und wurde auf eine Baustelle in Tirol versetzt. Seine Freundin blieb jedoch bei ihrer Familie in Heiligenblut zurück und er unternahm nun alles Erforderliche, damit Frau und Kind endlich zu ihm gelangen konnten.

Ich hatte noch viel alten, unverbrauchten Urlaub zu konsumieren und buchte mit Schwester und Schwager für den Sommer einen Landaufenthalt im salzburgischen Gebirgsdorf Rauris. Dort unternahmen wir schöne Wanderungen und Emma fand immer leicht Anschluss zu andern Gästen. Einmal lud sie einen älteren Einzelgänger zum Mitkommen ein und wunderte sich, dass ich mich von ihm abwandte. Es war nämlich ausgerechnet der Amtsrat des Wiener Rathauses, der mir für die Staatsbürgerschaft den Tausender abgeknöpft hatte. Natürlich ärgerte ich mich über dieses unangenehme Zusammentreffen. Er reiste jedoch bald ab und wir begaben uns sofort auf eine größere Tour, die uns hoch hinauf in die Berge führte.

Mit dem ersten Autobus am Morgen fuhren wir nach Kolm-Saigurn, wo früher einmal nach Gold und Edelsteinen gegraben wurde, und von dort aus bestiegen wir den dreitausend Meter hohen Sonnblick. Unser Weg führte ziemlich steil bergauf, bis wir den Sonnblick-Gletscher erreichten, der auch nicht flacher war. Diesen hieß es nun nach oben zu überqueren. Das bedeutete für mich etwas ganz Neues, denn ich war noch nie auf einem Gletscher und fürchtete, ohne Eispickel nicht weiterzukommen. Aber meine Begleiter kannten sich aus. Um nicht abzurutschen, stampften wir mit den festen Schuhen, die wir anhatten, vertiefte Tritte in den Firn. Schließlich fanden wir einen vorgetretenen Pfad, auf dem wir den Gipfel rascher erklommen, als wir dachten. Dort gab es ein Berghaus, in dem wir essen und schlafen konnten, und eine meteorologische Wetterstation.

    Zuerst genossen wir einen herrlichen Rundblick nach allen Seiten, denn das Wetter war klar. Dann besuchten wir den Wetterwart und ließen uns seine Instrumente zeigen. Der wohnt dort monatelang, ohne hinunter in das Tal zu kommen. Fast alles, was er braucht, wird mittels einer Materialseilbahn hinaufgezogen. Nach einem ausgiebigen Nachtmahl begaben wir uns in den Schlafraum, der mit ganz primitiven Betten ausgestattet war. Mein Schwager riet mir, mich gut zuzudecken, weil das klare Wetter in dieser extremen Höhe eine kalte Nacht versprach und das Zimmer nicht geheizt wurde. Ich wickelte mich in drei Wolldecken ein, merkte aber bald, dass das nicht genügte. Deshalb holte ich mir noch ein paar freie Decken und fror trotzdem wie ein Schneider. Sicherlich war ich auch übermüdet, denn die Gletscherwanderung hatte mich doch sehr angestrengt. Trotz der Kälte schlief ich ein. Am nächsten Morgen stiegen wir auf der anderen Seite ab und kamen nach einer langen Talwanderung nachmittags nach Heiligenblut, wo ich meiner Schwester ursprünglich meinen Schulfreund vorstellen wollte, aber der war inzwischen nach Tirol umgezogen. So nahm ich mir vor, ihn als Urlaubsabschluss nochmals allein zu besuchen.

    Den jetzigen Ausflug setzten wir am nächsten Tag per Autobus fort. Zuerst fuhren wir über die bereits vom Schnee befreite Hochalpenstraße zum Franz-Josefs-Haus am Großglockner. Dort unternahmen wir einen kleinen Spaziergang entlang dem Pasterzengletscher, wobei wir den höchsten Berg Österreichs in voller Größe bewundern konnten. Dann ging die Fahrt weiter zum Hochtor, das im danach benannten Hochtortunnel die Grenze zwischen Kärnten und Salzburg bildet. Nach diesem Tunnel stiegen wir rechts in das unheimlich lang gewundene Seitenwinkeltal ab, das gar kein Ende nahmen wollte, bis wir schließlich doch am Abend, vollkommen ermüdet wieder unseren Aufenthaltsort Rauris erreichten. Der Ausflug erwies sich als anstrengend, aber sehr eindrucksvoll.

Während meine Begleiter schon zurück nach Wien fuhren, unternahm ich noch einen Abstecher nach Tirol zu meinem Freund in der Nähe von Kufstein. Der nannte sich nun Baukaufmann. Seine Frau Rottraud mit Sohn Horstl waren noch nicht aus Ostdeutschland eingetroffen, denn das Reisen über die Grenzen erwies sich als sehr schwierig und mit vielen Formalitäten verbunden, wenn es überhaupt möglich war. Aber Recki hatte inzwischen die Adresse unseres Landsmannes und Freundes Gust erfahren, den die Nachkriegsereignisse nach Bayern verschlagen hatten, und verabredete mit ihm ein Treffen. Diesem Kameraden gelang es jedoch nicht, nach Österreich zu kommen und so begegneten wir ihm direkt an der Straßengrenze bei Kufstein. Er wartete schon auf uns in weißen Strümpfen und einer kurzen Lederhose wie ein verkappter Nazi, aber eigentlich war es bayrische Tracht. Seine Arme stützte er auf den geschlossenen Zollschranken auf, denn er stand da schon eine ganze Weile und durfte nicht herüber. Über den Grenzbalken reichten wir ihm die Hände, weil wir herüben bleiben mussten. Es entspann sich sofort ein freudiges Gespräch, aber da angelehnt in der Sonnenhitze wollten wir doch nicht bleiben. Also fragten wir den Grenzposten um Rat. Der erwiderte wohlwollend:

„Wenn ihr wollt, macht einen Spaziergang da hinauf zum Hechtsee. Der Weg ist die Grenze zwischen Bayern und Tirol. Da können die Touristen von beiden Seiten hin. Kommt halt dann wieder."

Das gefiel uns. Eine angenehm kühle Waldstraße führte leicht ansteigend zu diesem kleinen See hinauf. Nicht nur die gute, klare Luft, sondern auch unsere Gespräche wirkten wohltuend und herzerfrischend. Hatten wir einander doch so viel Erlebnisse der vergangenen Jahre zu erzählen. An dem kleinen, von hohen Bäumen eingebetteten Gewässer luden uns Bänke zum Verweilen ein. Dann promenierten wir noch rund herum, bevor wir uns zurück zum Zollhaus begaben, um uns auf ganz unbestimmte Zeit wieder zu verabschieden.

Ich musste schließlich auch wieder meinen Dienst bei der amerikanischen Besatzungsmacht in Wien antreten. Als ich schon auf der Rückfahrt im Zuge saß, dachte ich mir: „Recki hat es geschafft."

Seine Familie ist zwar durch die Kriegsereignisse auch zerrissen worden und seine Erfolge bei der deutschen Wehrmacht hatten keine Bedeutung mehr, aber er gewann durch die Letzteren sehr an Selbstbewusstsein und befand sich auf dem besten Wege, bei einer großen österreichischen Baugesellschaft Karriere zu machen. Er besaß bereits eine Wohnung, in der er auch seine Lieben unterbringen konnte. Wahrscheinlich befanden sich diese sogar schon unterwegs zu ihm.

So gingen viele sudetendeutsche Schicksale nach langen Leiden, Entbehrungen und Verlusten doch noch gut aus. Nur meinen besten Jugendfreund Emsch traf es, wie ich später hörte, ganz besonders hart. Der tat alles, was er unternahm, mit einer derartigen Begeisterung und Willenskraft, dass ich nur so staunte. Schon in unserer Handelsschulzeit wurde er nach kurzer Zeit Jugendführer des DHV. Obwohl er kein Kraftmensch war, versuchte er im Turnen die größten Sprünge und dann auch im Beruf. Um weiterzukommen, trat er der Henlein-Partei bei, die später zu den Nazis überging. Hitleruniformen brachten ihn in Trance, so begeisterte er sich dafür.

Obwohl Emsch wegen eines Gehörfehlers beim tschechischen Militär nicht diente, sondern als Sparkassenbeamter arbeitete, meldete er sich nach dem Anschluss freiwillig zur deutschen Wehrmacht. Wir rückten beide zusammen nach Düren im Rheinland ein und von da ab verwandelte sich seine Hingabe in Pech. Während ich aufgrund meiner tschechischen Vordienstzeit dem Bataillonsstab zugeteilt wurde, geriet er in die Maschinengewehrkompanie. Emils Eifer erschien dem rheinländischen Ausbilder überspitzt, sodass der sich sagte: „Wenn der Rekrut vom Drill so begeistert ist, dann soll er ihn auch auskosten, bis er umfällt."

Mein Freund war manchmal so fertig, dass er abends nicht mehr mit mir ausgehen konnte, aber er ließ nicht nach. Im Frankreichfeldzug geriet er in französische Kriegsgefangenschaft und seitdem sah ich ihn nicht mehr. Per Feldpost schrieb er mir, dass ihm nach Beendigung des Frankreichfeldzuges an der vordersten russischen Front von einer Panzergranate die rechte Hand abgeschossen wurde. Seinen Brief hatte er bereits tadellos mit der linken Hand verfasst und mich darin sogar noch ermutigt, auszuharren bis zum Wiedersehen nach einem baldigen Endsieg.

Von Reckis Frau, die ja bis zum Kriegsende daheim war, und von anderen Landsleuten, die ich manchmal traf, erfuhr ich schließlich Emils weiteres Schicksal.

Er blieb unbelehrbar. Er ließ sich auf dem rechten Armstumpf eine künstliche Hand aufsetzen, erwarb eine schwarze Uniform und trat als wehruntauglicher Invalide daheim in Hitlers Waffen-SS ein. Sogar bei Kriegsende trug er noch die Nazi-Montur. Als nach dem Zusammenbruch des Dritten Reiches mit den Russen auch die Tschechen in unsere alte Heimat einmarschierten, wurden die noch vorhandenen Nazis von diesen zusammengefangen und mit Maschinengewehren niedergeschossen. Emil war auch dabei. Er hatte für seine sture Begeisterung schwer gebüßt.

Emils geistig zurückgebliebene Geschwister dürften schon während der nationalsozialistischen Ära in eine Anstalt gesteckt worden sein, denn man hörte nie mehr etwas von ihnen. Seine Eltern überstanden diese schmählichen Zustände und die Aussiedlung der Sudetendeutschen nicht. Emils asthmatischer Vater erblindete und beide Elternteile starben vor Gram sowie Entbehrungen binnen ganz kurzer Frist. Das Einzige, was von Emsch übrig blieb, war seine kleine Tochter, die mit ihrer Mutter von den Tschechen in die deutsche Ostzone vertrieben wurde.

ns im Osten

Im Sommer 1949 erhielten Emma und ich endlich das Visum für die Einreise nach Ostdeutschland. Darauf war genau vorgeschrieben, dass wir die dortige Grenze bei Bad Schena, also in der böhmisch-sächsischen Schweiz überschreiten müssten. Aus diesem Grunde benötigten wir auch ein Durchreisevisum durch die Tschechoslowakei und das bekamen wir nur für die Hinfahrt. Auf unsere Frage, wie wir zurückkommen sollten, antwortete der Tscheche beim Konsulat, die Rückfahrgenehmigung müssten wir uns in Berlin besorgen. Das konnte ja lustig werden. Das hieß nämlich, dass wir nur mit einem riesigen Umweg von Zwickau in Sachsen über Berlin heimreisen dürften. Das wäre sehr umständlich und teuer. Wir entschlossen uns aber trotzdem dazu, weil wir schon so große Sehnsucht nach unseren Eltern verspürten, die ich seit neun Jahren nicht mehr gesehen hatte, und wie lang würden sie wohl noch leben.

Nachdem alle Formalitäten erledigt waren, bestiegen wir auf dem Franz-Josefs-Bahnhof einen Zug, der über Gmünd, Prag und Dresden nach Ostberlin fuhr. Geldwechsel gab es nur an den Grenzen. Tschechisches Geld brauchten wir nicht, weil wir Proviant dabei hatten und während der Durchreise durch die Tschechei sowieso nicht ausstiegen.

Nach einer eingehenden Grenzkontrolle in Gmünd betraten Eisenbahner unser Abteil, die vom Dienst nachhause fuhren. Diese unterhielten sich tschechisch in einer entspannten Feierabendstimmung. Ich verstand alles. Einer beklagte sich über sein Rheuma, einer typischen Lokomotivführer-Krankheit, und als er hörte, dass wir Deutsch sprachen, versuchte er, mit sehr lückenhaften Deutschkenntnissen mit uns ins Gespräch zu kommen. Ich erzählte ihm, dass unser Nachbar in Wien auch Lokomotivführer sei und seine Frau vertreibe ihm die Rheumabeschwerden damit, dass sie ihm die schmerzende Haut mit Brennnesseln auspeitschte, ein altes Naturheilmittel. Der Tscheche verstand aber das Wort Brennnessel nicht. Da sagte meine Schwester: „Erklär ihm das tschechisch. Du kannst es doch eh!"

Es fiel mir zufällig noch ein: „Koprivy!", rief ich. Da ging ein Leuchten über das Gesicht meines Nachbarn und er sprach zu seinen Kollegen: „Habe ich nicht immer gesagt, dass jeder zweite Wiener Tschechisch kann?" Ich ließ ihn nicht wissen, dass ich aus Deutschböhmen stammte. Das gehörte nicht zur Sache, denn ich wollte in kein politisches Gespräch verwickelt werden.

Von Bodenbach im Elbsandsteingebirge fuhren nur noch zwei Wagons weiter, denn die grenzüberschreitenden Passagiere konnte man an den Fingern abzählen. So wenige waren geblieben. In der ostdeutschen Grenzstation Bad Schena wurden zuerst die Reisepässe eingesammelt. Dann mussten alle Passagiere aussteigen und sich in den Warteraum des kleinen Bahnhofes begeben. Dort saß ein Mann in russischer Uniform hinter einem Schreibtisch und kontrollierte genauestens alle Pässe. Unter den Anwesenden entdeckte nun meine Schwester den berühmten Operntenor Helge Rosvaenge, der wahrscheinlich zwischen Wien und Berlin berufsmäßig pendelte und sich auch diesen Prozeduren unterwerfen musste.

Nach fast einer Stunde erhielten wir die Pässe zurück und durften den Zug wieder betreten. Nun erschien eine Frau mit einem sogenannten Bauchladen und bot uns Ostmark zum Umwechseln an. Dann ging es erst weiter. In Dresden stiegen wir nach Zwickau um. Die Fahrt dauerte ziemlich lang und wir waren froh, als wir endlich dort ankamen. Die Stadt sah sehr schmutzig aus. Das war unser erster Eindruck. Der Staub lag oft zentimeterhoch auf den Straßen. Mit einem Autobus fuhren wir nach Planitz, wo wir uns zu den Eltern durchfragten.

Vater und Mutter freuten sich riesig, als sie uns sahen und Schwester Mantschi geriet richtig aus dem Häuschen. Sie kamen mir alle gar nicht sehr gealtert vor. Nur Vater verwechselte mich mit meinem Bruder und nannte mich immer Erich. Spurlos dürften die Ereignisse doch nicht an ihm vorübergegangen sein. Müde erschienen mir unsere Eltern und Vater konnte überhaupt nicht mehr weit laufen. Mutter jammerte immer, wie es wohl dem Karl gehen mochte? Dabei ging es dem bestimmt besser als ihr.

Meine Lieben bewohnten zwei Zimmer in einem kleinen, alten Haus mit Vorgarten. Es kam mir recht heimelig vor, fast wie in der alten Heimat, und ich glaube, sie hatten sich auch schon daran gewöhnt, an die neue Situation. Eines hielt sie nämlich moralisch hoch. Es kamen jeden Tag Landsleute auf Besuch, denen das gleiche Schicksal widerfahren war. Man sprach über alte Zeiten, und das war schön.

Ich ging manchmal zur Greißlerin einkaufen, aber es gab nicht viel und nur auf Marken. Butter war tagelang nicht einmal gegen Lebensmittelmarken zu haben. Plötzlich konnte ich gleich zwei Päckchen bekommen, aber Mutter besaß ja keinen Kühlschrank, um sie darin länger aufzuheben. Sie hatten alle ihr liebe Not! Da war es bei uns schon besser geworden.

In der Stadt kaufte ich mir einen Feldstecher. Den bekam ich dort viel billiger als bei uns, aber auf der Heimfahrt versteckte ich ihn, denn die Ausfuhr hatte man nicht erlaubt.

Nur allzu bald hieß es wieder Abschied nehmen. Wir fuhren einen Tag früher weg, denn wir mussten doch erst nach Berlin, um dort die Rückreiseformalitäten zu erledigen. Der Weg nach Berlin wäre schon die halbe Heimreise gewesen. So einen riesigen Umweg mutete man uns zu. In Ostberlin angekommen, fragten wir uns zur Passstelle der Volkspolizei durch. Als wir das Amt endlich fanden, gewahrten wir dort gute hundert Personen, die sich angestellt hatte, die Menge reichte vom Hauseingang bis in den Garten heraus. Das sah aus wie eine Belagerung und alle warteten auf die Genehmigung von Auslandsreisen. Uns blieb beinahe das Herz stehen vor Schrecken, denn es ging überhaupt nichts weiter. Wir sahen uns schon da irgendwo übernachten. Ich fragte einen Aufsichtsbeamten, wann wir da wohl drankämen und zeigte ihm unsere österreichischen Pässe. Zu unserer freudigen Überraschung sagte der: „Ausländer müssen nicht warten. Kommen Sie mit!" In wenigen Minuten stempelte uns ein Angestellter die Ausreisevisa ein, mit dem Vermerk: „Marschrute Bad Schena."'

Nun brauchten wir aber noch die Durchreisevisa für die Rückfahrt durch die Tschechoslowakei. Zu diesem Zwecke verwies man uns an den tschechischen Handelsattaché in Berlin und dieser sagte uns: „Lassen Sie Pässe da und kommen Sie in einer Woche wieder."

Uns stellten sich die Haare auf: „Was dauert denn da so lang?", rief ich.

Der Attaché antwortete in schlechtem Deutsch: „Ich muss die Visa in Prag ausstellen lassen und bekomme sie nicht unter einer Woche!"

„Aber mein Urlaub ist zu Ende. Ich muss doch meinen Dienst antreten!", erwiderte ich. „Sie sehen doch, dass ich das deutsche Ausreisevisum auch sofort erhalten habe!"

„Tut mir leid. Hier ist keine tschechische Botschaft und ich darf den Sichtvermerk nicht selbst ausstellen."

Wir standen ratlos da. Was sollten wir nun tun? Da kam mir eine Idee. Es gab trotz aller Sperren, die man den eisernen Vorhang nannte, noch eine einzige Verbindung nach Westberlin. Das war die U-Bahn. Also riet ich meiner Schwester:

„Komm, wir versuchen unser Glück bei der interalliierten Kommission in Westberlin. Aufgrund meiner Anstellung bei den Amis in Wien, müsste dort etwas zu machen sein. Die können uns vielleicht helfen."

Gesagt, getan. Wir erreichten ziemlich rasch das Gebäude, in dem alle vier Besatzungsmächte ihre Kontrolltätigkeit über die Berliner ausübten. Gott sei Dank war der Dienst habende Offizier zur Zeit kein Russe. Es war auch kein Amerikaner, sondern eine fesche Französin in schicker Uniform. Dieser erklärte ich unsere Notlage und sie sagte darauf:

„Gehen Sie eine Stunde spazieren. Ich werde versuchen, über die Militärleitung Ihre amerikanische Dienststelle in Wien telefonisch zu erreichen. Wenn mir Ihre Angaben von dort bestätigt werden, können Sie die Genehmigung für eine Fahrt durch Westdeutschland abholen."

Tatsächlich hatten wir in einer Stunde unsere Visa für die Rückkehr über den Westen. Nun mussten wir aber wieder zurück nach Ostberlin, denn wir konnten nur mit einem ostdeutschen Zug zur Zonengrenze gelangen. Wir erreichten noch den letzten Abendzug Richtung Hof in Bayern. Nach etlichen Stunden kamen wir wieder durch Zwickau in Sachsen, wo wir am frühen Morgen unsere Lieben verlassen hatten. Die schliefen sicher schon längst und hatten keine Ahnung, was wir inzwischen erlebten, während wir nach Plauen im Vogtland weiterdampften.

Der Zug fuhr jedoch nicht nach Hof, sondern nur bis zur Zonengrenze, wo ein kleiner Bahnhof, mit Stacheldraht nach einer Seite abgesichert war und von der Volkspolizei stark bewacht wurde. Das Gelände erschien von Scheinwerfern grell beleuchtet. Auf der anderen Seite stand ein leerer Zug, der uns wahrscheinlich weiterbringen sollte, aber zuerst mussten wir alle in das kleine Stationsgebäude zur Grenzkontrolle. Wir wurden langsam an einem Schalter vorbeigeschleust, hinter dem ein Volkspolizist saß, der die Pässe ansah. Es war schon lang nach Mitternacht. Der Vopo blätterte unsere Dokumente ganz genau durch, und als er die Visa las, wurde er plötzlich stutzig. Er zeigte die Pässe einem hinter ihm stehenden russischen Soldaten und der sagte: „Nix gut, zurück!"

Nun erklärte uns der Beamte, dass wir Ostdeutschland laut Visavermerk nur über Bad Schena verlassen dürfen und hier sei nicht Bad Schena. Ich glaube, es hieß hier „Juchhöh", aber zum Juch-He-Jubeln war uns nicht zumute.

Wir waren entsetzt und verteidigten uns damit, dass das ein Irrtum sein müsse, denn unsere Durchreiseerlaubnis laute über die Westzone nach Bayern, jedoch unser Protest half leider nicht. Der Russe hatte bereits einen Wachtposten herbeigerufen und dieser eskortierte uns mit aufgepflanztem Bajonett zurück zu demselben Zuge, mit dem wir hierher gelangt waren. Unter Bewachung mussten wir wieder da einsteigen, wo wir vorher ausgestiegen waren. Der Posten ließ kein Auge von uns, bis der Wagon wieder zurückrollte, wo er hergekommen war.

Jetzt war guter Rat teuer. Was sollten wir tun? Wir fuhren ja schon wieder nach Zwickau statt nach Wien. Da fassten wir einen raschen Entschluss. Schließlich war uns schon alles egal. Wir stiegen einfach bei der nächsten Haltestelle aus. Der Zug fuhr weiter und wir standen im Dunkel. Ein ungewisser Tag begann zu grauen. Wir wollten uns schwarz über die Grenze wagen. Am verblassenden Polarstern erkannten wir gerade noch, wo Norden war, und im Osten färbte sich der Himmel langsam hell. Wir mussten uns meiner Schätzung nach nach Süden wenden, denn so viel ich wusste, zog sich die Zonengrenze vom Elstergebirge im Osten zum Thüringerwald im Westen.

Zuerst packten wir die schweren Sachen aus unseren beiden Koffern in einen Rucksack, den uns Mantschi glücklicherweise mitgegeben hatte. Dadurch entlasteten wir unsere Arme und begannen etwas erleichtert einen Querfeldeinmarsch, vermeintlich zur Grenze nach Süden. Wo Wald war, benutzten wir diesen als Deckung. Nach einiger Zeit erreichten wir eine große, leicht abfallende Wiese, an deren unterem Ende ich rein instinktiv einen kleinen Grenzfluss vermutete. Wir hatten bisher keinen Menschen gesehen, doch plötzlich schrillte hinter uns am Waldrand ein greller Pfiff aus einer Signalpfeife. Als wir uns zu Tode erschrocken umdrehten, sahen wir einen Volkspolizisten mit einem Polizeihund auf uns zukommen. Wir blieben natürlich ganz verdattert stehen, denn wir wollten uns doch keiner weiteren Gefahr aussetzen. Der Mann hätte schließlich auf uns schießen können! Als er uns erreichte, fragte er: „Wo wollt ihr komischen Vögel denn hin?"

Wir antworteten schlicht und einfach: „Nach Hof!", und meine Schwester fügte noch ganz unschuldig dazu: „Da geht's doch nach Hof? Wir sind doch wohl in Bayern?

Nun fing der Vopo laut zu lachen an und sagte: „Nein, ihr seid hier im Vogtland und so einfach geht das nicht. Haben Sie Papiere?"

Wir reichten ihm unsere Pässe, die er sofort einsteckte, und dann forderte er uns auf, ihm zu folgen: „Ich muss noch meine Runde fertig machen und ihr geht mit. Ich bringe euch dann zur Wachstube in Hirschberg."

Also was blieb uns übrig? Wir gingen neben dem Streifenposten her, wieder durch Wald und Wiesen, ich mit einem Rucksack und zwei Koffern bepackt. Meiner Schwester war das Reden vergangen. Nach einiger Zeit erreichten wir einen Ort und betraten ein Gebäude, über dessen Eingang stand: „Bezirksgericht".

Dort befand sich die Wachstube der Volkspolizei, wo wir auf zwei Sesseln Platz nehmen durften. Unser Begleiter legte die Reisepässe auf einen im Raum befindlichen Schreibtisch und rief von nebenan einen Kollegen, mit dem er eine Weile leise sprach. Dann wurden wir von beiden in den Flur geführt zu einer großen eisernen Gittertür, hinter der sich ein Stiegenaufgang befand. Nun merkte ich erst, dass der zweite Wachebeamte außer einer Pistole einen großen Schlüsselbund an seinem Koppel hängen hatte. Das war ein Gefängniswärter. Der sperrte nämlich mit einem seiner vielen Schlüssel die Tür auf und führte uns die steinerne Treppe hinauf in den ersten Stock. Dort schleuste er uns durch ein zweites Gitter und nun vernahmen wir ein Gewirr vieler Stimmen, die mehr oder weniger laut erklangen und aus zahlreichen links und rechts eines langen Ganges gelegenen Türen hervortönten. Die meisten riefen: „Wann lasst ihr uns endlich heraus? Wir sind doch keine Verbrecher!" und einer schrie: „Jetzt sitze ich schon vier Wochen hier und weiß gar nicht warum!"

Emma wurde weiß im Gesicht wie eine Kalkwand, als der Wärter die nächste Tür aufschloss und uns in einen kleinen, düsteren Raum hineinbuchsierte. Während wir beide unter einem winzigen Gitterfenster erschöpft auf eine hölzerne Liegepritsche niedersanken, sperrte uns unser Begleiter wortlos ein und ließ uns da sitzen, in einer regelrechten Gefängniszelle des Bezirksgerichts.

Wir hörten noch, wie sich seine Schritte langsam entfernten, unterbrochen von den nun gedämpften Rufen vieler Stimmen: „Lasst uns raus! Lasst uns raus!" Erst als in der Ferne das schwere Gitter ins Schloss fiel, trat Ruhe ein, eine unheimliche Stille.

Wir waren verzweifelt und wussten nicht mehr, was wir denken sollten. Ich hatte ja in dieser Beziehung schon vieles mitgemacht, aber in einer Verbrecherzelle war ich vorher noch nie gesessen. Meine Schwester befand sich einer Ohnmacht nahe und ich versuchte, sie zu trösten. Die Zeit stand still und nun verschwand aus dem kleinen Fenster an der kahlen Wand über uns auch noch der letzte Sonnenstrahl. Dafür flammte an der Decke unseres primitiven Verlieses das fahle Licht einer Glühbirne auf. Nun bemerkten wir erst, dass in der vorher finstersten Ecke hinter unserer Pritsche ein Kübel stand, der wahrscheinlich der Notdurft diente. Daran hatten wir noch gar nicht gedacht. Uns war alles vergangen. Aber so konnte es doch nicht bleiben! Niemand kümmerte sich um uns. Gott sei Dank hatten wir noch etwas zum Knabbern, um den ärgsten Hunger zu stillen.

Beim Zellenfenster drang kein einziger Lichtstrahl mehr herein, als wir von ferne Schlüsselrasseln hörten. Dann vernahmen wir, wie das große, eiserne Gitter geöffnet und geschlossen wurde. Die Stimmen hinter den Zellentüren überschlugen sich wieder. Es erschallte das Geräusch von Schritten, die vor unserer Tür Halt machten. Der Aufseher öffnete und hieß uns mitzukommen. Er führte uns vorbei an den anderen Zellentüren, durch die die erschütternsten Klageschreie drangen. Dann, oberes Gitter aufgesperrt, zugesperrt, Stiege hinunter, untere eiserne Tür aufgesperrt und zugesperrt. Nun wurden wir wieder in das Zimmer geführt, in dem uns der Streifenposten zuerst abgesetzt hatte. Hinter dem Schreibtisch saß ein Offizier der Volkspolizei und blätterte in unseren Pässen, ohne uns zu beachten. Nach einer Weile sagte er jedoch: „Na, was machen wir denn mit euch Wiener Blut?!"

Wir erzählten ihm unsere Geschichte. Daraufhin fing er an zu lachen und sprach:

„Entschuldigen Sie, dass Sie da oben ein paar Stunden brummen mussten. Ich war nämlich bei einem Fußballspiel, denn heute ist Sonntag, und ich wusste nichts von dieser Sache. Das kann doch nur ein Irrtum sein, dass Sie nach Bad Schena an der tschechischen Grenze fahren sollen, wenn Sie das Durchreisevisum über den Westen besitzen. Diese Angelegenheit werde ich ganz kurz in Ordnung bringen."

Der Offizier rief einen Wachtposten und befahl diesem: „Führen Sie die beiden hinunter zur Saale und lassen Sie sie dort über die Grenze gehen!"

Dann reichte er uns die Pässe, die er mit einem Kontrollstempel versehen hatte, und wünschte noch eine gute Reise.

Draußen war es bereits stockdunkel, als uns der Mann mit geschultertem Gewehr durch eine schmale Gasse bergab geleitete. Nach einer Weile gelangten wir zu einem kleinen Flüsschen, das wohl die Grenze bildete, aber wir sahen keine Brücke. Nur ein dicker, viereckiger Balken reichte von einem Ufer zum anderen und der Soldat sagte: „Da können Sie hinübergehen, dann sind Sie in Bayern."

Zuerst bekamen wir einen neuen Schrecken, denn hinter dem gefährlich schmalen Steg herrschte vollkommene Finsternis, aber dann wagten wir doch das letzte Abenteuer unseres Besuches im Osten. Ich balancierte über den Pfosten wie ein Seiltänzer. Ein Koffer links und einer rechts hielten mich im Gleichgewicht und hinter mir klammerte sich Emma, obwohl alte Bergsteigerin, an meinen Schultern fest, denn unter uns floss die Saale.

Auf der anderen Seite ließen wir zuerst einmal einen Stoßseufzer zum Himmel, auf dem wir die Sterne glitzern sahen. Aber sonst sahen wir nichts. Erst als wir uns ein wenig an die Dunkelheit vor uns gewöhnt hatten, bemerkte ich in einiger Entfernung einen Funken. Glühwürmchen gab es hier zu dieser Zeit bestimmt nicht. Vielleicht war es eine Zigarette. Wir tasteten uns jedenfalls langsam in dieser Richtung voran, bis wir die Umrisse eines Mannes entdeckten, der an einen Baum gelehnt eine Zigarette rauchte. Diesen fragten wir nun, ob es in der Nähe ein Gasthaus gäbe, in dem wir übernachten könnten, und er antwortete: „Wenn Sie eine Weile Geduld haben, dann führe ich Sie zum nächsten Dorfwirtshaus. Ich warte nur noch auf meine Frau, die von drüben aus der Arbeit kommen soll."

Wir unterhielten uns solange mit dem Herrn und der beklagte sich, was die ostdeutschen Grenzer jetzt für Schwierigkeiten machen würden, wogegen es im Westen gar keine Kontrollen gäbe. Man traue sich kaum noch hinüber. Nun sahen wir den Schatten der Frau über den Steg herankommen. Die beiden führten uns ins nächste Dorf, das wir bald erreichten. Im dortigen Gasthaus erzählten wir dem Wirt, wo wir herkamen und dass wir bei ihm übernachten möchten, aber keine Westmark besäßen, ob wir in Schilling bezahlen könnten. Darauf antwortete der:

„Das geht in Ordnung. Ich weiß zwar nicht, was der Schilling wert ist, aber esst euch erst mal tüchtig an! Ihr habt doch sicher Hunger? Jeder hat Hunger, der von drüben kommt, Hunger nach Brot und Freiheit."

Nachdem wir so gut gegessen hatten wie schon lange nicht, legten wir uns in die frisch gemachten Betten und fielen sofort in einen tiefen Schlaf.

Morgens wartete schon der Wirt mit dem Frühstück auf uns und sagte:

„In einer Stunde fährt ein Autobus direkt nach Hof zum Bahnhof. Da habt ihr das Fahrgeld, damit ihr keine Schwierigkeiten bekommt. In Hof erreicht ihr auch den nächsten Zug nach Regensburg."

Wir fühlten uns wieder ordentlich wohl im Freistaat Bayern und bezahlten unser Zeche, wie wir es für richtig hielten. So ein freundliches Entgegenkommen hatten wir gar nicht erwartet, und man winkte uns Österreichern sogar noch nach.

Unsere Bahnkarten hatten wir schon in Berlin bis nach Wien gelöst. Also brauchten wir uns nur in den Zug zu setzen und weiterzufahren. In Regensburg fanden wir sofort Anschluss an einen D-Zug nach Wien, das heißt, der fuhr von Regensburg bis Passau durch, ohne anzuhalten. Dafür verlangte der Schaffner aber von uns einen Zuschlag in DM-West. Nachdem wir ihm sagten, die hätten wir leider nicht, erwiderte er:

„Dann erlasse ich Ihnen halt diesen Express-Aufschlag, denn vor Passau kann ich Sie sowieso nicht mehr aussteigen lassen und ab dort fährt der Zug wieder normal."

Von nun an ging alles wie geschmiert. Die Zollformalitäten fanden während der Fahrt im Zuge statt. Wir brauchten nur unsere Pässe herzuzeigen und keinen Koffer zu öffnen.

Schwager Rudolf erschien uns ganz verdattert, als wir daheim ankamen. Er dachte schon, er würde uns nie mehr wieder sehen. Als ich einen Tag verspätet meinen Dienst antrat, meinte der Chef lachend: „Wie kann man auch über die Tschechoslowakei nach Deutschland fahren!"

Den Mädchen im Büro musste ich jedoch meine Erlebnisse im Osten ausführlich erzählen, auch einer Arbeitskollegin namens Rosl, mit der ich mich übrigens vor einem Jahr schon näher befreundet hatte. Das war eine zarte Person und mir gefiel das Zierliche an ihr. Ihre Eltern versahen einen Hausmeisterposten und besaßen einen lieben, kleinen Dackel, von dem mir meine Freundin meistens erzählte, falls wir manchmal nach Büroschluss gemeinsam zum Heurigen gingen. Da war es immer sehr lustig und wenn ich die Kleine am Abend nachhause begleitete, drückte sie sich beim Abschied so vehement an mich, dass mir beinahe die Sinne schwanden, aber nicht nur da. Als ich sie jedoch eines Tages mit meiner Schwester bekannt machen wollte, sagte diese: „Die brauchst mir gar nicht vorstellen. Ich habe schon von Hilda erfahren, was das für eine Person ist. Die passt nicht zu dir."

Hilda, das war die Sekretärin, durch die mir Emma die Arbeitsstelle verschafft hatte. Die beiden brachten es wirklich fertig, mir das Mädel auszureden, und ich sollte dann auf den richtigen Geschmack gebracht werden.

Im Fasching kam mein Schwager mit zwei Ballkarten an, die er anscheinend vom Gebirgsverein hatte. Meine Schwester ging nicht mit zum Tanzen, weshalb ich dazu eingeladen wurde. Schwager Rudolf war ein prima Kerl, sodass ich ihn auch sehr gern begleitete. Es gab einen Dirndlball, der mich an den seinerzeitigen Bauernball des Männerturnvereins in Prag vor dem Kriege erinnerte. Damals musste ich zur Eröffnung vortanzen, wobei mir eine ziemlich gewichtige Partnerin zugewiesen wurde, die ich stemmen und dabei noch Juch-He rufen sollte, aber ich brachte sie ob ihrer Schwere nicht weiter, als sie selber hüpfen konnte. Daran dachte ich, als mir Rudolf eine an unserem Tisch sitzende jüngere Bekannte vorstellte und mich ermutigte, mit ihr recht fleißig zu tanzen. Gott sei Dank hatte ich diesmal keinen Eröffnungstanz vorzuführen, denn meine Tischnachbarin kam mir genauso massiv vor wie seinerzeit meine Partnerin beim Bauernball. Natürlich konnte ich sie nicht sitzen lassen und tanzte öfter mit ihr, aber beim Walzer kamen wir kaum um die Runden und sie war noch schüchterner als ich, sodass es zu keinem Gespräch kam.

Am nächsten Tag fragte mich meine Schwester, wie mir das Mädel gefallen habe, sie wäre eine gute Partie, denn sie bekäme von ihrer Tante eine Zweizimmerwohnung. Wenn wir uns zusammentäten, könnte ich vielleicht unsere Eltern herkommen lassen und in einem der beiden Zimmer unterbringen.

Zuerst war ich baff. Dann stellte ich mir vor, dass so ein Plan bestimmt nicht gut ginge, und ließ die Sache einschlafen.

Da trat jene Familie auf den Plan, bei der ich aus Sicherheitsgründen polizeilich gemeldet war. Deren Tochter Anni, selbst bereits verehelicht, hatte im Hause eine Bekannte, zu der regelmäßig eine angeblich liebe, nette und brave Freundin kam, die aus guter Familie stamme und, so wie ich, noch immer ledig sei. Ihr Vater sei pensionierter Amtsrat und ihre Mutter kränklich, aber sie hätten eine schöne Wohnung. Dieses Fräulein wollten sie mir einmal vorstellen. Die machten mich neugierig und so wurde ein Ausflug in den Lainzer Tiergarten vereinbart.

Die mir Vorgestellte erweckte einen sehr guten Eindruck. Sie war genauso zart und zierlich wie die Rosl vom Büro, aber eigentlich viel hübscher. Sie hieß Elfi und konnte lustig erzählen. Das gefiel mir. Anscheinend sagte ich ihr auch zu, denn als wir uns nach der Wanderung alle voneinander verabschiedeten, äußerten wir beide gemeinsam den Wunsch, einander wieder zu treffen, nur vereinbarten wir noch keine Zeit, denn unser Kennenlernen fand ausgerechnet knapp vor meinem bereits gebuchten Urlaub nach Rauris statt.

Ich schrieb Elfi natürlich Grüße vom Lande in der Hoffnung, sie nach meiner Rückkehr zu sehen. Alls ich jedoch in Wien eintraf, kam wieder etwas dazwischen. Das ostdeutsche Visum war da und ich musste mit meiner Schwester die bereits beschriebene Reise zu unseren Eltern nach Zwickau in Sachsen antreten.

Nach so vielen Zwischenfällen dachte ich schon, dass aus dieser Bekanntschaft erneut nichts würde und ich eben kein Glück hätte bei Frauen, aber das stimmte doch nicht. Elfi gefiel mir nicht nur, sie wollte mich doch auch wiedersehen und als ich nach meiner abenteuerlichen Rückkehr aus Ostdeutschland einen Brief vorfand, in dem sich Elfi für meine Urlaubsgrüße bedankte sowie nochmals der Hoffnung auf ein Wiedersehen Ausdruck verlieh, machten wir uns sofort ein Rendezvous aus.

Nachdem ich schon von meiner Bürokollegin auf Heurigenbesuche trainiert war, lud ich meine neue Bekannte zu einem solchen ein. Als praktischsten Treffpunkt vereinbarten wir die Stadtbahnstation Josefstädterstraße. Ich fuhr dort vorbei und sie hatte nicht weit hin. Als ich von der Straßenbahnlinie achtzehn umstieg, stand Elfi schon parat. Nach einer freudigen Begrüßung fuhren wir gleich weiter nach Grinzing.

Ich entschuldigte mich, dass ich mich so lange nicht blicken ließ, und war froh, von meinen abenteuerlichen Reisen so viel spannenden Gesprächsstoff mitgebracht zu haben, denn ansonsten war ich schüchtern. Aber ich brauchte mich gar nicht sonderlich anzustrengen, denn meine Begleiterin konnte ohnehin viel besser erzählen als ich.

Wir unternahmen zuerst einen kleinen Ausflug im Wienerwald, wo ich mich aufgrund früherer Wanderungen mit Schwester und Schwager schon gut auskannte, und zum

Abschluss kehrten wir beim Heurigen ein. Elfi hatte von ihrer Mama ein Jausenpaket mitbekommen, sodass ich nur noch den Wein dazu bestellen brauchte.

Das praktizierten wir nun jedes Wochenende, denn so konnten wir in einer gemütlichen, lauschigen Atmosphäre unsere Gedanken austauschen. Elfi erzählte mir, dass ihr Papa sie nach dem Besuch der Handelsschule als Kanzleikraft im Landesgericht hätte unterbringen können. Sie wollte aber nicht als Protektionskind angesehen werden, sondern trat lieber in das Wiener Büro einer deutschen Elektrodenfabrik ein, was sich dann allerdings als die schlechtere Wahl herausstellte. Die beiden Chefs waren Nazis und Elfi fühlte sich sehr ausgenützt, aber sie hielt sieben Jahre durch, denn der Betrieb galt als kriegswichtig und bei einer Kündigung ihrerseits hätte man sie wahrscheinlich zwangsweise als Wehrmachtshelferin nach Polen versetzt!

Die anfangs bei vielen vorhandene Begeisterung für ein Großdeutsches Reich ging überhaupt bald in lauter Zwangsmaßnahmen unter. Als Elfi jedoch eine Einberufung als Hilfsschwester zum Roten Kreuz erhielt, ging sie schon am nächsten Morgen hin und wurde sofort eingestellt. Erst als das fix war, sagte sie ihrem alten Chef, dass sie nicht mehr kommen könne. Der wurde fuchsteufelswild, dass er eine Arbeitskraft zum Schikanieren verlor, und sträubte sich dagegen, aber es half ihm nichts mehr.

Elfi gefiel es dagegen als Krankenschwester sehr gut. Obwohl sie oft schreckliche Verwundungen ansehen musste, so tat sie doch zumindest etwas menschlich Nützliches. Als die Russen 1945 Wien eroberten, floh sie heim, wo sie dann auch blieb und ihren Eltern im Haushalt half, weil ihre Mutter gehbehindert war.

Dieses und vieles andere waren die Gesprächsthemen bei unseren Zusammenkünften. Elfi war immer die Erste am Treffpunkt und als ich ihr einmal zuvorkommen wollte, stand sie auch schon da, also eine in Pünktlichkeit außergewöhnliche Frau. Bevor wir irgendwo einkehrten, fanden wir immer neue, idyllische Wegerln. Auch ein Friedhofspfad erschien uns romantisch und nachdem wir keine Toten zu beklagen hatten, fanden wir uns sogar zu Allerheiligen beim Wein. Man konnte nicht mehr im Garten sitzen, denn der Abend wurde schon kühl, aber auch im Lokal waren wir beide die einzigen Gäste. Da fiel uns überhaupt erst ein, dass heute die Menschen trauerten. Wir wären auch wieder weggegangen, wenn uns nicht die vier Schrammelmusikanten nachgerufen hätten: „Bitte, die Herrschaften, bleibt's doch da! Für wen sollen wir denn sonst spielen?"

„Warum auch nicht?", dachte ich mir. Schließlich konnten wir uns das schönste Winkerl aussuchen und die Musiker spielten nur für uns zwei. Sie standen fast den ganzen Abend vor unserem Tisch und der Geiger bat immer wieder: „Bitt' schön, gnä' Frau, sagen's uns, was Sie am liebsten hören. Für Sie spielen wir alles, auch für den gnä' Herrn Baron!"

Die brachten uns die schönsten Weisen ohne Unterlass. Wenn einem da nicht die Liebe einschießen sollte, wann sonst? Also fragte ich Elfi, ob sie meine Frau werden wolle und sie sagte freudig zu. Schließlich hatten wir nach meiner fast zweimonatigen Abwesenheit während unserer darauffolgenden Rendezvous zunehmenden Gefallen aneinander gefunden. Fürs nächste Mal lud mich Elfi nachhause ein, um mich ihren Eltern vorzustellen, die mir sehr gut gefielen. Als ich diese bei der Gelegenheit um die Hand ihrer Tochter bat, herrschte eitel Wonne in der Familie. Es gab eine gute Jause und wir dachten uns aus, dass wir voraussichtlich im kommenden Frühjahr heiraten könnten.

Ich meldete mich bei einer Baugenossenschaft an, um zu einer Wohnung zu gelangen. Die Stadt Wien baute zwar Gemeindewohnungen, aber die erhielt man nur, wenn man schon einige Kinder besaß und sich womöglich außerdem noch durch politische Betätigung beliebt machte. Da blieben uns nur Genossenschafts- oder Eigentumswohnungen zur Wahl. Diese kosteten allerdings sehr viel Geld und mussten auch erst gebaut werden. Demnach wurden wir uns einig, dass ich nach der

Hochzeit einfach mit zu Elfi in ihr Kabinett zöge. Dort stand ohnehin vor dem Messingbett noch eine Ottomane und wie heißt es so schön: „Platz ist in der kleinsten Hütte für ein liebend Paar!"

Ich hatte übrigens schon seit Längerem das Gefühl, meines Schwagers Schwestern würden darüber tuscheln, dass ich ihren Bruder ausnütze und ihm zur Last falle, indem ich praktisch umsonst dort wohnte und von seiner Frau, vielmehr meiner Schwester, ausgefüttert werde. Deshalb dachte ich bereits seit einiger Zeit ans Heiraten, aber ich wollte mir natürlich meine Wahl nicht vorschreiben lassen. Liebe musste schon dabei sein und, damit man mir nicht mehr so leicht dazwischenfunken konnte, berichtete ich Emma erst, als ich Elfi mal mitbrachte, dass wir uns verlobt hätten. Das kam meiner Schwester natürlich zu überraschend, weshalb sie nachher fast empört ausrief: „Das hättest du uns aber schon vorher sagen können!"

Anscheinend sollte ich andere Pläne erfüllen, die sich Emma selbst nicht zumutete. Aber das, was sie mir nach dem Dirndlball, im letzten Fasching nahegelegt hatte, nämlich jemanden zu heiraten, der meine ganze Familie bei sich unterbrächte, war gar nicht vorstellbar. Es heißt auch so schön, man heirate die Familie mit.

Schließlich schien sich alles einzulenken. Die stimmungsvolle Heurigenzeit war zwar für uns wegen der zunehmenden Kälte vorbei. Dafür ging ich öfter zu Elfi, um mit ihren Eltern näher bekannt zu werden. Ihr Vater war wirklicher Amtsrat in Pension, ein sehr seriöser Mensch mit einem Anflug von Misstrauen, das er sich anscheinend bei Gericht durch den berufsmäßigen Umgang mit Gaunern und Verbrechern zu eigen gemacht hatte. Die Mama entpuppte sich als liebenswürdige Brünnerin, die mit Begeisterung kochte. Sie saß manchmal schwitzend stundenlang am Gasherd und Papa reichte ihr alles, was sie brauchte, denn wegen ihres kranken Beines konnte sie nicht ständig aufstehen. Dieses war nämlich doppelt so dick wie das andere und von gestocktem Blut ganz blau. Übrigens sollte Mama sowieso blaues Blut haben, denn ihr Vater stammte angeblich aus einem Adelsgeschlecht von Onz. Er hatte in Brünn eine Druckerei besessen und schenkte seiner Gattin elf Kinder, worauf er starb.

Elfis Papa sagte, das sei eine Unverschämtheit gewesen, einer Frau so viel Kinder anzuhängen und dann einfach zu sterben. Von seinem eigenen Vater berichtete er mir, der wäre als Militärkapellmeister durch die österreichisch-ungarische Monarchie gezogen, so eine Art böhmischer Musikant mit großem Orchester, bis er sich in Wien niederließ. Von dem dürfte Papa auch ein musikalisches Talent geerbt haben, denn er spielte wunderbar auf der Zither. So verbrachten wir schöne Abende.

An manchen anderen Tagen kam Elfi zu uns. Emma schien sich an sie zu gewöhnen. Schwager Rudolf wurde dann immer sehr lustig und trieb seine Späße mit uns. Auch Spaziergänge unternahmen wir manchmal gemeinsam. Ansonsten ging ich sehr oft mit meiner Lieben ins Kino. Im Fasching veranstalteten meine Quartiergeber einen kleinen Hausball und dann fingen wir schon bald an, unsere Hochzeit zu planen, sowie alles, was sonst noch damit zusammenhing.

Zuerst dachten wir beide daran, ganz still und allein in einem kleinen Urlaubsort zu heiraten und anschließend eine Flitterwoche dort zu verbringen, aber dann meinte Elfi, das könnten wir ihrer Mutter nicht antun, die sowieso nirgends hinkäme. Also meldeten wir die Trauung daheim in Ottakring an.

Für unsere Hochzeitsreise schlug ich Spitz in der Wachau vor. Dort hatte ich nämlich mit Schwester und Schwager einen idyllischen Osterurlaub verbracht, der mir noch stark in Erinnerung geblieben war. Ich kann heute noch lachen, wenn ich daran denke, dass wir damals, aufs Geradewohl natürlich, nur ein ganz primitives Häuslerzimmer zum Übernachten fanden. Die Vermieterin musste zuerst einen ganzen Haufen eingelagerter Äpfel aus den Betten schaufeln, damit sie die Matratzen für uns mit Leintüchern für die Nacht überziehen konnte. Nach einem herrlichen, aber ermüdenden Tagesausflug auf den fast tausend Meter hohen Jauerling schliefen wir wunderbar.

Nur bevor der Hahn noch krähte, gab es einen fürchterlichen Krach. Ich war beim Umdrehen im Schlafe mit dem Bett durchgebrochen, schlummerte aber vor Müdigkeit auf dem Boden weiter.

Nach dem Kirchgang spazierten wir auf der Donaupromenade und kehrten direkt neben der Schiffsstation in Toni Taubers Gasthaus „Zu den zwei Linden" zum Mittagessen ein. Wir aßen auf einer vor der Wirtsstube gelegenen windgeschützten Terrasse. Direkt unter den zwei riesigen Lindenbäumen, die unter Naturschutz standen, weil sie, weithin sichtbar, eines der Wahrzeichen von Spitz darstellten. Direkt vor uns zog der gewaltige, breite Donaustrom vorbei, der nur durch einen als Promenade ausgebauten Treppelweg von uns getrennt war. Direkt neben dem Gasthaus befand sich die in ihrem altösterreichischen Gelb angestrichene Schiffsstation mit dem am äußeren Ende im Wasser schwimmenden Landesteg, über den gerade viele, frohe Touristen auf einem großen, weißen Raddampfer ein- und ausstiegen. Nach einem hellen Glockenzeichen legte das stolze Schiff wieder ab und im Vorbeigleiten grüßte der legendäre Donaudampfschifffahrtsgesellschaftskapitän freundlich zu uns herüber.

Nicht im heißen Süden, sondern da im typischen Niederösterreich wollte ich mit Elfi in die Ehe flittern, denn da würde es uns sicherlich möglich sein, auch in späteren Jahren unseren Hochzeitstag genussvoll zu feiern. Also schrieb ich der Frau Tauber einen Brief und fragte sie, ob ich für zehn Tage ein Zweibettzimmer haben könne, am liebsten wäre mir eines über der Terrasse mit Fenster zur Donau, dessen Reservierung mir die Wirtin auch bald bestätigte.

4.
Im Hafen der Ehe

Unsere Trauung fand am Samstag, den 29. April 1950, statt. Elfi hatte schon vorher die Wohnung auf Hochglanz gebracht. Zum Standesamt brauchten wir nur um zwei Ecken zu gehen. Der Schwiegervater sowie mein Schwager gaben die Zeugen ab und einige Hausnachbarn stellten sich ebenfalls zur Zeremonie ein. Zu Mittag nahmen wir nur einen Imbiss, denn gleich nachher fuhren wir in einem Taxi zur Kirche, dem ersten Gotteshaus aus Stahlbeton in Österreich. Die Schwiegermutter mit ihrem kranken Bein musste das Haus hüten. Dafür nahmen wir die an Arthritis leidende Tante Klara im Auto mit. An der Kirchentür erwartete uns schon Trauzeuge Rudolf und in der Kirche saßen bereits die Nachbarn sowie andere Bekannte und Verwandte. Die kirchliche Feier war kurz und schmerzlos. Es gab auch kein großes Essen. Mit Rücksicht auf die körperliche Behinderung der Schwiegermutter kam es bei dieser nur zu einer festlich erweiterten Kaffeejause. Was der Braut recht schien, war mir billig, denn ich legte viel mehr Wert auf die nachher folgende Hochzeitsreise. Zuerst gab es allerdings einen guten Kaffee mit Schlagobers und eine Hochzeitstorte vom Zuckerbäcker Seidl aus der Neulerchenfelderstraße. Der Zimmertisch wurde auf das Doppelte vergrößert und um ihn herum saßen außer Elfi und mir die Schwiegereltern samt Tante Klara, ferner Kusine Mina sowie ein Amtskollege vom Gericht mit Gattin. Ich hatte nur meine Schwester Emma und Rudolf eingeladen, denn mehr konnten um den wohl ausgezogenen Tisch herum wirklich nicht mehr sitzen.

Am liebsten hätte ich natürlich meine Eltern herkommen lassen, aber die durften leider aus Ostdeutschland nicht heraus. Als Trost fand ich unter den vielen Glückwunschschreiben einen Brief von meiner Mutter, der so rührend abgefasst war, dass mir beim Lesen die Tränen in die Augen traten.

Nach dem Kaffee wurde Wein getrunken und Elfis Kusine Mina hatte Likör mitgebracht, von dem sie selbst am meisten trank. Schwager Rudolf half ihr dabei redlich, doch bevor die Stimmung ihren Höhepunkt erreichte, räumte ich mit meiner Braut und zwei Koffern das Feld. Schließlich wollten wir heute noch unbeschädigt unser Flitterbett in Spitz erreichen. Wir waren ein glückliches, aber bescheidenes Paar. Begleitet von vielen guten Wünschen und Hoffnungen fuhren wir mit der Straßenbahn zum Franz-Josefs-Bahnhof und von dort in einem direkten Eilzug nach Spitz. In den Wagons gab es keine geschlossenen Abteile, aber wir fanden eine Bankreihe für uns allein, wo wir fast ungestört plauschen und uns von den Reden der Hochzeitsgäste erholen konnten. Ich erzählte Elfi von Spitz, das sie noch nicht kannte, und träumte dabei schon von dem Himmelbett, in dem wir unsere erste gemeinsame Nacht verbringen würden.

Wir kamen gerade zur Nachtmahlzeit unter den zwei Linden an. Nach einem eindrucksvollen Blick auf den ruhig dahin fließenden Donaustrom betraten wir über die lauschige Terrasse das Gastzimmer. Die wohlbeleibte Wirtin empfing uns freundlich und empfahl uns, zuerst das Abendessen einzunehmen, denn unser Zimmer würde gerade in Ordnung gebracht. Also setzten wir uns an einen kleinen Tisch im Eckerl neben dem Windfang der Eingangstür, von wo wir durch das Fenster über die kleine Terrasse hinweg mit Genuss beobachten konnten, wie die Strahlen der Abendsonne die vom gegenüberliegenden Ufer der Donau ansteigenden, grün bewaldeten Hänge des Dunkelsteiner Waldes in ein zartrosa Licht tauchten.

Frau Tauber wusste nicht, dass wir gerade geheiratet hatten und wir erwähnten es auch nicht, denn zwischen uns und der Theke befand sich der große ovale Stammtisch, an dem sich nun etliche einheimische Männer zu einer sonnabendlichen Runde zusammenfanden und ich wollte vermeiden, dass wir vielleicht in den Mittelpunkt des Interesses gerückt werden könnten, denn unsere Gedanken waren anderer Natur.

Nachdem die Kellnerin die Speisekarte gebracht hatte, suchten wir uns natürlich das beste Essen aus und dazu Wachauer Wein sowie Wachauer Haustorte mit Mandeln und Marillenkreme, die uns besonders gut schmeckte. Als beim Zuprosten die Gläser leise klangen, sah mich Elfi so treuherzig an, dass ich mir schon wie mit ihr vereint im weichen, breiten Brautbett vorkam.

Die Stammrunde nebenan geriet allmählich in Stimmung, da verkündete uns die Wirtin, dass wir das Zimmer bereits beziehen könnten. Durch Küche und Stiegenhaus erreichten wir mit unseren Koffern den ersten Stock, wo wir nach der uns genannten Nummer unser Hochzeitsgemach fanden. Der Schlüssel steckte und beim Öffnen der Tür fiel mein erster Blick auf das Fenster, durch das sich der gleiche Anblick bot wie vorher aus der Wirtsstube. Der Dunkelsteiner Wald war jedoch nur noch als dunkler Streifen zu sehen, aus dem einige riesige Steingebilde in den Himmel ragten. Erst als ich das elektrische Licht aufdrehte, bemerkte ich: keine Spur von Himmelbett!

Die Schlafstellen standen rechts hintereinander, denn der Raum war schmal und lang, fast so wie Elfis Mädchenkabinett in Wien, also eine passende Vorschule für uns beide. Nachdem wir uns an diesen Anblick gewöhnt hatten, ließ ich die Braut wählen, welche Lage sie bevorzuge. Sie entschied sich für den Fensterplatz. Demnach blieb ich bei der Tür.

Momentan etwas enttäuscht, räumten wir unsere Sachen in den Schrank. Dann machten wir erst noch einmal das Licht aus und lehnten uns zum Fenster, um unter anderem zu sehen, ob schon der Mond aufgeht. Da wurden wir bald wieder froh, denn Elfi sah überhaupt gern den Mond, der inzwischen hinter dem Walde auftauchte und sich in den unaufhörlich draußen vorbeiziehenden Donauwellen zu spiegeln begann, während wir in leisem Gespräch die Eindrücke des heutigen Tages nochmals passieren ließen. Erst als wir uns umdrehten, bemerkten wir den fahlen Schatten unserer Körper auf Elfis frisch überzogenem weißem Bettzeug. Ich dachte, wir hätten einander genug geküsst und umschlungen, was sollte ich nun tun? Also legte ich im Hintergrunde meine Kleider ab und mich selbst in das Bett bei der Tür. Obwohl das Gestell unter meiner Belastung nun schrecklich zu quietschen und zu krachen begann, drehte ich mich nach vorne um und betrachtete mit verstohlenem Behagen heimlich, wie sich meine neue junge und geliebte Frau im Schatten des Mondlichtes entkleidete und zum Schlafen herrichtete.

Nachdem Elfi in ihr Bett geschlüpft war, fragte ich sie zaghaft:

„Hast du gehört, wie mein Bett knarrt? Ich traue mich gar nicht, mich umzudrehen, sonst kannst du nicht einschlafen. Vielleicht haben wir es ruhiger und angenehmer, wenn ich zu dir komme? Der Platz wird sich schon ausgehen."

Da ertönte ihre Stimme ganz sanft: „Komm nur, mein lieber Mann, ich kann ohnedies noch nicht schlafen."

Das ließ ich mir nicht zweimal sagen und stieg seelisch erleichtert über die aneinander gepaarten Fußteile unserer zwei Betten. Nun galt es noch die letzte Scheu zu überwinden. Mutig schob ich mich unter die Tuchent, von wo eine wohltuende Wärme hervorstrahlte.

Da fiel mir plötzlich ein: Seit mehr als zehn Jahren hatte ich nicht mehr zu zweit in einem Bett geschlafen, aber damals ergab es eine Zwangslage, dass ich in eisig kalter Winternacht in der Hocheifel das Bett mit einem deutschen Wehrmachtskameraden teilen musste. Wollte mich sogar jetzt in dieser glücklichen Stunde die Erinnerung an die Soldateska nicht in Ruhe lassen?

Nein! Dies war doch etwas ganz anderes, kein Ergebnis einer Zwangslage, sondern eine gut gewollte, liebevolle Zuneigung, die uns beide nun immer enger verband. In unserem inniglichen Gefühl des Glücks und Zusammenfindens merkten wir erst nicht, dass nun auch Elfis Bett knarrte, aber das störte uns gar nicht mehr.

Mein Schatz war schon selig entschlummert, als mich neuerlich die Vergangenheit zu narren begann. Mir fiel ein Gedicht ein, das einmal einer der jungen Sachsen der Kriegsgefangenschaft zitiert hatte. Es hieß: „Das Glöckchen unterm Himmelbett." Wie ging es denn noch? Ja! Ungefähr so:

„Im Wirtshaus zur grünen Tanne kehrte ein Liebespaar ein, schmauste, und küsste sich, gleich neben dem Stammtisch, und verlangte ein Zimmer für die Nacht. Die Stammgäste tuschelten mit dem Wirt und, nachdem dieser die beiden hinaufgeführt hatte, trat in der Runde Stille ein, als ob man etwas Besonderes hören wollte. Nach einer Weile fing ein über dem Stammtisch an der Zimmerdecke hängendes Glöckchen lustig zu läuten an und nun erhob sich im Kreis der Männerrunde ein ausgelassenes Gelächter."

Die Versform hatte ich vergessen, bis auf den Schluss, der etwa lautete:

„Von nun an hieß das Wirtshaus nicht mehr Zur grünen Tanne, sondern Zum Wilden Manne!"

Während ich das so in der Stille dachte, hörte ich in Wirklichkeit schallendes Gelächter von unten heraufdringen. Da kam ich darauf, dass wir zwei uns selbst direkt über dem Stammtisch befanden, und schlief nur zögernd ein.

Am nächsten Morgen beim Frühstück schaute ich sofort nach, ob ich über dem nun leeren Stammtisch ein Glöckerl entdecken könne, und atmete befreit auf, denn es war natürlich keines da. Elfi erzählte ich nichts von meinem Albtraum und wir schliefen fast jede Nacht beide in ihrem Bett. Nur wenn wir sehr müde waren, legte ich mich in meines.

Nach dem Sonntagsfrühstück mit Kaffee und Kuchen gingen wir zur Messe. Ein schmaler Fußweg führte uns zwischen rosa blühenden Marillenbäumen zur Bahn und darunter in einem langen, aber engen Durchlass weiter zur mittelalterlichen, mit großen Steinen gepflasterten Wachaustraße. Auf dieser erreichten wir, an einer alten, steinernen Gartenmauer entlang, rechterhand das Kriegerdenkmal. Nach einem kurzen Blick darauf, wendete ich meinen Kopf nach links zu den Auslagen eines Kaufladens und Elfi tat dasselbe, denn sie sah lieber in die Schaufenster und ich diesmal auch. Dann stiegen wir über ein sehr holpriges Katzenkopfpflaster zum Kirchenplatz hinauf. Die Kirche selbst gefiel uns gut und ihre Besonderheit bestand darin, dass der Altarraum schräg zum Mittelschiff verlief. Die Messe auf dem Lande war für uns ein besonderes Erlebnis. Viele Frauen erschienen in der dortigen Volkstracht mit den berühmten Wachauer Goldhauben.

Das Mittagessen nahmen wir auch in unserem Gasthof ein und dann spazierten wir auf der schönen Donau-Uferpromenade, wo wir in einem gut eingerichteten Terrassencafé zur Jause einkehrten. Dort sahen wir die Donaudampfer schon von Weitem und die nahe Seilrollfähre beförderte unaufhörlich Passagiere sowie Autos von einem Ufer zum anderen.

An den folgenden Tagen unternahmen wir kleinere und größere Ausflüge in die Umgebung. Vom sogenannten Roten Tor, einem verwitterten Steinbogen, der den Weg zum Mieslingbachtal überspannte, genossen wir einen sagenhaften Blick über Spitz mit seinem von Weingärten bedeckten Tausendeimerberg hinunter zum Fluss und rechts davon hinauf zum Jauerling, der auch noch auf uns wartete. Hinter dem Torbogen erreichten wir durch den Wald eine steile Wiese, die mit herrlichen Blumen übersät war, so groß und saftig, wie ich sie noch nie gesehen hatte. Wir pflückten einen dicken Strauß, den wir nachher in unser Zimmer stellten.

Für die Wanderung auf den Jauerling brauchten wir einen ganzen Tag. Zuerst besichtigten wir schon zeitig früh die über dem Spitzer Bach hervorragende Ruine Hinterhaus. Von dort führte ein lieblicher Waldweg auf dem zur Donau abfallenden Berghang stetig ansteigend an Lichtungen vorbei, die uns Ausblicke stromaufwärts bis zur hoch über dem Fluss auf einer Felswand thronenden Burg Aggstein gestatteten. Neben unserem Pfade blühten oft viele wunderschöne Vergissmeinnicht in ihrem besonderen Blau. Die erschienen mir doppelt so groß, als ich sie bisher gesehen hatte, und wir konnten es uns nicht verwehren, wenigstens ein Stöckerl davon auszugraben, um es der Schwiegermutter mitzubringen, denn der Muttertag stand bevor. Wir stiegen nicht ganz auf den Gipfel, weil der mitten im

Wald gelegene Aussichtsturm angeblich beschädigt war, weshalb es von dort keine Aussicht gab. Dafür kehrten wir in der Kremser Hütte ein. Von deren Terrasse konnten wir über ausgedehnte Weidewiesen hinunter bis nach Spitz zurücksehen. Nachdem wir unseren Hunger gestillt und die Aussicht zur Genüge genossen hatten, kümmerten wir uns um keinen Weg mehr. Von Lebenslust und Übermut angetrieben, rannten wir einfach über die langen Wiesen geradeaus hinunter bis nach Gut am Steg, das wir schon von Weitem sahen. Erst von dort aus kehrten wir wieder gesittet in unsere Bleibe zurück.

Nach Aggstein fuhren wir mit der Bahn, und zwar bis Willendorf. Dort führte uns eine alte Frau in einem Kahn über die Donau. Wie die das bewerkstelligte, verwunderte mich. Während wir beide auf dem rückwärtigen Sitzbrett saßen, ging das Weib ständig mit einer langen Stange auf und ab. Immer wieder stieß es dieselbe in den Grund des Flusses und schob damit die kleine Zille Meter für Meter weiter zum andern Ufer. Es erschien mir wie ein Kunstwerk, dass wir dabei nicht von der Strömung abgetrieben wurden. Manchmal kamen wir ganz schön ins Schwanken und ich bemerkte, dass Elfi ganz blass wurde, aber sie sagte nichts. Erst viel später kam ich darauf, dass die Tapfere nicht schwimmen konnte und deshalb furchtbare Angst ausstand zu ertrinken. Der Weg hinauf zur Burgruine führte durch einen schönen Wald und oben konnten wir nach der Besichtigung auch etwas essen. Die Rückfahrt wagten wir nicht mehr mit dem kleinen Kahn. Wir marschierten lieber nach Aggsbach und übersetzten dort die Donau in einem Motorboot zum Bahnhof Aggsbach-Markt hinüber, um mit dem nächsten Zug zurückzufahren.

Zur Wachau gehörte natürlich auch eine Schiffsfahrt. Die unternahmen wir nach Melk, um das berühmte Benediktinerstift zu besichtigen. Wir machten noch einige schöne Ausflüge und zum Abschluss unserer etwas längeren Flitterwoche gingen wir an der Donau entlang ins benachbarte Sankt Michael zum Heurigen. Dort spielte man uns das Lied vom „Mariandl" auf. Das war ein bekannter Schlager aus einem Kinofilm, dessen

Handlung in der Wachau spielte, und zwar auch von Urlaub und Hochzeit. Die Hochzeitsreise verlief zu unserer vollsten Zufriedenheit.

Nach Wien zurückgekommen, setzten wir manche Gepflogenheiten von Spitz fort. Nur wollte ich Elfi nicht aus ihrem Messingbett verdrängen und gewöhnlich auf der davor stehenden Ottomane schlafen. Ich war das gewöhnt, denn bei meiner Schwester verbrachte ich schon vier Jahre auf einer solchen Liege. Da sich das Bett jedoch als breit genug erwies, schliefen wir beide darin. Schließlich spricht man ja nicht von einer Flitterwoche, sondern von den Flitterwochen im Besonderen. Erst als meine junge Frau meinte, ich müsse fürs Büro gut ausgeruht sein, schlief einer von uns manchmal abwechselnd auf der Couch, meistens jedoch Elfi, weil sie weniger Platz brauchte, und wir kamen wunderbar miteinander aus, auch mit den Schwiegereltern, die sich abends immer schon zeitig in ihr Zimmer zurückzogen. Gemeinschaftsraum war die kleine Wohnküche, wo gegessen und geplaudert wurde.

Wir besuchten auch bald meine Schwester, deren erste Frage war: „Na, was wird's denn, ein Wachauer Bua oder ein Mariandl?"

Ich wunderte mich über diesen sonderbaren Empfang. Sollte das ein Scherz sein? Meiner Frau schoss ob dieser Anspielung vor lauter Verlegenheit die Schamröte ins Gesicht und wir waren froh, als wir wieder zu den Schwiegereltern zurückkamen, denn mit ihrer Mama konnte Elfi noch immer über alles am besten reden und sich ihr Herz ausschütten.

Ich hatte die Anzüglichkeit meiner lieben Schwester rasch vergessen und lebte glücklich, lebte froh, wie der Mops im Paletot. Von Gattin und Schwiegermutter verwöhnt, rutschte ich in einen schönen Sommer. Auch mit dem Schwiegervater verstand ich mich gut. Der verrechnete das Haushaltsgeld, wobei ich nicht schlecht abschnitt. Mama kochte vorzüglich und Elfi hielt die Wohnung blitzblank sauber. Ich brauchte mich nur zu Tisch zu setzen oder mit meiner Liebsten ausgehen.

Auch im Büro ging es mir sehr gut. Das Real Estate Office, wie es hieß, befand sich nach mehreren Übersiedlungen in einer Schule in Gersthof, die ich mit der Straßenbahnlinie neun bequem erreichen konnte. Ich hatte noch nie einen so angenehmen Posten. Mit einem halben Dutzend fröhlicher Tippfräuleins saß ich in einem hellen, lichtdurchfluteten Klassenzimmer, worin an Stelle von Schulbänken Schreibtische standen. Ich hielt mit meiner Möbelkartei den Vorsitz auf dem Podium vor der schwarzen Wandtafel. Da wurde freilich nicht nur getippt, sondern auch viel gelacht und Schabernack getrieben.

Manchmal holte mich Elfi von der Schule, vielmehr vom Büro ab, mit einem appetitlichen Heurigenpaket in der Hand, denn auch am Fuße des nahen Schafbergs gab es lauschige Buschenschänken im Grünen, wo wir uns ungestört unterhalten konnten über Vergangenheit, Gegenwart und Zukunft, um dann glücklich und zufrieden Arm in Arm über Hernals, wo meine Liebste geboren wurde, nachhause zu schlendern.

Ich kam mir noch immer wie in den Flitterwochen vor, die jedoch im Juli 1950 durch ein trauriges Ereignis plötzlich ihr Ende fanden. Meine Mutter schrieb mir, dass Vater an einem zuletzt schmerzhaften Leiden gestorben sei, sie habe es zuerst Emma mitgeteilt, aber diese befand sich gerade mit Rudolf auf Urlaub in den Bergen, sodass sie die traurige Nachricht erst nach ihrer Rückkehr daheim vorfand.

Vaters Tod traf mich sehr. Ich kannte vorher keine so tiefe Trauer. Dass mein lieber Bruder Erich in Russland vermisst war, kam allmählich und daher schonender auf mich zu. Ich glaubte noch lange Zeit, dass er eines Tages doch wieder auftauchen könne und wollte diesen Gedanken nicht aufgeben, aber Vaters Todesnachricht erreichte mich zu plötzlich. Ich hatte noch nie vorher einen derartigen Verlust in der Familie erlebt und ich konnte wegen der Reiseschwierigkeiten in den Oststaaten nicht einmal meine arme Mutter besuchen, um sie in ihrem Schmerz zu trösten.

Ich fühlte mich überhaupt nicht wohl und tat in meiner Verwirrung etwas ganz Falsches. Ich bildete mir eine Sommergrippe ein und wollte mich in der Sauna kurieren. Ich hatte schon öfter versucht, eine Verkühlung im Dampfbad loszuwerden, aber diesmal war es eine russische Sauna. Ich setzte mich zu den nackten Männern auf die Pritsche. Der Bademeister kam herein und rief: „Ihr seid doch eh' alle alte Hasen!" Dabei nahm er sich einen Schwung und schüttete unmittelbar einen Kübel Wasser nebenan auf heiße Steine. Es gab einen Knall wie von einer Explosion. Ich dachte, mein Herz steht still. Dann wurde mir übel und ich schlich mich hinaus, um mich abzutrocknen und anzukleiden. Daheim legte ich mich sogleich ins Bett, bis mir wieder besser wurde.

Am nächsten Tage, bei der Arbeit im Büro, bekam ich plötzlich keine Luft mehr. Mein tiefes Atmen verwandelte sich in ein unheimlich beängstigendes Stöhnen. Dann brach ich in Weinkrämpfe aus, die ich nicht zurückhalten konnte. Die herbeigerufene Bürovorsteherin sagte, das sei ein Nervenzusammenbruch, und schickte mich in Begleitung einer Kollegin heim.

Elfi sprach mir gut zu und, nachdem ich mich einigermaßen erholt und beruhigt hatte, sagte sie zaghaft, um mich nicht zu erschrecken: „Übrigens, ich glaube, du kannst dich bald wieder freuen. Wenn ich mich nicht täusche, bekommen wir ein Kind!"

Das freute mich natürlich, denn wir wollten ja einen Sprössling und die Schwiegermama schmunzelte im Hintergrund. Meine werdende Mutter besuchte bald darauf eine Frauenärztin, die ihr die Schwangerschaft bestätigte. Wir sahen wieder fröhlich in die Zukunft. Mich störte dabei nur, dass die Amerikaner eines Tages abziehen könnten und ich dadurch meinen Arbeitsverdienst verlöre. Meine Bedenken erwiesen sich auch bald als nicht ganz unbegründet.

5.
STELLUNGSWECHSEL

Bereits im August 1950 erklärte mir mein Chef, dass mein Angestelltenposten aufgelassen würde. Nachdem es keine Requirierungen mehr gäbe, gehe die Tätigkeit des Real Estate Office sukzessive an die Finanzlandesdirektion über. Da er jedoch mit mir zufrieden sei, würde er sich bemühen, mich für eine weitere Zeit als Verwalter eines noch von Amerikanern bewohnten Hauses unterzubringen.

Ich dankte dem Boss für sein freundliches Entgegenkommen. Aufgrund meiner Einbürgerung im Jahre 1948 durfte ich jedoch bereits jeden österreichischen Posten annehmen und darum wollte ich mich, wenn schon, denn schon, gleich bei einer Wiener Firma bewerben.

Die Schwiegermama ermutigte mich mit einem lieben Sprüchlein, nämlich: „Schenkt der Herr ein Häschen, Schenkt er auch ein Gräschen." Sie meinte damit, wir würden auch mit einem Kind nicht Hunger leiden. Das Gräschen suchte ich ab sofort in den Stellenangeboten der Tageszeitungen und fand es im „Neuen Österreich", das damals an Sonntagen den weitaus größten Anzeigenteil enthielt. Eine Keramikfabrik in Währing inserierte den Posten eines Fremdsprachenkorrespondenten. Dort ging ich hin und es geschah wie ein Wunder, der Chef nahm mich sofort auf. Das war ein alter Herr, der mir das Blaue vom Himmel versprach und als Anfangsgehalt das Gleiche anbot, was mir gerade die Amerikaner zahlten. Das war nicht schlecht und ich trat dort schon die Arbeit an, während ich von den Amis noch meinen letzten Urlaub konsumierte. Also der Übergang in die Privatwirtschaft erfolgte nahtlos Hand in Hand.

Die Firma beschäftigte sechzig Arbeiter und erzeugte kunstkeramische Figuren, die ich in die ganze Welt exportierte. Die

Aufträge brachte mein Chef großteils selbst. Er war Jude und viel auf Reisen. Sein Sohn führte eine Zweigniederlassung in den Vereinigten Staaten. Außerdem hatten wir Vertreter in fast allen westlichen Ländern, sogar in Mittel- und Südamerika.

Wie bei den Amerikanern gab es auch in meiner neuen Stelle bereits die Vierzigstundenwoche von Montag bis Freitag mit freiem Samstag. Nur wenn mein Chef von einer Reise zurückkam, ersuchte er mich manchmal am Samstag von 9–12 Uhr gegen Überstundenbezahlung, Diktate aufzunehmen. Fast ohne Unterbrechung sagte er mir dann nicht nur deutsche, sondern auch englische und französische Briefe an. Mit der Zeit gewöhnte ich mir an, auf Gabelsberger Art auch in diesen Fremdsprachen zu stenografieren und der Kommerzialrat, das war sein Titel, wunderte sich, dass ich alles so reibungslos bewerkstelligte. Oft vertraute er mir auch Privatbriefe an. Dann lud er mich anschließend meistens zu einem vornehmen Mittagessen im Café Falstaff gegenüber der Volksoper ein. Dort erzählte er mir auch manchmal seinen Kummer:

„Wissen Sie, meine Familie ist ja in alle Welt verstreut. Wir mussten vor Hitler emigrieren und die Fabrik wurde von einem Nazi übernommen, wie man sagte, arisiert. Der hat den Betrieb ausgebeutet und nichts investiert. Jetzt ist es für mich mit meinen dreiundsiebzig Jahren natürlich sehr schwer, die abgewirtschaftete Firma wieder in Schwung zu bringen. Ohne den Marshallplan, eine großzügige amerikanische Wirtschafts- und Kredithilfe, wäre das gar nicht möglich. Der Betriebsrat fordert ständig Lohnerhöhungen und wenn ich unverhofft einen Werkraum betrete, treffe ich die Arbeiter oft schlafend an. Das ärgert mich natürlich, aber Ihnen vertraue ich, wo Sie doch von den Amerikanern ein so gutes Zeugnis mitgebracht haben. Ich möchte die Firma meinem Sohn übergeben. Der hat jedoch als Amerikaner an Wien kein Interesse mehr. Da muss ich noch eine Lösung finden. Und mein Bruder in Rio, dem wir heute geschrieben haben, glaubt, das Geschäft gehe so gut, dass ich ihm ständig Geld schicken kann."

Der alte Herr wohnte in einer Pension und konnte oft vor lauter Emsigkeit und Unruhe nicht schlafen. Eines Morgens sagte er aufgeregt im Büro:

„Ich habe immer ein Notizbuch mit einem batteriegeladenen, leuchtenden Bleistift bei mir. Als ich heute Nacht nicht schlafen konnte, schrieb ich mir eine plötzliche Geschäftsidee auf und jetzt kann ich das Zeug nicht lesen. Das ist doch zu blöd!"

Dann setzte er sich ans Telefon und rief stundenlang Kunden an, um den Verkauf und die zu erwartenden Zahlungen anzukurbeln. Wenn er davon erschöpft war, legte er sich ein wenig auf eine im Chefzimmer stehende Ottomane, um etwas von dem nachts versäumten Schlaf nachzuholen. Dann machte er Bank-, Behörden- oder Kundenbesuche und ging essen.

Manchmal dachte ich, ich sähe den sagenhaften ewigen Juden vor mir, aber ich konnte mich nicht beklagen, er war in seinem hohen Alter nicht nur unglaublich aktiv, sondern auch ein sehr angenehmer Vorgesetzter, wenn auch manchmal etwas mürrisch, kein Wunder bei seinen Schwierigkeiten.

Auch ich saß nicht nur bei der Schreibmaschine, sondern musste ebenfalls oft Kunden, Bank und Behörden aufsuchen. Dabei lernte ich viel. Meine Tätigkeit war nicht fad und langweilig, sondern gestaltete sich interessant und abwechslungsreich.

Bei der Handelskammer geriet ich jedoch manchmal auf Abwege, denn gleich daneben gab es damals ein sogenanntes Weltpanorama. Ich brauchte mich nur in der Tür zu irren, obwohl bei der Kammer mächtige Stufen hinauf- und zum Panorama viel kleinere Stufen hinunterführten, aber es war etwas Besonderes. Ein großes quadratisches Zimmer wurde von einem kreisrunden Kasten mit ein paar Metern Durchmesser ausgefüllt. Um diesen herum standen viele Hocker, von denen man gegen Bezahlung einer kleinen Eintrittsgebühr durch Linsen wie von Ferngläsern in das Innere des gewaltigen Möbels hineinsehen konnte. Hinter diesen Gucklöchern bewegten sich unaufhörlich, von einem Klingelzeichen begleitet, innen beleuchtete plastische Dias vorbei. Die waren beschriftet und zeigten Naturaufnahmen aus allen Teilen der Welt. Jede Woche konnte man etwas anderes sehen, die verschiedensten Kulturbilder auch bis zur Freikörperkultur nach Thesen von Turnvater Jahn. Also lockerte ich meine Amtswege so manchmal etwas auf, falls es die Zeit erlaubte.

Meinen täglichen Weg zwischen Wohnung und Geschäft legte ich in jeweils zwanzig Minuten zu Fuß zurück. Das war mein körperlicher Bewegungsausgleich. Unterwegs kam ich an einer Baustelle vorbei, wo meine Wohnbauvereinigung ein Haus errichtete.

So etwas stellte ich mir auch einmal für uns vor, aber ich hatte noch nicht genug dafür angespart. Für eine Wohnung darin hätte ich müssen vierzig Monatsgehälter bei Baubeginn und vierzig weitere beim Einzug bezahlen. Wo sollte ich das hernehmen, da ich doch vor vier Jahren vollkommen mittellos nur mit einem Rucksach nach Wien gekommen war?

Die Schwiegermutter sagte zu dieser Frage: „Mach dir keine Sorgen, das Platzproblem wird sich auch noch lösen lassen. Wir werden doch noch ein Enkerl bei uns unterbringen können!"

Elfi meinte dazu: „Ich will sowieso nicht weg von hier, denn ich möchte Mama in ihrer körperlichen Unbeholfenheit nicht im Stich lassen!"

Jedenfalls befanden wir uns alle schon in hoffnungsvoller Erwartung des kommenden Babys.

Da ich bei dem Stellungswechsel von der Militärbesatzung in die Privatindustrie während des mir noch zustehenden bezahlten Urlaubs schon wieder arbeitete, war ich praktisch im Übergang drei Wochen Doppelverdiener. Mit dieser Mehreinnahme kaufte ich mir einen Mantel und meiner Frau, in ihrer nun tragenden Rolle, einen goldenen Fingerring.

In dieser freudigen Stimmung besuchten wir wieder mal meine Schwester, um sie von dem bevorstehenden Familienereignis nunmehr rechtzeitig in Kenntnis zu setzen. Während ich ihr das beibrachte, zeigte Elfi mit Stolz den neuen Ring her. Da geriet Emma ganz aus dem Häuschen, aber nicht, wie ich erwarte hätte, vor Freude über unseren zu erwartenden Familienzuwachs, sondern vollkommen überraschend schrie sie in unbändigem Zorn:

„Da kommt mein Bruder nach Wien, heiratet und kauft ihr auch noch einen Ring, während unsere arme Mutter in Planitz hungern muss!"

Wir waren sprachlos. So etwas hatten wir keinesfalls erwartet. Mir standen wieder mal die Tränen in den Augen. Schwager Rudolf zündete mir furchtbar erregt eine Zigarette an, die mir aus der zitternden Hand fiel. Zwischen den beiden Frauen entstand ein schrecklicher Wortwechsel, worauf ich mit Elfi das Feld räumte. Was musste das meiner schwangeren Frau für einen Schock versetzt haben!

Was war überhaupt los? Ich grübelte nach und wurde nicht schlauer. Hätte ich wirklich irgendjemanden heiraten sollen, Hauptsache sie besäße eine Wohnung, in der ich unsere Eltern unterbringen könnte? Als ich mit Emma in Planitz war, gewann ich den Eindruck, dass Vater und Mutter sich dort bereits recht wohl fühlten. Übrigens jetzt, da ich umgezogen war, hätte meine Schwester doch statt mir die Mutter zu sich nehmen können. Dazu kam es aber nicht wegen viel zu großer Umstände und Schwierigkeiten. Was sollte ich dabei noch tun? Die sudetendeutschen Familien waren halt leider nach Kriegsende durch zwangsweise Aussiedlung aus ihrer altangestammten Heimat entwurzelt worden. Erwartete Emma vielleicht von mir, dass ich als selbst Verbannter eine Familienzusammenführung bewerkstelligen sollte, die sie sich als bereits alteingesessene Wienerin selbst nicht zumutete? Kam ihr vielleicht gar die Reue, dass sie mich aus der Gefangenschaft nach Wien eingeladen hatte? Aber nach Ostdeutschland wäre ich bestimmt nicht gezogen, da schon eher zu meinem Bruder nach Köln, der mich ebenfalls aufgenommen hätte. Nun war ich jedoch froh, dass ich in Osterreich auch beruflich so weit Fuß gefasst hatte, um endlich meine eigene Familie gründen zu können. Da sollte doch meine Schwester nicht noch mit mir herumdirigieren!

Als ich nach diesen Überlegungen meine Gattin trösten wollte, beklagte sich dieselbe:

„Emma hatte schon bei unserer Hochzeit Krach geschlagen. Wir wollten dich nur nicht damit belasten, aber Mama erzählte mir, dass sich deine Schwester sofort nach unserer Abfahrt in die Wachau daheim in mein Kabinett eingeschlossen und darin wie irrsinnig herumgeschrien habe. Rudolf trank sich aus peinlicher Verlegenheit darüber von Minas Schnäpsen einen derartigen Rausch an, dass er nachher daheim der Länge nach zur Tür hineinfiel. Mein Papa meinte, das würde nicht gut gehen, und hat seitdem keine Lust zum Zitherspiel."

Ich dachte mir, was für ein Glück es war, dass wir auf unserer Hochzeitsreise von dieser Missstimmung nichts gewusst hatten, und nahm mir vor, Emma zu meiden, denn solche Aufregungen konnten wir wirklich nicht brauchen, noch dazu während Elfis Schwangerschaft.

Als der Winter einzog, verbrachten wir oft angenehme Abende mit den Schwiegereltern. Hauptthema war natürlich meistens der bevorstehende Familienzuwachs, dem wir schon freudig entgegensahen. Wir debattierten fleißig über Taufnamen, wobei mir Ulrich oder Ulrike besonders interessant erschien, jedoch alle sträubten sich gegen meinen Vorschlag, weil er zu ausgefallen sei. Für ein Mädchen kam mir dann Elisabeth sehr praktisch vor, weil man diesem Namen eine Unzahl von Koseformen geben kann. Der war wieder zu altmodisch. Schließlich einigten wir uns, dass ein Mädchen nach der Mutter und ein Bub nach dem Vater getauft werden solle, also entweder Elfi oder Willi.

Laut Ärztin sollte das Ereignis Anfang März eintreten. Elfi erhielt ein Empfehlungsschreiben für die Semmelweisklinik. Darin stand, dass die Gynäkologin eine Querlage festgestellt habe. Vielleicht kämen sogar Zwillinge! Das war zuerst ein Schreck, aber dann hieß es, ein Pärchen wäre schön und erspare ein zweites Mal die Babywirtschaft. So brachten wir die Schwangere und uns selbst über die Ungewissheit vor der Entbindung guten Muts hinweg.

Es geschah dann am dritten des genannten Monats, als Elfi sich beim Aufräumen der Wohnung schon recht schwer tat, dass sie ganz ungewohnte Gefühle im Bauch verspürte. Meine Schwiegereltern meinten, das wären die Wehen, ich solle zur Polizei gehen und die Rettung anfordern lassen, was ich auch tat. Der Dienst habende Beamte fragte mich nur nach der Adresse und veranlasste das Nötige sogleich telefonisch.

Nach meiner Rückkehr daheim kam auch schon der Krankenwagen an. Elfi hatte die wichtigsten Utensilien eingepackt und wir fuhren los. Unterwegs redete der Sanitäter auf uns ein:

„Lassen Sie sich nur ja nicht abweisen, wenn es auch noch nicht ganz so weit sein sollte. Falls Sie nämlich wieder heimgehen und wir später nochmals fahren müssen, könnte es passieren, dass das Kind im Auto zur Welt kommt. Das wäre eine arge Bescherung, die Sie sicher nicht wollen und wir natürlich auch nicht."

In der Klinik wurde die werdende Mutter von einer Krankenschwester in Empfang genommen, während ich auf dem Gang warten musste. Nach einer Weile kam meine Liebe heraus und sagte:

„Der Arzt hat mit mir geschimpft, weil ich komme, wenn ich noch gar nicht richtig wüsste, ob ich schon Wehen habe. ‚Sogar mit der Rettung lässt sie sich bringen, obwohl sie noch gehen kann!' sagte er und drohte: ‚Sie müssen jeden Tag selbst bezahlen, den Sie hier unnötig herumliegen. Das zahlt die Krankenkassa nicht!' Darauf antwortete ich resolut: ‚Ich bleibe trotzdem!'"

Ich wunderte mich mit Stolz darüber, was für eine tapfere Frau ich hatte. Dann musste ich mich verabschieden, denn ich durfte nicht bleiben. Ich wünschte meiner Gattin viel Glück, versprach ihr, am nächsten Tage zur Besuchszeit pünktlich zu erscheinen, und fuhr nachhause, wo ich den Schwiegereltern alles erzählte. Ich war eigentlich gar nicht aufgeregt, sondern schlief am Abend bald ein.

6.
FAMILIENZUWACHS

Früh um sieben Uhr klingelte es an der Tür. Die Nachbarin stand davor und sagte:

„Die Schwester vom Spital hat angerufen und lässt Ihnen Grüße von Ihrer Frau bestellen. Ich soll Ihnen ausrichten: Es ist ein Mädchen, fünfzig Zentimeter groß und dreieinhalb Kilo schwer. Mutter und Tochter sind gesund. Herzlichen Glückwunsch!"

Ich bedankte mich hocherfreut für die freundliche Nachricht. Wir besaßen nämlich selbst kein Telefon. Das war damals noch nicht so verbreitet. Die Nachbarin hatte es nur deshalb, weil ihr Mann Arzt war und es daher beruflich brauchte.

Nach dem Mittagessen fuhr ich mit meinem Schwiegervater in die Klinik, denn wir durften nur zur Besuchszeit hinein. Elfi erwachte gerade aus dem Mittagsschlaf und fing sofort an zu erzählen:

„Was sagt ihr! Vier Stunden nach meiner Einlieferung war die Kleine da. Es ist ein hübsches Kind. Ihr werdet es dann sehen. Der Arzt, der mich gestern erst wieder hinauswerfen wollte, half bei der Entbindung mit einem Dammeinschnitt nach und bespritzte sich dabei den ganzen Kittel mit Blut. Aber er war trotzdem froh, dass ich mich nicht habe abweisen lassen, denn dass es so rasch bei mir gehen würde, hatte er nicht geahnt. Ich erlebte gestern Abend gegen neun Uhr die spannendste und interessanteste Stunde meines Lebens. Ich spürte nichts und schaute nur, damit mir nichts entgeht, auch als der Doktor den Einschnitt sorgfältig wieder zunähte, bis er sich umziehen ging."

Zum Ende der Besuchszeit begab ich mich mit Papa zu einem Fenster, durch das hinter dem Glas die Neugeborenen hergezeigt wurden. Meine Tochter war wirklich sehr hübsch. Über den Wangen wie zwei rote Äpfel blinzelte sie ganz wenig aus den kleinen Äuglein hervor. Langsam begann sie das Licht der Welt zu sehen, aber dass ihrem Opa, dem alten Herrn, verstohlen ein paar Freudentränen in die Augen traten, das sah nur ich. Auch die Schwiegermama zerfloss vor Freude, als wir ihr dann daheim alles erzählten.

Am nächsten Tage besuchte ich meinen Schwager Rudolf in der nahen Kaiserstraße, wo er das Verkaufsbüro seines guten, alten Chefs führte, denn von unserer großen Neuigkeit musste ich ihm ja doch Bericht erstatten. Auch er freute sich über meine Mitteilung, denn, obwohl schon lang verheiratet, hatte er selbst keine Kinder. Als Rudolf und Emma ein Paar wurden, waren auch schon schlechte Zeiten. Deshalb gingen damals beide weiter arbeiten, um sich eine eigene Wohnung einrichten zu können, und zum Ausgleich fuhren sie fast jedes Wochenende in die Berge. Da blieb für eigene Kinder weder Zeit noch Geld. Umso lieber spielten sie fallweise mit den Kleinen von Verwandten und Bekannten. Erst als Hitler das Kinderkriegen wieder populär machte und die deutschen Mütter pries, versuchten es die beiden auch, aber es misslang. Emmas vom Bergklettern gestählte Muskeln gaben nicht nach. Sie brachte ihr Kind tot zur Welt und kam selbst kaum davon. Vielleicht traute sie meiner zarten, kleinen Frau auch nicht mehr zu, denn angeblich hatte sie schon bei unserer Trauung in der Kirche geschimpft: „So etwas heiratet er. Dieses Kriperl wird doch nie ein Kind bekommen!"

Nun konnte der Schwager daheim erzählen, wie tüchtig meine liebe, junge Frau sich bewährt hatte. Er war mir ja immer sehr sympathisch, denn er konnte viel lustiger sein als ich, eben ein echter Wiener. Traurig stimmte ihn nur, dass Emma manchmal so sehr über uns herzog, und er meinte: „Ich habe ihr schon oft gesagt: ‚Misch dich nicht drein.' Die Sudetendeutschen sind halt anders als die Wiener."

Zur nächsten Besuchszeit war ich beruflich verhindert. Als ich jedoch wieder in die Klinik kam, rief mir Elfi sofort entgegen:

„Was glaubst du, wer gestern hier war? Plötzlich stand Emma in der Tür, mit Blumen in der Hand kam sie auf mich zu und fragte mich, heftig gestikulierend, wie es mir gehe. Sie benahm sich so auffällig, dass mich meine beiden Nachbarinnen nachher fragten, wer das gewesen sei. Sie wollte halt doch das Neugeborene sehen, denn schließlich ist es ihre Nichte."

Nach einer Woche konnte ich meine beiden Elfen vom Spital abholen. Ich war froh, dass unser Sprössling auch eine Elfe war und kein Bub, obwohl ich inzwischen einen blauen Kinderwagen gekauft und ihn gegenüber unseren Schlafstellen neben der Kabinetttür aufgestellt hatte, denn mit Burschen wurde ich schon im Felde genug konfrontiert. Unsere Tochter verbrachte die erste Zeit im Wagerl, bis wir im Zimmer bei den Schwiegereltern an Stelle der Ottomane Elfis altes Gitterbett aus ihrer eigenen Kindheit postierten.

Ich freute mich sehr, Mutter und Kind bei mir zu haben, aber die erste Nacht war fürchterlich. Von schrillen Schreien wurde ich aus meiner Nachtruhe gerissen. Sie ertönten aus dem Kinderwagen und nahmen kein Ende. Ich wollte sanft die junge Mama zu Hilfe rufen, aber die schlief wie erschlagen und hörte nichts. Keine Spur von der allgemein vertretenen Ansicht, die Mutter höre selbst den leisesten Ton ihres Kindes. Na, leise waren diese Töne wirklich nicht. Ich versuchte, meine Tochter durch Hutschen der Wagerls zu beruhigen, aber es half alles nichts. Das Gebrüll ging weiter. Ich hielt es kaum noch aus und Mama war nicht wach zu kriegen. Da schob ich den Wagen samt Kind in meiner Verzweiflung einfach in die Küche hinaus, schloss die Tür und hielt mir die Ohren noch im Bette zu. Das ging so eine ganze Woche, bis sich Mutter und Kind aufeinander eingestellt hatten.

Meine Schwester bot sich als Taufpatin an, aber nach ihr konnten wir unsere Tochter nicht benennen, denn wir hatten ja schon beschlossen, sie Elfi zu heißen und im Taufschein die Namen der beiden Großmütter anzuhängen, also Elfi Leopoldine Anna. Bei der Taufe kamen die Patin und ihr Mann zu uns auf eine festliche Jause mit Kaffee und einer Torte, die beim

Seidl bestellt und mit einer Wiege aus Zuckerwerk verziert war. Der Täufling hatte allein durch seine Anwesenheit die Familienbande wieder geflickt.

Mein Schwiegervater avancierte zum Opa, die Schwiegermutter zur Oma. Meine Gattin wurde von beiden seit jeher Frieda oder Friederl gerufen, was sie von mir jedoch nicht hören wollte, weil sie bei mir doch kein Kind mehr war, sondern ein liebevolles Weiberl. Elfi hieß jetzt der kleine Spross, also nannte ich meine Frau zur Unterscheidung in Hinkunft Mama.

Unsere gemeinsame Wohnküche wurde nun oft zur Dampfkammer, denn außer Omas schmackhaften Gerichten kamen in einem riesigen Topf auf dem Gasherd auch viel baumwollene Windeln zum Kochen. Diese hängte Opa dann nach festem Auswinden an von Tür zu Tür gespannten Wäscheleinen zum Trocknen auf, denn der Bedarf war immens. So fanden wir alle Beschäftigung und es gab kein Fadisieren.

In meiner Freizeit fuhr ich mit dem Kinderwagen auf die nahe Schmelz. Dort befand sich zu Kaisers Zeiten ein Exerzierplatz für Soldaten. Nun konnte man inmitten vieler kleiner Schrebergärten die gute Luft atmen. Abends überließen wir die Kleine den Schwiegereltern und besuchten noch immer oft ein Kino. Am Sonntag schob ich mit Mama gemeinsam die kleine Familienkutsche. Dann saßen wir bei Kaffee oder Bier unter großen, schattigen Bäumen im Schrebergartenrestaurant „Zukunft" und lauschten der Blasmusik. Manchmal spazierten wir auch über die Mareschsiedlung weiter hinaus in die „Neue Zukunft". Dort gab es in einem Teil der Gärten auch einen Kleintierzuchtverein, wo wir das schönste Federvieh beobachteten und beinahe echte Landluft einatmeten. Auf der Wiese des Vereinsschutzhauses legten wir Klein-Elfi bäuchlings auf eine Decke und siehe da, sie hob zum ersten Male ihren Kopf, der Sonne entgegen. Wir fühlten uns froh und glücklich. Einige Zeit gaben wir unserer Tochter den Kosenamen „Erra", weil das ihr erstes Wort war, das sie sprach.

Dann kam der Winter. Da beschäftigte sich die Oma am meisten mit ihrem Enkerl. Am Heiligen Abend waren Emma und Rudolf bei uns eingeladen. Elfi schaute schon mit leuchtenden Augen auf die Christbaumkerzen. Er herrschte Weihnachtsfrieden und im Stillen dachte ich auch an meine Eltern und Mantschi, die sicher ebenfalls vor einem kleinen Christbaum, jedoch hinter einer Grenze saßen, die man den Eisernen Vorhang nannte, der vom Schicksal zerrissene Familien weiterhin trennte. Meine liebe, alte Mutter dachte bei solchen Anlässen immer an alle ihre Kinder und schrieb Briefe, in denen sie erzählte, dass sie fast jeden Tag von Landsleuten besucht würde, die es bei der Vertreibung der Sudetendeutschen gleichermaßen nach Planitz verschlagen hatte. Mit diesen konnte sie über gemeinsame Probleme diskutieren und von der alten Heimat sprechen. Das tröstete mich.

Der Winter verging mit Besuchen, Gegenbesuchen, Kinobesuchen und als es draußen wieder warm wurde, begann Elfi schon zu laufen. An beiden Händen führten wir sie durch den Mareschpark oder wir zeigten ihr die Hühner vom Kleintierzuchtverein, wie sie aufgeregt um die Wette gackerten. Bei uns im Hofe ließen wir Elfi an den schönen Blumen riechen, die von zwei Nachbarinnen auf der Wiese zwischen den Sträuchern gepflanzt wurden. Ansonsten führte unser Opa die Kleine um die Ecke zum Spielen im Beserlpark vor dem Magistratsgebäude, derweilen er von der Bank zusah. Unser Herzpinkerl gedieh prächtig und bereitete uns viel Freude.

Unterdessen wuchsen an meiner Arbeitsstelle die Sorgen. Wir taten zwar unser Bestes. Mein Chef nahm seinen großen Erholungsurlaub in der toten Saison im Winter, nachdem alle Weihnachtsbestellungen ausgeliefert waren. Er sammelte neue Kräfte an der spanischen Südküste, als der Aufenthalt am wenigsten kostete, und fuhr dann von dort direkt zur größten deutschen Fachmesse nach Hannover, um neue Exportaufträge für das kommende Geschäftsjahr aufzunehmen.

Weil der internationale Handel nach dem Kriege noch im Aufbau begriffen war, exportierten wir unsere keramischen

Figuren nur gegen Sicherstellung der Zahlung durch Warenkreditbriefe großer Banken. Wenn ich die entsprechenden Versandnachweise über unsere Lieferungen bei der Bank einreichte, wurde der Rechnungsbetrag sofort unserem Konto gutgeschrieben. Dadurch konnten wir keine Verluste erleiden, aber der im Rahmen des amerikanischen Marshallplans aufgenommene ERP-Kredit für den Wiederaufbau der Firma musste von nun an zurückgezahlt werden und dafür reichten unsere Einnahmen nicht aus. Der Umsatz war trotz aller Bemühungen nicht groß genug, denn für Nippesfiguren fanden sich einfach nicht mehr so viele Interessenten wie früher einmal.

Der Kommerzialrat saß wieder stundenlang am Telefon und ersuchte die hiesigen Kunden um Bezahlung der längst fälligen Rechnungen. Dann rannte ich mir die Füße aus, das Geld zu kassieren, und wenn ich es bei der Bank zwecks Füllung der Lohntüten für die Arbeiter am Freitag wechseln lassen wollte, waren die Schalter oft schon geschlossen. Dann blieb meine letzte Rettung der kleine Fleischhauer nebenan. Der hatte zum Wochenende immer Geld wie Mist und zog die Banknoten bündelweise aus der Kasse. Die Fresserei war das beste Geschäft. Zu unserem Glück! Denn ohne pünktlichen Wochenlohn hätten die Arbeiter vielleicht gar nichts mehr getan.

Unsere von manchem Kunden noch nicht bezahlten Rechnungen ließen wir von der Bank bevorschussen. Wenn ich damit zum betreffenden Filialleiter kam, schlug der die Hände über dem Kopf zusammen und rief mit rotem Gesicht: „Die wollen schon wieder ein Geld, wenn das nur gut geht!" Dann zog er aus seinem Schreibtisch eine Flasche hervor und goss sich ein Glas Wein ein, das er in einem Zuge leerte, aber den Vorschuss bekamen wir fast immer.

Als mich mein Chef wieder mal nach einem samstägigen Dreistundendiktat zum Mittagessen einlud, bekam er eine schwache Stunde und sagte mir:

„Wissen Sie, im Vertrauen kann ich Ihnen gestehen, dass die Kunstkeramik bei uns heutzutage als Kitsch angesehen wird. Deshalb kann das Geschäft nicht mehr so gut gehen wie seinerzeit. Nur die Amerikaner fallen noch darauf rein. Ich wundere mich daher nicht, dass mein Sohn lieber drüben bleibt und nicht mehr nach Wien zurück will. Ich habe deshalb meine Lizenzen an den größten deutschen Keramikkonzern gegen Tantiemen verkauft, die auch noch an meine Erben weiterzuzahlen sind. Meine Firma wird liquidiert, dann können die sechzig Arbeiter wenigstens faulenzen, wie sie wollen. Die zwei Gebäude verkaufe ich auch, damit ich die Schulden zurückzahlen kann. Nachher ist es mir wenigstens möglich, meinen Lebensabend drüben beim Sohn mit den Enkerln in Ruhe zu genießen. Mir tut es nur leid, dass ich meine Versprechungen Ihnen gegenüber nicht weiter erfüllen kann. Sie müssen sich halt einen anderen Posten suchen, aber ich werde Sie bestens empfehlen."

Er empfahl mich einer großen österreichischen Fabrik für Büroartikel. Der Inhaber war ein jüdischer Freund von ihm, aber er nahm mich trotzdem nicht auf. Dann rekommandierte mich der Kommerzialrat an eine jüdische Maschinenfabrik für den Export. Daraus wurde auch nichts. Die hatten alle schon ihre Leute.

Eines muss ich sagen. Ich sammelte in der Keramikfabrik viele Erfahrungen für das Exportgeschäft. Um mit meinen Kenntnissen weiterzukommen, verließ ich mich daher nicht nur auf Stellenangebote in den Tagesblättern, sondern gab selbst eine Annonce in der Industriezeitung auf. Nun überschlugen sich plötzlich die Ereignisse.

Während ich auf Zuschriften wartete, traf ich rein zufällig eine ehemalige Kollegin von den Amerikanern. Ich erzählte ihr mein berufliches Dilemma und sie antwortete:

„Ich war vor der Austreibung der Sudetendeutschen Bankbeamtin in Brünn. Als unsere Posten hier bei den Amis zu wackeln anfingen, ging ich mit einem Wiener eine Scheinehe ein. Dadurch wurde ich Österreicherin, obwohl wir nie beisammen wohnten, und darf nun wieder in einer Bank arbeiten. Ihre Firma hat überhaupt das Konto bei uns und wir nehmen noch Leute auf. Versuchen Sie es doch mal!"

Ich hegte Zweifel, ob ich das könne, denn ich besaß trotz aller Abendstudien keine Matura, aber meine Familie schien hellauf begeistert von dem Vorschlag meiner Kollegin zu sein. Nur meine Schwester äußerte sich wieder mal negativ und traute mir Banktätigkeiten nicht zu. Dass ich es dennoch probieren wollte, verdanke ich einem weiteren, ganz unerwarteten Zufall.

Ein Industriemanager, der unserer kontoführenden Bank unterstand, hörte von unserer Firmenauflösung und besuchte uns mit Frau und Tochter, um rasch einige schöne Fayence-Figuren zu kaufen, solange es sie noch gab. Ich ergriff die Gelegenheit und bediente die Familie persönlich. Dabei berechnete ich ihnen nur unsere Selbstkostenpreise und als ich die befriedigten Gesichter sah, fragte ich den hoch geschätzten Kunden:

„Herr Generaldirektor, Sie wissen doch, dass wir zusperren? Ich muss mir daher einen neuen Posten suchen und Sie stehen in allerengster Verbindung mit unserer Bank. Wie schaut es denn dort mit Arbeitsstellen aus? Dürfte ich Sie vielleicht um eine Empfehlung ersuchen?"

Der sah mich mit schmunzelndem Gesicht an und erwiderte jovial:

„Schreiben Sie ein an die Bank gerichtetes Stellengesuch und schicken Sie es mir persönlich. Ich werde es dem Personaldirektor selbst übergeben."

Ich bedankte mich hocherfreut und konnte noch gar nicht begreifen, dass es im Leben wirklich solche Zufälle gibt und dass ich die Gelegenheit sofort beim Schopfe fasste! Dabei hatte ich diesen Wirtschaftsführer nie vorher gesehen. Da musste doch etwas daraus werden! Hatte ich nicht wieder mal Glück im Unglück?

Das Gesuch war bald geschrieben. Ich legte Zeugnisabschriften bei und sandte es sofort ab. Nach ein paar Tagen erhielt ich von der Bank einen Personalfragebogen, den ich umgehend ausgefüllt retournierte. Inzwischen trafen auch Stellenangebote aufgrund meines Inserates in der Industriezeitung ein. Nun konnte ich sogar wählen, wo ich in Zukunft arbeiten wollte. Meine liebe Gattin sagte: „Natürlich in der Bank, das ist am sichersten", aber ich hatte noch keine Einladung zu einer Vorsprache beim Personalchef erhalten. Ich wusste daher noch immer nicht, ob etwas daraus würde.

Deshalb stellte ich mich zuerst einmal bei einer Pumpenfabrik vor, die auf meine Annonce geschrieben hatte. Diese Firma befand sich am anderen Ende der Stadt und exportierte Regenanlagen nach Afrika, aber sie war nicht die Einzige und wollte doch das große Geschäft machen. Dafür suchte sie einen tüchtigen Exportleiter. Der Chef sah sich meine Zeugnisse an und erzählte mir, was er vorhatte. Vielleicht erwartete er auch noch andere Bewerber, denn nachdem ich ihm meine Gehaltsforderung nannte, meinte er:

„Lassen Sie sich die Sache durch den Kopf gehen und wenn Sie glauben, dass Sie diese Aufgabe übernehmen könnten, dann besuchen Sie mich wieder. Ich erwarte Sie in zwei bis drei Wochen!"

Inzwischen lud mich der Personalchef der Bank zu sich. Der saß in einem phänomenalen Büroraum und begrüßte mich sehr freundlich. Dann sagte er:

„Ich habe mir Ihr Stellengesuch vorgemerkt, aber leider nehmen wir augenblicklich niemanden auf. Das kann sich jedoch jederzeit ändern. Deshalb würde ich Ihnen empfehlen, gelegentlich wieder einmal vorzusprechen. Vielleicht ist es mir dann möglich, Ihnen einen günstigeren Bescheid zu geben."

Das kam mir nicht sehr ermutigend vor. Vielleicht wollte der Personalchef nicht direkt Nein sagen, weil ich die Empfehlung eines Generaldirektors hatte? Ich konnte jedenfalls nicht einfach warten, bis mich die Pumpenfabrik oder Bank aufnimmt, denn mein Dienst in der Keramikfirma lief bereits in wenigen Tagen ab und ich wollte nicht arbeitslos werden wie seinerzeit in Prag vor dem Kriege. Schließlich musste ich nun eine Familie ernähren.

Glücklicherweise hatte ich auf meine Anzeige in der Industriezeitung noch ein paar Zuschriften erhalten und suchte die nächstinteressante heraus, um mich auch bei diesem Interessenten vorzustellen. Das war eine Bandweberei, nicht allzu weit von uns, die ich sogar in zwanzig Minuten zu Fuß erreichen konnte. Also ging ich hin. Der Chef war momentan nicht da. Deshalb stellte mich die Sekretärin dem Exportbearbeiter vor, er hieß Machold. Das war ein kleiner älterer Herr, der sich riesig freute, mich kennen zu lernen, denn er war Sudetendeutscher, aber nicht aus dem Egerland, sondern aus Mährisch-Schlesien. Er sah jedenfalls in mir den Landsmann und kam mir gleich vor wie ein väterlicher Freund.

Dieser Mensch war sehr dienstbeflissen, stellte mir sofort eine Schreibmaschine bereit und hieß mich je einen deutschen, englischen und französischen Geschäftsbrief schreiben. Als er sah, dass ich das gut konnte, erzählte er mir einiges über die Firma und ging dann zum Chef, der inzwischen eingetroffen war. Dieser ließ mich nachher rufen und sagte, ich könne am nächsten Ersten bereits anfangen zu arbeiten. Er bot mir zwar etwas weniger Anfangsgehalt, als ich gerade verdiente, aber nachdem mir Herr Machold als Kollege so sympathisch erschien und der Weg von der Wohnung zur Firma nicht weit war, nahm ich den Posten an unter der Bedingung, dass ich eine Gehaltsaufbesserung bekäme, sobald ich eingearbeitet sei.

Der Pumpenfirma schrieb ich, dass ich eine andere Arbeitsstelle gefunden hätte, die nicht so weit von meiner Wohnung entfernt liege. Darauf erhielt ich eine Antwort, die mich wunderte. Der Betriebsinhaber war richtig gekränkt, dass ich nicht mehr bei ihm vorgesprochen hatte, und meinte, er habe ernstlich mit meinem Eintritt bei ihm als Exportleiter gerechnet. Wenn ich mich nun anders entschied, so sei das eben meine Angelegenheit und ich müsse ja wissen, was ich tue!

Momentan bekam ich wirklich Zweifel an meiner Entscheidung, aber mein Landsmann hatte mich so eingefangen, dass ich ihm nicht widerstehen konnte. Nun war es jedenfalls entschieden. Ob meine Wahl gut war, würde sich herausstellen. Ich dachte dabei an den alten Kommerzialrat, der mir bei meinem Eintritt vor drei Jahren das Blaue vom Himmel versprochen hatte und jetzt ging er Pleite. Wer sich an einen Strohhalm klammert, macht leichte Versprechungen. Aber nun sah es doch nicht so aus. Jeder Fall ist eben anders.

Am 31. Mai 1953 beendete ich meine Tätigkeit in der Kunstkeramikfabrik, die bereits laufend Arbeiter entließ. Als Abschiedsgeschenk durfte ich mir eine wunderschöne große Tanzfigur aus Fayence aussuchen und schon am nächsten Morgen, dem 1. Juni, fing ich als Exportbearbeiter in der Textilbranche an. Das war ein ganz neues Fach für mich, aber mein älterer Kollege bemühte sich sehr, mich einzuarbeiten, denn er wollte im August auf Urlaub gehen und da sollte ich ihn schon vertreten.

Herr Machold erzählte mir auch den ganzen Werdegang dieses Unternehmens. Es war ein Familienbetrieb wie einst meine vorherige Arbeitsstelle. Der Großvater des jetzigen Chefs begann als einfacher Seiler in einer kleinen Gasse unweit von uns. Er arbeitete jede Woche bis Samstag von früh morgens bis spät abends in einem Kellerlokal. Nur am Montag spannte er seinen großen Bernhardinerhund vor ein Wagerl und fuhr damit in die Stadt hinein, um die Erzeugnisse der vergangenen Woche an die Kurzwarengeschäfte zu verkaufen. Es waren jede Art von Stoffbändern und Schnüren. Um das Geld, das er dafür kassierte, kaufte er auf dem Rückweg gleich das Rohmaterial für die Arbeit der kommenden Woche ein. Das Geschäft ging gut, sodass er immer mehr Lehrlinge und Gehilfen einstellen konnte. Durch ausdauernden Fleiß und Sparsamkeit brachte es der Gründer zu der Fabrik, in der wir uns befanden. Das geschah alles noch in der österreichisch-ungarischen Monarchie. Damals begann die Industrialisierung mit maschineller Serienherstellung, Die besitzlose arme Landbevölkerung zog es in die großen Städte zu neuen Arbeits- und Verdienstmöglichkeiten. Der Großvater aber sagte:

„Meinetwegen müssen die Dörfler nicht ihre Heimat verlassen. Ich gehe zu ihnen. Dort kann ich sie noch billiger beschäftigen als hier.

Er gab den Leuten Heimarbeit und gründete sodann in Mährisch-Schlesien eine große Fabrik mit viertausend Arbeitern. Dieser Riesenbetrieb wurde jedoch nach dem zweiten Weltkrieg von der kommunistischen Regierung der wiedererstandenen Tschechoslowakei enteignet. Der jetzige Seniorchef musste mit seiner Familie, wie die alteingesessenen Sudetendeutschen, seinen Besitz verlassen und kehrte nach Wien zurück. Mithilfe eines ERP-Kredits der Marshallplanhilfe konnte er jedoch in Oberösterreich ein neues Werk aufbauen, in dem er an die tausend Arbeiter beschäftigte, davon zum Teil Sudetendeutsche, und mein mir vorgesetzter Landsmann wurde hier in Wien im Exportgeschäft eingesetzt.

Als der nun hörte, dass ich eine Tochter habe, erzählte er mir mit Stolz, er hätte zwei, die jetzt aus der Schule kämen. Dabei betonte er besonders, wie wichtig es sei, keines der Mädchen zu bevorzugen. Jede müsse immer das Gleiche erhalten, sonst würden sie aufeinander eifersüchtig und im späteren Leben nicht zusammenhalten. Das sollte ein väterlicher Rat für mich sein, falls ich noch ein zweites Kind bekäme, und so kamen wir einander persönlich langsam näher.

Im August 1953 fand ich eines Tages, als ich vom Büro heimging, den Arzt bei uns vor. Wir wohnten Tür an Tür mit ihm und er brauchte nur paar Schritte herüberzukommen. Das blaue Bein meiner Schwiegermutter war nämlich schon so dick und schwer geworden, dass sie es kaum noch heben konnte. Alle vorherigen Kuren hatten nichts genützt. Da veranlasste der Doktor, dass Oma zu einer anderen Behandlung in das Lainzer Krankenhaus eingeliefert wurde. Dort erhielt sie unter anderem Injektionen, welche die vielen blauen Blutgerinnsel im Bein allmählich auflösen sollten. Es schien sich auch ein Erfolg einzustellen.

Diesem Spital war eine Altenversorgung angeschlossen und, als ob es der Zufall wollte, befand sich dort seit Jahren Omas sieche Schwester Tante Hermine. Die beiden waren einander schon ewig nicht mehr begegnet, weil eben ihre Krankheiten sie daran hinderten. Am nächsten Sonntag sollte sich das ändern. Als Opa auf Besuch hinkam, tauchte zu aller Überraschung Tante Hermine, gestützt von ihrer Tochter, der Kusine Mina, vor Omas Krankenbett auf. Wie ein Geist aus dem Jenseits sah die dahinsiechende kleine, alte Frau aus, aber die beiden Schwestern erlebten ein freudiges Wiedersehen und schlossen einander nach langer, langer Zeit in die Arme.

Oma wurde von neuem Lebensmut beseelt und als Opa sich nach Beendigung der Besuchszeit von ihr verabschiedete, rief sie ihm begeistert zu: „Ferdinand, schau, ich kann mein krankes Bein wieder heben!" Tatsächlich hob sie den Fuß, den sie seit vielen Jahren nur noch nachschleifen konnte, plötzlich wieder hoch!

So erzählte uns Opa, als er heimkam. Er wunderte sich sehr, dass wir auf seine an sich erfreuliche Nachricht ganz sonderbar und gar nicht so froh reagierten, wie er sich das vorgestellt hatte. Wenige Minuten vorher war nämlich ein Telegramm für ihn eingetroffen:

„Gattin plötzlich verstorben. Veranlasset das Nötige."

Wir waren alle schockiert. Als Opa am Montag früh wieder hinkam, erzählte die Bettnachbarin:

„Sie waren kaum bei der Tür draußen, da hob Ihre Gattin den Kopf, machte einen Japser, fiel wieder zurück und rührte sich nicht mehr. Die gerade hereinkommende Visite konnte nur noch den Tod durch Lungenembolie feststellen. Ein vom kranken Bein in Fluss gekommenes Blutgerinnsel hatte die Gefäße verstopft. Sie starb einen schönen Tod."

Aber wir waren ganz durcheinander. Gerade in dieser Zeit musste ich Herrn Machold im Urlaub vertreten. Das fiel mir nicht leicht, aber ich riss mich zusammen. Auch bei dieser Firma gab es bereits die Vierzigstundenwoche, aber keine Überstundenbezahlung, wenn man nicht fertig wurde. Ich musste nun oft ohne besonderes Entgelt länger im Büro bleiben. Ich wollte meinem Chef beweisen, dass ich den Laden schmeißen und unseren Urlauber vertreten konnte, was mir auch vollauf gelang.

Als Anerkennung durfte ich im September meine erste Geschäftsreise machen. Ich fuhr mit der Bahn in die britisch besetzte Steiermark, um einen belgischen Kunden zu treffen, der dort in Urlaub weilte und sich nicht durch die russische Besatzungszone zu uns nach Wien traute. Dem bot ich in seinem Hotel anhand einer Musterkollektion unsere Erzeugnisse zum Kauf an. Das war für mich eine aufregende Angelegenheit, nicht nur, weil ich so etwas zum ersten Mal in meinem Leben machte, sondern auch weil der Käufer nur Französisch sprach. Ich beherrschte zwar die einschlägige Handelskorrespondenz, aber im Reden hatte ich da praktisch keine Erfahrung. Trotzdem gelang es mir, eine nennenswerte Bestellung aufzunehmen, aber das für mich vollkommen neue, ungewohnte Metier eines Handlungsreisenden hatte meine Nerven strapaziert. Ich ging zwar befriedigt, aber sehr erschöpft zum Bahnhof, um meine Rückfahrt anzutreten und während ich auf den Zug wartete, kaufte ich mir zur Aufmunterung einen großen Mokka. Ich fand nachher im Wagon einen schönen Fensterplatz, aber während der Heimfahrt wurde mir übel. Eine Dame, die mir gegenüber saß, fixierte mich eine Weile. Dann sagte sie: „Sie sehen so blass aus. Ist Ihnen nicht gut?"

Ich erzählte ihr meine Geschichte und dass ich einen starken Kaffee getrunken hätte. Darauf erwiderte sie:

„Das hätten Sie lieber nicht tun sollen. Es könnte Ihrem Herzen schaden. Ich würde Ihnen empfehlen, sich draußen auf dem Gang zum offenen Fenster zu stellen und tief zu atmen."

Dieser Rat half mir wirklich und ich plauderte dann mit meinem Vis-à-vis bis nach Wien, sodass die Fahrzeit rasch verging, aber ich fragte mich, ob mir ein derartiger Außendienst jemals gut bekommen würde. Die Firma hatte allerdings noch einen Exportmanager, der zur Zeit die Auslandsreisen bestritt. Das war ein ehemaliger englischer Besatzungssoldat, der die Tochter des Chefs heiratete und dadurch als neues Familienmitglied sofort diesen gut dotierten Posten erhielt. Allein für Lieferungen nach Deutschland bezog er das Fünffache meines Monatsgehalts, ohne dafür überhaupt einen Finger krumm gemacht zu haben, denn die Geschäftsabschlüsse, nämlich Daueraufträge, hatte bereits ein anderer besorgt. Anscheinend lag ihm jedoch das Herumzigeunern auch nicht, denn er sollte nach weiterer Einarbeitung als Generalvertreter nach London übersiedeln, wo er herstammte.

Ich kam überhaupt darauf, dass fast alle guten Posten von Familienangehörigen oder Verwandten des Chefs besetzt waren, mit einer Ausnahme. Der Werksdirektor in Oberösterreich war nicht verwandt, aber dafür ein Experte ersten Ranges und ein typischer Manager. Den lernte ich kennen, als mich der Juniorchef einmal im Auto mitnahm, um mir die dortige Fabrik zu zeigen. Der Stellvertreter des Direktors war allerdings wieder ein Vetter meines Chefs und vor dem Umsturz selbst Fabrikdirektor in der Tschechoslowakei bis zur Enteignung.

Dieser Vetter führte mich durch den neuen Betrieb und erklärte mir alles, dass ich nur so staunte. Von den tausend Beschäftigten bediente beispielsweise eine einzige Frau allein schon zwölf Flechtstühle. Diese wurden von einem Ingenieur jeweils auf ein bestimmtes Programm eingestellt und arbeiteten dann vollautomatisch. Wenn auch nur ein einziger Faden riss, blieb die Maschinengruppe von selbst stehen und die Frau hatte nichts anderes zu tun, als diesen Faden zusammenzuknüpfen, auf einen Knopf zu drücken und schon ging das Flechten weiter. Da konnte man sich kaum vorstellen, welche Massen von Bändern und Schnüren das Werk täglich verließen. Ein Riesengeschäft.

Ich hatte nun die ganze Firma kennen gelernt, Herrn Machold im Urlaub einwandfrei vertreten und für den Anfang mit dem belgischen Kunden in der Steiermark einen nennenswerten Geschäftsabschluss getätigt. Da konnte ich mir wohl einbilden, eingearbeitet zu sein. Darauf nahm ich nun Bezug und erinnerte den Seniorchef daran, dass ich mir bei meinem Eintritt vorbehalten hatte, zur gegebenen Zeit um eine Anhebung meines Gehalts auf die Ebene meines früheren Verdienstes zu ersuchen. Ich hatte fast immer um jeden Schilling raufen müssen, den ich von meinen Arbeitgebern mehr haben wollte, aber nicht immer mit Erfolg. Nun wollte ich sehen, wie hier meine Aussichten standen. Der Chef sagte:

„Ich kenne die Sudetendeutschen als gute und fleißige Arbeiter und bin auch mit Ihnen bis jetzt sehr zufrieden, aber Sie haben doch erst bei uns angefangen und wollen schon mehr?"

Darauf antworte ich:

„Ich bin sicher nicht unbescheiden, aber ich möchte halt gern - übrigens wie beim Eintritt abgesprochen - wenigstens wieder so viel verdienen, wie ich bei meiner früheren Firma bekam."

Der alte Herr erwiderte mit saurer Miene: „Na ja, ich werde sehen, was sich machen lässt!"

Als ich sein Zimmer verließ, hörte ich noch die Sekretärin mit ihm tuscheln:

„Wenn wir ihm jetzt schon eine Aufbesserung geben, dann wird er jeden Moment mehr wollen. Das können Sie doch nicht machen!"

Das war für mich entscheidend! Ich fasste einen raschen Entschluss und suchte bereits am nächsten Tage den Personalchef der Bank auf, bei der ich schon im Sommer vorgesprochen hatte, und der mir damals nahelegte, mich wieder einmal sehen zu lassen.

Zu meiner größten Überraschung rief mir dieser sofort zu: „Wo sind Sie denn so lang gesteckt? Sie hätten schon längst bei uns anfangen können!"

Ich sagte: „Ich konnte doch meine Familie nicht verhungern lassen und arbeite bereits seit Juli im Textilexport, aber am 1. Dezember könnte ich in die Bank eintreten."

Der Direktor erklärte sich nach einer aufschlussreichen Unterhaltung damit einverstanden und bot mir sogar etwas mehr Gehalt, als ich in der Keramikfabrik hatte. Also, was wollte ich noch? Mama Elfi fiel mir um den Hals, als sie das hörte und rief:

„Bin ich froh! Mein sehnlichster Wunsch ist in Erfüllung gegangen. Jetzt wirst du auch Beamter wie mein Papa, sogar Bankbeamter. Das ist doch viel sicherer als in einer Privatfirma, die jeden Moment krachen gehen kann."

Opa freute sich auch – Kollege!

In der Bandlfabrik kündigte ich noch im Oktober per 30. November 1953. Der Chef war gekränkt und Herr Machold enttäuscht, aber ausnützen lassen wollte ich mich als Zugereister zu Gunsten des Familienimperiums nun doch nicht mehr. Überstunden ohne Bezahlung und aufregende Dienstreisen ohne Diäten waren vorbei. Unangenehm war mir nur, dass ich Mitte November plötzlich Ischias bekam und das Bett hüten musste. Natürlich dachten nun alle in der Firma, ich würde laschieren und mir einen Urlaub bereiten, der mir noch gar nicht zustand. Aber was sollte ich tun? Ich musste sogar während der ersten drei Wochen in der Bank nach Büroschluss zum Auskurieren noch Schlammpackungen nehmen, doch ich sagte das dort nicht, denn wie sähe es denn aus, als Kranker einen neuen Posten anzutreten?

7.
Ich bin Bankbeamter!

Am 1. Dezember 1953 meldete ich mich beim Direktor der Personalabteilung. Dieser fragte so beiläufig seine Sekretärin:

„Wo sollen wir den neuen Kollegen bloß anfangen lassen? Schicken wir ihn vielleicht zuerst mal in die Kassenabteilung."

Die beflissene Frau antwortete jedoch:

„Wie wäre es, wenn er gleich in der Akkreditiv-Abteilung anfinge? Schließlich hatte er schon in der Keramikfirma laufend mit Export-Akkreditiven zu tun, halt nur als Kunde von der anderen Seite."

Und so geschah es. Ich wurde in die entsprechende Abteilung geführt, dem dortigen Direktor vorgestellt und sodann zuerst mal zum Anlernen in die deutschsprachige Arbeitsgruppe eingewiesen. Dort schrieb ich nach gleichartigen Musterakten sogenannte Dokumenten-Akkreditive, die von einem mir vorgesetzten Kontrollor überprüft wurden, bevor sie zum Versand gelangten. Diese Arbeit fiel mir nicht schwer, denn es waren tatsächlich die gleichen Exportsicherstellungen, die ich schon in der Keramikfabrik von der Bank erhielt, um die Figuren ohne Risiko an den Mann zu bringen.

Wir arbeiteten Montag bis Freitag von acht bis vier und am Samstag bis zwei Uhr mit einer halben Stunde Mittagspause. Da konnten wir in einer Werksküche im obersten Stock gut und billig essen.

Als ich in dieser Sparte schon eingearbeitet war, wechselte ich von einem großen Zimmer in ein kleineres, wo ich mit zwei älteren Kolleginnen Inkasso-Aufträge durchführte. Die unterschieden sich von den Waren-Akkreditiven dadurch, dass nicht sofort bei Einreichung der Versanddokumente bezahlt wurde, sondern erst bei Übergabe derselben an den Empfänger. Sie beschränkten sich hauptsächlich auf Europa.

In dem kleinen Raum zusammen mit den beiden Damen ging es viel ruhiger zu als vorher. Auf allen freien Plätzchen standen Grünpflanzen, die fleißig gegossen wurden, und mich bemutterte man auch sehr. Aus einer flüchtig gefallenen Bemerkung meines Gruppenleiters entnahm ich, dass etwas von meiner hohen Empfehlung bis hier durchgedrungen war. Die Kollegen von nebenan beneideten mich schon und sagten, ich säße im „Sanatorium".

Das denkt man allgemein von Beamten und wie es der Zufall wollte, traf ich einmal im Foyer den alten Kommerzialrat, der noch mit der Liquidation seiner Keramikfabrik beschäftigt war und wie immer dem Geld nachrannte. Der war ganz verdutzt und fragte: „Was machen Sie hier?"

Ich wunderte mich, warum er noch nicht bei seinem Sohne in Amerika war, und erklärte ihm, dass ich jetzt da in der Bank arbeite. Darauf antwortete er halb ernst, halb schelmisch: „Sie haben es gut. Jetzt brauchen Sie nichts mehr zu tun, als nur noch zu kassieren."

Momentan hatte er fast Recht, denn ich befand mich noch im Lernen und konnte nicht viel selbstständig erledigen, aber dieser Zustand hielt nicht lange an.

Aufgrund meiner Sprachkenntnisse kam ich nach meiner Einarbeitung in die französische Gruppe unter Leitung eines älteren Bevollmächtigten mit weißen Haaren namens Stifter. Der hätte leicht ein Nachkomme des berühmten Adalbert Stifter sein können. So schien es mir. Angeblich war sein Vater sogar Dorfschullehrer gewesen, aber mit dem großen Dichter des Böhmerwaldes war er nicht verwandt, Vielleicht fühlte er sich dennoch dem Namen verpflichtet, denn bei festlichen Anlässen verfasste er lustige Gedichte.

Mein Kontrollor dagegen befasste sich in seiner Freizeit mit Ornithologie. Das war ein ganz anständiges Hobby. Er spezialisierte sich auf das Leben der Beutelmeise und lag oft stundenlang in den Praterauen auf Beobachtung. Da postierte er seine

Spiegelreflexkamera mit einem Teleobjektiv von einem halben Meter Brennweite, schloss einen viele Meter langen Drahtauslöser an und versteckte sich in dieser Entfernung im Gebüsch, um bei Bedarf loszudrücken. So verhockte er das Wochenende, bis sich der Erfolg einstellte. Damit er der besonderen Art von Vögeln noch mehr Zeit widmen könne, kämpfte der Mann sogar um die Einweisung in eine dortige, vorwiegend Bedürftigen zustehende Gemeindewohnung, wo er mit seiner Familie einzog. Nur gab es Ärger mit manchen minderbemittelten Nachbarn, die aus den ihnen zugewiesenen sehr schönen, modernen städtischen Wohnungen die Parkettböden herausrissen und verheizten sowie in der Brausekabine die Kohlen einlagerten. So erzählte mir der Vogelfreund nicht nur von soziologischen Besonderheiten, sondern auch von sozialen Auswüchsen. Jeder hat halt seinen, pardon, sein Steckenpferd.

Unser Prokurist war eigentlich akademischer Maler und hatte die Wände seines Arbeitszimmers mit sehr schönen eigenen Bildern geschmückt. Sicherlich konnte er von der Kunst nicht leben, aber er beherrschte viele Sprachen, die er auf seinem Bankposten gut gebrauchte. Zu diesem Herrn gingen wir, wenn wir etwas nicht selbst entscheiden durften. Der war viel beschäftigt und sagte oft nur: „Legen Sie den Akt da drauf!"

Dann türmten sich die Mappen vor ihm auf, dass ich mich wunderte, wie er wohl damit fertig würde. Dabei ging er oft durch die Büroräume und schäkerte mit den Damen. Er sah aus – schlaksig wie Haut und Knochen und machte immer Witze. Wie der das bei seiner Arbeitsbelastung durchhielt, war mir ein Rätsel. Der musste wohl nicht nur akademischer, sondern ein echter Lebenskünstler sein.

In meiner neuen Gruppe gab es auch vier Frauen. Die lagen einander fast immer in den Haaren – vielleicht eine Folge der Frauenemanzipation? Die älteste war Doktor Juris und hatte die Gescheitheit mit dem Löffel gefressen. Sie war von einem hohen Gerichtsbeamten geschieden, obwohl ihr Sohn von ihm stammte, und lebte mit einem Holländer. Wenn der einmal länger ausblieb, wurde sie fast wahnsinnig. Dann stürzte sie sich in die Arbeit, um alle anderen zu übertreffen, und wenn der Kontrollor ihr dementsprechend mehr Akte zuteilte, beschwerte sie sich über die angebliche Ungerechtigkeit.

Die zweite Kollegin regte sich über die erste so auf, dass die Schilddrüse versagte und ihr Hals und Augen herausquollen. Beide Damen trugen starke Brillen.

Die dritte hatte ein Kind von einem Franzosen, hieß Doktor de Klot und beschwerte sich über die anderen beiden beim Direktor. Der beschwichtigte sie mit den Worten: „Aber gehn's, Frau Klo!" Da brachte sie vor Aufregung kein Wort mehr heraus. Erst wäre ihr beinahe das Gebiss aus dem Mund gefallen und dann stotterte sie: „Der hält mich wohl für eine Klofrau?"

Die vierte Kollegin war eine rassige, dunkelhaarige Erscheinung, etwas jünger als ich, mit einem leichten Anflug von Schnurrbart. Die amüsierte sich über die anderen drei, sofern sie nicht selbst verwickelt wurde. Ansonsten warf sie ein Auge auf mich, obwohl sie doch wusste, dass ich Familienvater war. Es fiel mir übrigens schon öfter auf, dass manche Bürodamen sich vorzugsweise für verheiratete Männer interessieren, aber auf mich übte das keinen Eindruck aus.

Über all das machte sich mein junger, aber bereits geschiedener Schreibtischnachbar lustig, der unter anderem auch gern erzählte, dass er an warmen Sommerabenden oft mit seinen Freunden und besonders Freundinnen nackt in der großen Donau badete.

So ging es manchmal wirklich recht französisch zu in der Frankreichgruppe und wenn die Szene zu bunt wurde, dann rief uns der Handlungsbevollmächtigte in sein Zimmer und strengte sich an, uns allen eine Predigt zu halten. Einmal schlief mein Nachbar dabei ein. Dann rief der schon ältere Vorgesetzte ganz verwundert aus: „Der schläft!"

Die weißen Haare besaß er schon. Sie konnten ihm nur noch ausfallen, aber er war ein Gemütsmensch und beruhigte sich immer gleich mit einem Glaserl Wein. Nur manchmal regte er sich furchtbar über die Holzhändler auf, denn die exportierten ganze Zugladungen von Baumstämmen über uns auf Inkassobasis nach Frankreich und Italien.

„Diese Gauner verschachern noch unseren ganzen Wald!", schimpfte er, „bis wir verkarstet sind wie die Südländer, und unsere Heimat total verschandelt ist. Die Franzosen müssen ja über uns lachen, wenn sie unser billiges Bauholz bekommen und ihre eigenen Wälder schonen können."

Da hatte er wohl recht, aber es war auch unser Geschäft.

Im Sommer 1954 wurde ich einmal zu unserem Direktor gerufen. Der war ein Wiener Tscheche vom alten Schlag und hieß mit Vornamen Ladislaus. Deshalb gaben wir ihm den Spitznamen Lady.

Als ich in sein Zimmer trat, klingelte gerade das Telefon, und nun geschah etwas, das ich in diesen Tagen nicht mehr für möglich gehalten hätte. Der große, seriöse Herr Direktor wies mir einen Sessel an, dann nahm er den Hörer ab und meldete sich. Auf einmal stand er von seinem Fauteuil auf, sprach in den Apparat: „Jawohl, Herr General! Jawohl, Herr General!", einige Minuten lang, und machte dabei jedes Mal eine Verbeugung. Musste der eine Hochachtung vor dem Generaldirektor gehabt haben, obwohl er selbst schon lang Direktor war und zweihundert Leute unter sich hatte. Er verneigte sich vor dem obersten Chef sogar in dessen Abwesenheit.

Dann wandte er sich mir zu und fragte mich, ob ich zur diesjährigen Banksommerschule fahren wolle, ich sei dafür vorgesehen und sie fände im September in Spanien statt. Ich hatte schon davon gehört. Viele Weltbanken sandten jährlich je einen Vertreter zu dieser sogenannten „Banking Summer School" und ich erklärte mich natürlich sofort damit einverstanden. Ich bedankte mich auch für das mir entgegengebrachte Vertrauen, an diesem Kongress teilnehmen zu dürfen, und versprach, unser Institut dort nach besten Kräften zu vertreten.

Am 10. September 1954 war es so weit. Mit dem Kollegen einer befreundeten Wiener Bank fuhr ich im Arlberg-Express nach Genf, wo wir noch Zeit fanden, eine Stadtrundfahrt zu unternehmen. Am späteren Abend setzten wir unsere Fahrt im Couchette, einem französischen Liegewagen, von Genf über Lyon und Toulouse nach Hendaye am Golf von Biskaya fort, um dort den von Paris zu erwartenden Südexpress für die Weiterreise zu benützen. Zu unserem Schrecken ließ uns der Bahnbeamte nicht durch die Sperre, obwohl unsere Fahrscheine bis Madrid ausgestellt waren. Er behauptete, der Zug wäre überfüllt und deshalb nur mit Platzkarten benutzbar. Da schaltete mein Gefährte blitzschnell. Während ich bei unserem Gepäck blieb, rannte der Kollege zum Fahrkartenschalter, wo er sich anstellen musste. Glücklicherweise bekam er noch zwei Platzkarten und wir erreichten auch den Express, aber nur weil dieser wegen der Grenzformalitäten einen längeren Aufenthalt hatte.

Diesmal durchfuhren wir die Nacht ohne Liegesitze, aber wie ein Express kam uns dieser internationale Schnellzug gar nicht vor, denn das Schienennetz war in Spanien so schlecht, dass wir beinahe seekrank wurden. Ohne unsere Sicherheit zu gefährden, konnte anscheinend die Geschwindigkeit eines Bummelzuges nicht überschritten werden. Dennoch erreichten wir am Sonntagmorgen des 12. September Madrid und fuhren im Taxi zur Bank von Spanien, wo wir mit allen anderen Delegierten zum Weitertransport nach Granada eingeteilt wurden.

In einem ganz modernen blauen Stromlinienzug schwankten wir über Berg und Tal, bis über tausend Meter hinauf und wieder hinunter, als ob wir in einem Flugzeug durch Turbulenzen flögen. Dieser Eindruck wurde noch dadurch verstärkt, dass flinke Stuarts vor uns Speisetabletts in die Armstützen der Sitze steckten, auf denen man ein Mittagessen servierte, wie es bei Linienflügen üblich ist. Wir durchquerten schier endlose Olivenhaine, die unseren Obstkulturen ähnelten, und kamen erst am Abend in Granada an.

Ich wurde im Zentrum der Stadt im Hotel Victoria in einem Doppelbett-Apartment zusammen mit einem mosaischen Bankkollegen aus London einquartiert, der im schwarzen Anzug nur mit einem kleinen Aktenköfferchen erschien, aus dem er ein weißes Ersatzhemd zog, das er abwechselnd mit dem anderen im Hotel waschen ließ. So würde ich vielleicht auch gern mal reisen wollen, am besten ganz ohne Gepäck und nur mit einem dicken Scheckheft. Ich freute mich schon auf eine englische Konversation, aber wir sahen einander sehr selten, weil der Bettnachbar immer erst in das Hotel kam, wenn ich schon schlief, aber er war auch genau genommen gar nicht mein Typ.

Am Montag wurde die Tagung feierlich eröffnet. Zuerst zeigte man uns die hervorragendste Sehenswürdigkeit von Granada, nämlich die Alhambra. Das ehemalige maurische Königsschloss erstreckte sich auf dem erhöhten Nordrand der Stadt lang dahin. Seine einzigartige Architektur war in den meisten Teilen noch erstaunlich gut erhalten und sehr reich an Wandmosaiken und kunstvoller Stuckatur.

Nach dieser Besichtigung begaben wir uns zum Eröffnungsessen in das dem Haupteingang der Alhambra vorgelagerte und deren Architektur nachahmende Alhambra-Palace-Hotel. Dort wurden zuerst einige Ansprachen gehalten und dann die feinsten Leckerbissen serviert. Dazu gab es Weiß- und Rotwein. Ich saß an der Tafel der deutschen Gruppe, um die sich der Maitre de Service persönlich bemühte. Er sagte in reinem Deutsch:

„Die Herren trinken vielleicht lieber Bier? Wenn es Ihnen angenehm ist, lasse ich Ihnen ein paar Flaschen bringen. Das ist im Service inbegriffen."

Nachdem wir uns verwundert für die besondere Aufmerksamkeit bedankten, stellte sich heraus, dass dieser oberste Kellner ein Kölner war, den es im Laufe seiner beruflichen Karriere nach Spanien verschlagen und er dort eine Spanierin geheiratet hatte. Es gibt doch immer wieder wundersame Zufälle.

Abends wurde zu Ehren der Gäste im „Generallife", einem mit Wasserspielen bereicherten Kunstgarten, der sich auf einem Hang oberhalb der Alhambra befindet, ein andalusisches Fest mit Tanz- und Gesangsvorführungen von Zigeunern veranstaltet. Leider konnten wir die dargebotenen Zigeunertänze, die gewiss sehr schön waren, nicht besonders gut verfolgen, weil man sich auf das fahle Licht des gerade aufgehenden Vollmondes als einzige Beleuchtungsquelle beschränkt hatte. Dafür wurden wir aber anschließend für die schlechte Sicht durch das reizende Spiel des noch jungen, aber bereits weltberühmten Gitarre-Virtuosen Narciso Yepes entschädigt, dessen Klänge das Halbdunkel des Abends bezaubernd durchdrangen.

An den anderen Wochentagen fanden von zehn bis dreizehn Uhr bankwissenschaftliche Vorträge internationaler Fachleute in der Aula der medizinischen Fakultät statt. Die gedruckten Texte wurden je nach Wunsch in englischer oder spanischer Sprache verteilt. Das Universitätsgebäude war ein Neubau ganz in Weiß und sah von vorne faszinierend aus. Wie es jedoch in Mittelmeerländern vorkommt, starrten die Aborte darin so vor Schmutz, dass die einheimischen Besucher es vorzogen, ihre Notdurft hinter der nächsten Ecke des Gebäudes im Freien zu verrichten. Also dorthin sollte man lieber nicht schauen.

Wir fuhren nach den Vorlesungen immer gleich ins Alhambra-Palace-Hotel zum delikaten Mittagessen, wo auch die Toiletten peinlichst sauber waren. Von der Terrasse dieses Hotels gab es eine wunderbare Aussicht auf Granada und die südlich davon über dreitausend Meter hoch aufragende Sierra Nevada, auf der trotz trockener Hitze im September sogar noch Schneefelder zu sehen waren.

Nachmittags zwischen vier und sechs Uhr fanden in den Räumlichkeiten des Hotels fachliche Diskussionen statt und dann wurde Tee serviert, bei dem ich mich mit vielen Teilnehmern recht gut unterhielt. Ein englischer Kollege lud mich sogar ein, mit meiner Familie den nächsten Urlaub bei ihm zu verbringen.

Anlässlich einer Stadtrundfahrt sahen wir im Kreuzgang des etwas außerhalb liegenden Klosters „Cartuja" außer wertvollen Intarsien auch furchtbar grausame Gemälde, wie ich sie der katholischen Kirche nie zugetraut hätte. Dagegen war ich von einer Besichtigung des Domes sehr begeistert, nicht nur weil er mir gefiel, sondern weil der Fremdenführer, ein Student, eine herrlich melodische spanische Aussprache hervorbrachte, die mir noch lange angenehm wie Musik in den Ohren klang. Denn besuchten wir am Sacro Monte Zigeunerhöhlen und sahen den dortigen Frauen beim Tanzen zu. Die waren bezaubernd, wie sie in ihren bunten Trachten mit den Füßen stampften und in den Händen die Kastagnetten klappern ließen. Ich sah auch zu, wie die Kunsttischler ihre Einlegekassetten anfertigten. Das war äußerst interessant und natürlich erstand ich eines der schönsten Kästchen, um es Mama nachhause mitzubringen.

Am Samstagabend hatte uns die Bank von Spanien zu einem kalten Buffet eingeladen. Ich setzte mich mit den anderen drei Wienern, die außer mir an der Tagung teilnahmen, in eine Loge. Dann holten wir uns abwechselnd von der langen, appetitlich dekorierten Tafel die besten Leckerbissen sowie Wein und ließen es uns schmecken. Wir kamen bald in Stimmung, tranken Brüderschaft und unterhielten uns blendend, aber es war zu viel fette Majonäse im Essen. Mir wurde übel und ich flüchtete in mein Hotel, das nicht weit entfernt lag. Kaum hatte ich das Zimmer erreicht, ging das Unheil auch schon los. Ich stürzte in den Toilettenraum, wo ich von Erbrechen und Durchfall zugleich befallen wurde. Ich wusste gar nicht, was ich zuerst tun musste. Sollte ich mich setzen oder vorbeugen, um Magen und Darm zu entleeren? Ich drehte mich wie ein Kreisel, dann schlich ich ins Bett. Glücklicherweise war mein Schlafgenosse noch nicht da.

Für Sonntag hatte man eine Busfahrt angesagt. Deshalb ließ ich mich zeitig wecken. Auf einem nahen Platz warteten schon die großen Fahrzeuge und als ich einstieg, wurde mir wieder schlecht. Ich ersuchte meinen Nachbarn, den Chauffeur nicht wegfahren zu lassen, und raste in das nächste Gasthaus, wo ich kein Klosett fand. Der Wirt verstand mich nicht und wunderte sich über mein aufgeregtes Hin und Her. Endlich leuchteten seine Augen auf. Unter schallendem Gelächter rief er: „Entrete!", und verwies mich in eine dunkle Ecke. Mir war egal, was die Einheimischen dachten. Ich hatte vorsichtshalber nicht gefrühstückt und trotzdem musste jetzt noch der letzte Magen-

und Darmsaft heraus. In der einfachen Schänke ging das sogar praktischer, denn da saß ich auf keiner Muschel, sondern hockte auf zwei Fußstützen über einer flachen, quadratischen Wanne, wie es eigentlich bei den Spaniern üblich ist.

Nun wurde mir erst wieder gut. Wir fuhren nach Süden in Richtung Malaga. Bevor wir jedoch die Küste erreichten, bewegten wir uns noch immer hoch oben auf einen Bergvorsprung hinaus, von dem wir nach beiden Seiten kilometerweit auf das Ufer des mittelländischen Meeres hinunterblicken konnten. Ich rätselte, wie es wohl weiterginge, da bogen wir links um die Kuppe und zurück zu einem Tunnel, der uns durch den Bergrücken führte. Dabei ging es immer bergab. Von der anderen Seite umkreisten wir nochmals tiefer unten den Vorsprung und durchquerten etwas weiter hinten wieder einen etwas längeren Tunnel. Als wir aus dem herauskamen, lagen vor uns schon die Gärten, in denen der berühmte Malaga-Wein reift. Das war eine faszinierende Fahrt. Bald erreichten wir die schöne Winzerstadt, wo wir auf dem Hauptplatz eine kleine Pause machten, und weiter ging es nach Torre Molinos an der Costa del Sol. In einem exquisiten Strandhotel hatte man unter Bäumen bereits die Tische für uns zum Mittagmahl gedeckt. Es blieb jedoch noch genug Zeit, uns vor dem Essen auf dem direkt anschließenden Sandstrand zu tummeln. Badehosen hatten die meisten mit und in den bereitstehenden Umkleidekabinen waren wir auch rasch umgezogen. Das Meer konnte ich nur hüpfend erreichen, denn der davor liegende Sand war so heiß, dass ich befürchtete, mir die Fußsohlen zu verbrennen. Dafür durfte ich mich jedoch dann in den leichten Wellen des Meeres wundervoll erfrischen. Nach dem vorzüglichen Essen konnten wir uns noch auf Liegestühlen ausruhen und nachher kehrten wir auf einem Umweg nach Granada zurück. Spanien ist wirklich schön.

Nach einer weiteren Woche mit Vorträgen und Diskussionen verließen wir am Samstag, den 25. 9. 1954 Granada, den Ort unserer Studien, um uns im Sonderzug wieder nach Madrid zu begeben, wo am Sonntag, den 26. 9. unsere Tagung ihren Abschluss fand.

Ich war mit dem Kollegen einer anderen Wiener Bank für die Nacht im zehnten Stock des First Class Hotels Fenix einquartiert. Die klassisch ausgestatteten Apartments wurden durch Klimaanlagen wohl temperiert gehalten. Vom Zimmerfenster sah man tief unten den intim beleuchteten Gastgarten des Hauses und von da bis weit weg die unzähligen Lichter der spanischen Hauptstadt. Von den Verkehrsampeln der nächsten Straßenkreuzung hörte ich bis zu mir herauf bei jeder Änderung der Lichtphase ein Klingelzeichen. Das war dort so üblich, damit die Passanten auf den Kreuzungsverkehr besser aufpassten.

Als ich mich hinunter zum Nachtmahl begab, beschwerte sich mein Wiener Kollege gerade höchst erregt beim Portier, dass er seine Koffer noch nicht erhalten habe, und rannte dann unverrichteter Dinge zur Tür hinaus. Ich war schon lang mit dem Essen fertig, als er wieder auftauchte und mir ein spannendes Abenteuer erzählte:

„Nachdem der Portier von meinen Koffern nichts wusste, wollte ich bei der Polizei Anzeige erstatten und rannte vor lauter Aufregung, ohne das hier übliche Klingelzeichen zu beachten, bei Rot über die Kreuzung. Nun brauchte ich die Polizei nicht mehr zu suchen, denn der Verkehrsbeamte schnappte mich sofort beim Kragen und schleppte mich, ohne zu fragen, zur nächsten Wachstube. Dort musste ich mich zuerst mal ausweisen. Dann telefonierte der Dienst habende Beamte zum Hotel und erfuhr, dass mein Gepäck irrtümlich im Nebenzimmer abgestellt wurde. Jetzt bin ich wieder da und die Koffer auch!"

Darauf meinte ich scherzhalber: „Abgeführt! Was würden da deine Vorfahren dazu sagen?" Der hatte mir nämlich auch erzählt, dass er aus einer berühmten österreichischen Politikerfamilie stamme.

Am letzten Tage waren die Delegierten Gäste bei verschiedenen spanischen Banken. Ich wurde mit ungefähr zwanzig anderen von der Banco de Viscaya eingeladen. Um uns Appetit zu machen, fuhren uns einige Herren dieser Bank zuerst einmal in einem Rundfahrt-Autobus durch die Stadt, die mir im Gegensatz zu Granada äußerst modern erschien. Dabei zeigte man uns unter anderem das königliche Schloss, in dem Generalissimus Franco seine offiziellen Empfänge gab. Da setzte er sich angeblich niemals auf den Königsthron, sondern stand immer daneben, sozusagen als Statthalter. Im Restaurant des Hotel Plaza, sechsundzwanzig Stockwerke über dem Platz von Spanien, nahmen wir nachher ein landesübliches Mittagessen ein, das aus nicht weniger als fünf Gängen bestand. Ich hatte die Ehre, zur rechten Hand des Gastgebers zu sitzen, und musste mich daher, um diesen nicht zu beleidigen, redlich bemühen, der gebotenen Leckerbissen Herr zu werden. Unter anderem gab es mit Majonäse gefüllte Riesenlangusten, deren Üppigkeit mir ungewohnt war. Immer wieder reichten livrierte Lakaien die Tabletts, jedoch ich stand es durch. Nun verpasste, vielmehr zündete mir mein generöser Nachbar eine Riesenzigarre zum Rauchen an und plauderte französisch, so gut er konnte. Beim Sekt hielt ein älterer Hamburger Kollege eine nette Dankrede in spanischer und englischer Sprache und um vier Uhr nachmittags verließen wir fast fluchtartig das Lokal, um zu einem Stierkampf zurecht zu kommen, der nicht nur grässlich war, sondern auch keine besonderen Leistungen der Toreros bot. Es wurde zumindest keiner aufgespießt, aber alle sechs vorgeführten Stiere mussten nacheinander unter furchtbaren Leiden ihr Leben lassen. Mir war unverständlich, dass es diese gefährlichen Tierquälereien in einem zutiefst katholischen Lande überhaupt noch geben konnte.

Den eigentlichen Schlussakt bildete ein Abendessen im Palace-Hotel, das mit etlichen Ansprachen endete und bei dem auch der aus gegebenem Anlass anwesende spanische Finanzminister das Wort ergriff.

Bei diesem Kongress bot sich mir sogar die Gelegenheit, mit dem Präsidenten des österreichischen Bankenverbandes zu sprechen, der anlässlich eines Spanienaufenthaltes mit seiner Gattin dort auftauchte. Das konnte niemals schaden. Vor allen Dingen nahm ich jedoch die Erkenntnis mit nachhause, dass die spanischen Bankbeamten noch wirkliche Herren waren, eine eigene Gesellschaftsschicht.

Nachdem ich in meiner Firma inzwischen Anspruch auf Urlaub hatte, wollte ich diesen, wenn ich schon so weit reiste, an meinen dienstlichen Aufenthalt in Spanien anhängen, um privat noch weitere Schönheiten dieses Landes kennen zu lernen, aber unser Prokurist hatte das nicht erlaubt mit der Begründung:

„Sobald Sie nicht alle Gruppen meiner Abteilung durchgemacht haben, kann ich Sie nicht zu lange weglassen, sonst verlernen Sie schon wieder was, bevor Sie noch alles können."

Also fuhr ich mit dem nächsten Südexpress die gleiche Strecke zurück, die ich vor zwei Wochen gekommen war, aber diesmal allein, denn mein Reisebegleiter auf der Herfahrt war schon länger in seiner Bank und durfte zum Unterschied von mir noch privat dableiben. Zum Abschied von Madrid ließ ich mir in einer Bodega eine Feldflasche voll süffigen spanischen Wein füllen, um ihn zur Begrüßung in Wien mit meiner Frau zu trinken und ihr den Unterschied zum Wiener Heurigen zu zeigen.

Bei dreißig Grad Wärme bestieg ich den Zug, nahm durchs Fenster Abschied vom Königspalast und fuhr nach Norden, vorbei an dem mächtigen Prachtbau des Escorial über San Sebastian zur französischen Grenzstation Hendaye. Dort hatte ich etwas Zeit zum direkten Zug nach Genf. So konnte ich am innersten Zipfel des Golfs von Biscaya noch einen kleinen Spaziergang machen und vom Meer Abschied nehmen. Auf der weiteren Fahrt kam ich an dem berühmten Wallfahrtsort Lourdes vorbei, dessen weiße Kirche mir schon von Weitem entgegenleuchtete. Mit den hohen Bergen der Pyrenäen im Hintergrunde blieb mir dieser Anblick gut in Erinnerung. Toulouse präsentierte sich in der Abenddämmerung bereits im Lichterglanz und in der Nacht stieg ich in Genf wieder in den Arlbergexpress ein. Während der letzten Strecke durch die Alpen war es kalt geworden und, nachdem ich in dem stark besetzten Zuge, der von Paris nach Wien fuhr, endlich einen

Sitzplatz fand, musste ich zu meinem Leidwesen feststellen, dass in dem Wagon die Heizung nicht funktionierte. Vielleicht waren nur deshalb darin noch Plätze frei. Hinauf zum Arlberg wurde mir kalt und immer kälter. Ich hatte keine warme Kleidung mit und begann zu frieren. Um mich nicht zu erkälten, fiel mir als einzige Rettung die Weinflasche ein, die ich nun herauszog. Ich machte einen Schluck nach dem anderen und bis mir endlich wieder warm wurde, war die Flasche leer, aber ich erreichte gesund und wohl gelaunt die Wienerstadt.

Auf dem Perron des Westbahnhofs stand im Herbstmantel eine zarte, schlecht aussehende kleine Frau. Das musste doch mein Weiberl sein! Sie hatte rote Augen und fiel mir um den Hals. Fast hätte ich sie nicht erkannt. Es war doch gut, dass ich nicht länger weggeblieben war.

„Wie schaust du denn aus und wo ist Elfi?", fragte ich und sie antwortete mir mit einer heißeren, rauen Stimme, die mir gar nicht geläufig war:

„Elfi hat noch rötere Augen und ist daheim beim Opa. Wir haben einen Virus erwischt, aber sonst geht es uns gut. Jedenfalls bin ich schon froh, dass du wieder da bist. Danke auch für deinen lieben Brief!"

Wir fuhren mit der Tramway nachhause und als ich die Tür zu unserer kleinen Wohnküche öffnete, stand Elfi gerade vor der weiß lackierten Kohlenkiste, auf deren Deckel Zeichenblätter lagen, und malte Modedamen, sehr hübsch, wie aus dem Journal geschnitten.

Das tat sie schon seit einiger Zeit, so schön und rasch, dass wir uns in ihr fast eine kommende Modezeichnerin vorstellten. Nun ließ sie jedoch den Farbstift fallen und lief mir freudig zu. Sie war froh und lustig und ihre Augen sahen schon besser aus. Opa kam mir auch entgegen. Wir waren wieder glücklich beisammen. Seit Omas Tod passte Opa auf die Kleine auf und ging auch viel mit ihr spazieren.

Am nächsten Tage begann wieder mein Dienst im Büro. Über die Banksommerschule musste ich für die Direktion einen Bericht schreiben und außerdem verfasste ich einen für unsere Betriebszeitung. Nach kurzer Zeit wurde ich zur Vervollständigung meiner Kenntnisse in die amerikanische Gruppe unserer Abteilung versetzt und meinen ersten, noch ausstehenden Urlaub von zweieinhalb Wochen ließ ich mir für den Winter vormerken.

In der ersten Märzhälfte, zwischen Elfis vierten und meinem vierzigsten Geburtstag fuhren wir in ein sogenanntes Bankheim am Semmering. Unsere Firma hatte mehrere Vertragshäuser für Erholungszwecke der Angestellten gemietet. Dort konnten wir verbilligt wohnen, denn die Direktion zahlte einen Teil dazu. Ich wählte den Semmering, denn der war mit der berühmten Gebirgsbahn leicht zu erreichen. Den Opa konnten wir auch mitnehmen. Es war seit unserer Hochzeitsreise mein erster Urlaub nach fünf Jahren und mit der Familie, denn als Elfi noch ganz klein war, wollten wir nicht wegfahren und dann ging es sich durch meinen Postenwechsel leider nicht aus.

Wir wohnten in einem Heim ehemaliger Offiziere aus der österreichisch-ungarischen Monarchie, denn deren gab es ja nicht mehr sehr viele, sodass für unsere Zwecke genug Zimmer frei waren. Die Tradition des Hauses erkannten wir an den großen, weißen Porzellan-Nachttöpfen, auf denen noch ein glasierter Doppeladler prangte, und der Heimleiter war ein Offizier alten Schlags in Zivil.

Ich belegte mit meinen beiden Elfen ein großes Dreibettzimmer mit Zentralheizung, während Opa nebenan in einem Kabinett schlief. Wir befanden uns gleich unterhalb des Bahnhofs, hinter dem eine kurvenreiche Straße steil in die Höhe führte, und es lag noch sehr viel Schnee. Zuerst stapften wir alle zusammen zu Fuß hinauf. Dann borgte ich mir von der Zimmerfrau eine Rodel aus. Damit sauste ich mit Elfi jeden Tag den Berg herunter. Sie saß vor mir und ich lenkte mit den Beinen um die Biegungen. Wegen des starken Gefälles durften und konnten dort keine Autos fahren. Es war herrlich! Die frische Luft! Und immer wieder fiel Schnee vom Himmel, sodass wir uns darin wälzten und kleine Schneemänner bauten. Bei einem nahen Fleischerwirtshaus, wo wir öfter Kaffee tranken, stand sogar ein ganz großer weißer Kugelmann mit Rübennase, Kohlenaugen, Zylinder und Besen im Arm. Dies war das schönste Erlebnis zu Elfis viertem Geburtstag.

Als wir zu meinem Vierzigsten wieder heimkamen, lagen auf Wiens Straßen noch zwei Meter hohe Schneehaufen, aber es wurde auch endlich warm und diese weiße Pracht verging nun in wenigen Tagen. Der Frühling 1955 war eingezogen.

In der Bank gab es entgegen den einmal geäußerten Ansichten meines früheren Keramikchefs, des Kommerzialrats, viel zu tun. Das Amerikageschäft florierte und ich kannte mich schon gut aus. Besonders aus Südamerika erhielten wir Mengen von Handelskreditbriefen als Deckung für österreichische Exporte dorthin. Die konnten in der normalen Bürozeit nicht mehr bearbeitet werden. Da ersuchte mich der Direktor, mit einem andern Kollegen zusammen täglich zwei bis drei Stunden länger im Büro zu bleiben, um in dieser zusätzlichen Zeit ausschließlich die argentinischen und brasilianischen Akkreditive zu eröffnen, natürlich gegen Überstundenbezahlung mit fünfzig Prozent Zuschlag und ich erklärte mich selbstverständlich damit einverstanden.

Der Kollege war ein älterer, hagerer Berliner mit einem russischen Namen, der vor dem Kriege in Budapest selbstständig einen internationalen Metallhandel betrieben hatte. Er wurde auch erst durch die Kriegsereignisse nach Österreich verschlagen, denn seine Frau war gebürtige Linzerin. Der verstand außer den Weltsprachen auch Ungarisch und Rumänisch. Nachdem das Letztere romanischen Ursprungs ist, konnte er auch Spanisch recht gut – deshalb Südamerika –, und ich half ihm. Als um vier Uhr die anderen nachhause gingen, zog er erst mal eine Thermosflasche aus der Aktentasche und trank warmen Kaffee. Dabei erzählte er mir mit einer monotonen, schnarrenden Stimme, dass das ganze Leben von der Konstellation der Sterne abhänge. Der beschäftigte sich in seiner Freizeit mit Astrologie und behauptete, sogar der Geschlechtsverkehr richte sich nach dem Laufe der Himmelskörper. Er läge mit seiner Frau im Bette und es geschähe nichts – lange nichts –, bis dass der Funken überspränge, und diese Entflammung der Liebe hing ebenfalls vom Stande der Sterne ab.

Ich dachte dabei eher an den Mond, denn wir hatten auch einen Skontisten, das war ein Bürodiener, der bei Vollmond den Rappel bekam. Dann zwickte er die Mädchen in die Hintern. Der hieß auch Zwicker, aber man sagte, vom Namen kämen diese sonderbaren Regungen nicht, sondern von einem Kopfschuss aus dem letzten Kriege und dann nur bei Vollmond.

Mein Überstundenkollege sagte, er habe schon viele Horoskope erstellt und soweit er sie verfolgen konnte, stimmten sie immer. Er versprach mir, die Zukunft meiner Tochter vorauszusagen, wenn ich ihm, auf die Minute genau, ihre Geburtsstunde angeben könne. Der machte mich neugierig. Obwohl ich skeptisch blieb, nannte ich ihm diese Daten, die ich Elfis Geburtsurkunde sowie Mamas Erzählungen entnahm, aber ein Horoskop brachte er mir nie!

Eines Tages kam ein Kollege zu mir und empfahl mir, der Gewerkschaft der Angestellten beizutreten. Außer bei einer derartigen privaten Jugendgruppe seinerzeit in meiner alten Heimat war ich noch nie bei einem solchen Verein, denn in kleineren Privatbetrieben trauten sich die Angestellten nicht, sich zu organisieren. Die Tüchtigen kämpften sich selbst durch und die anderen wurden sogar manchmal entlassen, wenn der Kleinunternehmer erfuhr, dass sie einer Gewerkschaft beitraten. Diese Institution setzte sich oft nur bei solchen Firmen durch, die auf schwachen Beinen standen.

Das beste Beispiel bot die Keramikfabrik, in der ich vorher war. Da kam ein Kollege aus einer Kartonagenfabrik, die jeden Arbeiter entließ, der der Gewerkschaft beitrat. Ein Vorwand fand sich immer. Nun hatte er es besser. Er konnte sich an den Betriebsrat wenden, der sich für ihn einsetzte. Der forderte fast jeden Monat für die Arbeiter Lohnerhöhungen, bis es sich nicht mehr ausging und die Firma zusperrte. Sechzig Leute wurden arbeitslos. Das war der Erfolg. Man sollte halt nicht nur fordern und keine entsprechende Gegenleistung erbringen. Das kann auf die Dauer nie gut gehen.

Nun wurde ich für diese Sache geworben. Ich dachte an die Bedenken, aber mein Werber sagte, die gäbe es hier nicht. Im Gegenteil, der Betriebsrat habe sogar bei den Beförderungen mitzureden. Fast alle Kollegen seien bei der Gewerkschaft und sogar der Generaldirektor war einmal Betriebsratsobmann. Eine Mitgliedschaft könne nur von Vorteil sein. Also trat ich bei.

Es dauerte nicht lang, da kam eine Kollegin von der französischen Gruppe zu mir und warb mich für den Österreichischen Arbeiter- und Angestelltenbund, der könne mir zu einer außertourlichen Gehaltserhöhung verhelfen, die auch schon fällig sei. Das Ganze erinnerte mich an einen Film, der hieß: „Die Faust im Nacken." Es kam es mir nun schon nicht mehr darauf an und ich ließ mich auch dort einschreiben.

Die entscheidende Initiative ergriff ich aber doch wieder selbst. Unter Berufung auf meine rege Tätigkeit im Eröffnen amerikanischer Akkreditive nahm ich mir einen Schwung und sprach beim Direktor um ein außertourliches Avancement vor. Der stand diesmal nicht auf wie seinerzeit, als er mit dem General telefonierte, sondern zog aus seinem riesigen Schreibtisch einen großen, zusammengefalteten Bogen Papier hervor, den er auf der Tischplatte ausbreitete. Darauf bemerkte ich ein Netz von mindestens zweihundert quadratischen Kästchen und in jedem stand der Name eines Kollegen, dem winzige Notizen folgten. Das war ein richtiger Schlachtplan, der jedoch nicht die Bewegungen einer Armee, sondern die Positionen der dem Direktor unterstehenden Mitarbeiter kennzeichnete. Dieser studierte darauf ein wenig hin und her und dann sagte er zu mir:

„Sie wollen also mehr haben? Dabei sind Sie doch noch so jung! Ich gebe Ihnen einen guten Rat. Übernehmen Sie sich nicht! Wenn Sie immer so brav weitermachen wie jetzt, dann wird auch immer etwas tröpfeln. Sie sehen, ich habe noch so viele Kollegen, die dienstmäßig vor Ihnen stehen und alle etwas wollen, aber ich melde Sie beim Personalchef an. Vielleicht kann der etwas machen."

Das war gut so. Der Personaldirektor tat zwar etwas verwundert, aber ich erhielt mein erstes außertourliches Avancement und brachte mich dabei auch sonst in Erinnerung.

Kurze Zeit später fragte mich dieser Direktor sogar, ob ich den Aufsichtsratsposten bei der türkischen Niederlassung einer mit uns verbündeten Bank übernehmen könne, denn der Vorgänger sei plötzlich verstorben. Das wäre eine Vertrauensstellung und ich bekäme für meine Familie eine Dienstwohnung in Istanbul. Bei entsprechender Eignung würde ich sofort zum Prokuristen ernannt.

Ich bat mir eine Bedenkzeit aus und als ich daheim Mama mit dieser hinreißenden Neuigkeit vorsichtigst überraschte, rief sie, zutiefst erschrocken:

„Das kommt doch gar nicht in Frage! Ich würde Wien nie für immer verlassen. Und was machen wir mit Opa? Außerdem täte ich mich im Orient sicherlich nicht wohl fühlen."

Das dachte ich mir auch und überlegte, dass ich von meinem höheren Gehalt in der Fremde wahrscheinlich nicht gar so viel hätte, weil doch sicher auch die Lebenskosten dort für uns höher wären. Nach einiger Überlegung sagte ich dem Personalchef, dass ich das äußerst interessante und liebenswürdige Angebot aus familiären Gründen leider nicht annehmen könne. Glücklicherweise war der gar nicht enttäuscht, sondern erwiderte, dann müsse sich unsere Korrespondenzbank halt woanders umsehen.

Mein Landsmann Recki fiel mir nun ein, der Baukaufmann, und ich dachte mir:

„Jetzt habe ich es auch bis dahin geschafft. Ich bin kein unbeschriebenes Blatt mehr, sondern es steht was in meinem Schlachtplankästchen beim Direktor. Demnächst werde ich laut Betriebsvereinbarung sogar pragmatisiert, das ist sicher. Dann kann ich in der zweiten Hälfte meines Lebens auch nicht mehr ohne ganz triftigen Grund entlassen werden und einer ruhigen Zukunft entgegensehen – als Bankbeamter!"

8.
ÖSTERREICH IST FREI!

Im Mai 1955 traf es sich, dass nicht nur ich, sondern ganz Österreich einer besseren Zeit entgegensehen konnte. Zu kaufen gab es schon längst alles. Die Nöte und Engpässe der Kriegs- und Nachkriegszeit waren vorbei. Nur die Besatzungstruppen der Siegermächte übten noch eine gewisse Kontrolle aus und das sollte nun auch ein Ende nehmen. Der österreichischen Regierung war es durch lange diplomatische Bemühungen gelungen, nach bereits vorhandenen Zusagen der westlichen Alliierten auch die Russen zum Abschluss eines Staatsvertrages zu bewegen, nach dem alle fremden Soldaten unser Land verlassen müssen. Eine Delegation unter Führung von Bundeskanzler Raab und Außenminister Figl kam erfolgreich aus Moskau zurück und kurze Zeit später besiegelten die Außenminister der vier Besatzungsmächte die getroffenen Vereinbarungen im Schloss Belvedere. Es war ein ergreifender Moment, als der österreichische Außenminister Leopold Figl mit den anderen Politikern auf dem Balkon des Palais erschien, den unterschriebenen Vertrag hoch in die Luft hielt und in die jubelnde Menge schrie:

„Österreich ist frei!"

Mit den übrigen ausländischen Soldaten zogen auch die Amerikaner im Laufe der nächsten Monate ab. Ich brauchte sie nicht mehr, denn ich hatte mir inzwischen einen gesicherte Position in einem freien Land erworben und sah meinem nächsten Familienurlaub entgegen.

Diesmal waren es Sommerferien im August und es zog mich wieder mal nach Kärnten. Mit der Südbahn fuhren wir weit über den Semmering hinaus, aber nicht nach Heiligenblut wie einst, sondern in dem stillen Dörfchen Sankt Ulrich bei Feldkirchen am Ossiacher See hatten wir unser Quartier bestellt. Das erwies sich als die richtige Erholung und bot auch unserer kleinen Elfi viel Neues.

Wir wohnten in einem Bauernwirtshaus und Opa schlief wieder in seinem eigenen Zimmer. Der Aufenthalt kam uns auch recht romantisch vor. In der Hufschmiede konnten wir jeden Wochentag zusehen, wie die Pferde beschlagen wurden. Der Bauer hielt dem Tier das Bein hoch und der Schmied setzte mit einer großen Zange das noch vom Formen über dem Feuer glühende Eisen auf, welches zischte und rauchte. Dann stank der Huf, in den auch noch besondere Nägel eingeschlagen wurden, die das Eisen festhielten. Das brave Ross hielt ruhig stand. Es vertraute seinem Herrn.

Wir unternahmen schöne Spaziergänge und fuhren auch manchmal im Autobus in die weitere Umgebung, wie zum See und mit der Drahtseilbahn auf die Kanzelhöhe. Die Gondel schwebte durch dichten Nebel der Sonne entgegen. Oben von der Alm blickten wir sodann auf ein weißes Wolkenmeer tief hinunter. Nur die Berggipfel ragten daraus hervor zum Himmel, in dem wir uns beinahe wähnten. Auch nach Himmelberg brachte uns ein Bus und auf die Turracher Höhe ein ganz besonderer, denn dort stieg die Straße so steil an, dass es der normale Postbus nicht mehr schaffte.

Im Dorf ging der Haushund mit uns spazieren und freundete sich mit Elfi an. Dafür gab es aber keine Katze im Haus. Da hatten die Mäuse Kirtag. Unser Zimmer grenzte an den Heuboden, von dem wir oft in der Nacht ganze Mäusefamilien rennen und piepsen hörten. Einmal servierte uns die Wirtin warme Kuchen, die kleinen Faschingskrapfen ähnlich sahen. Als wir fragten, wie das heißt, erwiderte sie: „Gebackene Mäuse!" Elfi dachte, das wären die Mäuslein vom Heuboden und wollte sie erst gar nicht essen, bis sie darauf kam, dass diese Mäuserln recht gut schmeckten. So hatten wir das größte Vergnügen.

In Wien traf ich wieder mal meinen jüngeren Freund, den ich von der amerikanischen Bibliothek kannte. Der hatte sich inzwischen von seiner Frau scheiden lassen, weil sie keine Kinder wollte und er schon, aber eine andere Braut kannte er noch nicht.

Dagegen zogen seine Eltern aus Deutschland zu ihm in die Wohnung. Ich machte mir Gedanken, wie er das bewerkstelligte. Bei diesen ging aber die Übersiedlung leichter, als es bei meiner Mutter möglich gewesen wäre, denn die kamen aus Westdeutschland, von wo es keine Schwierigkeiten gab, und der Vater erhielt sogar aus der Bundesrepublik eine schöne Pension nach Österreich hinterhergeschickt.

Diese Familie besuchte regelmäßig monatliche Zusammenkünfte von sudetendeutschen Flüchtlingen aus dem Erzgebirge, zu denen auch Saazer Landsleute gehörten, und sie luden mich ein – es war schon fast Dezember –, zu einer bald bevorstehenden Weihnachtsfeier mitzukommen. Ich leistete der Einladung gerne Folge und nahm natürlich Frau sowie Tochter mit. Mein Bekannter war unterdessen Richter geworden und in Heimatkreisen sehr angesehen. Demnach belegten wir zusammen einen Tisch gleich neben dem Vereinsvorstand. Kerzen und hausgemachte Weihnachtsbäckereien schmückten das Gedeck. Wir fühlten uns recht heimelig. Da hielt der Obmann eine Begrüßungsrede. Dann sangen wir alle nach bereitgelegten Texten Heimat- und Weihnachtslieder. Ein Pfarrer aus Gottesgab im Erzgebirge, der nun im Wienerwald seine Messen las, hielt eine packende Ansprache.

Er predigte unter anderem, dass man ein Unrecht nicht durch ein anderes gutmachen könne. Es wäre nicht recht gewesen, dass die Tschechen aus Rache für die Invasion der Nazis die Sudetendeutschen aus ihrer altangestammten Heimat vertrieben. Nun haben sie selbst den Nachteil, denn es geht ihnen schlechter als uns und Heimat kann es letztlich nur in Freiheit geben. Dann gedachte er des Landsmannes Innitzer, der, gleich ihm, aus dem Erzgebirge stammte und es in Wien bis zum Kardinal gebracht hatte.

Nachher trat ein Nikolaus zum Weihnachtsbaum. Ein Mädchen sagte ihm ein Wunschgedicht auf und dann wurden

Geschenkpakete verteilt. Es war auch der Redakteur des ehemaligen „Saazer Anzeiger" anwesend und man forderte mich auf, dem Bund der Erzgebirger beizutreten. Das tat ich wohl, aber zu den monatlichen Versammlungen erschien ich nicht, denn die dort anwesenden Mitglieder waren alle viel älter als ich und mir persönlich nicht bekannt. Sie sprachen auch nur von Freunden, die ich nicht kannte und beklagten immer wieder den Verlust der alten Heimat, denn die ganz alten Leute hingen natürlich noch viel mehr daran, weil sie sich in eine neue Umgebung nicht so leicht einfügen konnten und es gab keine Zukunft mehr für sie.

Manch einer hatte Nachrichten von drüben und sagte, er wolle gar nicht mehr zurück, denn die einst so schönen Häuser verschmutzten und verfielen. Sie würden nicht repariert, sondern eher abgerissen. Der Marktplatz in Saaz sähe noch gut aus, aber dahinter wohne nur mehr Zigeunergesindel aus dem Osten. Keinem ordentlichen Tschechen würde es einfallen, von dem ehemals deutschen Eigentum Besitz zu ergreifen. Die Felder würden nur notdürftig bestellt. Die alte Heimat ginge allmählich zu Grunde. Also was sollten wir dort überhaupt noch tun unter dem Zwang des tschechischen Kommunismus. Da hätten wir es hier viel besser.

Ich dachte auch lieber an etwas Neues, nicht an Rache, wie manch andere, sondern an Aufbau, an das Wohlergehen der Familie. Elfi war schon groß genug, dass wir sie öfter mitnehmen konnten, aber was machten wir mit Opa? Dem fiel alles allmählich immer schwerer. Zur Vereinfachung von kleineren Reisen, dachte ich an ein Auto. Es gab damals einen italienischen Kleinwagen, der in Österreich fertig montiert wurde. Der würde gerade für uns passen, aber es fehlte noch an etwas Geld. Als ich das Opa sagte, bot der mir an, den halben Preis von seinen Ersparnissen zu bezahlen. So ging sich das aus.

Im Winter besuchte ich eine Fahrschule. Nach zwanzig Stunden kam ich bei der ersten Prüfung durch, was nicht so selbstverständlich war, denn viele mussten die Prüfungen wiederholen. Eine von mehreren technischen Fragen konnte ich nicht beantworten. Der Prüfer wollte wissen, was man mache, wenn die Bremse verölt sei, und als ich das nicht wusste, fragte er mich, was ich von Beruf sei. Nachdem ich ganz verlegen lispelte: „Bankbeamter", meinte er als Techniker geringschätzig: „Dann können Sie das auch nicht wissen", aber er ließ mich durchkommen. Bei der praktischen Fahrprüfung hatte ich auch Glück. Ich war sehr vorsichtig und kam im dichten Großstadtverkehr über den zweiten Gang nicht hinaus. Als ob er es wüsste, ließ mich der Prüfer genau vor dem Hauptportal meiner Bank halten. Mein Fahrlehrer flüsterte mir von hinten zu: „Sie müssen bis zur nächsten Parklücke", doch der Prüfer hatte es gehört und sagte lässig: „Aber steigen's lieber aus, sonst machen's zum Schluss noch was falsch."

So ein Glück hatte ich. Ich brauchte nur paar Stufen hinaufzugehen und war schon in meinem Büro. Einige Tage später konnte ich mir von der Polizei den Führerschein abholen. Dann kaufte ich das liebe, kleine Autolein. Es hieß nach dem Hubraum „Sechshunderter" aber kosten tat es sechsunddreißig Tausender.

Nach vierwöchigem Gewöhnen und Einfahren, wobei wir anlässlich unseres sechsten Hochzeitstages auch Spitz in der Wachau besuchten, unternahmen wir zu Pfingsten unsere erste größere Ausfahrt vorsorglich in den berühmten Wallfahrtsort Mariazell, des Segens Gottes wegen. Um gleich von Anfang an mit der Schönheit der Natur eng in Kontakt zu kommen und Massenverkehr zu vermeiden, wählten wir für die Hinfahrt eine stillere Route durch den südlichen Wienerwald. Natur und Straße waren nass, denn es regnete und Regen bringt Glück, heißt es. Aber was nun geschah, konnte man wohl nicht so bezeichnen. Wir fuhren von Mödling in die Hinterbrühl, höchst romantisch. Mama saß neben mir, Opa dahinter und Elfi sah kniend beim Heckfenster hinaus. Da gabelte sich die Straße. Um den Wegweiser lesen zu können, musste ich anhalten und plötzlich gab es einen Krach. Eine Krankenschwester lag am Dach und Elfi hatte es kommen gesehen. Deshalb war sie weniger erschreckt, als wir zuerst befürchtet hatten. Die Frau fuhr schon seit Mödling auf einem Mofa hinter uns her und Elfi sagte: „Die schaute im Regen immer nur auf die Erde hinunter!"

Deshalb bemerkte die Schwester nicht mein Bremsmanöver, stieß mit dem Moped gegen unsere hintere Stoßstange und fiel der Länge nach auf das schräg abfallende Heck unseres Wagens. Sie entschuldigte sich sogar noch, dass sie durch den Aufprall meine Heckscheibe eindrückte, obwohl sie selbst aus der Nase blutete. Dann holte ich sofort den Gendarm von Hinterbrühl. Der kannte die Frau und ließ sie nach Aufnahme des Unfalles gleich weiterfahren, denn das Mofa ging noch.

Auch wir konnten unsere Fahrt fortsetzen. Das Auto streikte nicht, aber Mama! Sie war ganz verzweifelt und rief immer wieder: „Das schöne neue Auto und schon kaputt. Das ist kein gutes Zeichen. Kehren wir um. Ich möchte heimfahren!"

Aber Opa, der strenge Gerichtsbeamte, hörte sich das nicht lang an und gebot seiner Tochter kurz und bündig: „Das kommt gar nicht in Frage. Wir fahren dennoch weiter, denn daheim wird es auch nicht besser!"

Der hatte Recht. Auch ich wusste, dass es daheim nur Raunzerei gäbe. Deshalb setzten wir die Reise fort und die Abwechslung brachte uns bald auf bessere Gedanken. Nur eines wunderte uns. Alle die hinter uns fuhren, fingen an zu lachen, aber ich kam bald darauf, warum. Wie es bei Neuwagen üblich war, prangte auf der eingeschlagenen Heckscheibe noch ein großer Aufkleber mit der Inschrift: „Wird eingefahren". Damit war der neue Motor gemeint, der noch keine Hochtouren vertrug, aber dass schon jemand in die Scheibe hineingefahren war, darauf brauchte man wohl nicht mit einer Inschrift hinweisen. Das war das Komische für die unbeteiligten Betrachter und wir hatten zum Schaden noch den Spott.

Als wir in Mariazell ankamen, fühlten wir uns schon wieder besser und mussten schließlich sogar selbst über unser sonderbares Missgeschick lachen. Dennoch flehten wir, wie es bei Pilgern üblich ist, die dortige neunhundert Jahre alte Gnadenmutter an, für unser Heil zu beten. Die Heimkehr teilten wir uns so ein, dass wir erst in der Dunkelheit zuhause ankamen und am nächsten Morgen brachte ich schon frühzeitig den Wagen zum ersten Service, denn die Nachbarn sollten von unserem Pech mit dem gerade erst gekauften neuen Auto nichts wissen. Mama fürchtete Schadenfreude.

Ich ließ mich nicht so schnell entmutigen. Die Reparatur war keine Affäre und ich plante schon weitere Unternehmungen. Vor allen Dingen wollte ich mit Sack und Pack meine Mutter besuchen sowie meinen Bruder Karl in Köln und andere Verwandte, die wir schon lange nicht gesehen hatten. Nach Westdeutschland konnte man ohne jegliche Schwierigkeit fahren, aber nach Ostdeutschland kamen wir ohne Visum noch immer nicht hinein. Dessen Beantragung blieb nach wie vor ein Gang nach Canossa, besonders für Opa, der ja mit meiner Mutter nicht direkt verwandt war, und private Visa erteilte die Deutsche Demokratische Republik vornehmlich nur für Verwandtenbesuche.

Da kam mir ein zündender Gedanke. Ich besorgte bei der Wiener Vertretung der Leipziger Messe für uns alle spezielle Visa zu deren Besuch. Das ging ohne Weiteres und sogar rasch, denn diese Veranstaltung fand in absehbarer Zeit statt und man musste sich auch darauf vorbereiten können. Außerdem versprach sich die DDR von solchen Besuchen Exportgeschäfte, die sie dringend benötigte, um fehlende Devisen zu erhalten. Dass wir selbst keine geschäftlichen Interessen hatten, stand uns ja nicht auf der Stirn geschrieben. Wir mussten uns nur unbedingt auf der Messe die Visa abstempeln lassen, sonst gäbe es Schwierigkeiten bei der Rückkehr, aber es machte uns nichts aus, auch noch dorthin zu fahren, denn wir waren noch nie in Leipzig. Eine inoffizielle Zwischenrast bei meiner Mutter in Zwickau konnte man uns wohl nicht verwehren, obwohl die ostdeutschen Visa nie auf die ganze Republik ausgestellt wurden, sondern immer nur für eine bestimmte Stadt und das war Leipzig.

Nach Erhalt der Visa rüsteten wir auf eine zweiwöchige große Deutschlandrundfahrt in unserem Sechshunderter, mit dem ich inzwischen schon gut vertraut war. Man muss immer erst einen Unfall haben, dann geht's.

Nach den schlechten Erfahrungen, die ich bereits auf der Reise mit meiner Schwester gemacht hatte, fuhren wir jedoch keinesfalls mehr über die Tschechoslowakei, sondern als es so weit war, besuchten wir zuerst mal meine Schwägerin in Bayern, der ich vor Jahren durch Beschaffung von Unterlagen aus Prag zu einer besseren Witwenpension verholfen hatte. Die lebte südlich von Nürnberg mit ihrer Mutter sowie den zwei Kindern und nahm uns alle freundlich auf.

Von dort benützten wir die Autobahn München-Berlin. Aufgrund unseres Messevisums begegneten wir an der Zonengrenze bei Juch-Höh keinerlei Schwierigkeiten. Dann fuhren wir jedoch nicht direkt nach Leipzig, sondern machten einen geringfügigen Umweg über Zwickau, denn das war ja eigentlich der Hauptzweck, dort meine Mutter und Mantschi zu besuchen. Als wir von der Autobahn auf die Landstraße abzweigten, war fast kein Auto mehr zu sehen, denn die bundesdeutschen Interzonenreisenden von und nach Westberlin durften die Autobahn nicht verlassen. Uns kam nur noch ein einsamer Volkspolizist mit Hund entgegen. Der sah uns zwar verwundert nach, tat aber sonst nichts.

So erreichten wir glücklich die Stadt Zwickau. Mutter und Mantschi waren umgezogen, denn meine Schwester wollte nach Vaters Tod nicht mehr in der alten Wohnung bleiben, aber wir fanden die beiden bald. Sie freuten sich, uns zu sehen, nur hatten sie nicht genug Platz zum Schlafen. Deshalb blieben wir bei ihnen nur tagsüber und mieteten für die Nacht zwei Doppelbettzimmer in einem nahen Gasthaus. Obwohl noch immer Nachkriegsverhältnisse mit Warenmangel und Lebensmittelknappheit herrschten, bemühte sich Mantschi sehr, uns zu verköstigen. Ich ging auch einmal ins Geschäft einkaufen. Da sah ich schon von heraußen, was los war. Wenn sich die Leute anstellten, dann gab es was. Ansonsten war der Laden leer. Die dortige zentrale Verteilung funktionierte nicht. Das wusste ich. Deshalb brachten wir eine ganze Menge Fleischkonserven für unsere Lieben mit, aber Mantschi nahm sie nicht an. Sie war schon immer so, dass sie alles hergeben und für sich nichts beanspruchen wollte. Mutter und Schwester sahen dennoch gut aus und waren auch guter Dinge. Meine neue, eigene Familie wurde von beiden freundlich aufgenommen. Wir hatten einander unendlich viel zu erzählen und fast jeden Nachmittag kamen Bekannte aus der alten Heimat auf Besuch. Mantschi besorgte für unsere Mutter Bücher aus der Leihbibliothek zum Lesen wie seit eh und je und in ihrem hohen Alter von gut achtzig Jahren las diese auch noch täglich die Zeitung ohne Brille. So gesund, interessiert und rege war die alte Frau trotz ihres kargen Lebens, oder vielleicht gerade deshalb?

Den einzigen Luxus, wenn man es so nennen konnte, fand ich auf dem Abort im Hausflur, denn dort waren auf dem breiten Sitzbrett gleich zwei runde Löcher nebeneinander eingeschnitten. Vielleicht wollten sich die Sachsen dadurch leichter Gelegenheit zu Latrinengerüchten geben? Beobachten konnte ich das aber leider nicht.

Dagegen fiel mir etwas anderes auf. Mantschi führte uns nach einem Friedhofsbesuch mit stillem Gedenken an Vaters und Tante Jettis immer grün bewachsenen Grabhügeln auch durch die Stadt. Da konnte man sofort erkennen, dass Zwickau den Kohlenbergbau beherbergte, denn auf den Straßen lag zentimeterdick der Staub. Es gab sogar eine Zeche mitten im Ort.

Allzu bald mussten wir wieder Abschied nehmen, denn es war an der Zeit, dass wir uns in Leipzig den Meldestempel für unsere Visa besorgten. Wir brachen schon zeitig früh auf, um noch am Vormittag in der Messestadt zu sein. Zuallererst suchten wir die Polizeistelle im Ausstellungsgelände auf, um uns anzumelden. Der Beamte fragte uns gar nicht, wo wir die letzten Tage verbracht hatten, denn anscheinend benutzten viele Besucher die Messe als Gelegenheit ihre Verwandten zu sehen. Er wollte aber wissen, wo wir in Leipzig wohnen. Da antwortete ich, dass wir keine Adresse haben, und als er uns eine empfehlen wollte, sagte ich, das wäre nicht nötig, denn wir könnten sowieso nur heute bleiben und führen am Nachmittag weiter in die westdeutsche Bundesrepublik. Daraufhin bestätigte uns der Herr An- und Abreise auf einmal, damit wir keine Zeit versäumten und wünschte uns einen guten Aufenthalt. Das klappte ja besser, als wir dachten.

Wir besuchten aber nicht die Messe. Dazu hatten wir keine Zeit. Ein Messerestaurant war uns wichtiger, denn wir hatten Hunger. Es gab dort sogar noch einen freien Tisch, der gerade für uns vier passte. Nachdem wir Platz genommen hatten, winkte ich dem Kellner, aber der sah an uns vorbei. Immer wieder ging er an unserem Tisch vorüber und würdigte uns keines Blickes. Nach einer Weile rief ich ihm nach, wie lange wir noch warten müssten. Da stellte er sich vor uns in frecher Positur auf und schimpfte mit erregter Stimme:

„Glauben Sie, ich bin nur für Sie da? Sie sehen doch, wie viele Leute hier sitzen, und ich bin allein. Ich kann mich nicht zerreißen! Wenn Sie nicht warten wollen, dann gehen Sie eben wieder weg. Ich bekomme Ihretwegen auch nicht mehr bezahlt."

Diese Gastfreundlichkeit besonderer Art reichte uns. So etwas war ich von den Sachsen gar nicht gewöhnt. Mama konnte sich nicht mehr zurückhalten und schimpfte. Ich musste sie beruhigen, sonst wären wir am Ende noch verhaftet worden. Wie gut, dass uns Mantschi ein paar Brote mitgegeben hatte. Wir verließen sofort das Lokal und verzehrten unseren Proviant außerhalb der Stadt bei dem gigantischen Völkerschlachtdenkmal, das nach dem siegreich zurückgeschlagenen, großen Napoleonfeldzug errichtet worden war. Das gefiel uns besser als die Messe und in der reinen Luft schmeckte uns auch das Brot sehr gut.

Nun wollten wir nur noch auf kürzestem Wege die nächstbeste Zonengrenze erreichen. Dabei durchquerten wir die alte deutsche Stadt Dessau und trauten unseren Augen nicht. Vor den klassischen Häuserfassaden lag der Kuhmist, schon lang nicht weggeräumt, auf der Straße. Das war ich von den einst schönen deutschen Ortschaften auch nicht gewöhnt. Wenn ich bedenke, was Dresden vor dem Kriege für eine bezaubernde

Stadt war. Alles in Stand gehalten. Fast kein Stäubchen zu sehen. Uns jetzt? Die Bevölkerung musste alles Interesse am Gemeinwesen verloren haben. Was war das für ein Unterschied zwischen Ost und West. In meiner alten Heimat sah es sicher noch schlechter aus.

Also nichts wie weg. In meiner Enttäuschung kam ich beim Einbiegen in die Autobahn auf die falsche Richtungsfahrbahn. Es blieb mir keine andere Wahl, als über den Mittelstreifen umzukehren, obwohl das verboten war. Glücklicherweise herrschte auf diesem Abschnitt fast kein Verkehr, aber Kontrollhäuschen standen da in gewissen Abständen voneinander. Trotzdem gelang mir ungeschoren die Umkehr, und von der nächsten Kreuzung an fuhren wir dann doch erst noch nach Magdeburg weiter, wo wir eigentlich auch einen Besuch abstatten sollten. Mama hatte dort eine Kusine, von der wir ebenfalls eingeladen waren, und, obwohl ich schon am liebsten die ganze Nacht nach Westen durchgefahren wäre, suchten wir diese noch auf. Als wir die Stadt erreichten, war bereits die Dunkelheit hereingebrochen, aber an so eine Finsternis wie da konnte ich mich sonst von keiner Stadt erinnern, denn wegen Stromsparmaßnahmen brannten die Straßenlaternen nicht, also Verdunkelung auch ohne Krieg und ohne Fliegeralarm!

Mit Müh' und Not entdeckten wir das Haus der Kusine und als wir eintraten, fanden wir eine riesige, hell erleuchtete Luxuswohnung vor. So einen krassen Unterschied gegenüber allen bisher gesehenen Behausungen konnte ich mir nicht anders erklären, als dass der Mann der Tochter, bei der die Kusine wohnte, ein Parteibonze sein musste. Er wurde mir dann vorgestellt und erzählte Folgendes:

„Ich bin gelernter Drogist, aber als solcher kann ich hier nicht viel verdienen, und da ich Talent zum Schreiben besitze, verfasste ich Kriminalromane, die sich gut verkauften. Aber die Regierung braucht ihr genehme Lektüre fürs Volk und wurde auf mich aufmerksam. Seitdem schreibe ich politische Romane nach mir vorgelegten Themen und werde in dieser Hinsicht als einmalige Spitze geschätzt, denn ich kenne hier keinen anderen, der das macht. Um mich besser entfalten zu können, hat mir die Stadt diese herrliche Wohnung zugewiesen. Mein klassisches Arbeitszimmer ist schalldicht. Wenn ich mich da zum Erdichten der gewünschten Romane einschließe, bleibe ich vollkommen ungestört. Ich sollte der Partei beitreten, aber bis jetzt bin ich noch davongekommen."

Er schenkte mir seinen neuesten Roman, den ich bis heute nicht gelesen habe. Wir sahen hier die erste Familie, der es blendend ging, aber unsere Konserven, die meine arme Schwester nicht wollte, nahmen sie mit Freuden. Trotz allem litt Mamas Kusine an Depressionen und ging mit uns spazieren, um sich auszusprechen. Sie zeigte uns neben noch vorhandenen Kriegsruinen neue Wohnblocks nach sowjetischem Muster und sagte: „Bei uns herrschen die Russen."

Wir konnten zwei Nächte bleiben. Dann brachen wir zeitig auf und fuhren endlich auf der Interzonenautobahn Berlin-Hannover nach Westen. Bei Helmstedt hatten wir uns einer Grenzkontrolle zu unterziehen, die nicht so einfach war wie bei der Einreise in die Deutsche Demokratische Republik. Wir mussten aussteigen und alles öffnen, wo wir vielleicht hätten etwas verstecken können, auch die Motorhaube. Während die ostdeutschen Grenzer unser Vehikel von allen Seiten kontrollierten, auch von unten, sahen wir in der Gegend Soldaten mit Gewehren herumstehen. Vielleicht wurde ein blinder Passagier gesucht, der schwarz über die Grenze wollte, aber in unserem kleinen Tschocherl? Wo hätte der stecken sollen? Wir passten mit unserem Gepäck selbst kaum hinein.

Nachdem die gründliche Durchsuchung beendet war, öffnete sich vor uns ein dicker, eiserner Schlagbalken. Wir fuhren in die Freiheit, aber nicht allzu weit, denn wir mussten uns von dieser schrecklichen Prozedur erst mal erholen und hielten auf einem lauschigen Parkplatz rechts im Walde an.

Lauschig deshalb, weil es keine richtige, betonierte Ausweiche war, sondern eine einfache Lichtung im Walde und was wir da sahen, entzückte uns. Da stand nämlich ein liebliches Blockhaus aus Holz. Davor erblickten wir Tische und Bänke zum

Rasten und daneben einen Kinderspielplatz mit Schaukeln. Es war eine private Waldschänke. Da wollten wir erst mal etwas Warmes essen.

Ein freundlicher Wirt kam heraus mit hochgekrempelten Hemdärmeln und rief uns munter zu:

„Grüß Gott! Kommt ihr vielleicht von drüben? Da seid ihr sicher froh, dass ihr wieder da seid. Dort steht man doch immer mit einem Fuß im Gefängnis! Und Hunger habt ihr wahrscheinlich auch. Na, dann esst euch mal tüchtig satt."

Während das Essen gerichtet wurde, ging ich mit Elfi zur Schaukel. Es kam mir vor wie im Märchen. Und dann futterten wir. Diese deutsche Kost schmeckte uns, überhaupt in der reinen Luft, die wir wieder erleichtert atmen konnten.

Nach dieser wunderbaren Einkehr setzten wir frisch gestärkt unsere Reise auf der Autobahn weiter nach Westen fort, immer mit der Höchstgeschwindigkeit, nicht weil wir vielleicht noch immer glauben könnten, der Teufel sei hinter uns her, sondern wir wollten am Abend noch Köln erreichen, wo mein Bruder wohnte. Eine Ausfahrtstafel nach der anderen flog an uns vorbei, doch ich schaltete, wenn der Verkehr es erlaubte, „alle Kraft voraus", indem ich manchmal das Handgas zog, um mein Gasbein zu entlasten. Mit der Zeit wurde das Wetter diesiger. Rechterhand kam es wie leichter Nebel über die Ebene, der die Sonne oft nur unklar erkennen ließ. Qualmende Essen tauchten gespenstisch aus dem Rauch hervor. Vielleicht lag dort Essen, nämlich die Hauptstadt des Ruhrgebietes, an dem wir vorbeizogen. Allmählich wurde es immer düsterer, aber das war nun nicht mehr Schmutz in der Luft, der die Gegend vor uns dunkler werden ließ. Die Abenddämmerung breitete sich über die Landschaft aus. Ich drehte die Scheinwerfer auf und als es um uns herum schon ganz finster war, erreichten wir endlich unsere Ausfahrt nach Köln.

Ich hatte mir von meinem Bruder schreiben lassen, wie ich ihn finden würde, denn er besaß eine neue Wohnung. Die alte war ja ausgebombt. In Köln gab es eine ganz gute Straßenbeleuchtung, sodass mir nach einigen Wegerfragungen die Herbergssuche bald gelang.

Die ganze Familie erwartete uns schon freudig und nach einem guten Imbiss plauderten wir noch bis tief in die Nacht hinein. Meine Neffen bliesen für Elfi und sich selbst zum Schlafen Luftmatratzen auf. Das war für die Jugend romantisch. Und auch wir anderen wurden gut untergebracht. Wie auf Verabredung suchten Karl und ich nachts verschlafen die Küche, um etwas zu trinken – waren wir doch Brüder –, da saßen unsere beiden Frauen noch immer dort und schwatzten um die Wette. Nun sagten wir aber, morgen sei auch noch ein Tag, und zogen sie in die Betten.

Am nächsten Morgen zeigte mir Karl seine neue Betriebsstätte. Besaß schon die neue Wohnung allen Komfort, so muss ich sagen, die neue Werkstatt war gigantisch. Mein Bruder hatte einen Vertrag mit dem dortigen Volkswagenvertreter. Demgemäß beschriftete er fast alle dort ausgelieferten Transportwagen für die Käufer mit Firmennamen und Reklame. In der Werkstätte fanden neun Autos Platz und wenn eines davon fertig war, kam schon das nächste dran. Gearbeitet wurde mit den modernsten Mitteln. Das Geschäft blühte. Die ganze westdeutsche Bundesrepublik erlebte ein Wirtschaftswunder, wie es nach dem verlorenen Krieg zunächst gar nicht denkbar erschien. Die meisten Städte wurden schöner aufgebaut als je zuvor, und es stellte sich heraus, dass die von den Tschechen dorthin vertriebenen Sudetendeutschen, durch Kredite begünstigt, mit ihrem sprichwörtlichen Fleiß an allem wesentlich beteiligt waren. Das ging manchmal sogar so weit, dass mein Bruder erzählte:

„Ich habe hier einen befreundeten Lebensmittelhändler. Der betreibt seinen Laden als alter Kölscher schon seit der Vorkriegszeit und nun muss er vielleicht zusperren, denn gegenüber von ihm hat ein sudetendeutscher Neubürger mit Kredithilfe einen großen Selbstbedienungsladen aufgemacht und nimmt ihm die ganze Kundschaft weg. So ändern sich die Zeiten!"

Wir waren in Köln gerade zum Wochenende zurechtgekommen. Deshalb konnten wir alle zusammen gemeinsame Ausflüge unternehmen und fuhren noch am Samstag über die alte Bonner Autobahn nach Königswinter und von dort mit der Zahnradbahn auf den Drachenfels. Das Wetter spielte auch mit und so war es wunderschön, oben von der Burg auf Vater Rhein herabzusehen. Solche Ausblicke lassen in mir immer das erhabene Gefühl der Freiheit aufkommen. Am Sonntag starteten wir schon früh in die Eifel zum Nürburgring. Wenn auf dieser berühmten und berüchtigten Autostrecke keine Rennen stattfanden, dann wurde sie gegen Entrichtung einer Eintrittsgebühr den Besuchern zur Benützung freigegeben. Mein Neffe Walter fuhr Karls Wagen und rief: „Das müssen wir mal ausprobieren. Immer mir nach!", und fuhr mit Vollgas los. Ich bemühte mich, ihm zu folgen. Neben mir saß Opa und hinter uns plauderte Mama mit der Schwägerin. Den Anfang bildete eine lange Gerade zum Schwung holen. Wir fuhren schon über hundert Stundenkilometer, als die anderen vor uns nach links verschwanden. Natürlich wollte ich sie einholen und fand mich so plötzlich in einer fast unberechenbaren Kurve, dass wir beim Einbiegen mit wahnsinnig quietschenden Rädern nach außen abrutschten. Die Karosserie neigte sich zur Seite und Anni schrie gellend: „Willie!!! Du bringst uns um!"

Ich war selbst zutiefst erschrocken, aber glücklicherweise ragte die Außenseite der Kehre hoch hinauf, sonst hätten wir uns über- oder gar erschlagen. Ein Stück weiter warteten die anderen auf uns. Walter grinste über das ganze Gesicht und seine Mutter schimpfte: „Du mieser Kerl! Du hast uns in die Falle gelockt!"

Dann legten wir noch anderthalb Runden im normalen Tempo zurück, um uns alles anzusehen, und verließen die Rennbahn bei der Ortschaft Adenau. In Altenahr begaben wir uns noch auf einen Rummelplatz und kehrten sodann wohlgelaunt nach Köln zurück. Ich schätze sehr das fröhliche Gemüt der Rheinländer. Sie haben darin eine gewisse Ähnlichkeit mit den Wienern.

Während der nächsten zwei Tage führte uns meine Schwägerin durch ihre schöne Heimatstadt mit dem herrlichen gotischen Dom, dem einzigen, der in seinem reinen Baustil auch wirklich vollendet wurde. Natürlich stellte sie uns auch noch einige Verwandte vor, bevor wir unsere Heimfahrt antreten mussten.

Wir fuhren am schönen, viel besungenen Rhein entlang bis Mainz und erreichten am ersten Tage noch Stuttgart, in dessen Nähe sich Mamas Onkel Pepi niedergelassen hatte. Das war ein ehemaliger Nazi, der während des Krieges in Wien mit großem Geschrei in der braunen SA-Uniform herumlief, anstatt aus Überzeugung, wie es einem Nazi gebührt hätte, an der Front seinen Mann zu stehen. Da wohnte er nun abseits jeder Gemeinde in einem selbstgebauten Gartenhaus. Er ließ sich auch als enttäuschter Greis noch nicht unterkriegen und erzählte uns mit kräftiger Stimme, wie er jetzt lebte:

„Ich meinte es immer gut mit den Leuten, schließlich haben wir doch alle die gemeinsame deutsche Muttersprache. Jetzt bringe ich nur noch meiner Tochter Gemüse, Obst und Eier nach Magstadt hinein, alles selbst gezogen. Das Häuschen hier im Garten habe ich mir selber so hergerichtet und mein Hund beschützt mich. Wenn er in der Nacht bellt, dann schieße ich mit der Gaspistole bei der Tür hinaus und Ruhe ist. Mir tut keiner was, denn mein vierbeiniger Freund hat auch schon manchem die Hosen zerrissen. Jetzt habe ich ihn weggesperrt, damit es euch nicht auch so geht."

Der Mann war nicht mehr zu ändern. Er schlug sich auf seine Art durch und wir setzten unsere Heimreise auf Umwegen weiter fort. Es sollte ja eine Rundreise sein.

Am nächsten Tag erreichten wir ohne jegliche Grenzformalitäten das schöne Land Tirol. Über den Fernpass ging es hinab ins Inntal und weiter nach Innsbruck, wo wir Mamas Vetter Loisl besuchten. Der war nicht der Jagerloisl, sondern Hauptschuldirektor mit einer großen, standesgemäßen Wohnung im Zentrum der Stadt, nämlich in der Maria-Theresienstraße unweit des berühmten Goldenen Dachls. Seine Gattin,

Tochter eines Tiroler Oberlandesgerichtsrates, servierte uns zum Nachtmahl Weißwürste. Das war ein Rückfall nach Bayern, denn uns war nachher allen gar nicht gut im Magen. Vielleicht sollte man die Weißwürscht lieber doch gleich direkt in München essen. Anstandshalber fragten wir, wo wir übernachten könnten, und Loisl empfahl uns den „Goldenen Adler". Das war ein altes, ehrwürdiges Hotel, aber nicht schlecht, und vom Loisl nicht weit entfernt.

Der nächste Tag brachte uns, nach einer Unterbrechung zur Jause bei Mamas Kusine Gusti in Sankt Johann in Tirol, noch einmal nach Bayern zurück, denn wir mussten, um einen großen Umweg zu vermeiden, über das sogenannte Deutsche Eck. In Berchtesgaden fanden wir eine äußerst günstige Möglichkeit zum Übernachten. In einem Touristenheim stellte uns der Leiter zu einem Spottpreis einen separierten Raum mit Stockbetten zur Verfügung. Wir konnten uns aussuchen, ob wir oben oder unten schlafen wollten. Natürlich blieben wir auf dem Boden, denn wer hoch hinauf will, fällt auch leicht herunter. Warm- und Kaltfließwasser hatten wir im Zimmer. Was brauchten wir mehr. Morgens unternahmen wir zum Abschluss unserer äußerst interessanten und abwechslungsreichen Besuchsrundreise noch eine Schiffahrt über den malerischen, zwischen hohen Bergen eingebetteten Königssee – mit Echo! Ich glaube sogar, dass es echt war und keiner hinter den Bäumen hockte, der zurückjodelte. Nachher bewegten wir uns endgültig heimwärts. Auf über dreitausend Kilometern begrüßten wir viele Verwandte und unser kleiner, treuer Sechshunderter ließ uns kein einziges Mal im Stich.

Bereits am nächsten Morgen trat ich wieder meinen Dienst im Büro an und viele Kollegen wollten wissen, was wir alles erlebten. Das brachte mir alle markanten Eindrücke nochmals in Erinnerung, erstens die unzulänglichen und für uns bedrückend erscheinenden Nachkriegsverhältnisse in der ostdeutschen, sogenannten Demokratischen Republik, wo im Hintergrunde noch immer die Russen herrschten. Was dort nicht zu haben war, gab es in der westdeutschen Bundesrepublik bereits wieder in Überfluss. An Stelle der Kriegsruinen schossen im Westen neue, moderne Häuser wie Pilze aus dem Boden. Die Bundesbürger erreichten einen derartigen Wohlstand, dass man von einem Wirtschaftswunder sprach. Man hätte beinahe glauben können, die Westdeutschen seien aus dem Zweiten Weltkrieg als Sieger hervorgegangen, aber alle hatten sie noch immer fremde Soldaten im Lande, im Unterschied zu Österreich, dessen Diplomatie es gelungen war, sich dieser Fesseln zu entledigen.

Das erzählte ich beim Mittagessen in der Werksküche einem Kollegen, der von meiner Abteilung als Kontrollor in die Devisenabteilung versetzt wurde, ein sehr angenehmer Mensch, der ebenfalls eine Geschichte wusste. Er war nämlich Jude und ging nach Hitlers Einmarsch zuerst nach Prag, aber dann musste er vor den Nazis bis nach Hongkong flüchten, wo er bei Amerikanern unterkam. Und der sagte mir:

„Eigentlich wundere ich mich ja, dass die Westdeutschen bei all dem, was sie leisten, auch noch so viele Entschädigungen zahlen können. Wir bekommen nämlich von der deutschen Behörde aus Düsseldorf monatlich Überweisungen für Nazigeschädigte, die in die Millionen gehen. Wir nennen sie einfach die Judenlisten. Die Empfänger sind vorwiegend ehemalige Insassen von Konzentrationslagern beziehungsweise deren hinterbliebene Angehörige, oder Juden, die durch die Nazis ihren Besitz verloren und sonstige Verluste erlitten haben."

Dazu konnte ich nicht viel sagen, aber ich dachte mir nun, dass ich mich da eigentlich auch zu den Geschädigten rechnen könne, denn ich war doch nie Nationalsozialist. Nur dadurch, dass ich mich abstammungsmäßig sowie aufgrund meiner Muttersprache zur deutschen Volksgruppe bekannte, was auch die deutschen Juden taten, wurde ich während der besten Jahre meines Lebens zwar nicht ins Konzentrationslager, aber in den Krieg geschickt, wo ich mein Leben hätte ebenso verlieren können. Auf jeden Fall verlor ich durch Hitlers Aggressionen die wichtigste Zeit für den Aufbau meiner Existenz, und in der

Tschechoslowakei die Heimat sowie alle meine Habseligkeiten und Ersparnisse. Das ersetzte mir niemand. Warum eigentlich nicht, da doch nicht nur der Judenmord, sondern dieser ganze Krieg ein Verbrechen darstellte?

Meine Eltern hatten nach Kriegsende bei ihrer Ausweisung von Saaz nach Sachsen unser Familieneigentum verloren, denn sie durften nicht mehr als etwas Handgepäck mitnehmen. Nur mein Sparbuch konnten sie retten. Die Ersparnisse wurden zwar von den Tschechen registriert, aber erhalten habe ich sie nie, obwohl ich mich auf amtlichem Wege darum bemühte. Meine Genugtuung besteht lediglich darin, dass es mir in der Neuen Heimat besser geht als den meisten drüben Zurückgebliebenen und ich hier in einem neutralen Lande frei leben darf. Unter den gegebenen Verhältnissen wollte ich nie mehr zurück nach Böhmen. Ich kannte den Direktor einer anderen Bankabteilung, der stammte aus dem einst wunderbaren sudetendeutschen Kurort Teplitz-Schönau. Auch der sagte zu mir, bevor er tödlich erkrankte: „Immer nur vorwärts und niemals zurück!"

Durchgerutscht?

Auch nach Ostdeutschland fuhr ich nur noch wegen Mutter und Mantschi, denn die konnten nicht herkommen. Werktätige durften von dort nicht ausreisen, sondern nur Altersrentner. Wenn die nicht mehr zurückkamen, erhielten sie auch keine Rente. So einfach machten sich das die Volksdemokraten.

Eines Tages fragte Mantschi bei Emma an, ob Mutter nicht nach Wien zu ihr kommen könne. Sie selbst würde sich bis zu ihrem Rentenalter drüben allein durchschlagen. Meine Wiener Schwester erkundigte sich daraufhin bei der Polizei und erfuhr, dass die Einreise genehmigt würde, weil aber Mutter bei einem hiesigen Daueraufenthalt praktisch mittellos wäre, müssten wir uns zu deren Unterhalt verpflichten. Emma meinte, das könne ja keine so arge Belastung sein, und willigte nun ein, Mutter bei sich aufzunehmen. Aber wie kam diese her? So einfach war das auch wieder nicht, denn sie erhielt nur einen Interzonenpass zum Besuch von Verwandten in der deutschen Bundesrepublik.

Da kam mir mein Treffen mit einem Jugendfreund an der Grenze bei Kufstein wieder in den Sinn und Schwager Rudolf sollte Mutter dort abholen. Das war angeblich möglich. Zufällig wohnte auf der bayrischen Innseite eine Kusine. Zu dieser fuhr unsere Mutter auf Besuch und sollte sich zu einem genau vereinbarten Zeitpunkt am Grenzschranken mit Rudolf treffen. Mein Schwager war ein guter Kerl, fuhr mit dem Schnellzug nach Tirol und begab sich zur vereinbarten Zeit an die Grenze. Welcher Schwiegersohn würde sich sonst noch wegen einer Schwiegermutter so etwas antun? Rudolf wartete an der bayrischen Grenze den ganzen Tag, aber Mutter kam nicht. Am Abend setzte er sich verzweifelt und enttäuscht in den Zug nach

Wien, denn er konnte ja nicht ewig dort bleiben und musste wieder ins Büro. Erst später stellte sich heraus, dass die Mutter es nicht übers Herz brachte, Mantschi im Osten allein zu lassen, und wieder zu ihr zurückgekehrt war.

Mein Leben ging im gleichen Trott weiter. Als jedoch im Büro in der mit uns verbundenen Nachbarabteilung für mich ein Kontrollorsposten frei wurde, ernannte mich die Firmenleitung zum Inspektor und erteilte mir die Vollmacht, die in meinem Ressort anfallenden Briefe und Verfügungen für die Bank verantwortlich zu unterschreiben. Das war natürlich mit einer besonderen Gehaltserhöhung verbunden.

Es ging uns gut und ich unternahm mit meiner Familie viele Ausflüge. Sogar im großen Urlaub nahmen wir Opa immer mit, bis wir das nicht mehr verantworten konnten. Einmal rief er in St. Moritz zornig aus: „Mein Hut wird mir zu klein!", und schleuderte diesen auf die Erde. Es war jedoch sein Blutdruck, der zu stark anstieg. Ein anderes Mal klagte er im Auto: „Das ist doch zu blöd! Wir fahren durch so schöne Gegenden und ich weiß nicht mehr, wo ich bin."

So machte sich die Verkalkung bemerkbar. Manchmal wollte er allein in den Wald gehen, obwohl er sehr schlecht sah und sich nicht auskannte. Da brachten wir ihn während unseres nächsten Urlaubs zu einer Kur nach Deutsch Altenburg und nahmen in die Ferien an seiner Stelle Elfis beste Schulfreundin mit, die sich so etwas sonst nicht leisten konnte.

Wir verbrachten mit den beiden Mädchen einen wunderschönen Urlaub in Seefeld in Tirol und als wir nach mehr als vier Wochen Opa mit Bangen von seiner Kur abholten, ergab sich eine ganz neue Situation. Beim gemeinsamen Mittagessen im Kurhotel erzählte er uns:

„Eine von diesen Frauen, die hier im Park herumsitzen, sagte mir, dass die Caritas in Döbling ein Altersheim unterhalte, das erstklassig sei, ganz modern. Jeder Insasse habe dort sein eigenes, bequemes Zimmer und könne kommen und gehen, wann er wolle. Das interessiert mich. Wenn ich dorthin übersiedeln könnte, hättet ihr mehr Platz, ihr beiden im Zimmer und die Kleine würde schon das Kabinett für sich brauchen."

Man möchte nicht glauben, wie oft immer wieder der Zufall im Leben mitspielt, denn als wir noch nicht wussten, wo wir Opa während unseres Urlaubs unterbringen würden, fragte ich auch dort an, und nun hatte ich sogar die Zusage in der Hand, dass mein Schwiegervater ein Zimmer haben könne. Das sagte ich ihm, obwohl wir es auf diese Art nicht beabsichtigt hatten, aber es kam mir nun vor, als ob es das Schicksal so wollte. Opa war derart überrascht und fasziniert, dass er am liebsten gleich dorthin übersiedelt wäre. Ich dachte schon, er erhoffe sich dort vielleicht einen für ihn passenden Gesellschaftsanschluss, obwohl er sonst immer sehr misstrauisch war, denn er pflegte zu sagen: „Ich bin doch nicht blöd und fang mir was mit einer Frau an. Die alten Weiber haben es doch nur auf meine Pension abgesehen!"

Wir rieten ihm jedenfalls, sich die Sache erst mal anzusehen und zu überlegen. Das Heim gefiel ihm jedoch so gut, dass er bald umzog und auch dort blieb. Natürlich besuchten wir ihn zweimal in der Woche und am Sonntag fuhr er immer mit uns ins Grüne.

Wir zurückgebliebenen drei hatten nun wirklich genug Platz und brauchten nicht mehr für eine Neubauwohnung zu sparen. Wir modernisierten lieber unser gewohntes Heim. Ich verkaufte eine Bankaktie mit gutem Profit und richtete dafür das Kabinett als Mädchenzimmer ein. Die Modernisierung der Küche und unseres großen Wohn-Schlafzimmers stand auch noch auf dem Programm, aber eines nach dem anderen. So kamen wir mit meinem Gehalt immer gut aus, sodass Mama niemals etwas dazuverdienen musste und sich deshalb ausschließlich der Familie samt Haushalt widmete.

Ich hatte in der Bank inzwischen meine eigene kleine Arbeitsgruppe mit jüngeren Korrespondentinnen. Mein direkter Vorgesetzter war wieder mal ein Wiener Tscheche, dem ich sehr sympathisch erschien, weil ich mich mit ihm manchmal in seiner Muttersprache unterhielt. Sanatorium war das Büro, in dem ich mich nun befand, jedoch keines mehr, denn man begann den Versuch, auch die Bankarbeit immer mehr vom Menschen auf Maschinen umzustellen.

Das alte „Sanatorium", nämlich den kleinen Büroraum mit Rauchverbot, in dem die Damen Blumen pflegten, gab es trotzdem noch. Meinen Platz nahm jedoch eine ältere, schlanke Vegetarierin ein, die immer hüstelte, als ob sie lungenkrank sei, besonders aber, wenn aus dem Raucherzimmer nebenan die Tür aufging. Ich besuchte diese Kolleginnen gern, denn das erweckte in mir angenehme Erinnerungen und ich staunte, als die schwächlich erscheinende Frau mit dem Husten mir einmal vorschwärmte: „Ich freue mich schon so auf meine Pensionierung. Dann habe ich Zeit und möchte mit meinem Mann eine Weltreise unternehmen."

Die traut sich was! Aber die Idee war nicht schlecht. So etwas konnte ich mir doch noch viel eher vornehmen, denn ich war in punkto Herumzigeunern schon etwas gewöhnt. Ich bin in den ersten vierzig Jahren meines Lebens durch die verschiedensten Situationen, praktisch ohne es mir aussuchen zu können, schlecht und recht durchgerutscht. Ich habe so vieles überlebt. Meine ersten jüdischen Chefs von dem Autohaus in Prag, die mich als Lehrling nur ausnützten, mussten emigrieren, als der Hitler kam. Die Fotogroßhandlung Hanak, in der ich fünf Jahre unter schlechten Verhältnissen arbeitete, ging bei den Kommunisten zugrunde. Soldaten- und Kriegszeit stand ich auch durch. Die amerikanische Besatzung, meine Rettung, war abgezogen. Die Keramikfabrik, deren Figuren ich exportierte, wurde liquidiert, und in der Bandfabrik, der ich wegen Unterbezahlung rechtzeitig den Rücken kehrte, brachte sich die Besitzerfamilie, wie ich später hörte, gegenseitig beziehungsweise selbst um. Zuerst erschoss der Vetter aus Dingsda, der die in Tschechien enteignete Fabrik verlassen musste, aus Eifersucht den ihm vorgesetzten Direktor und sich selbst. Nachher nahm sich der Juniorchef aus unglücklicher Liebe das Leben und die Wiener Fabrik existiert auch nicht mehr.

So tragisch sich das alles anhört, lachte jeder darüber, dem ich es erzählte, und mancher erwiderte witzig: „Was! So viele Betriebe hast du schon zugrunde gerichtet!"

Nein! Es war die schlechte Zeit, aber ich kam durch. Nun muss ich nicht mehr marschieren und versuchen durchzurutschen, wo es anders nicht mehr geht. Jetzt kann ich fahren und warum nicht auch einmal mit meiner Dienstabfertigung um die Welt?

Bei meiner vegetarischen Kollegin war es bald so weit. Sie lud mich anlässlich ihrer Pensionierung zu einem Abschiedsessen ein und siehe da, sie machte keinen einzigen Husterer mehr. Ihr Hüsteln im Büro hatte sie also nicht vom Rauch. Es war nervlich bedingt, aus Angst vor Fehlern, denn schließlich ging es in der Bank fast immer um Geld. Das hatte die Frau hinter sich, aber als ich fragte, wohin die seit Langem beabsichtigte Weltreise ginge, antwortete sie: „Leider nirgends hin, denn ich trau mich jetzt nicht mehr, so etwas zu unternehmen."

Das klang nicht ermutigend, aber ich hoffte dennoch, es selbst einmal so weit zu bringen, dass ich mir die Welt auch ohne Stacheldraht in Frieden anschauen könne.

Mit diesem optimistischen Gedanken wollte ich eigentlich den Bericht über meine Erlebnisse als sudetendeutscher Vertriebener abschließen, aber ich möchte nun doch noch kurz erwähnen, dass mein Wunsch nach einer Weltreise tatsächlich in Erfüllung ging, sogar ohne dafür zu sparen. Mit fünfundzwanzig Bankjahren ging ich in Pension und erhielt außer einer reichlichen Gehaltsabfertigung auch noch diverse Ehrungen und Diplome für treue Dienste.

Genau an meinem 66. Geburtstag bestieg ich mit meiner geliebten Frau das Flugzeug zu einer „Reise um die Welt in achtzehn Tagen."

So rasch geht das heutzutage. Das hat sich nicht einmal Jules Verne, der Zukunftsschriftsteller, träumen lassen mit seinen „Achtzig Tagen um die Welt". Kein Marschieren, kein Durchrutschen, kein Fahren. Fliegen war die Parole bei der dreihundertsten Weltumrundung eines Bayrischen Reisebüros in

Inzell, an der ich mit Mama teilnahm. Wir flogen die ganze Nacht, bis wir tief unter uns hell lodernde Flammen erblickten. Das war noch kein neuer Weltenbrand, sondern das Feuer riesigen Reichtums in den Ölraffinerien am arabischen Golf.

Indien begrüßte uns im Regen, aber dann wurde es immer schöner, je weiter wir nach Osten kamen. Die Asiaten überboten sich an Freundlichkeit. Hongkong präsentierte sich als Tor Chinas zum Welthandel mit einem derart regen Leben und Treiben wie wahrscheinlich keine andere Stadt der Welt, aber nach Rotchina konnten wir von dort über die Grenze nur hinüberschauen. Den bei uns berüchtigten Eisernen Vorhang, die strenge Trennlinie der sogenannten Volksdemokraten von einer freien Wirtschaft, nannte man dort viel milder den Bambusvorhang.

In Japan glaubte ich, die aufgehende Sonne sogar noch im Regen zu erkennen, so korrekt, nett und freundlich kam man uns dort entgegen. In den Japanern sah ich die Züge einer aufstrebenden Nation und als wir dort mit dem schnellsten Zug der Welt von der jetzigen Hauptstadt Tokio in die alte Kaiserstadt Kioto und zurück fuhren, kam mir so richtig zum Bewusstsein, mit welchem Schwung sich die japanische Geschichte in die Neuzeit gestürzt hat.

Ich bekam von den Asiaten, denen ich begegnete, überhaupt einen viel besseren moralischen Eindruck, als ich ihn von allem vorher Gehörtem besaß. Unser Reiseleiter bemühte sich auch derart um uns, dass wir uns sogar am anderen Ende der Welt wie zuhause fühlten. Der Flug gestaltete sich wirklich zu einem einmaligen Erlebnis. In Hawaii, auf den bezaubernden, viel besungenen Inseln der Südsee empfingen uns nach alter Tradition die Hulamädchen mit Blumenkränzen. Das war der Höhepunkt, bevor wir über Amerika heimkehrten.

In San Francisco wollten wir nach einer interessanten Stadtrundfahrt am hellen Nachmittag von unserem Hotel zur berühmten Kabelbahn spazieren, aber dort, in der westlichen Hemisphäre, ging es leider gar nicht mehr so ganz friedlich zu. Als wir aus dem Hotel traten, gingen vor uns zwei junge Männer mit Messern aufeinander los. Da bekamen wir so einen Schreck, dass wir sofort wieder Kehrt machten und lieber bei unserer Gruppe blieben.

Nachdem unser Flugzeug in New York landete und wir mit dem Bus zum Hotel fuhren, tuschelte der Reiseleiter mit dem Chauffeur und verkündete sodann ganz erregt:

„Vor einer Stunde wurde der amerikanische Präsident Reagan von einem Attentäter niedergeschossen!"

Das konnten wir gar nicht fassen. Ist es uns schon zu lange gut gegangen? Was wird wohl in der Heimat los sein? Hoffentlich bleibt alles in Ordnung, denn auch in Europa begannen die Attentäter und Terroristen überhand zu nehmen. Ich wunderte mich bald gar nicht mehr darüber, denn früher wurden wir vom Schicksal geschoben. Jetzt, nachdem es den meisten besser geht, schieben und lenken Neureiche samt Bonzen unter sich. Wer davon an der Quelle sitzt, hat schon wieder den Blick für moralische Grenzen verloren, wie es früher auch schon war, denn ein altes Sprichwort sagt ja: „Reicht man einem den kleinen Finger, will er gleich die ganze Hand!"

Ich halte lieber den Daumen auf eine gute Zukunft für mich und alle meine Lieben. Diese Memoiren widme ich in innigster Zuneigung meiner inzwischen verheirateten Tochter. Was sonst noch geschah und auf uns zukommt, überlasse ich lieber ihrer eigenen Erinnerung.

Geschrieben im 70. Lebensjahr 1984-85.

Ergänzung

Nun bin ich 90 Jahre alt und bereits 25 Jahre in Pension. Jetzt habe ich genug Zeit, über mein Leben nachzudenken. Bis zu meiner Entlassung aus der Gefangenschaft war ich immer auf andere angewiesen. Das war schon fast die Hälfte meines Lebens und dann wusste ich nicht wohin. Die einzige Möglichkeit, die ich sah, war, zu meinen Bruder nach Köln zu fahren, aber dann schrieb mir meine Schwester über das Rote Kreuz, dass ich zu ihr nach Wien kommen möge. Vielleicht könnten wir unsere von den Tschechen nach Sachsen ausgewiesenen Eltern zu uns nehmen. Deshalb meldete ich mich bei den Amerikanern zu einem Entlassungstransport nach Österreich an. Es funktionierte sogar, aber ich war vollkommen mittellos in einer Gefangenenuniform mit einer Schlafdecke in einem Seesack und ohne Geld. Trotzdem kam ich durch. Meine Schwester nahm mich in Kost und Logis und hatte sich für mich schon um eine Stelle als Dolmetscher bei der amerikanischen Besatzung in Wien umgesehen. Dort ging es mir sehr gut, aber die blieben ja nicht ewig! Für eine passende Beschäftigung in der Privatwirtschaft brauchte ich damals die österreichische Staatsbürgerschaft und die verschaffte ich mir, Gott sei Dank, bevor die Amis abzogen.

Nun wollte mich meine Schwester mit einer Frau verkuppeln, die angeblich eine Zweizimmerwohnung bekommen sollte, und in einem der Zimmer sollte ich unsere Eltern aus Sachsen unterbringen. Das funktionierte überhaupt nicht, aber ich wurde mit einer anderen Frau bekannt gemacht, die mir ausnehmend gut gefiel und das ist Mama, mit der ich nun schon 53 Jahre verheiratet bin und seit paar Jahren in der ehemaligen Wohnung unserer Tochter Elfi lebe, der ich in unmittelbarer Nähe zu einem Haus verhalf, das meine Frau nicht wollte. Das war nur möglich, weil meine viel ältere Schwester verstorben war und wir beide zu ihren Erben zählten. Aber dadurch hatten wir auch viel mitgemacht, denn Emma war schwer enttäuscht, dass ich mich als Jüngster und Alleinstehender nicht um unsere Eltern kümmerte. Dabei war ich doch selbst mit Nichts dahergekommen. Mein Bruder Karl schrieb mir, wenn ich in Wien nicht bleiben wolle, könne ich zu ihm nach Köln kommen, aber ich solle auf keinen Fall nach Ostdeutschland zu den Eltern fahren, denn dort käme ich zu Nichts!

Ich besuchte jedoch meine Eltern in Sachsen zweimal und fand, dass sie sich eigentlich wohl fühlten, denn sie hatten dort viele Bekannte, die mit ihnen von den Tschechen aus Saaz ausgewiesen wurden, und besuchten einander täglich, um sich die Zeit zu vertreiben, und die Altersrente reichte auch. Bei den Eltern in Zwickau war auch noch meine zweite Schwester, die die täglichen Arbeiten verrichtete. Ich glaube, meine Eltern wollten gar nicht nach Wien. Sie hatten selbst nie davon gesprochen oder geschrieben.

Ich wohnte ja nach einer schönen Hochzeitsreise natürlich nicht mehr bei meiner Schwester, sondern mit meiner Frau in ihrem Kabinett der schwiegerelterlichen Wohnung, wo wir uns sehr wohl wühlten. Liebe braucht ja nicht viel Platz. Elfi besorgte den Haushalt, denn ihre Mutter hatte ein krankes Bein und ich ging natürlich weiter in die Arbeit. Der Schwiegervater machte die Besorgungen, denn er war schon in Pension und meine Schwester Emma kam immer wieder nach dem Rechten schauen, obwohl sie das doch eigentlich gar nichts mehr anging. Das wurde mit der Zeit so unangenehm, dass es manchmal zu großen Ärgernissen kam. Meine Frau kann das leider bis jetzt nicht vergessen, obwohl Emma schon lange tot ist.

Ein Jahr nach unserer Hochzeit gebar meine Frau eine Tochter, die wir ebenfalls Elfi taufen ließen, und zu meiner Gattin sagte ich von da an Mama, während wir ihre Mutter Oma nannten. Unser Töchterlein war sehr lieb und geschickt. Sie malte schon Modedamen, bevor sie in die Schule kam, so schön, als ob sie vom Fach wäre, aber nach der Pflichtschule entschied sie sich, Lehrerin zu werden und das ist sie heute noch mit Begeisterung. In der Tanzstunde lernte sie einen Goldschmied kennen, den sie heiratete. Von dem bekam sie einen Sohn, der inzwischen schon verheiratet und Diplomingenieur geworden ist, aber sein Vater ging mit einer anderen Frau, weshalb sich meine Tochter scheiden ließ.

Sie hatte schon im Gymnasium so von einer Entwicklungshilfe in Afrika geschwärmt, dass wir fürchteten, sie dorthin zu verlieren, aber dann kam sie mit einer unglaublichen Überraschung daher. Sie stellte uns einen etwas jüngeren ägyptischen Diplomingenieur namens Hashem vor, der ihr so gut gefiel, dass sie ihn heiraten wollte, und uns gefiel er dann auch. Hashem hatte als Ausländer nie eine Gelegenheit, aber nach der Verehelichung erhielt er die österreichische Staatsbürgerschaft und damit sofort eine Posten als Bauzeichner. Wir stellten mit Genugtuung fest, dass unser neuer Schwiegersohn tüchtig und verlässlich ist.

Natürlich haben wir es durch Elfis zweite Heirat zu einem zweiten Enkel gebracht, den wir auch sehr gerne haben. Der heißt Karim und besucht inzwischen schon das Gymnasium. Sein Vater Hashem musste seinen Posten im Büro aufgeben, weil sein Chef in den Ruhestand trat, aber er benützte diesen Umstand, sich selbstständig zu machen und besitzt jetzt in einem vornehmen Wiener Stadtbezirk ein Geflügel-Imbissgeschäft. Das nimmt ihn zwar mehr in Anspruch, aber er verdient dabei auch mehr. Jetzt fliegen sie fast jedes Jahr nach Ägypten auf Urlaub.

Meine Gattin besitzt noch immer ihre Wohnung in der Stadt, weil es eine Erinnerung an ihre Eltern ist und sich viele ihrer Andenken dort befinden, aber sie hält sich bei mir auf. Wir haben einen herrlichen Blick über Wien und ganz Niederösterreich und unsere Tochter wohnt nur zwei Kilometer von hier. Der Schwiegersohn kann in fünf Minuten bei uns sein, wenn wir Hilfe brauchen. Ein Anruf genügt. Außerdem mache ich Spaziergänge zu unserer Tochter zum Kaffee. Ich bin auch oft mit meiner Frau dort gewesen, aber die hat jetzt Schwierigkeiten mit ihren Füßen und deshalb kommt die Tochter lieber her. So genießen wir unseren Lebensabend, so gut es geht. Nachdem Oma nicht mehr weggeht, hat sie ein Hobby aus ihrer Jugend wieder aufgenommen. Sie sammelt Zeitungsausschnitte, die sie in Bücher einklebt. Davon hat sie bereits eine Bibliothek. Ich lese die Zeitung schon vor dem Frühstück, weil nachher fast alles ausgeschnitten ist. Früher trafen wir oft Freunde, aber die sind schon alle gestorben. Gott sei Dank gefällt es mir hier sehr gut, weil ich mir so eine Wohnung schon immer vorgestellt habe und meine Gattin hat sich nun auch daran gewöhnt. Meine größte Freude habe ich jedoch mit unseren Nachkommen, die alle sehr lieb und tüchtig sind.

Ich kann nur eines nicht verstehen: Wieso predigen ausgerechnet die Religionen den Frieden, obwohl sie meistens den Krieg bringen?

Einer der jungen Sachsen, die uns im Afrikafeldzug retten sollten, aber zu spät kamen, sagte zu mir: „Man muss das Leben eben nehmen, wie das Leben eben ist."

Erlebnisse eines Kriegsgefangenen
Hrsg. Elfriede Mayer

Franz Mayer war im Ersten Weltkrieg als Soldat in Russland, wo er auch in Gefangenschaft kam. Er schildert in seinem persönlichen Bericht die fast zweijährige Haft in siebzehn Spitälern und drei Lagern, die Entbehrungen und Leiden, die die Soldaten ertragen mussten: Hunger, Wanzen, Läuse, Kälte, Dreck sind die Stichwörter der schlechten Versorgung. Seine Fußverletzung durch einen Schuss wurde zunächst nicht, später dann ungenügend und falsch behandelt, was ihm letztendlich, Ironie des Schicksals, dazu verhalf, dass er in einen Gefangenenaustausch kam.

ISBN 3-902514-37-X · Format 13,5 x 21,5 cm · 98 Seiten · € 11,90

Der Tod ist näher als das Leben
Philipp Kerth

Der junge Nikolaus Stürmer sehnt sich nach Frieden. Jeden Tag an der Front im Ersten Weltkrieg ist er mit dem Tod konfrontiert. Erst als er für drei Wochen Heimaturlaub bekommt schöpft er neuen Mut. In Graz trifft er auf die wunderschöne Elisabeth, in die er sich unsterblich verliebt. Für eine kurze Weile ist die Welt in Ordnung und Nikolaus ist glücklich. Doch der Urlaub ist schnell zu Ende.
Zurück an der Front muss er mit ansehen wie beinah alle seine Kameraden und auch sein bester Freund sterben. Mitten in einer äußerst verlustreichen Schlacht desertiert er und gerät in Gefangenschaft, nur die Liebe zu Elisabeth hält ihn am Leben …

ISBN 3-902514-45-0 · Format 13,5 x 21,5 cm · 172 Seiten · € 13,90

Printed in Germany by
Amazon Distribution
GmbH, Leipzig